VIDA

DE

SAN IGNACIO DE LOYOLA,

FUNDADOR DE LA RELIGION

DE LA COMPAÑÍA DE JESÚS.

POR EL

PADRE PEDRO DE RIBADENEIRA,

RELIGIOSO DE LA MISMA COMPAÑÍA.

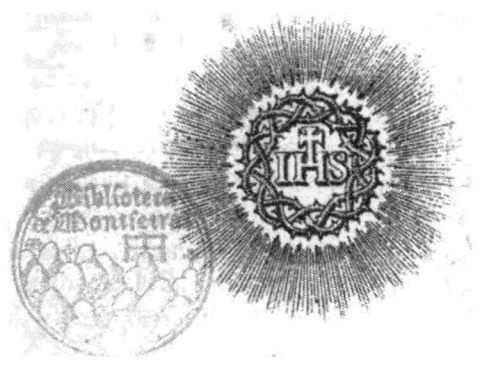

BARCELONA.

LIBRERIA DE LA VIUDA E HIJOS DE J. SUBIRANA, EDITORES,

Calle de la Puertaferrisa, n.º 16.

—

1863.

(Con aprobacion de la autoridad eclesiástica.)

Imprenta de Magriñá y Subirana, calle de Ferlandina, 47. — 1863.

AL CRISTIANO LECTOR.

Este libro de la vida de nuestro padre Ignacio, algunos años ha que le escribí yo, y le publiqué en latin. Escribíle en aquella lengua que es comun, porque le dirigí á toda nuestra Compañía, que está estendida y derramada casi por todas las naciones del mundo. Ahora le he traducido y añadido en nuestra lengua castellana, para que nuestros hermanos lejos de España, y otras personas devotas y deseosas de saber los principios de nuestra religion, que no saben la lengua latina, puedan gozar y aprovecharse de él en la suya. En lo cual no he usado de oficio de intérprete, que va atado á las palabras y sentencias ajenas, sino de autor que dice las suyas. Y así teniendo la verdad que escribo delante, y no apartándome de ella, no he mirado tanto las cláusulas y sentencias con que ella se dice en latin; aunque tambien he tenido cuenta en procurar que el libro sea el mismo en la una lengua y en la otra: de manera, que guardando en la una y en la otra, la propiedad de cada una de ellas, en entrambas saque el cuerdo lector, de la llaneza y brevedad con que se dice, la verdad y peso de las mismas cosas que se escriben. Algunas cosas he añadido en este libro de romance, y declarado, que no está en el primero de latin, ó no tan esplicadas como para el romance era menester. De las añadidas hay algunas que yo no supe cuando le compuse. Aunque hice todas las diligencias posibles para saberlas todas, pero como se publicó el libro, y se derramó por toda la Compañía, con esta ocasion se descubrieron en diversas partes

algunas cosas de mucho peso y sustancia tocante á nuestro Padre, que no estaban en el libro, de las cuales los mismos Padres de la dicha Compañía me avisaron, y aun hubo
otros Padres de otras Religiones , que por la grande caridad que tienen á la nuestra , y devocion á nuestro santo
Padre , me escribieron algunas que yo no sabia , las cuales me pareció añadir para agradecer la caridad de los que
me las avisaron , y aprovechar á los demás que las leyeren. Otras hay que aunque habian venido á mi noticia,
no las tenia yo tan averiguadas que quisiese escribirlas,
hasta ahora que las he sabido de raiz. Tambien con el
deseo de no ser prolijo , dejé de industria algunas que me
parecieron semejantes á otras que contaba , de las cuales
se podian sacar las demás. Pero despues me ha parecido
añadir algunas otras : y especialmente aquellas , que aunque son del mismo jaez con las que antes se contaban,
tienen alguna enseñanza particular para nuestro ejemplo
y doctrina. Y como tuve tanta cuenta con la brevedad,
algunas veces en el libro de latin se apuntan mas las cosas,
que se esplican. Y estas tambien he querido yo ahora explicar
mas, para cumplir con el deseo de muchos, y para que escri-
biéndose por menudo mejor se entiendan , y sean de mayor fruto y provecho á los hermanos de la Compañía , para los cuales especialmente esto se escribe. Y allende de
esto, porque algunas cosas se pueden decir en latin con
mas brevedad que en castellano, así porque la lengua latina lo lleva mejor, como porque los que leen aquella lengua , comunmente son mas ejercitados , y perciben mejor
en pocas palabras lo que se dice.

Esto he querido aquí decir, para que nadie se maravi-
lle , si hallare mas ó menos , cotejando el libro de romance con el de latin , ó viere que contamos algunas cosas
propias nuestras y menudas , pues las escribimos para
nuestros hermanos.

VIDA

DE

SAN IGNACIO DE LOYOLA,

FUNDADOR DE LA RELIGION

DE LA COMPAÑÍA DE JESUS.

❧

A LOS HERMANOS EN CRISTO CARÍSIMOS

DE LA

COMPAÑÍA DE JESUS.

—

Comienzo, hermanos en Cristo carísimos, con el favor divino, á escribir la vida de Ignacio de Loyola nuestro Padre de gloriosa memoria, y fundador de esta mínima Compañía de Jesus. Bien veo cuan dificultosa empresa es la que tomo, y cuanto habrá que hacer para no oscurecer con mis palabras el resplandor de sus heróicas y esclarecidas virtudes, y para igualar con mi bajo estilo, la grandeza de las cosas que se han de escribir. Mas para llevar con mis flacos hombros esta tan pesada carga, tengo grandes alivios y consuelos. Lo primero, el haberla yo tomado, no por mi voluntad sino por voluntad de quien me puede mandar, y á quien tengo obligacion de obedecer y respetar en todas las cosas. Este es el muy reverendo P. Francisco de Borja nuestro prepósito general, que me ha mandado escribiese lo que aquí pienso escribir; cuya voz es para mí voz de Dios, y sus mandamientos, mandamientos de Dios, en cuyo lugar le tengo, y como á tal le debo mirar, y con religioso acatamiento reverenciar y obedecer. Demás de esto, porque confio en la misericordia de aquel Señor que es maravilloso en sus Santos, y fuente y autor de toda santidad, que le será acepto y agradable este mi pequeño servicio, y que de él se le seguirá alguna alabanza y gloria. Porque verdaderamente él es el fundador y establecedor de todas las santas Religiones que se han fundado en su Iglesia.

Él es el que nos enseñó ser el camino de la bienaventuranza estrecho, y la puerta angosta. Y para que no desmayásemos espantados del trabajo del camino, y de las dificultades que en él se nos ofrecen, él mismo, que es la puerta y el camino por donde habemos nosotros de caminar y entrar, quiso ser tambien nuestra guia, y allanarnos con su vida y ejemplo, y facilitarnos este camino, que á los flacos ojos de nuestra carne parece tan áspero y tan dificultoso. De suerte, que mirando á él, y siguiendo sus pisadas, ni pudiésemos errar, ni tuviésemos en qué tropezar, ni qué temer, sino que todo el camino fuese derecho, llano, y seguro, y lleno de infinitas recreaciones y consolaciones divinas.

Este Señor es el que con maravillosa y paternal providencia, casi en todos los siglos y edades, ha enviado al mundo varones perfectísimos como unas lumbreras y hachas celestiales, para que abrasados de su amor, deseosos de imitarle y de alcanzar la perfeccion de la vida cristiana que en el Evangelio se nos representa, atizasen y despertasen el fuego que el mismo Señor vino á prender en los corazones de los hombres; y con sus vivos ejemplos y palabras encendidas le entretuviesen y no le dejasen extinguir y acabar.

Así que todo lo que dirémos de Ignacio, manó como rio de la fuente caudalosa de Dios: y pues Él es el principio de este bien tan soberano, tambien debe ser el fin de él, y se le debe sacrificio de alabanza, por lo que Él obró en este su Siervo y en los demás. Porque es tan grande su bondad, y tan sobrada su misericordia para con los hombres, que sus mismos dones y beneficios que Él les hace, los recibe por servicios, y quiere que sean merecimientos de los mismos hombres. Lo cual los Santos reconocen y confiesan, y en señal de este reconocimiento, quitan de sus cabezas las coronas que son el galardon y premio de sus merecimientos, y con profundísimo sentimiento de su bajeza, y con humilde

1·

y reverencial agradecimiento postrados y derriba-
dos por el suelo, los echan delante del trono de su
acatamiento y soberana majestad. Hay tambien otra
razon que hace mas lijero este mi trabajo, y es, el
deseo grande que entiendo tienen muchos de los de
fuera, y todos vosotros, hermanos mios muy amados, teneis mas crecido, de oir, leer y saber estas cosas; el cual siendo como es tan justo y piadoso, querria yo por mi parte, si fuese posible,
cumplirle y apagar, ó templar la sed de los que la
tienen tan encendida, pues para ello hay tanta razon.

Porque, ¿qué hombre cristiano y cuerdo hay,
que viendo en estos miserables tiempos una obra
tan señalada como esta, de la mano de Dios, y una
Religion nueva plantada en su Iglesia en nuestros
dias, y estendida en tan breve tiempo, y derramada casi por todas las provincias y tierras que calien-
ta el sol, no desee siquiera saber como se hizo esto:
quién la fundó, qué principios tuvo, su discurso,
acrecentamiento y extension, y el fruto que de ella
se ha seguido? Mas esta razon, hermanos mios, no
toca á nosotros solos, pero tambien á los demás.
Otra hay, que es mas doméstica y propia nuestra,
que es de seguir é imitar á aquel que tenemos por
capitan. Porque así como los que vienen de ilustre
linaje, y de generosa y esclarecida sangre, procuran de saber las hazañas y gloriosos ejemplos de sus
antepasados, y de los que fundaron y ennoblecie-
ron sus familias y casas, para tenerlos por decha-

do y hacer lo que ellos hicieron ; así tambien nosotros , habiendo recibido de la mano de Dios nuestro señor á nuestro Padre Ignacio por guia y maestro , y por caudillo y capitan de esta milicia sagrada , debemos tomarle por espejo de nuestra vida , y procurar con todas nuestras fuerzas de seguirle , de suerte , que si por nuestra imperfeccion no pudiéremos sacar tan al vivo y tan al propio, el retrato de sus muchas y excelentes virtudes , á lo menos imitemos la sombra y rastro de ellas. Y por ventura para esto os será mi trabajo provechoso , y tambien gustoso y agradable ; pues el deseo de imitar hace que dé contento el oir contar lo que imitar se desea : y que sea tan gustoso el saberlo, como es el obrarlo provechoso.

Pero ¿qué diré de otra razon, que aun que la pongo á la postre, para mí no es la postrera? Esta es, un piadoso y debido agradecimiento, y una sabrosa memoria y dulce recordacion de aquel bienaventurado varon y padre mio, que me engendró en Cristo, que me crió y sustentó ; por cuyas piadosas lágrimas y abrasadas oraciones, confieso yo ser eso poco que soy. Procuraré pues renovar la memoria de su vida tan ejemplar, que ya parece que se va olvidando, y de escribirla, sino como ella merece, á lo menos de tal manera, que ni el olvido la sepulte, ni el descuido la oscurezca, ni se pierda por falta de escritor. Y con esto, aunque yo no pueda pagar lo mucho que á tan esclarecido varon debo, á lo menos pagaré lo poco que puedo.

Así que será este mi trabajo acepto á Dios nuestro señor (como en su misericordia confio) á nuestro padre Ignacio debido, á vosotros, hermanos mios, provechoso, á los de fuera (si no me engaño) no molesto, á lo menos á mí, aun que por mi poca salud me será grave, pero por ser parte de agradecimiento espero en el Señor que me le hará lijero, y por ser como es por todos estos títulos obra de virtud. Y porque la primera regla de la buena historia es, que se guarde verdad en ella, ante todas cosas protesto, que no diré aquí cosas inciertas y dudosas, sino muy sabidas y averiguadas. Contaré lo que yo mismo oí, vi y toqué con las manos en Ignacio, á cuyos pechos me crié desde mi niñez y tierna edad.

Pues el Padre de las misericordias fué servido de traerme el año de 1540 (antes que yo tuviese catorce años cumplidos, ni la Compañía fuese confirmada del Papa) al conocimiento y conversacion de este santo varon. La cual fué de manera, que dentro y fuera de casa, en la ciudad y fuera de ella, no me apartaba de su lado, acompañándole, escribiéndole y sirviéndole en todo lo que se ofrecia, notando sus meneos, dichos y hechos, con aprovechamiento de mi ánima y particular admiracion. La cual crecia cada dia tanto mas, cuanto él iba descubriendo mas de lo mucho que en su pecho tenia encerrado, y yo con la edad iba abriendo los ojos, para ver lo que antes por falta de ella no veia. Por esta tan íntima conversacion y familiaridad que yo tuve con nuestro Padre , pude ver y notar, no solamente las cosas exteriores y patentes que estaban expuestas á los ojos de muchos , pero tambien algunas de las secretas que á pocos se descubrian.

Tambien diré lo que el mismo Padre contó de sí, á ruegos de toda la Compañía. Porque despues que ella se plantó y fundó , y Dios nuestro señor fué descubriendo los resplandores de sus dones y virtudes con que habia enriquecido y hermoseado el ánima de su siervo Ignacio , tuvimos todos sus hijos grandísimo deseo de entender muy particularmente los caminos por donde el Señor le habia guiado, y los medios que habia tomado para labrarle y perficionarle , y hacerle digno ministro de una obra tan señalada como es esta. Porque nos parecia que teníamos obligacion de procurar saber los cimientos que Dios habia echado á edificio tan alto y tan admirable, para alabarle por ello y por habernos hecho por su misericordia piedras espirituales del mismo edificio. Y tambien de imitar como buenos hijos al que el mismo Señor nos habia dado por padre , dechado y maestro ; y que no se podia bien imitar lo que no se sabia bien de su raiz y principio.

Para esto habiéndole pedido y rogado muchas veces, en diversos tiempos y ocasiones, con grande y extraordinaria instancia, que para nuestro ejemplo y aprovechamiento, nos diese parte de lo que

habia pasado por él en sus principios, y de sus trabajos y persecuciones (que fueron muchas), y de
los regalos y favores que habia recibido de la mano de Dios, nunca lo podimos acabar con él, hasta
el año antes que muriese. En el cual despues de haber hecho mucha oracion sobre ello, se determinó
de hacerlo, y así lo hacia acabada su oracion y consideracion : contando al P. Luis Gonzalez de Cámara con mucho peso y con un semblante del cielo lo
que se le ofrecia : y el dicho Padre en acabándolo de
oir, lo escribia casi con las mismas palabras que lo
habia oido. Porque las mercedes y regalos que Dios
nuestro señor hace á sus siervos, no se las hace
para ellos solos, sino para bien de muchos : y así
aunque ellos los quieran encubrir, y con su secreto
y silencio nos dén ejemplo de humildad, pero el
mismo Señor los mueve á que los publiquen, para
que se consiga el fruto en los otros que él pretende.

San Buenaventura dice, que cuando el glorioso
patriarca y seráfico Padre san Francisco recibió las
stigmas sagradas, deseó mucho encubrirlas, y despues dudó si estaba obligado á manifestarlas : y preguntando en general á algunos de sus santos compañeros si deberia descubrir cierta visitacion de
Dios, le respondió uno de los frailes : Padre, sabed
que Dios algunas veces os descubre sus secretos,
no solamente para vuestro bien, sino tambien para
bien de otros : y así teneis razon de temer que no
os castigue y reprenda como á siervo que escondió

su talento, sino descubriéredes lo que para provecho de muchos os comunicó.» Y por esta razon ha
habido muchos santos, que publicaron y aun escribieron los regalos secretísimos de su espíritu, y
las dulzuras de sus almas, y los favores admirables
y divinos con que el Señor los alentaba, sustentaba,
y transformaba en sí: los cuales no pudiéramos saber si ellos mismos no los hubieran publicado; y si el
Señor que era liberal para con ellos, tan comuni-
cándoseles con tanto secreto y suavidad, no lo hubiera sido para con nosotros, moviéndoles á publicar
ellos mismos lo que de su poderosa mano para bien suyo y nuestro habian recibido: y por esto movió tambien á Ignacio á decir lo que dijo de sí. Y todo esto
tengo yo como entonces se escribió.

Escribiré asimismo lo que supe de palabra y
por escrito de nuestro Padre Maestro Lainez: el
cual fué casi el primero de los compañeros que Ignacio tuvo, y el hijo mas querido: y por esto, y por
haber sido en los principios el que mas le acompañó,
vino á tener mas comunicacion y á saber mas cosas
de él; las cuales como padre mio tan entrañable
muchas veces me contó, antes que sucediese en
el cargo á Ignacio, y despues que fué prepósito general. Y ordenábalo así Nuestro Señor, comó yo
creo, para que sabiéndolas yo, las pudiese aquí escribir. De estos originales se ordenó y sacó casi toda
esta historia. Porque no he querido poner otras cosas que se podrian decir con poco fundamento, ó

sin autor grave y de peso, por parecerme, que aunque cualquiera mentira es fea é indigna de hombre cristiano, pero mucho mas la que se compusiese y forjase relatando vidas de santos. Como si Dios tuviese necesidad de ella, ó no fuese cosa ajena de la piedad cristiana, querer honrar y glorificar al Señor, que es suma y eterna verdad, con cuentos y milagros fingidos. Y aun esta verdad es la que me hace entrar en este piélago con mayor esperanza de buen suceso y próspera navegacion. Porque no habemos de tratar de la vida y santidad de un hombre que ha muchos siglos que pasó; en cuya historia por su antigüedad, podríamos añadir, quitar, y fingir lo que nos pareciese. Mas escribimos de un hombre que fué en nuestros dias, y que conocieron y trataron muy particularmente muchos de los que hoy viven; para que los que no le vieron ni conocieron, entiendan, que lo que aquí se dijere, estará comprobado con el testimonio de los que hoy son vivos y presentes, y familiarmente le comunicaron y trataron.

Diré ahora lo que pretendo hacer en esta historia. Yo al principio propuse escribir precisamente la vida del Padre Ignacio, y desenvolver y descubrir al mundo las excelentes virtudes que él tuvo encogidas y encubiertas con el velo de su humildad. Despues me pareció ensanchar este mi propósito, y abrazar algunas cosas mas. Porque entendí que habia muchas personas virtuosas y devotas de nuestra Compañía, que tenian gran deseo de saber su orígen, progreso y discurso: y por darles contento quise yo tocarlo aquí, y declarar con brevedad, como sembró esta semilla este labrador y obrero fiel del Señor por todo el mundo: y como de un granillo de mostaza creció un árbol tan grande, que sus ramas se estienden de Oriente á Poniente, y de Septentrion al Mediodia, y otros acaecimientos que sucedieron mientras que él vivió, dignos de memoria. Entre los cuales habrá muchas de las empresas señaladas, que siendo Ignacio capitan se han acometido y acabado: y algunos de los encuentros y persecuciones que con su prudencia y valor le han evitado ó resistido: y otras cosas que siendo él prepósito general se ordenaron y establecieron: y por estos respectos parece que están tan trabadas y encadenadas con su vida, que apenas se pueden apartar de ella. Pero no por esto me tengo por obligado de contarlo todo, sin dejar nada que de contar sea, que no es esta mi intencion, sino de coger algunas cosas, y entresacar las que me parezcan mas notables, ó mas á mi propósito: que es dar á entender el discurso de la Compañía: las cuales si ahora que está fresca su memoria, no se escribiesen, por ventura se olvidarian con el tiempo.

Hablaré en particular de algunos de los Padres que fueron hijos de Ignacio, y sus primeros compañeros, y murieron viviendo él; y tambien de algunos otros, que merecieron del Señor derramar la sangre por su santa fe. De los primeros, porque fueron nuestros padres y nos engendraron en Cristo. De los segundos, porque fueron tan dichosos, que la muerte que debian á la naturaleza, la ofrecieron á su Señor, y la dieron por confirmacion de su verdad. De los vivos dirémos poco, de los muertos algo mas, conforme á lo que el Sabio nos amonesta, que no alabemos á nadie antes de su muerte: dando á entender, como dice san Ambrosio, que le alabemos despues de sus dias, y le ensalcemos despues de su acabamiento. Resta, hermanos mios que supliquemos humil é intensamente á Nuestro Señor que favorezca este buen deseo, pues es suyo : y que acepte estos cinco libros, que como cinco cornadillos yo ofrezco á su Majestad, y con su acostumbrada clemencia los reciba, y saque de ellos alabanza y gloria para sí, y provecho y edificacion para su santa Iglesia.

Demás de esto afectuosamente os ruego, hermanos carísimos, por aquel amor tan entrañable que Dios ha plantado en nuestros corazones, con que nos amamos unos á otros, que con vuestras fervorosas oraciones me alcanceis espíritu del Señor, para imitar de veras la vida y santidad de Ignacio. Cuya constancia en abatirle, la aspereza en castigarle, la fortaleza en los peligros, la quietud y seguridad en medio de todas las olas y torbellinos del mundo, la templanza y modestia en las prosperidades, en todas las cosas alegres y tristes la paz y gozo que tenia su anima en el Espíritu santo, debemos tener nosotros siempre delante, y poner los ojos en aquel lucido escuadron de heróicas y singulares virtudes que le acompañaban y hermoseaban ; para que su vida nos sea dechado, y como un verdadero y perfectísimo dibujo de nuestro instituto y vocacion. A la cual nos llamó el Señor por su infinita bondad, por medio de este glorioso Capitan y Padre nuèstro. Que siguiéndole nosotros por estos pasos, como verdaderos hijos suyos, no podrémos ir descaminados, ni dejar de alcanzar, lo que él para sí y para sus verdaderos hijos alcanzó.

LIBRO PRIMERO.

CAPÍTULO I.

Del nacimiento y vida de Ignacio, antes que Dios le llamase á su conocimiento.

Iñigo de Loyola, fundador y padre de la Compañía de Jesus, nació de noble linaje, en aquella parte de España que se llama la provincia de Guipúzcoa, el año del Señor de 1491, presidiendo en la silla de san Pedro Inocencio Papa VIII de este nombre, y siendo emperador Federico III, y reinando en España los católicos reyes don Fernando y doña Isabel, de gloriosa y esclarecida memoria. Fué su padre Beltran Yañez de Oñaz y Loyola, señor de la casa y solar de Loyola y del solar de Oñaz, que están ambos en el término de la villa de Azpetia, y cabeza de su ilustre y antigua familia. Su madre se llamó doña María Saez de Balda, hija de los señores de la casa y solar de

Balda, que está en término de la villa de Azcoytia, matrona igual en sangre y virtud á su marido. Son estas dos casas, de Loyola y Balda, de parientes que llaman mayores, y de las mas principales en la provincia de Guipúzcoa. Tuvieron estos caballeros cinco hijas y ocho hijos, de los cuales el postrero de todos, como otro David, fué nuestro Iñigo, que con dichoso y bienaventurado parto, salió al mundo para bien de muchos, á quien llamarémos de aquí adelante Ignacio, por ser este nombre mas comun á las otras naciones, y en él mas conocido y usado.

Pasados pues los primeros años de su niñez, fué enviado de sus padres Ignacio á la corte de los Reyes católicos. Y comenzando ya á ser mozo, y á hervirle la sangre, movido del ejemplo de sus hermanos, que eran varonès esforzados, y él, que de suyo era brioso y de grande ánimo, dióse mucho á todos los ejercicios de armas, procurando de aventajarse sobre todos sus iguales, y de alcanzar nombre de hombre valeroso, y honra y gloria militar. El año pues de 1521, estando los franceses sobre el castillo de Pamplona, que es cabeza del reino de Navarra, y apretando el cerco cada dia mas, los capitanes que estaban dentro, estando ya sin ninguna esperanza de socorro, trataron de rendirse, y pusiéranlo luego por obra, si Ignacio no se lo estorbara; el cual pudo tanto con sus palabras, que los animó y puso coraje para resistir hasta la muerte al francés.

Mas como los enemigos no aflojasen punto de su cerco, y continuadamente con cañones reforzados batiesen el castillo, sucedió, que una bala de una pieza dió en aquella parte del muro, donde Ignacio valerosamente peleaba; la cual le hirió en la pierna derecha, de manera que se la dejarretó, y casi desmenuzó los huesos de la canilla. Y una piedra del mismo muro, que con la fuerza de una pelota resurtió, tambien le hirió malamente la pierna izquierda. Derribado por esta manera Ignacio, los demás que con su valor se esforzaban, luego desmayaron: y desconfiados de poderse defender, se dieron á los franceses; los cuales llevaron á Ignacio á sus reales, y sabiendo quien era, y viéndole tan mal parado, movidos de compasion le hicieron curar con mucho cuidado.

Y estando ya algo mejor, le enviaron con mucha cortesía y liberalidad á su casa, donde fué llevado en hombros de hombres, en una litera. Estando ya en su casa, comenzaron las heridas, especialmente la de la pierna derecha, á empeorar. Llamáronse nuevos médicos y cirujanos; los cuales fueron de parecer, que la pierna se habia otra vez de desencasar, porque los huesos, ó por descuido de los primeros cirujanos, ó por el movimiento y agitacion del camino áspero, estaban fuera de su juntura y lugar: y era necesario volverlos á él y concertarlos para que se soldasen.

Hízose así, con grandísimos tormèntos y dolores
del enfermo. El cual pasó esta carnicería que en
él se hizo, y todos los demás trabajos que despues
le sucedieron, con un semblante y con un esfuerzo que ponia admiracion. Porque ni mudó
color, ni gimió, ni suspiró, ni hubo siquiera un
ay; ni dijo palabra que mostrase flaqueza.

Crecia con todo esto el mal mas cada dia,
y pasaba tan adelante, que ya poca esperanza tenia
de su vida; y avisáronle de su peligro. Confesóse
enteramente de sus pecados la víspera de los gloriosos apóstoles san Pedro y san Pablo, y como
caballero cristiano armóse de las verdaderas armas
de los otros santos Sacramentos, que Jesucristo
nuestro redentor nos dejó para nuestro remedio
y defensa. Ya parecia que se iba llegando la hora
y el punto de su fin, y como los médicos le diesen por muerto si hasta la media noche de aquel
dia no hubiese alguna mejoria; fué Dios nuestro
señor servido que en aquel mismo punto la hubiese.
La cual creemos que el bienaventurado apóstol san
Pedro le alcanzó de Nuestro Señor; porque en
los tiempos atrás siempre Ignacio le habia tenido
por particular patron y abogado, y como tal le
habia reverenciado y servido, y así le apareció este
glorioso Apóstol la noche misma de su mayor necesidad, como quien le venia á favorecer y le traia
la salud. Librado ya de este peligroso trance, co-
menzarónse á soldar los huesos y á fortificarse: mas

quedábanle todavía dos deformidades en la pierna.
La una era de un hueso que le salia debajo de la
rodilla feamente. La otra nacia de la misma pierna,
que por haberle sacado de ella veinte pedazos de huesos quedaba corta y contrahecha , de suerte que no
podia andar ni tenerse sobre sus piés.

Era entonces Ignacio mozo lozano y pulido, y
muy amigo de galas y traerse bien ; y tenia propósito de llevar adelante los ejercicios de la guerra
que habia comenzado. Y como para lo uno y para lo
otro , le pareciese grande estorbo la fealdad y encogimiento de la pierna , queriendo remediar estos
inconvenientes, preguntó primero á los cirujanos,
si se podia cortar sin peligro de la vida aquel hueso
que sobresalia con tanta deformidad? Y como le dijesen que sí, pero que seria muy á su costa, porque habiéndose de cortar por lo vivo, pasaria el
mayor y mas agudo dolor que habia pasado en toda
la cura. No haciendo caso de todo lo que para di-
vertirle se le decia, quiso que le cortasen el hueso,
por cumplir con su gusto y apetito. Y como yo le
oí decir, por poder traer una bota muy justa y muy
pulida, como en aquel tiempo se usaba: ni fué
posible sacarle de ello , ni persuadirle otra cosa. Quisiéronle atar para hacer este sacrificio,
y no lo consintió, pareciéndole cosa indigna de
su ánimo generoso. Y estúvose con el mismo
semblante y constancia que arriba dijimos, así
suelto y desatado , sin menearse , ni boquear,

ni dar alguna muestra de flaqueza de corazon.

Cortado el hueso se quitó la fealdad. El encogimiento de la pierna se curó por espacio de muchos dias, con muchos remedios de unciones y emplastos, y ciertas ruedas é instrumentos, con que cada dia le atormentaban, estirando y estendiendo poco á poco la pierna, y volviéndola á su lugar. Pero por mucho que la desencogieron y estiraron, nunca pudo ser tanto, que llega á ser igual al justo con la otra.

CAPÍTULO II.

Como le llamó Dios, de la vanidad del siglo al conocimiento de sí.

Estábase todavía nuestro Ignacio tendido en una cama herido de Dios, que por esta vía le queria sanar, y cojo y como otro Jacob, que quiere decir batallador para que le mudase el nombre y le llamase Israel, y viénese á decir; vi á Dios cara á cara, y mi ánima ha sido salva. Pero veamos por que camino le llevó el Señor, y como antes que viese á Dios fué menester que luchase y batallase. Era en este tiempo muy curioso y amigo de leer libros profanos de caballerías, y para pasar el tiempo, que con la cama y enfermedad, se le hacia largo y enfadoso, pidió que le trujesen algun libro de esta vanidad. Quiso Dios

2

que no hubiese ninguno en casa, sino otros de cosas espirituales que le ofrecieron ; los cuales él aceptó, mas por entretenerse en ellos, que no por gusto y devocion. Trujéronle dos libros , uno de la vida de Cristo nuestro señor, y otro de vidas de santos, que comunmente llaman *Flos Sanctorum.* Comenzó á leer en ellos al principio como dije, por su pasatiempo, despues poco á poco por aficion y gusto. Porque esto tienen las cosas buenas , que cuanto mas se tratan, mas sabrosas son. Y no solamente comenzó á gustar, mas tambien á trocársele el corazon, y á querer imitar y obrar lo que leia. Pero aunque. iba nuestro Señor sembrando estos buenos deseos en su ánima, era tanta la fuerza de la envejecida costumbre de su vida pasada ; tantas las zarzas y espinas de que estaba llena esta tierra yerma y por labrar , que le ahogaba luego la semilla de las inspiraciones divinas,con otros contrarios pensamientos y cuidados.

Mas la divina misericordia , que ya habia escogido á Ignacio por su soldado , no le desamparaba, antes le despertaba de cuando en cuando, y avivaba aquella centella de su luz , y con la fresca licion, refrescaba y esforzaba sus buenos propósitos; y contra los pensamientos vanos y engañosos del mundo le provcia y armaba con otros pensamientos cuerdos, verdaderos y macizos. Y esto de manera que poco á poco iba prevaleciendo en su ánima la verdad contra la mentira , el espíritu contra la sensualidad, y el nuevo rayo y luz del cielo contra las tinieblas palpables de Egipto. Y juntamente iba cobrando fuerzas y aliento para pelear y luchar de veras, y para imitar al buen Jesus nuestro capitan y señor, y á los otros Santos, que por haberle imitado merecen ser imitados de nosotros.

Hasta este punto habia ya llegado Ignacio, sin que ninguna dificultad de las muchas que se le ponian delante, fuese parte para espantarle y apartarle de su buen propósito; pero sí para hacerle estar perplejo y confuso, por la muchedumbre y variedad de pensamientos con que por una parte el demonio le combatia, queriendo continuar la posesion que tenia de su antiguo soldado, y con que por otra el Señor de la vida le llamaba y convidaba á ella, para hacerle caudillo de su sagrada milicia. Mas entre los unos pensamientos y los otros, habia gran diferencia; porque los pensamientos del mundo tenian dulces entradas y amargas salidas. De suerte que á los principios parecian blandos y halagüeños y regaladores del apetito sensual; mas sus fines y dejos eran dejar atravesadas y heridas las entrañas, y el ánima triste, desabrida y descontenta de sí misma. Lo cual sucedia muy al revés en los pensamientos de Dios. Porque cuando pensaba Ignacio lo que habia de hacer en su servicio, como habia de ir á Jerusalén y visitar aquellos santos lugares; las penitencias con que habia de vengarse de sí y seguir la hermosura y excelencia de la virtud y perfeccion cristiana , y otras cosas semejantes, estaba su ánima llena de deleites, y no cabia de placer mientras que duraban estos pensamientos y tratos en ella ; y cuando se iban, no le dejaban del todo vacía y seca, sino con rastros de su luz y suavidad.

Pasaron muchos dias sin que echase de ver esta diferencia y contrariedad de pensamientos , hasta que un dia alumbrado con la lumbre del cielo, comenzó á parar mientes y mirar en ello, y vino á entender cuan diferentes eran los unos pensamientos de los otros en sus efectos y en sus causas. Y de aquí nació el cotejarlos entre sí, y los espíritus buenos y malos, y el recibir lumbre para distinguirlos y diferenciarlos. Y este fué el primer conocimiento que Nuestro Señor le comunicó de sí y de sus cosas : del cual acrecentado con el contínuo uso , y con nuevos resplandores y visitaciones del cielo , salieron despues, como de su fuente y de su luz, todos los rayos de avisos y reglas que el buen Padre en sus Ejercicios nos enseñó , para conocer y entender la diversidad que hay entre el espíritu verdadero de Dios y el engañoso del mundo.

Porque primeramente entendió que habia dos espíritus no solamente diversos, sino en todo y por todo tan contrarios entre sí, como son las causas de donde ellos proceden ; que son luz, y tinieblas: verdad, y falsedad: Cristo, y Belial. Despues de esto comenzó á notar las propiedades de entrambos espíritus, y de aquí se siguió una lumbre y sabiduría soberana que Nuestro Señor infundió en su entendimiento, para discernir y conocer la diferencia de estos espíritus, y una fuerza y vigor sobrenatural en su voluntad, para aborrecer todo lo que el mundo le representaba; y para apetecer, y desear, y proseguir todo lo que el espíritu de Dios le ofrecia y proponia. De los cuales principios y avisos se sirvió despues por toda la vida.

De esta manera pues se deshicieron aquellas tinieblas que el príncipe de ellas le ponia delante. Y alumbrados ya sus ojos, y esclarecidos con nuevo conocimiento, y esforzada su voluntad con este favor de Dios, dióse priesa y pasó adelante, ayudándose por una parte de la licion, y por otra de la consideracion de las cosas divinas, y apercibiéndose para las asechanzas y celadas del enemigo. Y trató muy de veras consigo mismo de mudar la vida, y enderezar la proa de sus pensamientos á otro puerto mas cierto y mas seguro que hasta allí, y destejer la tela que habia tejido, y desmarañar los embustes y enredos de su vanidad, con particular aborrecimiento de sus pecados, y deseo de satisfacer por ellos, y tomar venganza de sí: que es comunmente el primer escalon que han de subir los que por temor de Dios se vuelven á Él.

Y aunque entre estos propósitos y deseos se le ofrecian trabajos y dificultades, no por eso se desmayaba ni se entibiaba punto su fervor: antes armado de la confianza en Dios, como con un arnés tranzado de piés á cabeza, decia: «En Dios todo lo podré. Pues me da el deseo, tambien me dará la obra. El comenzar y acabar, todo es suyo.» Y con esta resolucion y determinada voluntad se levantó una noche de la cama, como muchas veces solia, á hacer oracion, y ofrecerse al Señor en suave y perpétuo sacrificio, acabadas ya las luchas y dudas congojosas de su corazon. Y estando puesto de rodillas delante de una imágen de Nuestra Señora, y ofreciéndose con humilde y fervorosa confianza, por medio de la gloriosa Madre al piadoso y amoroso Hijo, por soldado y siervo fiel; y prometiéndole de seguir su estandarte real, y dar de coces al mundo, se sintió en toda la casa un estallido muy grande, y el aposento en que estaba tembló. Y parece que así como el Señor con el terremoto del lugar donde estaban juntos los sagrados Apóstoles cuando hicieron oracion, y con el temblor de la cárcel en que estaban aherrojados san Pablo y Silas, quiso dar á entender la fuerza y poder de sus siervos, y que habia oido la oracion de ellos: así con otro semejante estallido del aposento en que estaba su siervo Ignacio, manifestó cuan agradable y acepta le era aquella oracion y ofrenda que hacia de sí. Ó por ventura el demonio ya vencido huyó, y dió señales de su enojo y crueldad, como leemos de otros santos.

Pero con todo esto no se determinó de seguir particular manera de vida, sino de ir á Jerusalen despues de bien convalecido, y antes de ir, de mortificarse y perseguirse con ayunos y disciplinas, y todo género de penitencias y asperezas corporales. Y con un enojo santo y generoso, crucificarse, y mortificarse, y hacer anatomía de sí. Y así con estos deseos tan fervorosos que Nuestro Señor le daba, se resfriaban todos aquellos feos y vanos pensamientos del mundo, y con la luz del sol de justicia que ya resplandecia en su ánima, se deshacian las tinieblas de la vanidad, y desaparecian, como suele desaparecerse y despedirse la oscuridad de la noche con la presencia del sol.

Estando en este estado, quiso el Rey del cielo y señor que le llamaba, abrir los senos de su misericordia para con él, y confortarle y animarle mas con una nueva luz y visitacion celestial. Y fué así, que estando él velando una noche, le apareció la esclarecida y soberana Reina de los ángeles, que traia en brazos á su preciosísimo Hijo, y con el resplandor de su claridad le alumbraba, y con la suavidad de su presencia le recreaba y esforzaba. Y duró buen espacio de tiempo esta vision; la cual causó en él tan grande aborrecimiento de su vida pasada, y especialmente de todo torpe y deshonesto deleite, que parecia que quitaban y raian de su ánima, como con la mano, todas las imágenes y representaciones feas. Y bien se vió que no fué sueño, sino verdadera y provechosa esta visitacion divina, pues con ella le infundió el Señor tanta gracia, y le trocó

de manera, que desde aquel punto hasta el último
de su vida, guardó la limpieza y castidad de su ánima, sin mancilla, con grande entereza y puridad.
Pues estando ya con estos propósitos y deseos, y andando como con dolores de su gozoso parto, su
hermano mayor y la gente de su casa, fácilmente
vinieron á entender que estaba tocado de Dios, y
que no era el que solia ser; porque aunque él no
descubria á nadie el secreto de su corazon, ni hablaba con la lengua; pero hablaba con su rostro, y con
el semblante demudado y muy ajeno del que solia.

Especialmente viéndole en contínua oracion y licion, y en diferentes ejercicios que los pasados,
porque ni gustaba ya de gracias ni donaires, sino
que sus palabras eran graves y medidas, y de cosas espirituales y de mucho peso, y se ocupaba
buenos ratos en escribir. Y para esto habia hecho
encuadernar muy pulidamente un libro, que tuvo
casi trescientas hojas todas escritas en cuarto; en
el cual para su memoria de muy escogida letra
(que era muy buen escribano) escribia los dichos
y hechos que le parecian mas notables de Jesucristo
nuestro salvador, y los de su gloriosa Madre nuestra señora la vírgen Maria, y de los otros Santos.
Y tenia ya tanta devocion, que escribia con letras
de oro los de Cristo nuestro señor, y los de su santísima Madre con letras azules, y los de los demás
Santos con otros colores, segun los varios afectos
de su devocion.

Sacaba nuevo contento y nuevos gozos de todas estas ocupaciones; pero de ninguna mas que de estar mirando atentamente la hermosura del cielo y de las estrellas; lo cual hacia muy á menudo y muy de espacio; porque este aspecto de fuera, y la consideracion de lo que hay dentro de los cielos y sobre ellos, le era grande estímulo é incentivo al menosprecio de todas las cosas transitorias y mudables que están debajo de ellos, y le inflamaba mas en el amor de Dios. Y fué tanta la costumbre que hizo en esto, que aun le duró despues por toda la vida; porque muchos años despues siendo ya viejo le vi yo estando en alguna azotea, ó en algun lugar eminente y alto, de donde se descubria nuestro hemisferio y buena parte del cielo, enclavar los ojos en él. Y á cabo de rato que habia estado como hombre arrobado y suspenso, y que volvia en sí, se enternecia. Y saltándosele las lágrimas de los ojos por el deleite grande que sentia su corazon, le oia decir: «¡Ay cuán vil y baja me parece la tierra! cuando miro al cielo, estiércol y basura es. »

Trató tambien lo que habia de hacer á la vuelta de Jerusalen; pero no se determinó en cosa ninguna, sino que como venado sediento y tocado ya de la yerba, buscaba con ansia las fuentes de aguas vivas, y corria en pos del cazador que le habia herido con las saetas de su amor. Y así de dia y de noche se desvelaba en buscar un estado y manera de vida en el cual puestas debajo de sus piés todas las

2·

cosas mundanas y la rueda de la vanidad, pudiese él castigarse y macerarse con estremado rigor y aspereza, y agradar mas á su Señor.

CAPÍTULO III.

Del camino que hizo de su tierra á Nuestra Señora de Montserrat.

—

Habia ya recobrado razonable salud, y porque la casa de Loyola era muy de atrás allegada y dependiente de la del Duque de Nájera, y el mismo Duque le habia enviado á visitar en su enfermedad algunas veces; con achaque de visitar al Duque, que estaba en Navarrete, y cumplir con la obligacion en que le habia puesto; pero verdaderamente por salir como otro Abraham de su casa y de entre sus deudos y conocidos, se puso á punto para ir camino. Olió el negocio Martin García de Loyola su hermano mayor, y dióle mala espina: y llamando aparte á Ignacio en un aposento, comenzó con todo el artificio y buen término que supo, á pedirle y rogarle muy ahincadamente, que mirase bien lo que hacia, y no se echase á perder á él y á los suyos; mas que considerase que bien entablado tenia su negocio, y cuanto camino tenia andado para alcanzar honra y provecho, y que sobre tales principios y tales cimientos podria edificar cualquiera grande obra, que las esperanzas ciertas de su valor ó industria á todos prometian. «Todas las cosas, dice, en vos, hermano mio, son grandes; el ingenio, el juicio, el ánimo, la nobleza, y favor, y cabida con los príncipes, la buena voluntad que os tiene toda esta comarca, el uso y experiencia de las cosas de la guérra, el aviso y prudencia, vuestra edad que está ahora en la flor de su juventud, y una espectacion increible fundada en estas cosas que he dicho, que todos tienen de vos. Pues ¿como quereis vos por un antojo vuestro, engañar nuestras esperanzas tan macizas y verdaderas, y dejarnos burlados á todos, despojar y desposeer nuestra casa de los trofeos de vuestras victorias, y de los ornamentos y premios que de vuestros trabajos se le han de seguir? Yo en una sola cosa os hago ventaja, que es en haber nacido primero que vos, y soy vuestro hermano mayor; pero en todo lo demás, yo reconozco que vais adelante. Mirad, (yo os ruego, hermano mio, mas querido que mi vida), lo que haceis, y no os arrojeis á cosa que no solo nos quite los que de vos esperamos, sino tambien amancille nuestro linaje con perpétua infamia y deshonra.»

Oyó su razonamiento Ignacio, y como habia otro que le hablaba con mas fuerza y eficacia al corazon, respondió á su hermano con pocas palabras, diciendo que él miraria por sí, y se acordaria que habia nacido de buenos, y que le promelia de no hacer cosa que fuese en deshonra de su casa. Y con estas pocas palabras, aunque no satisfizo al hermano, apartóle y sacudióle de sí, y púsose en camino acompañado de dos criados; los cuales poco despues despidió, dándoles de lo que llevaba.

Desde el dia que salió de su casa, tomó por costumbre de disciplinarse ásperamente cada noche; lo cual guardó por todo el camino que hizo á Nuestra Señora de Monserrat, adonde iba á parar. Y para que entendamos por qué pasos, y por qué como escalones llevaba Dios á este su siervo, y le hacia subir á la perfeccion; es de saber, que en este tiempo, ni él sabia ni tenia cuidado de saber qué sea caridad, qué humildad, qué paciencia, qué quiere decir desprecio de sí, cuál sea la propiedad y naturaleza de cada una de las virtudes, qué partes, y oficios, y límites tiene la templanza, que pide la razon y prudencia espiritual y divina.

A ninguna de estas cosas paraba mientes, sino que abrazado y aferrado con lo que entonces le parecia mejor y mas á propósito de su estado presente, ponia todo su cuidado y conato en hacer cosas grandes y muy dificultosas para afligir su cuerpo con asperezas y castigos; y esto no por otra razon, sino porque los santos que él habia tomado por su dechado y ejemplo, habian echado por este camino; porque ya desde entonces comenzaba Nuestro Señor á plantar en el corazon de Ignacio un vivo y ardentísimo deseo de buscar y procurar en todas sus cosas lo que fuese á los ojos de su Majestad mas agradable: que este fué como su blason siempre, y como el ánima y vida de todas sus obras, *A mayor gloria divina*. Pero ya en estas penitencias que hacia, habia subido un escalon mas; porque en ellas no miraba, como antes, tanto á sus pecados, cuanto al deseo que tenia de agradar á Dios. Porque aunque era verdad que tenia grande aborrecimiento de sus pecados pasados; pero las penitencias que hacia para satisfacer por ellos, estaba ya su corazon tan inflamado y abrasado de un vehementísimo deseo de agradar á Dios, que no tenia cuenta tanto con los mismos pecados, ni se acordaba de ellos, como de la gloria y honra de Dios; cuya injuria queria vengar, haciendo penitencia de ellos.

Iba pues Ignacio su camino, como dijimos, hácia Montserrat, y topó acaso con un moro, de los que en aquel tiempo aun quedaban en España en los reinos de Valencia y Aragon. Comenzaron á andar juntos, y á trabar plática, y de una en otra vinieron á tratar de la virginidad y pureza de la gloriosísima Vírgen nuestra señora. Concedia el moro, que esta bienaventurada Señora habia sido vírgen antes del parto y en el parto, porque así convenia á la grandeza y majestad de su Hijo: pero decia que no habia sído así despues del parto, y traia razones falsas y aparentes para probarlo; las cuales deshacia Ignacio, procurando con todas sus fuerzas desengañar al moro y traerle al conocimiento de esta verdad; pero no lo pudo acabar con él, antes se fué adelante el moro, dejando solo á Ignacio, muy dudoso y perplejo en lo que habia de hacer; porque no sabia si la fe que profesaba, y la piedad cristiana le obligaba á darse priesa tras el moro, y alcanzarle y darle de puñaladas por el atrevimiento y osadía que habia tenido de hablar tan desvergonzadamente en desacato de la bienaventurada siempre Vírgen sin mancilla.

Y no es maravilla, que un hombre acostumbrado á las armas, y á mirar en puntillos de honra, que pareciendo verdadera es falsa, y como tal engaña á muchos, tuviese por afrenta suya, y caso de menos valer, que un enemigo de nuestra santa fe se atreviese á hablar en su presencia, en deshonra de nuestra soberana Señora. Este pensamiento al parecer piadoso, puso en grande aprieto á nuestro nuevo soldado; y despues de haber buen rato pensado en ello, al fin se determinó de seguir su camino hasta una encrucijada, de donde se partia el camino para el pueblo adonde iba el moro, y allí soltar la rienda á la cabalgadura en que iba, para que si ella echase por el camino por donde el moro iba, le buscase y le matase á puñaladas, pero si fuese por el otro camino, le dejase y no hiciese mas caso de él. Quiso la bondad divina, que con su sabiduría y providencia ordena todas las cosas para bien de los que le desean agradar y servir, que la cabalgadura, dejando el camino ancho y llano por dó habia ido el moro, se fuese por el que era mas á propósito para

Ignacio. Y de aquí podemos sacar, por qué caminos llevó Nuestro Señor á este su siervo; y de qué principios y medios vino á subir á la cumbre de tan alta perfeccion. Porque, como dice el bienaventurado san Agustin, las almas capaces de la virtud, como tierras fértiles y lozanas, suelen muchas veces brotar de sí vicios, y son como unas malas yerbas, que dan muestra de las virtudes y frutos que podrian llevar, si fuesen labradas y cultivadas. Como Moises cuando mató al egipcio, como tierra inculta y por labrar, daba señales, aunque viciosas, de su mucha fertilidad, y de la fortaleza natural que tenia para cosas grandes.

Estando pues ya cerca de Monserrat, llegó á un pueblo donde compró el vestido y traje que pensaba llevar en la romería de Jerusalen, que fué una túnica hasta los piés, á modo de un saco de cáñamo, áspero y grosero; por cinto, un pedazo de cuerda, los zapatos fueron unos alpargates de esparto, un bordon de los que suelen traer los peregrinos, una calabacica para beber un poco de agua cuando tuviese sed. Y porque temia mucho la flaqueza de su carne, aunque con aquel favor celestial que tuvo, de que arriba dijimos, y con los vivos deseos de agradar á Dios, que el mismo Señor le daba, se hallaba ya mucho mas alentado y animado para resistir y batallar, poniéndose todo debajo del amparo y proteccion de la serenísima Reina de los ángeles, vírgen y madre de la puridad, hizo voto de casti-

dad en este camino, y ofreció á Cristo nuestro señor y á su santísima Madre, la limpieza de su
cuerpo y ánima, con grande devocion y deseo fervoroso de alcanzarla: y alcanzóla tan entera y cumplida, como queda escrito en el segundo capítulo.
Tan poderosa es la mano de Dios para socorrer á
los que con fervor de espíritu se le encomiendan,
tomando por abogada y medianera á su benditísi-
ma Madre.

CAPÍTULO IV.

De como mudó sus vestidos en Montserrat.

Es Montserrat un monasterio de los religiosos
de san Benito, una jornada de Barcelona, lugar
de grandísima devocion, dedicado á la Madre de
Diós, y celebrado en toda la cristiandad por los
contínuos milagros y por el gran concurso de gentes que de todas partes vienen á él á pedir favores
á la santísima Vírgen nuestra señora, que allí es
tan señaladamente reverenciada. A este santo lugar
llegó Ignacio, y lo primero que hizo fué buscar un
escogido confesor, como enfermo que busca el mejor médico para curarse. Confesóse generalmente
de toda su vida por escrito, y con mucho cuidado,
y duró la confesion tres dias. Este confesor era un
religioso principal de aquella santa casa, el cual

fué el primero á quien como á padre y maestro espiritual, descubrió Ignacio sus propósitos é intentos. Dejó al monasterio su cabalgadura, y la espada y daga de que antes se habia preciado, y con que habia servido al mundo, hizo colgar delante del altar de Nuestra Señora.

Corria el año 1522, y la víspera de aquel alegre y gloriosísimo dia que fué principio de nuestro bien; en el cual el Verbo eterno se vistió de nuestra carne en las entrañas de su santísima Madre: ya de noche, con cuanto secreto pudo, se fué á un hombre pobrecito, andrajoso y remendado, y dióle todos sus vestidos hasta la camisa, y vistióse de aquel su deseado saco que traia comprado, y púsose con mucha devocion delante del altar de la Vírgen. Y porque suele Nuestro Señor traer los hombres á su conocimiento por las cosas que son semejantes á sus inclinaciones y costumbres, para que por ellas, como por cosas que mejor entienden y de que mas gustan, vengan á entender y gustar las que antes no entendian; quiso tambien que fuese así en Ignacio. El cual como hubiese leido en sus libros de caballerías, que los caballeros noveles solian velar sus armas, por imitar él, como caballero novel de Cristo, con espiritual representacion, aquel hecho caballeroso, y velar sus nuevas, y al parecer pobres y flacas armas, mas en hecho de verdad, muy ricas y muy fuertes, que contra el enemigo de nuestra naturaleza se habia vestido;

toda aquella noche, parte en pié, y parte de rodillas, estuvo velando delante la imágen de Nuestra
Señora, encomendándose de corazon á ella, llorando amargamente sus pecados, y proponiendo la
enmienda de la vida para adelante.

Y por no ser conocido, antes que amaneciese,
desviándose del camino real que va á Barcelona,
se fué con toda priesa á un pueblo que está hácia
la montaña, llamado Manresa, tres leguas de
Montserrat, cubiertas sus carnes con solo aquel
saco vil y grosero, con su soga ceñido, y el bordon
en la mano, la cabeza descubierta, y el un pié descalzo, que el otro por haberle aun quedado flaco y
tierno de la herida, é hinchándose cada noche la
pierna (que por esta causa traia fajada), le pareció necesario llevarlo calzado.

Apenas habia andado una legua de Montserrat,
yendo tan gozoso con su nueva librea que no cabia en sí de placer, cuando á deshora se siente llamar de un hombre que á mas andar le seguia. Este le preguntó si era verdad que él hubiese dado
sus vestidos ricos á un pobre, que así lo juraba?
Y la justicia pensando que los habia hurtado, le habia echado en la cárcel. Lo cual como Ignacio oyese, demudándose todo, y perdiendo la voz, no se
pudo contener de lágrimas; diciendo entre sí : « ¡Ay
de ti, pecador, que aun no sabes ni puedes hacer
bien á tu prójimo, sin hacerle daño y afrenta! «Mas
por librar de este peligro al que sin culpa y sin me-

recerlo estaba en él, en fin confesó que él le habia
dado aquellos vestidos. Y aunque le preguntaron
¿quién era, de dónde venia, y cómo se llamaba?
A nada de esto respondió, pareciéndole que no hacia al caso para librar al inocente.

CAPÍTULO V.

De la vida que hizo en Manresa.

Llegado á Manresa, se fué derecho al hospital,
para vivir allí entre los pobres que mendigaban, en-
sayándose para combatir animosamente contra el
enemigo y contra sí mismo. Y lo que mas procuraba, era encubrir su linaje y su manera de vivir
pasada, para que encubierto y desconocido á los
ojos del mundo, pudiese mas libre y seguramente
conversar delante de Dios. La vida que hacia era
esta. Cubria sus carnes con la desnudez y desprecio
que arriba contamos. Mas porque en peinar y curar el cabello y ataviar su persona, habia sido en
el siglo muy curioso; para que el desprecio de esto
igualase á la demasía que en preciarse de ello habia tenido, de dia y de noche trajo siempre la cabeza descubierta, y el cabello (que como entonces
se usaba, por tenerlo rubio y muy hermoso, le habia dejado crecer) traíale desgreñado y por peinar.
Y con el menosprecio de sí, dejó crecer las uñas
y barba.

Así suele Nuestro Señor trocar los corazones á los que trae á su servicio, y con la nueva luz que les dá, les hace ver las cosas como son, y no como primero les parecian; aborreciendo lo que antes les daba gusto, y gustando de lo que antes aborrecian. Disciplinábase reciamente, cada dia tres veces: y tenia siete horas puesto de rodillas en oracion, y esto con grande fervor é intensa devocion: y oia misa cada dia, y vísperas y completas, y con esto sentia mucho consuelo interior, y grande contento. Porque como ya su corazon estaba mudado, y como una cera blanda dispuesto, para que en él se imprimiesen las cosas divinas, las voces y alabanzas del Señor que entraban por sus oidos, penetraban hasta lo interior de sus entrañas. Y con el calor de la devocion, derretíase en ellas, contemplando su verdad.

Pedia limosna cada dia, pero ni comia carne, ni bebia vino, solamente se sustentaba con pan y agua: y aun esto con tal abstinencia, que sino eran los domingos, todos los demás dias ayunaba. Tenia el suelo por cama, pasando la mayor parte de la noche en vela. Confesábase todos los domingos, y recibia el santísimo Sacramento del altar. Tenia tanta cuenta con irse á la mano, y tomaba tan á pechos el sojuzgar su carne, y traerla á la obediencia y servicio del espíritu, que se privaba y huía de todo lo que á su cuerpo pudiese dar algun deleite ó regalo. Y así aunque era hombre robusto y de grandes fuer-

zas, á pocos dias se enflaqueció y marchitó la fuerza de su antiguo vigor y valentía, y quedó muy debilitado con el rigor de tan áspera penitencia.

Vino con esto á traer á si los ojos de las gentes,
y tras ellos llevaba los corazones. De manera que
muchos que se le allegaban y deseaban tratar familiarmente con él, cuando le oian, quedaban por
una parte maravillados, y por otra inflamados para
todo lo bueno. Porque aunque él era principiante
en las cosas espirituales, y poco ejercitado en las
virtudes; pero estaba tan abrasada su ánima en el
fuego del amor divino, que no podian dejar de salir fuera sus llamas y resplandores. Y de aquí es
que sus palabras tan encendidas, acompañadas con
la fuerza y espíritu que tenia en persuadir á la
verdadera virtud, y con el ejemplo de aquella vida
que todos veian, ayudándole la gracia del Señor para todo, eran parte para ganar las almas á Dios, y
para enamorar los corazones de los que le trataban,
y aficionarlos á sí, y traerlos suspensos con grande
admiracion. Para lo cual no ayudaba poco, lo mucho que se habia divulgado por la tierra de su nobleza y valor, que fué, como suele, creciendo de lengua en lengua, y publicando aun mucho mas de lo
que en él habia en hecho de verdad.

Tuvo orígen esta fama, de lo que él con tanto
secreto habia hecho en Monserrat, que con toda su
diligencia y cuidado no lo pudo encubrir; porque
cuanto él mas procuraba esconder la candela encen-

dida, y ponerla debajo del medio celemin, tanto mas
Dios nuestro señor la ponia sobre el candelero, para que á todos comunicase su luz. ·

CAPÍTULO VI.

Como Nuestro Señor le probó, y permitió que fuese afligido con
escrúpulos.

Entrando, pues, en este palenque nuestro soldado, luchando consigo mismo, y combatiendo valerosamente contra el demonio, pasó los cuatro primeros meses con gran paz y sosiego de conciencia , y
con un mismo tenor de vida, sin entender los engaños y ardides que suele usar el enemigo con quien li-
diaba. Aun no habia descubierto Satanás sus entradas
y salidas ; sus acometimientos yfingidas huídas; sus
asechanzas y celadas ; aun no le habia mostrado los
dientes de sus tentaciones , ni le habia puesto los
miedos y espantos que suele á los que de veras entran por el camino de la virtud. Aun no sabia Ignacio que cosa era gozar de la luz del consuelo, despues de haber pasado las horribles tinieblas del desconsuelo y tentacion ; ni habia esperimentado la diferencia que hay entre el ánimo alegre y afligido;
levantado y abatido ; caido y que está en pié ; porque no habia su corazon pasado por las mudanzas
que el hombre espiritual suele pasar y experimentar:

cuando un dia estando en el hospital rodeado de pobres y lleno de suciedad y de mugre, le acometió el enemigo con estos pensamientos, diciendo: ¿Y qué haces tú aquí en esta hediondez y bajeza? ¿porque andas tan pobre y tan avultadamente vestido? ¿no ves que tratando con esta gente tan vil, y andando como uno de ellos, oscureces y apocas la nobleza de tu linaje? Entonces Ignacio llegóse mas cerca de los pobres, y comenzó á tratar mas amigablemente con ellos, haciendo todo lo contrario de lo que el enemigo le persuadia. El cual de esta manera fué vencido.

Otro dia estando muy fatigado y cansado, fué acometido de otro molestísimo pensamiento, que parece que le decia: ¿y cómo es posible que tú puedas sufrir una vida tan áspera como esta, y tan miserable y peor que de salvajes, setenta años que aun te quedan de vida? á lo cual respondió: ¿Y por ventura tú que eso dices, puédesme asegurar sola una hora de vida? ¿no es Dios el que tiene en su mano los momentos y todo el tiempo de nuestra vida? Y setenta años de penitencia, ¿qué son comparados á la eternidad? Estos dos encuentros solos fueron los que tuvo al descubierto para volver atrás del camino comenzado: y habiendo sido tan lleno de trabajos y peligros y tan sembrado de espinas y abrojos, como muestra todo lo que hizo y padeció, es señal de la particular misericordia con que el Señor le previno en las bendiciones de su dulcedumbre.

Mas de ahí en adelante hubo una gran mudanza en su ánima, y comenzó á sentir grandes alteraciones, y como contrarios movimientos en ella. Porque estando en oracion y continuando sus devociones, secabásele súbitamente algunas veces el corazon, y hallábase tan angustiado y tan enredado, que no se podia valer ni desmarañar, desagradándose de sí mismo, y desabriéndose, por verse sin ningun gusto espiritual. Mas tras esto venia luego con tanta fuerza, una como corriente del divino consuelo, tan impetuosa, que le arrebataba y llevaba en pos de sí. Y así con esta luz desaparecian los nublados de la tristeza pasada, sin dejar rastro de sí; la cual diferencia y mudanza, como él echase de ver movido con la novedad y admirado, decia. ¿Qué quiere decir esto? ¿Qué camino es este por donde entramos? ¿Qué nueva empresa es esta que acometemos? ¿Qué manera de guerra es esta en que andamos? Pero entre estas cosas le vino un nuevo linaje de tormento, que fué comenzarle á acosar los escrúpulos y la conciencia de sus pecados: de manera que se le pasaban las noches y dias llorando con amargura, lleno siempre de congoja y quebranto; porque aunque era verdad que con toda la diligencia y cuidado se habia confesado generalmente de sus pecados; pero nuestro Señor que por esta via le queria labrar, permitia que muchas veces le remordiese la conciencia, y le escarbase el gusano y dudase ¿si confesé bien aquello? ¿si declaré bien esto? ¿si dije como se habian de decir todas las circunstancias? ¿si por dejarme algo de lo que hice, no dije toda verdad? ¿ó si por añadir lo que no hice, mentí en la confesion?

Con los estímulos de estos pensamientos andaba tan afligido, que ni en la oracion hallaba descanso, ni con los ayunos y vigilias alivio, ni con las disciplinas y otras penitencias remedio. Antes derribado con el ímpetu de la tristeza, y desmayado y caido con la fuerza de tan grave dolor, se postraba en el suelo, como sumido y ahogado con las olas y tormentas de la mar; entre las cuales no tenia otra áncora ni otro refugio, sino allegarse como solia á recibir el santísimo Sacramento del altar. Pero algunas veces cuando queria llegar la boca para tomar el Pan de vida, tornaban súbitamente las olas de los escrúpulos con mas fuerza y poderosamente, como que le arrebataban y desviaban de delante del altar donde estaba puesto de rodillas, y entregado del todo á los dolorosos gemidos, soltaba las riendas á las lágrimas copiosas que le venian. Daba voces á Dios y decia: «Señor, gran fuerza padezco, responded Vos por mí, que yo no puedo mas.» Y otras veces con el Apóstol decia: «Triste de mí desventurado, ¿quién me librará de este cuerpo, y de la pesadumbre de esta mas muerte que vida que con él traigo?» Ofrecíasele á él un remedio y parecíale que seria el mejor de todos para librarse de estos escrúpulos. Que era

3

si su confesor, á quien él tenia por padre, y á quien él descubria enteramente todos los secretos y movimientos de su alma, le sosegase y en nombre de Jesucristo le mandase no confesase de ahí adelante cosa de su vida pasada. Mas porque por haber salido de él este remedio, temia le hiciese mas daño que provecho, no osaba decirle al confesor.

Habiendo pues pasado este trabajo tan cruel, algunos dias fué tan grande y recia la tormenta, que un dia pasó con estos escrúpulos, que como perdido el gobernalle, y destituido y desamparado de todo consuelo, se arrojó delante del divino acatamiento en oracion, y encendido allí con fervor de la fe, comenzó á dar voces y á decir en grito: «Socorredme, Señor, socorredme, Dios mio, dadme desde allá de lo alto la mano, Señor mio, defensor mio. En tí solo espero, que ni en los hombres ni en otra criatura ninguna hallo paz ni reposo. Estadme atento, Señor, y remediadme. Descubrid, Señor, este vuestro alegre rostro sobre mí. Y pues sois mi Dios, mostradme el camino por donde vaya á Vos. Sed Vos, Señor, el que me lo deis, para que me guie, que aunque sea un perrillo el que me diéreis por maestro, para que pacifique mi desconsolada y afligida alma, yo desde ahora le acepto por mi preceptor y mi guia.»

Habíase pasado en este tiempo del hospital á un monasterio de santo Domingo, que hay en Manresa, á donde aquellos Padres le hicieron mucha caridad, y estaba aposentado en una celda, cuando pasaba esta grande tormenta; la cual no aflojaba punto con los gemidos y lágrimas, antes se acrecentó por un torbellino nuevo que le apretó muy fuertemente, con un desesperado pensamiento que le decia que se echase de una ventana abajo de su celda, y se despeñase: mas él respondia: «No haré tal, no tentaré á mi Dios, » y con esto se volvia á Dios y decia: «¿qué es esto, Señor? ¿Vos no sois mi Dios y mi fortaleza? pues ¿cómo, Señor, me quereis echar de Vos? ¿porqué permitís que ande tan triste y así me aflija mi enemigo, que me da grita preguntándome cada hora, dónde se ha ido tu Dios?» Dando pues á Dios estas amorosas quejas y estos penosos gemidos, vínole al pensamiento un ejemplo de un santo, que para alcanzar de Dios una cosa que le pedia, determinó de no desayunarse hasta alcanzarla. A cuya imitacion propuso él tambien de no comer ni beber hasta hallar la paz tan deseada de su alma si ya no se viese por ello á peligro de morir.

Con este propósito guardó siete dias enteros tan enteramente el ayuno, que no gustó cosa del mundo, no dejando por esto de tener sus siete horas de oracion hincado de rodillas, y de hacer sus disciplinas tres veces cada dia, ni los otros ejercicios ni devociones que tenia de costumbre. Y viéndose despues de este tiempo, aun con fuerzas para pasar adelante, y no nada debilitado, queria proseguir su ayuno, que habia durado de domingo á domingo. En el cual yendo al confesor, y confesándose, y dándole cuenta de lo que habia pasado por su alma aquella semana como solia, y lo que adelante queria hacer, su confesor se lo estorbó, y le mandó que comiese, diciéndole que sino lo hiciese y si piadosamente no confiase en la misericordia del Señor que le habia perdonado sus pecados, no le daria la absolucion. Obedeció, pues, llanamente á lo que el confesor le mandó, porque no pareciese que queria tentar á Dios: y aquel dia y el siguiente se sintió libre de los escrúpulos. Pero al tercero dia tornó á ser de ellos combatido, como de antes, mas al fin el remate de esta dura pelea, que le habia puesto en tan peligroso trance, fué, que desvaneciéndose como humo, las tinieblas, que á cosas tan claras el demonio le ponia, y vestida su ánima y alumbrada de nueva luz del cielo, como quien despierta de un profundo sueño, abrió los ojos para ver lo que antes no veia. Y con grande desengaño y resolucion, determinó de sepultar la memoria de los pecados pasados, y no tocar mas á sus llagas viejas, ni tratar de ellas en la confesion.

Y con esta victoria tan señalada, alcanzó maravillosa paz y serenidad su ánima; y tan grande discrecion de espíritus, y conocimiento de sus movimientos interiores, y tan admirable gracia de

Dios para curar conciencias escrupulosas; que por
maravilla venia á él persona ninguna tocada de esta enfermedad de escrúpulos, que no quedase libre
con su consejo. Porque no probaba Dios á Ignacio
para sí solamente, mas tambien para nuestro provecho se hacia aquella tan costosa prueba. Que aunque el Señor quiere á todos sus soldados muy expertos y probados; pero mucho mas á aquellos que
han de ser como guias y caudillos de los otros : á
los cuales despues de muy humillados y abatidos
suele levantar y consolar : mortificándolos primero,
y despues vivificándolos, para que puedan por lo
que en sí experimentaron y aprendieron, consolar
á los que se hallaren en cualquier género de aprieto
y tribulacion.

CAPÍTULO VII.

Como pasadas las tentaciones, le consoló Dios nuestro señor.

—

Habiendo, pues, salido por la misericordia divina de las angustias y apretura de las tentaciones
pasadas, y viéndose ya en mas anchura y libertad
de corazon, no por eso aflojó punto del cuidado que
tenia de sacar un vivo retrato de todas las virtudes
en su alma. Y el buen Jesus, que es fiel y verdadero en sus palabras, y misericordiosísimo en sus
obras, y que nunca deja ningun servicio, por pe-

queño que sea, sin galardon, quiso regalar á este
su siervo con halagos y consolaciones divinas, alumbrando con ellas su entendimiento, inflamando su
voluntad, y esforzándole y alentándole para todo lo
bueno: de tal suerte, que á la medida de la muchedumbre de los dolores pasados que habia sufrido
en su corazon, alegrasen y regocijasen su ánima,
como dice el Profeta, las consolaciones del Señor.
Y así aunque desde el principio trataba Dios á Ignacio (segun él solia decir), á la manera que suele
un discreto y buen maestro que tiene entre manos
un niño tierno para le enseñar, que va poco á poco,
y no le carga de cosas, ni le da nueva licion, hasta
que sepa y repita bien la pasada; pero despues que
con las tentaciones pasó adelante, y subió ya á la
escuela de mayores, comenzóle Dios á enseñar doctrina mas alta, y descubrirle cosas y misterios mas
soberanos. De donde, comó él fuese devotísimo de
la santísima Trinidad, y á cada una de las Personas divinas tuviese devocion de rezar cada dia su
cierta y particular oracion, un dia estando en las
gradas de la iglesia de santo Domingo rezando con
mucha devocion las Horas de Nuestra Señora, comenzóse á levantar en espíritu su entendimiento;
y representósele, como si la viera con los ojos, una
como figura de la santísima Trinidad, que exte-
riormente le significaba lo que él interiormente
sentia.

Fué esto con tanta grandeza y abundancia de

consuelo, que ni entonces ni despues, andando en
una procesion que se hacia, era en su mano reprimir los sollozos y lágrimas que su corazon y ojos
despedian; las cuales duraron hasta la hora del comer. Y aun despues de comer no podia pensar ni
hablar de otra cosa, sino del misterio de la santísima Trinidad El cual misterio explicaba con tanta
abundancia de razones, semejanzas y ejemplos, que
todos los que le oian se quedaban admirados y suspensos. Y desde allí se le quedó este inefable misterio tan estampado en el alma, é impreso, que en
el mismo tiempo comenzó á hacer un libro de esta
profunda materia, que tenia ochenta hojas, siendo
hombre que no sabia mas que leer y escribir. Y
por toda la vida le quedaron como esculpidas en el
alma las señales de tan grande regalo; porque siempre que hacia oracion á la santísima Trinidad, (la
cual solia hacer á menudo, y gran rato cada vez,)
sentia en su alma grandísima suavidad del divino
consuelo. Y algunas veces era mas señalada y particular la devocion que tenia con el Padre eterno,
como con principio y fuente de toda la Divinidad,
y orígen de las otras Personas divinas. Despues otras
con el Hijo, y finalmente con el Espíritu santo, encomendándose y ofreciéndose á cada una de por sí:
y sacando juntamente de todas como de una primera causa, y bebiendo como de un plenísimo ma-
nantial y fuente de todas las gracias en abundancia,
el sagrado licor de las perfectas virtudes. En otro

tiempo tambien con grande alegría de espíritu se le representó la manera que tuvo Dios en hacer el mundo. El cual mucho despues cuando contaba estas cosas, él mismo decia, que no podia con palabras explicarlas.

En el templo del mismo monasterio, estando un dia con grandísima reverencia y devoto acatamiento oyendo misa, al tiempo que se alzaba la Hostia y se mostraba al pueblo, con los ojos del alma claramente vido, como en aquel divino misterio, y debajo de aquel velo y especies de pan, verdaderamente estaba encubierto nuestro señor Jesucristo, verdadero Dios y hombre. Muchas veces estando en oracion, y por largo espacio de tiempo, con estos mismos ojos interiores vido la sagrada humanidad de nuestro Redentor Jesucristo; y alguna vez tambien á la gloriosísima Vírgen su madre; y esto no solo en Manresa, donde entonces estaba, sino despues tambien en Jerusalen, y otra vez en Italia, cerca de Padua, y otras muchas en otras partes. Con estas visitaciones y regalos divinos, quedaba su ánima tan esclarecida de celestial lumbre, y con tanto conocimiento y seguridad de las cosas de la fe, y su espíritu tan confirmado y robusto, que pensando despues estas cosas muchas veces consigo mismo, le parecia, y de veras se persuadia, que si los misterios de nuestra santa fe no estuvieran escritos en las letras sagradas, ó si (lo que no puede ser) la Escritura divina se hubiera perdido,

con todo eso serian para él tan ciertos, y los tendria tan fijados y escritos en las entrañas, que solamente por lo que habia visto, no dudaria, ni de
entenderlos, ni de enseñarlos, ni de morir por
ellos.

Saliendo un dia á una iglesia que estaba fuera
de Manresa, como un tercio de legua, yendo transportado en la contemplacion de las cosas divinas,
se sentó cabe el camino que pasa á la ribera de un
rio, y puso los ojos en las aguas: allí le fueron
abiertos los del alma, y esclarecidos con una nueva
y desacostumbrada luz: no de manera que viese
alguna especie ó imágen sensible, sino de una mas
alta manera inteligible. Por lo cual entendió muy
perfectamente muchas cosas, así de las que pertenecen á los misterios de la fe, como de las que tocan al conocimiento de las ciencias: y esto con una
lumbre tan grande y tan soberana, que despues que
la recibió, las mismas cosas que antes habia visto,
le parecian otras, de tal manera, que él mismo dijo, que en todo el discurso de su vida, hasta pasados los sesenta y dos años de ella, juntando y
amontonando todas las ayudas y favores que habia
recibido de la mano de Dios, y todo lo que habia
sabido por estudio ó gracia sobrenatural, no le parecia que por ello habia alcanzado tanto como aquella sola vez. Y habiendo estado buen rato en este
arrebatamiento y suspension divina, cuando volvió
en sí, echóse de rodillas delante de una cruz que

3

allí estaba, para dar gracias á Nuestro Señor por tan alto y tan inmenso beneficio.

Mas antes que fuese visitado del Señor con estos regalos y favores divinos, estando aun en el hospital, y otras muchas veces, se le habia puesto delante una hermosa y resplandeciente figura; la cual no podia discernir como quisiera, ni qué cosa fuese, ni de qué materia compuesta; sino que le parecia tener forma como de culebra, que con muchos amanera de ojos resplandecia. La cual cuando estaba presente le causaba mucho contento y consuelo; y por el contrario, mucho descontento y pena cuando desaparecia. Esta vision se le representó aquí estando postrado delante de la cruz. Pero como ya tenia mas abundancia de la divina luz, y en virtud de la santa cruz, ante la cual estaba ahinojado, fácilmente entendió que aquella cosa no era tan linda, ni tan resplandeciente como antes se le ofrecia: y manifiestamente conoció que era el demonio que le queria engañar. Y de ahí adelante por mucho tiempo le apareció muchas veces, no solo en Manresa y en los caminos, sino en Paris tambien y en Roma; pero su semblante y aspecto no daba ya resplandor y claridad, mas era tan apocado y feo, que no haciendo caso de él, con el báculo que traia en la mano fácilmente le echaba de sí.

Estando todavía en Manresa, ejercitándose con mucho fervor en las ocupaciones que arriba dijimos, aconteció que un dia de un sábado, á la hora de completas, quedó tan enagenado de todos sus sentidos, que hallándose así, algunos hombres devotos y mujeres le tuvieron por muerto. Y sin duda le metieran como difunto en la sepultura, si uno de ellos no cayera en tocarle el pulso y tocarle el corazon, que todavía, aunque muy flacamente, le batia. Duró en este arrebatamiento ó éxtasi, hasta el sábado de la otra semana, en el cual dia á la misma hora de completas, estando muchos que tenian cuenta con él presentes, como quien de un sueño dulce y sabroso despierta, abrió los ojos, diciendo con voz suave y amorosa: «¡ay Jesus!» De esto tenemos por autores á los mismos que fueron de ello testigos; porque el mismo Ignacio (que yo sepa) nunca lo dijo á ninguno, antes con humilde y grave silencio, siempre tuvo encubierta esta tan señalada visitacion del Señor.

Parecerá por ventura á algunos, que estos que habemos contado, son extraordinarios favores de Dios, y que son increibles. Y mas en un soldado que quitado del ruido de las armas, y destetado de los deleites y dulcedumbre ponzoñosa del mundo, comenzaba á abrir los ojos y á gustar de la amargura saludable de la mirra y cruz de Cristo. Mas los que dicen que son imposibles (si hay algunos que lo digan) serán comunmente hombres que no saben, ni entienden, ni han oido decir que cosa sea espíritu, ni gozo y fruto espiritual, ni visita-

cion de Dios, ni lumbre del cielo, ni regalo de
ánimas santas y escogidas, ni piensan que hay otros
pasatiempos y gustos, ni recreaciones, sino las
que ellos de noche y de dia, por mar y por tierra,
con tanto cuidado y solicitud, y artificio buscan,
para cumplir con sus apetitos y dar contento ¡á su
sensualidad. Y así no hay que hacer caso de ellos.
Pues nos enseña el Apóstol, que el hombre animal
(esto es carnal y entregado á la porcion inferior y
parte sensual de su ánima) no percibe, ni entiende
las cosas de Dios. Y así pues el ciego, no es justo
que se haga juez de lo que no ve.

Pero otros habrá tambien cristianos y cuerdos,
y leidos en historias y vidas de Santos, que sepan
que algunas veces suele Nuestro Señor hacer estas
mercedes y favores á los que toma especialmente
por suyos; y darles privilegios extraordinarios,
fuera de la regla y órden con que trata á la gente
comun. Los cuales entenderán, que aunque estas
cosas de revelaciones y raptos, es menester mucho tiento, porque puede haber engaño, y muchas
veces le hay, tomando por visitaciones del cielo las
ilusiones de Satanás, que se transfigura (como dice el Apóstol) en ángel de luz, y siguiendo por
revelacion de Dios, la propia y falsa imagina-
cion, causada, ó de la liviandad y soberbia secreta
de nuestro corazon, ó del humor melancólico y enfermedad que hace parecer á las veces que se ve
y oye, lo que ni se oye ni se ve. Pero no por eso

deja de haber en la Iglesia de Dios verdaderas y divinas revelaciones, con las cuales algunas veces regala él á sus singulares amigos y privados, y se les comunica con mas particular y estrecha comunicacion. Y que no es maravilla que haya usado de esta misericordia con nuestro Ignacio, y con tan larga mano repartido con él de sus tesoros y riquezas infinitas; porque aunque soldado, y nuevo en esta escuela, habia en poco tiempo andado mucho camino, y pasado muy adelante en su aprovechamiento y en las letras de la verdadera sabiduria. Y habíale Nuestro Señor escogido para capitan y caudillo de uno de los escuadrones de su Iglesia (que es como las haces bien ordenadas de los reales, y puestas á punto de guerra) y para patriarca y padre de muchos, que sin duda es mayor merced y favor de Dios, y á menos concedido, que tener arrobamientos y revelaciones. Y cierto, mirando bien lo que Ignacio era y lo que hizo, no podemos dejar de confesar, que fué menester particularísimo y singular socorro del cielo para acometer una empresa tan grande, y salir con ella, pues fuerzas naturales ni industria humana no bastaban.

Porque ¿cómo un hombre sin letras, soldado, y metido hasta los ojos en la vanidad del mundo, pudiera juntar gente, y hacer compañía, y fundar religion, y estenderla en tan breve tiempo por todo el mundo con tanto espíritu, y gobernarla con tan grande prudencia, y defenderla de tantos encuentros con tanto valor, y con tanto fruto de la santa Iglesia y gloria de Dios, si el mismo Dios no le hubiera trocado, y dádole el espíritu, prudencia y esfuerzo que para ello era menester ? ¿Qué dechado tuvo delante para sacar el traslado de esta religion? ¿En qué libro leyó sus reglas y constituciones, y avisos? ¿Quién le dió la traza y el modelo de esta Compañía, tan una en lo substancial con todas las demás religiones, y tan diferente en cosas particulares, tan proporcionadas, y convenientes al estado presente de la Iglesia? Diósela el que solo se la podia dar, y solo llamarle para lo que le llamó. Diósela el que es tan poderoso, que de las piedras puede hacer hijos de Abrahan, y llama á las cosas que no son, como á las que son; y toma por instrumentos y predicadores de la luz de su Evangelio y de su verdad, á los pecadores, para confundir al mundo y mostrar que él es el Señor, y el que obra las maravillas, y que tanto vale la cosa, cuanto él quiere que valga, y no mas: y que no es como los príncipes y reyes de este siglo, que pueden dar el oficio, como dicen, mas no la discrecion ni los talentos que son necesarios para hacerle bien. Porque él escoge los ministros del Nuevo Testamento, y escogiéndolos, los hace idóneos y bastantes para todo lo que él manda, y es servido. Y pues vemos los efectos tan grandes en Ignacio (que estos no se pueden ya negar, sino queremos decir que es noche la luz de medio dia) y necesariamente habemos de conceder lo que es mas , concedamos tambien lo que es menos. Y entendamos que todos las rayos y resplandores que vemos en las obras que hizo, salieron de estas luces y visitaciones divinas , que habemos contado , y de otras que tuvo su ánima; algunas de las cuales en esta historia , con el favor divino , se contarán.

CAPÍTULO VIII.

Del libro de los Ejercicios espirituales que en este tiempo escribió.

En este mismo tiempo con la suficiencia de letras que habemos dicho que tenia Ignacio (que era solamente leer y escribir), escribió el libro que llamamos de los *Ejercicios espirituales*, sacado de la experiencia que alcanzó, y del cuidado y atenta consideracion con que iba notando todas las cosas que por él pasaron. El cual está tan lleno de documentos y delicadezas en materia de espíritu, y con tan admirable órden , que se ve bien la uncion del Espíritu santo haberle enseñado y suplido la falta de estudio y doctrina. Y aunque es cosa muy probada y manifiesta en todo el mundo, el fruto que ha traido por todas partes el uso de estos sagrados Ejercicios á la república cristiana , con todo eso to-

caré algunas cosas de las muchas que se podrian
decir de su provecho y utilidad.

Primeramente al uso de los Ejercicios se debe la
institucion y fundacion de nuestra Compañía ; pues
por ellos fué Nuestro Señor servido, que casi todos
los Padres que fueron los primeros compañeros de
Ignacio, y los que le ayudaron á fundar la Compañía, los despertase él y convidase al deseo de la
perfeccion y al menosprecio del mundo. Pues los
que despues siguiendo su ejemplo entraron en la
Compañía ya aprobada y confirmada por la Sede
apostólica (que han sido personas señaladas en
habilidad y letras, ó en sangre y otros dónes naturales), por la mayor parte por estas santas meditaciones fueron guiados y movidos de la mano de
Dios para escoger y seguir esta manera de vida. Y
porque no piense nadie que para sola nuestra religion ha enviado Nuestro Señor este beneficio y despertador del mundo, tambien las otras Religiones
se han aprovechado de él. Pues podemos decir con
verdad, que muchos de sus monasterios han sido
poblados por este medio de mucha y muy escogida
gente ; muchos religiosos que titubeaban en la perseverancia de su vocacion, han sido en ella confirmados. Otros que vencidos de la flaqueza humana, habian ya renunciado los hábitos, reconociendo y llorando su desventura volvieron al puerto de
donde el ímpetu de la tentacion los habia arrebatado.

Y no para el fruto de estos santos Ejercicios en ayudar solamente á las Religiones, pues abraza á todas suertes de gentes, á todos los estados, oficios, edades y modos de vivir. Porque la experiencia ha mostrado, que muchos príncipes, así eclesiásticos como seglares, hombres principales y de baja suerte, sabios é ignorantes, casados y continentes, consagrados á Dios y solteros, mozos y viejos, entrando á hacer los Ejercicios se han aprovechado, ó para enmendar la mala vida, ó para mejorar la buena que tenian. Y lo que mas hace maravillar es, que muchos varones de singular erudicion, tenidos por oráculos de sabiduría y por los mayores letrados de su tiempo, despues de haber gastado toda la vida en las universidades, enseñando, y disputando, y haciendo callar á otros, se humillaron y sujetaron á ser discípulos de Ignacio, aprendiendo de él en los Ejercicios lo que no habian sacado de los libros ni de sus estudios tan aventajados. Porque lo que en esta escuela (donde se trata del propio conocimiento) se aprende, no para en solo el entendimiento, mas desciende y se comunica á la voluntad; y así no es tanto conocimiento especulativo, como práctico; no para en saber, sino en obrar; no es su fin hacer agudos escolásticos, sino virtuosos obreros, y con esto despierta é inclina la voluntad para todo lo bueno; y hace que busque y vaya tras aquella celestial sabiduría que edifica, inflama y enamora; no haciendo tanto caso de la ciencia que muchas veces desvanece y hincha, y saca al hombre fuera de sí.

Mas aunque el fruto de estos espirituales Ejercicios se estienda universalmente á todos; pero particularmente se ve y se experimenta mas su fuerza, en los que tratan de tomar estado y desean acertar á escogerle, conforme al beneplácito y voluntad de Dios. Porque no todos los estados arman á todos, ni son apropósito de cada uno, sino que uno es mejor para uno, y otro para otro : y cual sea el mas conveniente para cada uno, y mas acertado y seguro, solo el Señor lo sabe perfectamente, que nos crió á todos; y que sin nosotros merecerlo, nos aparejó y mereció con su sangre tan grande bien como es la comunicacion de su gloria y de su bienaventurada presencia. Y así el escoger estado y tomar manera de vida, habíase de hacer con mucha oracion y consideracion, y deseo de agradar á Dios y de acertar cada uno á tomar lo que el Señor quiere que cada uno tome, y lo que mejor le está para alcanzar su último fin. Mas hácese muy al revés, y sin tener ojo á lo que mas importa; porque muchos, ó cebados con su deleite, ó ciegos del interés, ó convidados del ejemplo de sus padres y compañeros, ó atraidos con otros motivos en tierna y flaca edad, cuando el juicio aun no tiene su vigor y fuerza, con poca consideracion y miramiento de lo que hacen se arrojan á tomar estado con tanta temeridad, que tienen despues que llo-

rar para todos los dias de su vida. Y con razon,
pues queriendo todos sus negocios tan examinados
y cernidos, y que haya vista y revista para ellos,
solo el de sí mesmo, que es el que mas les importa,
y que con mayor acuerdo se debe tratar, le tratan
con el descuido, escogiendo á caso el camino que
han de seguir; y pagando esta culpa con la pena y
descontento de toda la vida, como habemos dicho.
Lo cual no les sucederia si tomasen por ley de su
eleccion, la voluntad de Nuestro Señor, y por la
regla de toda su vida, el fin para que Dios los crió,
teniendo por fin el verdadero fin, y usando de los
medios, como medios, y no al contrario: pervir-
tiendo las cosas, y usando del fin para los medios,
y de los medios haciendo fin. Y para esto aprovecha el recogimiento, y la consideracion y oracion
con que el hombre, en estos Ejercicios se apercibe
y despeja de su corazon cualquiera desordenado
afecto, y le dispone para recibir las influencias de
Dios, y la lumbre de su gracia: con la cual se acierta
en esto y en todo, y sin ella, ni en esto, ni en cosa
que buena sea no hay entero acierto, ni seguridad.

Pero con ser así todo lo que aquí habemos dicho,
y tan universal y notorio el provecho de los Ejercicios, no ha faltado quien ha querido oscurecer esta verdad y poner sospecha en cosa tan puesta en
razon, y con la contínua experiencia tan confirmada. Mas todos sus golpes dieron en vacío, y fueron
flacas sus fuerzas; y vanos sus acometimientos. Cor-

rompiéndose y deshaciéndose las olas de su contradicion se quedó en pié y en su fuerza, como una peña firme, la verdad de esta santa doctrina. Porque la Sede apostólica tomó este negocio por suyo, y despues de mucha informacion y gravísimo exámen, interpuso su autoridad, y aprobó el libro de los Ejercicios, loándolos, y exhortando, y persuadiendo á los hombres que los leyesen, tuviesen é hiciesen. Como claramente consta por las Bulas de nuestro muy santo Padre Paulo III, vicario de Cristo nuestro señor; las cuales se publicaron el año de 1548, y andan impresas con el mismo libro de los *Ejercicios espirituales*, cuyo autor es el apostólico varon de quien tratamos, Ignacio.

CAPÍTULO IX.

Como cayó malo de una grave enfermedad.

—

Volviendo, pues, á la vida de Ignacio, que era la que habemos contado, acontecíale muchas veces, que queriendo las noches dar un poco de reposo á su fatigado cuerpo, le sobrevenian á deshora tan grandes como ilustraciones y soberanas consolaciones, que embebecido y transportado en ellas, se le pasaban las mas noches de claro en claro, sin sueño, y le robaban el poco tiempo que él tenia señalado para dormir. Mas despues mirando atentamente en ello, parecióle negocio peligroso, y que podria nacer de buena y mala raiz. Y examinando, y tanteando bien por una parte y por otra, todas las razones que de esto se le ofrecian, al fin acordó que seria mejor despedirlas y darles de mano, y dar al sueño el tiempo necesario para su sustento. Pero ya estaba tan quebrantado de los excesivos trabajos del cuerpo y contínuos combates del alma, que cayó en una grave enfermedad, en la cual los regidores y ayuntamiento de Manresa le proveian de todo lo necesario, con mucha caridad, y con esta misma le servian muchas personas honradas y devotas.

Llevóle la enfermedad hasta el último trance de la vida, y aparejándose ya para la muerte, y encomendándose á Dios de corazon, el demonio que no dormia, le representó un molestísimo pensamiento, dándole á entender, que no tenia de qué temer siendo como era hombre tan justo y santo. Congojóle mucho este pensamiento, y procuró resistirle con todas sus fuerzas, y con la memoria y confusion de los pecados pasados, sacudir y arrojar de sí aquella centella de fuego infernal. Pero como no pudiese desecharle, fué gravísimo el tormento que sintió, y mucho mayor la fatiga que daba á su alma la lucha de esta espiritual batalla, que el dolor y trabajo que daba al cuerpo la enfermedad, que en tanto estrecho le ponia de la vida. Como se sintió algo mejor, y pudo hablar, comenzó á dar voces, y rogar, y conjurar á los que allí estaban presentes, que cuando otra vez le viesen en semejante peligro, y como agonizando con la muerte, á grandes gritos le dijesen : « O miserable pecador, ó hombre desventurado, acuérdate de las maldades que has hecho, y de las ofensas con que has atesorado la ira de Dios contra tí.» En convaleciendo un poco, luego se tornó á sus acostumbradas penitencias y asperezas de vida. Y así recayó la segunda y tercera vez. Porque con una determinacion de ánimo infatigable y perseverante, trabajaba de vencerse en todo y por todo, y tomaba carga sobre sí, mas pesada de la que sus fuerzas podian llevar. Pero al fin la experiencia vista, y un grave dolor de estómago que amenudo le salteaba, y la aspereza del tiempo, que era en medio del invierno, le ablandaron un poco para que obedeciese á los consejos de sus devotos y amigos. Los cuales le hicieron tomar dos ropillas cortas, de un paño grosero y pardillo, para abrigar su cuerpo, y del mismo paño una media caperuza para cubrir la cabeza.

CAPÍTULO X.

De la peregrinacion que hizo á Jerusalen.

—

Un año, ó poco menos, estuvo en Manresa, con la penitencia y apretura de vida que habemos contado. El cual acabado, llegábase ya el tiempo en que tenia determinado de ir á Jerusalen, y comenzándolo á poner por obra, salióse de Manresa, y fuese para Barcelona, sin tomar otra compañía consigo que la de Dios, con quien deseaba tratar á sus solas, y gozar de su interior comunicacion sin ruido ni estorbos de compañeros. Y así aunque muchos se le ofreciesen de hacerle compañía, y otros le aconsejasen y le rogasen ahincadamente que no emprendiese tan largo y peligroso camino, sin llevar alguno que supiese la lengua italiana ó latina, para que le sirviese de guia y de intérprete, nunca lo quiso hacer, por gozar mas libremente de su soledad. Y tambien porque como andaba ya tan descarnado de sí, y tan deshecho de todas las cosas del mundo, y con tan abrasados deseos se habia resignado y puesto en las manos de Dios nuestro señor, queria estribar en solo él, y estar colgado de su providencia paternal, de suerte que no se le derramase, ni divirtiese en las criaturas esta su confianza, ni se le disminuyese ó entibiase con la esperanza que podia tener en el ayuda y refugio del compañero.

Y no solamente echó de sí el ayuda de los compañeros en este camino, sino tambien toda la solicitud y congojoso cuidado que del viático se podia tener. Porque no hubiese cosa que le apartase de esta su singular confianza que tenia puesta en solo Dios, ni le hiciese aflojar de aquel apresurado paso con que caminaba tan alentado y sediento á la fuente caudalosa de las aguas vivas, que es Dios.

Halló en Barcelona un bergantin armado que pasaba á Italia, y una nave que estaba á la colla para hacer el mismo viaje. Trató de ir con el bergantin; pero estorbáronsele, y fué Nuestro Señor servido que diese al través, y se perdiese en aquella navegacion. La manera con que se estorbó la embarcacion del bergantin que se perdió, fué, que una señora que se llamaba Isabel Rofel (á lo que ella me contó en Roma), oyendo un dia un sermon, vió á nuestro Padre tambien oyéndole, sentado entre los niños en las gradas del altar: y mirándole de cuando en cuando, le parecia que le resplandecia el rostro, y que sentia en su corazon una como voz que le decia, *llámale, llámale*, y aunque por entonces disimuló, quedó tan movida, que en llegando á su casa, lo dijo á su marido, que era ciego y como ella era persona principal. Buscaron al peregrino luego, convidáronle á comer; comió, y despues les hizo una plática espiritual, de que quedaron asombrados, y aficionados á él, y supieron que aguardaba pasaje para Italia, para donde partia tambien un obispo, pariente de aquel caballero, y aunque estaba ya concertado de ir en el bergantin, y tenia no sé que librillos en él; hicieron tanto que se lo estorbaron, y el bergantin partió, y se perdió á vista de Barcelona.

El patron de la nave dijo que le llevaria de balde en ella, con que metiese su matalotaje, de tanta

cantidad de vizcocho, cuanta habia menester para
el sustento de su persona; porque sin esta provision no le queria recibir. Comenzó pues á tratar
de la provision, del vizcocho que le pedian, y juntamente á congojarse y afligirse, pareciéndole que
esto era ir contra sus própositos y contra el deseo
de aquella perfectísima pobreza que Dios Nuestro
Señor le habia dado, y contra aquella confianza tan
segura y filial, con que queria estar todo pendiente
y colgado de la mano de Dios. Y con amargura de
su corazon, hablando consigo mismo, decia: ¿Dónde está aquella tan cierta y segura confianza en
Dios, que no te faltaria cosa ninguna de su mano?
¿Por ventura él no podrá darte pan, y poner la
mesa en el desierto á su peregrino? ¿Y como no
se supiese desenvolver por sí mismo, ni desmarañar de estos enredos y pensamientos tan dudosos,
determinóse, como solia hacer en las demás cosas,
de proponer sus dudas y congojas al confesor, y
decirle las razones que se le ofrecian por la una parte y por la otra: y el deseo tan encendido que Nuestro Señor le daba, de abrazarse con la perfeccion
de la pobreza por su amor, y de hacer en todo lo
que fuese mas agradable á los ojos de su divina Majestad, y ponerlo todo en sus manos, y hacer lo
que Él le dijese. Y en fin, por parecer del confesor,
metió vizcocho en la nave, y como al tiempo del
embarcar le sobrasen algunas cinco ó seis blancas
de las que le habian dado de limosna que habia pe-

4

délo de puerta en puerta, por no llevar para viático mas de lo que no podia precisamente escusar, dejólas allí sobre un banco en la marina.

En este tiempo era muy atormentado de la tentacion de la vanagloria. De suerte, que ni osaba á decir quién era, ni de dónde era, ni descubrir á dónde iba, ni cómo vivia, ni qué pretendia, por no desvanecerse y ser llevado del aire popular y buena reputacion, en que por ventura otros le tendrian.

Pero volviendo á su navegacion, ella fué muy trabajosa, aunque breve, porque pasó una muy recia tormenta, y con los vientos recios y desechos llegó en cinco dias de Barcelona á Gaeta, que es una ciudad en Italia, entre Nápoles y Roma. Este año, que fué el de 1523, fué muy enfermo; y en él fué Italia muy afligida y trabajada de pestilencia. Por lo cual todos los pueblos y lugares tenian sus guardas y centinelas que no dejaban entrar á los forasteros; y á esta causa padeció en el camino de Gaeta para Roma extraordinarios trabajos. Porque muchas veces no le dejaban entrar en los pueblos; y algunas era tanta la hambre y flaqueza que padecia, que sin poder dar un paso mas adelante, le era forzado quedarse donde le tomaba, hasta que de lo alto le viniese el remedio. Pero en fin como pudo, cayendo y levantando, llegó á Roma el domingo de Ramos, y allí visitó con gran devocion y reverencia las sagradas estaciones y santuarios de aquella santa ciudad, y tomó la bendicion del papa, que era Adriano VI. Estando en Roma muchos procuraron de desviarle del propósito que tenia de ir á Jerusalen, dificultándole é imposibilitándole el camino por ser tan largo y trabajoso, y en año de tanto peligro y lleno de tantas dificultades, que no se podrian vencer sin mucho dinero.

Mas todas ellas no pudieron hacer mella en aquel ánimo determinado é invencible de Ignacio. Solo le movieron á tomar siete ú ocho ducados que le dieron al tiempo de su partida, que fué ocho dias despues de Pascua, para pagar con ellos el flete de su embarcacion; los cuales tomó, vencido de los muchos peligros y espantos que le contaron. Pero salido de Roma examinando lo que habian hecho, parecióle que habia nacido de temor humano y falta de confianza; y remordíale la conciencia, y carcomíase entre sí. No porque le pareciese que era pecado tomar ó llevar dinero, sino porque no venia bien con la perfeccion de su deseo, y desdecia en alguna manera del santo propósito que habia hecho de seguir una estremada pobreza en todas las cosas. Y así reprendiendo su flaqueza, quiso arrojar el dinero, mas despues le pareció mejor darlo á los pobres que encontrase por amor de Dios, y así lo hizo.

En el camino de Roma á Venecia pasó grandes fatigas y muchas dificultades. Porque como todavía duraba la pestilencia, desechado por el miedo de ella de los pueblos, le era necesario dormir las noches en el campo al sereno, ó cuando mucho debajo de algun portal : y los caminantes que le topaban, como le veían descolorido y trashijado, unos huían de él á par de muerte, cuyo retrato parecia ; otros, que se le llegaban por el camino, como no pudiese él atener con ellos y andar á su paso por su gran flaqueza acercándose la noche le dejaban solo y apresuraban su camino, por no trasnochar en el campo. Mas el Señor que dijo, no te desampararé ni dejaré, visitó al desamparado, y acogió siempre al desechado de todos Ignacio. Porque una noche despues de haberle dejado todos solo, yendo de Choza á Padua, en una campaña rasa, le apareció Jesucristo nuestro redentor, y maravillosamente le consoló con su dulce y soberana presencia : y le esforzó para padecer otras cosas mas ásperas por su amor. Y de tal manera favoreció su camino, que ni á la entrada, ni á la salida de la ciudad de Padua, no le dieron las guardas ningun estorbo, ni le detuvieron. Y la misma facilidad halló en la entrada de Venecia. Porque no obstante que las guardas y soldados á todos los demás examinaban y escudriñaban, á solo Ignacio no hubo hombre que le tocase ni impidiese. Lo cual no aconteció así á los que en el camino le habian dejado solo y desamparado ; antes al revés, porque se vieron todos en mucho trabajo para poder entrar en la ciudad de Venecia ; en la cual nunca quiso ir á hablar al embajador que en aquella república tenia el emperador D. Carlos rey de

España. Porque no buscaba favor humano, ni tenia cuidado del dinero que era necesario para pagar
el flete, antes tenia certísima esperanza, que Dios
le haria fácil y próspera su navegacion; y que habia
de llegar á aquella santa ciudad, y consolarle y regalarle en aquellos lugares consagrados con la vida
y muerte de Jesucristo nuestro señor.

Tambien aquí en Venecia tuvo otro contraste y
muchas dificultades que se le ponian delante para
desmayarle y apartarle de esta jornada. Porque como
el año antes de 1522, el gran turco Soliman hubiese puesto cerco sobre la isla de Rodas (que en
aquella sazon era de cristianos), despues de ha-
bérsela defendido muchos meses los caballeros de
la órden de san Juan con maravilloso valor y con
hazañas notables, á la postre fué entrada y ganada
la ciudad é isla con lastimosa pérdida de toda la
cristiandad. Y puso tan gran pavor y espanto este
triste acaecimiento en los mismos peregrinos que
habian ya llegado á Venecia para pasar á Jerusalen,
que dejando su propósito se tornaban á sus casas,
por no poner en peligro sus vidas y su libertad. Y
por esto muchos aconsejaban á Ignacio que librase
este negocio para otro tiempo en que hubiese mas sazon. Pero él tenia tan asentado en su corazon, que
aun que una sola barca pasara aquel año á Jerusalen, Nuestro Señor le habia de llevar en ella, que
no se debilitó ni enflaqueció un punto de su segura,
y cierta, y firme esperanza. El tiempo que estuvo

en Venecia, como solia en otras partes, mendigaba
de puerta en puerta su pobre comida: y las noches
dormia en la plaza pública de san Márcos, que es
la mas principal de aquella ciudad. Mas uno de
aquellos señores del Senado le recogió en su casa
con esta ocasion. Estaba este caballero una noche
durmiendo en su cama, á buen reposo con mucho
regalo (que le suele tener la gente principal de
aquella ciudad), y al mismo tiempo estábase Ignacio pobre y desnudo en el suelo, sin que hubiese
quien le albergase ni le dijese ¿qué haceis ahí? Estando, pues, el caballero en su regalo, oyó unas
voces como que le despertaban, y le decian: «¿cómo que tú andes delicada y ricamente vestido, y
estés tan regalado en tu casa, y que mi siervo esté
desnudo en los portales de la plaza? ¿Que tú duer-
mas en cama blanda y ricamente adcrezada, y que
él esté tendido en duro suelo al sereno?» Levantóse á estas voces el senador despavorido y espan-
tado con esta novedad; sálese con gran priesa de
su casa, sin saber á quien buscaba, ni á donde le
habia de buscar. Y vase por las calles, y llegado
á la plaza de san Márcos, halló echado á Ignacio en
la tierra: y entendiendo que era él el que Dios le
mandaba buscar, llévale aquella noche á su casa,
y trátale con mucho regalo y honra. De la cual queriendo huir Ignacio, se fué despues á casa de un español, que se lo rogó. Era duque de Venecia, en
aquella sazon, Andrea Griti, varon muy estimado

en aquella república: fué nuestro peregrino á hablarle, y contóle en su romance castellano la suma de su deseo, y suplicóle que le mandase dar embarcacion. Hízolo todo muy cumplidamente el duque, dando órden que le llevasen de gracia hasta Chipre en la nao capitana, en que iba el nuevo gobernador que enviaba la República á aquel reino.

Estando, pues, ya en esta esperanza, aguardando solo el buen tiempo para hacerse á la vela, hé aquí otro nuevo trabajo y estorbo que Nuestro Señor le envió para mayor probacion de su confianza. Habia ya salido del puerto la nave de los peregrinos, y estando para hacer lo mismo la capitana, dale una recia calentura á Ignacio, que le apretó mucho, y tomada una purga se hizo la capitana á la vela, y diciéndole el médico, que si se embarcaba aquel dia, ponia en manifiesto peligro su vida. El peregrino, que era guiado y regido interiormente por otro divino médico, ese mismo dia con la purga en el cuerpo se embarcó. Y proveyó Dios en la mayor necesidad, porque se mareó tanto y vomitó con la agitacion del mar, que comenzó luego á mejorar, y la navegacion poco á poco le fué causa de entera salud.

Cometíanse en la nave grandes pecados y maldades. Las cuales Ignacio, tocado de Dios é inflamado con el fuego de su celo y espíritu, no pudo sufrir. Y así comenzó á reprenderlas con libertad cristiana, y grande severidad. Y como los otros pasajeros no le pudiesen reprimir, con decirle que le podia venir mal si de aquella manera hablaba, vino la cosa á términos, que tomando su acuerdo los marineros le quisieron dejar en una isla despoblada y desierta, donde habian de llegar. Mas al mismo tiempo del llegar á ella con un súbito y arrebatado viento fué desviado el navío y apartado de la isla. De manera que no pudieron poner por obra su mal intento. Antes fué causa este viento de llegar mas en breve á Chipre, donde alcanzaron la nave de los peregrinos, á la cual se pasó Ignacio, sin meter en ella otra provision, que la que habia metido primero en la otra nave de Venecia, que era una firmísima esperanza en su Dios. El cual muchas veces en todo el tiempo de su navegacion se le apareció, y con increibles consolaciones y gozos espirituales le regaló y sustentó: y finalmente le llegó al puerto tan deseado de aquella tierra santa.

CAPÍTULO XI.

Como visitó los santos lugares de Jerusalen.

—

Hallo en un papel escrito de mano de Ignacio, que á los 14 del mes de julio del año de 1523, se hizo á la vela y salió de Venecia; y el resto del mes de julio y todo el mes de agosto gastó en su navegacion. De manera, que el postrer dia del mes de agosto llegó á Jaffa. Y á los 4 de setiembre, antes del mediodia, le cumplió Nuestro Señor su deseo, y llegó á Jerusalen. Que de la particularidad con que el mismo Padre escribió todo esto de su mano, se puede aun sacar su devocion, y la cuenta que llevaba en sus pasos y en las jornadas que hacia. No se puede explicar el gozo y alegría que Nuestro Señor comunicó á su ánima, con sola la vista de aquella santa ciudad, y como le regaló con una perpétua y contínua consolacion todo el tiempo que estuvo en ella, visitando muy particularmente, y regalándose en todos aquellos sagrados lugares, en que hay memoria haber estado Cristo nuestro redentor.

Tenia ya determinado de quedarse en Jerusalen, y emplear el resto de su vida en visitar y reverenciar aquellos santos lugares; que por haber sido pisados de aquella santísima humanidad de Jesucristo nuestro señor, parece que echan de sí fragrancia y olor de devocion y santidad, y llamas de aquel inestimable amor que nos mostró, en lo que en ellos por nosotros padeció y obró. Tenia tambien Ignacio deseo de emplearse en todo lo que sus fuerzas pudiesen, en ayudar y servir á sus prójimos. Y para hacerlo mejor, fuése al guardian de san Francisco, y dióle las cartas que le traia en su recomendacion, diciéndole el deseo que tenia de quedarse en Jerusalen (que la otra parte de ayudar á las almas, ni á él ni á otro se la descubria), y que

4

bien sabia que el convento era pobre, y que él no queria serles pesado ni cargoso. Que la limosna y caridad que le pedia, era solamente que tomase cargo de su conciencia, para regirla y para oir sus pecados, y confesarle, que en lo demás él tenia cargo de proveerse de lo necesario, sin darles pesadumbre. Dió el Padre guardian buenas esperanzas, pero remitióle á la venida del Padre ministro provincial, que estaba eu Bethlem. El cual venido desde á poco tiempo, aconsejó á Ignacio que se volviese á Italia, alabando por un cabo su deseo lleno de celo y devocion, y por otro dándole á entender, que por ser indiscreto y poco recatado, por ventura se veria en peligro de perder la vida y su libertad, como otros muchos que habian sido presos ó muertos, por dejarse llevar de semejante espíritu de devocion y fervor inconsiderado. Pero como Ignacio estuviese ya acostumbrado á no hacer caso de semejantes espantos y peligros, dijo al ministro provincial, que no podia dejar de quedarse, si no hubiese de por medio cosa que le obligase en conciencia á no quedar, por entender que el no quedarse, seria para mayor servicio de Nuestro Señor.

Entónces el provincial le declaró, que tenia facultad de la Sede apostólica, para enviar de allí los que le pareciese, y para descomulgar á los que en esto no le obedeciesen; y así, que le rogaba que tuviese por bien de se volver, y que sin escrúpulo ninguno se persuadiese ser esta la voluntad de Dios;

pues él como amigo y hermano, y experimentado en las cosas de aquella tierra, se lo aconsejaba, y que lo hiciese así, sino queria que contra su voluntad usase de la facultad que tenia. Y queriendo mostrarle las Bulas apostólicas, en que se le concedia esta facultad, no lo consintió Ignacio: mas dijo, que no habia para que mostrarlas, pues él creia lo que le decia sin otra prueba, como era razon. Y siguiendo la voluntad de Dios, que para mayores cosas le llamaba, dijo: «Padre, yo os obedeceré, y lo haré así como me lo ordenais.» Mas estando ya con propósito de volverse, le vino un encendido deseo de tornar á visitar el monte Oliveto, donde en una piedra se ven hoy dia las señales que dejó impresas de sus divinos piés el Señor al tiempo de su subida á los cielos. Y con este deseo se hurtó secretamente de los otros peregrinos, y solo sin guia y sin compañía, y lo que es de mayor peligro, sin llevar consigo turco de guarda, con toda priesa subió al monte; y no teniendo otra cosa que dar porque le dejasen entrar, dió á la guarda un cuchillo de escribanías que llevaba. Y lleno de incomparable regocijo, fuése con gran presteza á Bethphage. Mas luego dió la vuelta para el monte Oliveto, para mas atentamente mirar á cual parte caia la señal del pié derecho, y á cual la del izquierdo, que en la piedra quedaron señalados; y porque otra vez le dejasen entrar, dió á la guarda las tijeras que le habian quedado de las escribanías.

Como los Padres de san Francisco le echaron
menos, entendiendo el peligro que corria de su vida, enviaron á buscarle á un cristiano (de los que
llaman de la cintura) práctico de la tierra, que servia en el monasterio. Este le halló que ya volvia
lleno de gozo y consuelo, y arremetió á él con
un palo en la mano, y con rostro severo, y con
un semblante enojado y espantoso, le asió del brazo
riñéndole ásperamente, y amenazándole porque se
habia metido en tan manifiesto peligro : y tiró de él,
como que lo quisiese llevar medio arrastrando ; pero
Ignacio no resistió, antes siguió con mucho amor y
voluntad al que le llevaba ; porque fué particular el
regalo que su ánima en este trance sintió. Pues vió
sobre sí á Cristo nuestro salvador, como que caminaba é iba delante de él, desde que el otro le trabó
del brazo hasta que llegaron á las puertas del convento, y con este favor celestial pasó Ignacio con mas
alegría su trabajo.

CAPÍTULO XII.

Como volvió á España.

Despues que entendió ser la voluntad de Dios
que no quedase en Jerusalen, aparejóse para la
vuelta, en la cual le acontecieron algunas cosas notables. El tiempo era como suele, en el corazon del

invierno, de grandes nieves y heladas, y nuestro peregrino para defenderse del frio y abrigarse, no tenia mas ropa que unos zaragüelles de lienzo grosero, hasta las rodillas, y las piernas desnudas, y los piés calzados, y un juboncillo de lienzo negro acuchillado todo por las espaldas, y una ropilla corta y raida, de ruin paño.

Llegó á Chipre con los demás peregrinos, dónde halló tres navíos aprestados y á punto para Italia. El primero era de turcos. El segundo era una grande y poderosa nao veneciana, tan fuerte y tan bien armada, que parecia poder contrastar y resistir al ímpetu de todos los vientos, y á toda la furia del mar. El tercero era un navío pequeño y viejo, y casi comido de broma. Rogaron muchos al capitan de la nave veneciana, que quisiese recibir en ella á Ignacio por amor de Dios, alabándole de santo, y encumbrándosele mucho, y poniéndole delante con buenas palabras la obra tan buena que en ello hacia. Mas como él entendió que era pobre y que no tenia dineros para pagarle, dijo que no queria, que pues era tan santo, como ellos decian, no tenia necesidad de navío para pasar, que se fuese por su pié sobre las aguas, que no se hundiria. Y así desechado del capitan de la nave mayor, rogaron al de la menor que le admitiese y hízolo liberalmente.

Hiciéronse á la vela el mismo dia y á la misma hora, con próspero viento, todas tres naves, y habiendo caminado un rato, viniendo la tarde les so-

brevino una brava y recia tormenta, con la cual la
nave turquesa con toda su gente se hundió: la de
aquel caballero veneciano, dio al través junto á la
misma isla de Chipre, y perdióse, salvándose los
que iban en ella; pero la navecilla en que iba Ignacio, vieja y carcomida, y parece que se la habia
de tragar la mar, fué Nuestro Señor servido, que
aunque corrió fortuna no pereciese; antes despues
de mucho trabajo vino á tomar puerto en la Pulla,
provincia de Italia, en el reino de Nápoles, y de
allí llegó en salvamento á Venecia, mediado enero
del año 1524: habiendo desde que partió de Chipre
hasta que llegó, estado en la mar los meses de noviembre y diciembre y parte de enero.

En Venecia se reparó unos pocos dias, y topán-
dose en ella con un buen hombre que le habia antes recogido en su casa, rogado é importunado
de él, se fué á ella. Y queriéndose ya partir para
seguir su camino de España, le dió quince ó diez
y seis reales, y un pedazo de paño, del cual hizo
muchos dobleces para abrigar su estómago, que
con el rigor del frio le sentia muy enflaquecido y
gastado. Con esta provision se puso en camino
para España; y llegado á la ciudad de Ferrara, que
está dos jornadas de Venecia, fuése á hacer oracion á una iglesia, y estando en ella puesto con Dios
llegóse á él un pobre como suelen, á pedirle limosna, y él echó mano y dióle una moneda como un
cuarto: llegó otro, y el peregrino dióle otra mone-

da de mas valor, como seria un cuartillo. Avisaron estos pobres á los demás que estaban á la puerta de la iglesia pidiendo limosna, de lo bien que con el peregrino les habia sucedido: y ellos uno en pos de otro le fueron á él pidiendo por Dios, y él comenzó liberalmente á repartir con ellos de lo que tenia, dándoles primero las monedas menores, y despues las mayores, hasta darles todos los reales, de suerte que no le quedó ninguno. Y acabada su oracion, saliendo de la iglesia, todos los pobres comenzaron á dar voces de alabanza, diciendo *el santo, el santo*: y él, que no tenia un pedazo de pan que comer aquel dia, fuélo á buscar de puerta en puerta, como tenia de costumbre.

De Ferrara tomó el camino para Génova por Lombardía (la cual ardia toda de cruelísima guerra, que entónces habia entre los españoles y franceses), y él enderezaba su camino, de manera que habia de pasar casi por los mismos ejércitos y reales de los unos y de los otros. A esta causa le aconsejaron que se desviase de aquel peligro, y echase por otro camino mas desembarazado y seguro. Pero él se determinó de seguir su camino derecho, llevando á Nuestro Señor por su escudo y su guia.

Pasando, pues, adelante, vino á dar en un pueblo cercado, donde habia infantería española, que estaba allí con mucha guarda y recato. Y como algunos soldados y centinelas le vieron en aquel traje y figura, creyendo que fuese espía de los ene-

migos, echaron mano de él, y lleváronle á una casilla cerca de la puerta del pueblo, y allí con palabras blandas y halagüeñas, quisieron sacar de él
quien era. Despues como no hallaron lo que querian, comenzáronle á escudriñar y á tentar con
mucha desenvoltura y poca vergüenza, hasta des-
nudarle y quitarle los zapatos y ropilla que traia,
por ver si hallarian alguna carta ó rastro de lo que
sospechaban; pero en fin quedaron burlados, y
amenazándole le dijeron que fuese delante del capitan, que á puros tormentos le harian confesar la
verdad, y así desnudo con solo el jubon y zaragüelles,
le llevaron por tres grandes calles delante del capitan con mucha alegría y regocijo de su ánima.
Y como quiera que hasta entónces, porque le tuviesen por rústico y hombre simple, y que sabia
poco de cortesías solia tratar groseramente á todos
y no conforme al estilo comun de la gente pulida y
cortesana, y llamar aun á los señores y príncipes
de vos, viéndose en aquella hora llevar delante del
capitan, cayóle un nuevo miedo que le hizo dudar,
si seria bien dejar por entónces aquella su costumbre, y tratar al capitan mas cortesmente que solia
á los otros. Y la causa de esta duda, era porque
por ventura, si así no lo hiciese, daria ocasion al
capitan para pensar que no hacia caso de él; y para
que enojado por verse despreciado, le maltratase é
hiciese morir á puros tormentos. Pero conociendo
que este pensamiento nacia de flaqueza y temor hu-

mano, le rechazó tan constantemente, que determinó por sola esta causa de no usar de ningun género de cumplimiento con el capitan, y cumplíólo
bien á la letra. Porque preguntando el capitan de
dónde era natural, calló como si fuera mudo, y preguntándole mas adelante de dónde venia, no respondió palabra. Finalmente á todas las otras preguntas que le hizo, estuvo como una estátua, teniendo siempre los ojos del cuerpo enclavados en
el suelo, y los de su ánima en el cielo. A sola esta
pregunta, ¿eres espía? Respondió: no soy espía.
Y esto por parecerle, que sino respondia á esta demanda, por ventura les daria justa causa de enojarse con él, y atormentarle.

Enojóse el capitan con los soldados ásperamente
riñéndolos y diciéndoles que harto locos eran ellos,
pues le habian traido allí un loco: y con tanto
manda que se lo quiten de delante, y le echen de
allí.

Irritados los soldados con el mal tratamiento de
su capitan, quiebran en el pobre peregrino su enojo, y diciéndole mil baldones y ultrajes, cárganle de
puñadas y coces. Contaba él despues, que con la
memoria y representacion que allí tuvo de la afrenta
y escarnio que el Señor recibió de Herodes y de
sus soldados, habia el mismo Señor regalado su
ánima con admirable y extraordinario consuelo. Mas
pasada esta befa y gritería no faltó Dios á su soldado; porque no habiendo todo aquel dia desayuná-

dose con otro manjar que de afrentas é injurias, y
estando bien fatigado y quebrantado su cuerpo, un
español de pura lástima le llevó consigo, y le al-
bergó y reparó dándole de comer. De allí se partió
el dia siguiente, y prosiguiendo su camino, fué
otra vez preso de ciertos franceses, que siendo centinelas le vieron pasar desde una torre, y le llevaron al capitan francés; el cual sabiendo de dónde
era, aunque no quién era, le acogió, y trató, y
despidió cortesmente, y le mandó dar de cenar, y
hacer buen tratamiento. Llegado á Génova, topó
con Rodrigo Portundo vizcaino, que era entonces
general de las galeras de España, y habia sido su
conocido en la corte de los Reyes católicos. Este le
amparó y dió órden para que se embarcase en una
nave que pasaba á España, á donde aportó, llegando
á Barcelona, con hartos peligros de corsarios y enemigos, viniendo á acabar su navegacion en el mismo lugar donde la habia comenzado.

CAPÍTULO XIII.

Como comenzó á estudiar desde las primeras letras.

—

Volvió, como dijimos, á España, y la vuelta fué
con determinacion de estudiar muy de propósito,
porque como se vió apartado de aquellos santos lugares de Jerusalen, donde él pensaba pasar su vida,

y que no le habian salido sus primeros intentos,
comenzó á pensar con gran cuidado, qué era lo que
Dios queria de él: qué cosa seria bien hacer que
fuese mas acepta y agradable en los ojos de su divino acatamiento. Y despues que lo miró y tanteó
todo, al fin se resumió, que para poder emplearse
mejor y mas á provecho de sus prójimos, como él
deseaba, era necesario tener caudal de letras, y
acompañar la doctrina y el conocimiento de las cosas divinas (que por el estudio y ejercicio de las
letras se alcanza), con la uncion y sabor de espíritu que Nuestro Señor le comunicaba, y por esto
se determinó de estudiar. Y parecióle que Barcelona
le seria á propósito para hacerlo.

Y así llegado á ella, comunicó esta su determinacion con dos personas devotas suyas. La primera fué una señora honrada y principal, de la cual
ya antes habia recibido mucha caridad y limosna.
La otra fué un maestro de gramática, llamado Ardebalo, hombre de mucha virtud, y aplicado á toda devocion, y aprobaron ambos su determinacion.
Y la señora le ofreció de sustentarlo en el estudio
los años que estuviese allí, y el maestro de enseñarle con diligencia. De esta manera, pues, el año
de 1524, siendo ya de edad de 33 años, comenzó á aprender los primeros principios de gramática,
y aquellas menudencias de declinar y conjugar, que
aunque no eran para sus años, las llevó bien el és-
píritu y fervor tan encendido con que deseaba ven-

cerse y agradar á Dios. No le espantaba el trabajo
desabrido de aquellas prolijidades y espinosas niñerías, ni la muchedumbre y variedad de tantas reglas y preceptos, ni el tomar de coro, y repetir, y
dar la licion, ni los otros ejercicios pueriles le daban tanta pena como las muchas y grandes consolaciones é ilustraciones que le venian, cuando con
mas atencion se ponia á estudiar.

Apenas tomaba el arte de gramática en la mano
para decorar las declinaciones de los nombres y conjugaciones de los verbos, cuando embestian con él
inteligencias de cosas altísimas, y le atropellaban
y turbaban la memoria. De suerte que en lo que
estudiaba, no podia coger cosa de nuevo, y todo
lo que antes habia cogido y allegado, se le desaparecia y derramaba con la fuerza de la imagina-
cion. Y aunque con todas sus fuerzas é industria,
trabajaba por cerrar la puerta á estos sentimientos
cuando venian, y por despedirlos y echarlos de sí
cuando habian entrado, no era señor de sí, ni lo
podia hacer, ni estaba mas en su mano, por mucha fuerza que se hiciese, y por mucho que fuese
el daño que para sus estudios viese que recibia de
esta sutil y engañosa tentacion. Hasta que un dia
asombrado de esta novedad tan grande, comenzó á
examinarla, y á pensar, y á decir entre sí: « Vá-
lame Dios! ¿qué es esto? cuando rezo, cuando me
confieso y comulgo, cuando me disciplino, cuando
velo, cuando con ayunos y otras penitencias cor-

porales aflijo mi carne y lloro mis pecados, cuando
trato de veras las cosas puramente espirituales y
divinas, no tiene mi ánima tanta lumbre y recreacion, ni tan grandes ni tan maravillosos sentimientos de Dios : y cuando nos venimos á hacer niños,
y tratar niñerías, y queremos dejar á Dios por Dios;
¿entonces se nos ofrecen estas visiones? Ya te entiendo, Satanás, ya te entiendo, estos son tus ardides y engaños, que traen apariencia de luz resplandeciente, y son oscuridad y tinieblas. Pues espera, yo te dejaré burlado. »

Para resistir pues á esta tan porfiada astucia del
enemigo, vase á su maestro, y ruégale (como el
mismo Padre me contó) que se venga con él á la
iglesia de santa Maria de la Mar, que estaba cerca
de su casa, y que allí le oiga lo que le quiere decir.
Y así le dió cuenta muy por entero de todo lo que
pasaba en esta parte por su ánima, y de la tela que
le iba urdiendo el demonio ; y que para destejerla y
deshacerla de todo punto, le empeñaba su palabra
y le prometia de no faltar ningun dia á licion, en
espacio de los dos primeros años siguientes, con que
no le faltase pan y agua para pasar aquel dia. Y con
esto échase á los piés del maestro, y ruégale una
y muchas veces muy ahincadamente, que muy particularmente le tome á su cargo, y le trate como al
menor muchacho de sus discípulos, y que le castigue y azote rigurosamente como á tal cada y cuando que le viere flojo y descuidado, ó menos atento

y diligente en lo que tanto le importaba para el servicio divino, y para la victoria de sí mismo y de su enemigo capital.

Con este acto tan vehemente y tan fervoroso, se deshizo luego, como con la claridad del sol, toda aquella niebla y oscuridad que venia con apariencia de claridad; y le dió Dios nuestro señor mucha paz y sosiego en el estudio. Prosiguiendo, pues, en los ejercicios de sus letras, aconsejáronle algunos hombres letrados y pios, que para aprender bien la lengua latina, y juntamente tratar de cosas devotas y espirituales, que leyese el libro de *Milite cristiano*, (que quiere decir de un caballero cristiano) que compuso en latin Erasmo Roterodamo; el cual en aquel tiempo tenia grande fama de hombre docto y elegante en el decir. Y entre los otros que fueron de este parecer, tambien lo fué el confesor de Ignacio. Y así tomando su consejo comenzó con toda simplicidad á leer en él con mucho cuidado, y á notar sus frases y modos de hablar. Pero advirtió una cosa muy nueva y muy maravillosa y es, que en tomando este libro que digo de Erasmo en las manos, y comenzando á leer en él, juntamente se le comenzaba á entibiar su fervor, y á enfriarse la devocion. Y cuanto mas iba leyendo, iba mas creciendo esta mudanza. De suerte que cuando acababa la licion, le parecia que se habia acabado y helado todo el ardor que antes tenia y apagado su espíritu y trocado su corazon, y que no era el mismo despues de la licion, que antes de ella. Y como echase de ver esto algunas veces, á la fin echó el libro de sí, y cobró con él y con las demás obras de este autor tan grande ojeriza y aborrecimiento, que despues jamás, no quiso leerlas él ni consintió que en nuestra Compañía se leyesen, sino con mucho delecto y mucha cautela.

El libro espiritual que mas traia en las manos, y cuya leccion siempre aconsejaba, era el *Contemptus mundi*, que se intitula *De imitatione Christi*, que compuso Tomás de Kempis, cuyo espíritu se le embebió y pegó á las entrañas. De manera que la vida de Ignacio, como me decia un siervo de Dios, no era sino un perfectísimo dibujo de todo lo que aquel librico contiene. Como se sintió en Barcelona mas aliviado del dolor del estómago de lo que solia, acordó de tornar al gran rigor de sus acostumbradas penitencias, en las cuales habia aflojado algo, parte por el mal del estómago, y parte por los trabajos y dificultades del largo camino. Y así comenzó á agujerear las suelas de los zapatos, yéndolas poco á poco rasgando, de tal manera, que á la entrada del invierno ya andaba los piés desnudos por tierra, y cubiertos por encima con el cuero del zapato por huir la ostentacion. Y en la misma manera iba añadiendo en las demás penitencias.

Dos años estuvo en Barcelona oyendo del maestro Ardebalo, con tanta diligencia y aprovechamiento, que le pareció á su maestro, que podia pa-

sar á otras ciencias mas altas ; y de este parecer
fueron tambien otros hombres doctos , que le aconsejaban que estudiase el curso de la filosofía. Pero
como él desease estar bien fundado en la latinidad antes de pasar á otras ciencias no se satisfizo del parecer
de estos, hasta que se hizo examinar de un famoso
doctor en teología ; el cual aprobó el parecer de los
demás , y le aconsejó que para aprovechar mas en
los estudios de filosofía , se fuese á la universidad
de Alcalá , y así lo hizo el año de 1526.

CAPÍTULO XIV.

Como le prendieron en Alcalá , y le dieron por libre.

—

A la entrada de Alcalá , el primero con quien
topó fué un estudiantico de Victoria , llamado Martin de Olabe, de quien recibió la primera limosna ; y pagósela muy bien Nuestro Señor por las
oraciones de Ignacio, porque siendo ya Olabe doctor en teología por la universidad de París , y hombre señalado en letras y de grande autoridad , vino
á entrar en la Compañía , y estando en el concilio
de Trento el año de 1552, con un llamamiento
extraordinario y señalada vocacion que tuvo de Dios.
Fuése Ignacio en Alcalá derecho al hospital , y de
allí salia á pedir de puerta en puerta la limosna,
que habia menester para sustentarse. Y aconteció,

que pidiendo limosna una vez, un cierto sacerdote hizo burla de él, y otros hombres baldíos y holgazanes que estaban en corrillos, tambien le decian baldones y mofaban de él. Tuvo mucha pena de ver esto el priostre del hospital de Antezana, que era nuevamente fundado, y llamando aparte al pobre Ignacio, le llevó á su hospital, y dióle en él caritativamente aposento por sí.

Hallándose aquí con mas comodidad para su intento, se ocupaba en los estudios de lógica y filosofía; y aun oia el maestro de las sentencias. Pero no por esto dejaba las obras de devocion ni de misericordia, ni de procurar la salud espiritual de los prójimos. Porque andaba con grande ansia allegando limosnas, con que sustentaba á los pobres que padecian mayor necesidad, y encaminaba muchos á la virtud por la oracion y meditacion, dándoles los ejercicios espirituales. Y juntamente enseñaba la doctrina cristiana á los niños y á la gente ignorante. Y respondia á estos trabajos tal fruto, que parecia aquella villa haberse trocado, despues que Ignacio habia entrado en ella.

No pudo ya mas disimular su rabiosa saña de ver estas cosas, el enemigo del linaje humano; y así vino á reventar el odio que contra Ignacio habia concebido; lo cual fué de esta manera. Tenia en este tiempo Ignacio tres compañeros, que movidos de su ejemplo se le habian allegado como imitadores de su vida: y otro mozo francés tambien los

5

seguia, y todos andaban vestidos de la misma manera que él andaba, y con el mismo hábito, que era
una túnica de sayal, y así los llamaban en Alcalá,
como por burla, los del sayal. Eran muy diferentes,
y aun contrarios, los pareceres de las gentes, que
tomaban materia de hablar, así por ver estos hombres en compañía, como por el concurso grande
de gente que se les llegaba á oir á Ignacio, y no
menos viendo el fruto claro que se cogia del ejemplo, de su vida y de su doctrina. Y así se hablaba
de este negocio en el pueblo, como se suele, segun que cada uno sentia, quien defendiendo, quien
acusando: y en lo uno y en lo otro habia exceso,
así de los que decian bien, como de los que decian mal.

Llegó la fama de esto á los inquisidores de Toledo, los cuales, como prudentes, temiendo de esta novedad en tiempo tan sospechoso, y queriendo
como cuidadosos remediar el mal, si alguno hubiese, con otra ocasion ó sin ella vinieron á Alcalá,
hicieron diligentísima pesquisa de la doctrina, vida
y ocupaciones de Ignacio, y formaron el proceso.
Y hallando que en dicho ni en hecho no habia cosa
en él que discrepase de la verdadera y sana doctrina de la santa Iglesia romana nuestra madre, se
volvierón á Toledo, sin llamarle ni decirle palabra.
Pero dejándole el proceso que habian hecho, re-
mitieron el negocio al licenciado Juan de Figueroa,
que era vicario general del arzobispado de Toledo,

encargándole que estuviese sobre aviso, y mirase
á las manos á aquella gente. El cual pasados algunos dias, envió á llamar á Ignacio y á sus compañeros ; y les dijo que se habia tomado muy particular informacion de sus vidas, costumbres y doctrina ; pero que por gracia de Nuestro Señor no se
habia hallado en ellos, ni vicio en la vida, ni falsedad ó error en la doctrina : y que así podrian á
su placer entender en sus ejercicios y ocuparse á
su voluntad, ayudando, como lo hacian, á los
prójimos. Que una sola cosa no le contentaba, y
era, que no siendo ellos religiosos, anduviesen todos vestidos con un mismo hábito y traje : que seria
mejor y que así se lo requeria y mandaba, que los dos,
Ignacio y otro, tiñesen sus vestiduras de negro, y
los otros dos de leonado, y el mozo francés se quedase con su hábito. Ignacio respondió, que harian
lo que se les mandaba, y así lo hicieron.

Dende á pocos dias, el vicario mandó á Ignacio
que no anduviese los piés descalzos; y así como en
todo era obedientísimo á quien le podia mandar, lo
fué en esto, y púsose luego zapatos. De ahí á cuatro meses el vicario tornó á hacer nueva pesquisa
sobre ellos, y despues de largas informaciones y
largas preguntas y respuestas que á otros se hicieron, no le dijeron á él palabra, ni le tocaron en un
hilo de la ropa. Pero aun esto no bastó para que le
dejasen vivir en paz. Porque luego se levantó otra
borrasca, que nació de lo que aquí diré.

Entre las personas que oian á Ignacio y se aprovechaban de sus consejos, hubo dos mujeres madre é hija, nobles y viudas honradas, y la hija moza y de muy buen parecer. Estas entraron en devocion y fervor indiscreto, y para padecer mucho por Nuestro Señor, se determinaron de mudar hábito, y como pobres y mendigas irse á pié en una romería larga; y pidieron parecer á Ignacio sobre ello, y díjoles, que no le parecia bien, pues podian hallar en su casa mas fácilmente y con menos peligro, lo que buscaban fuera de ella. Y como viesen que no les salia á lo que ellas querian, y á lo que estaban determinadas; sin decirle mas palabra se fueron entrambas en peregrinacion á la Verónica de Jaen. Lo cual fué causa que todos, aunque sin razon, se volviesen contra Ignacio, pensando que de su consejo habia salido aquel hecho. Y así estando un dia bien descuidado fuera del hospital, que ya no moraba en él, llegó á él el alguacil del vicario, y díjole que se fuese con él, é Ignacio le siguió con mucha mansedumbre y alegría á la cárcel, donde le dejó el alguacil preso. Era tiempo de estío, y tenia una manera de carcelería algo libre, y así pudieron acudir á él muchos para oirle, á los cuales él enseñaba la doctrina cristiana y cosas de Nuestro Señor; y les daba los ejercicios espirituales, de la misma manera y con el mismo fervor, que cuando estaba del todo libre.

Supieron su prision algunas personas principales,

y entendiendo su inocencia, le enviaron á ofrecer su favor, y á decirle, que si quisiese le harian sacar de la cárcel. Entre estas fueron dos mas señaladas. La una fué D.ª Teresa Enriquez, madre del duque de Maqueda, señora devotísima, bien conocida en España. La otra fué D.ª Leonor Mascareñas, dama que éntónces era de la emperatriz, y despues fué aya del .príncipe de Castilla el rey don Felipe nuestro señor: la cual hoy vive en recogimiento religioso, y ha sido siempre una de las mas devotas y bienhechoras de nuestra Compañía. Mas Ignacio confiando de su verdad, y deseoso de padecer mucho por Cristo, no consintió que estas personas ni otras hablasen por él : ni quiso tomar procurador, ni abogado, ni hombre que alegase por su justicia, pareciéndole no ser necesaria la defensa donde no habia culpa. Y tambien queria, si en algo torciese, ser enderezado de los superiores eclesiásticos, á los cuales toda su vida se mostró serles hijo de obediencia. Estaba en este tiempo en Segovia, y aun no bien convalecido de una gran enfermedad pasada, uno de sus compañeros, que se llamaba Calisto ; el cual luego que supo que Ignacio estaba preso, se vino á Alcalá y se entró en la misma cárcel con él ; mas por órden de Ignacio se presentó al vicario, el cual le mandó tornar á la cárcel. Pero poco despues fué puesto en libertad, procurándolo Ignacio, que tenia mas cuidado de la flaca salud de su compañero, que de su propia causa.

. Ya habian pasado diez y siete dias que Ignacio estaba en la prision, y en todo este tiempo ni él sabia ni podia imaginar porque causa le hubiesen encarcelado. A esta sazon vino el vicario Figueroa á visitarle, y comienza á examinarle, y á preguntarle muchas cosas, y entre ellas, si acaso tenia noticia de aquellas mujeres viudas, que arriba dije, madre é hija: dijo Ignacio que sí, y el vicario: «¿Aconsejástelas vos que fuesen en romería, ó supísteis cuando habian de ir?» «No ciertamente, dice Ignacio, antes os afirmo con toda verdad, que les he desaconsejado semejantes pasos y romerías. Porque la hija siendo de aquella edad y parecer que es, no corriese algun peligro su honra; y porque mas al seguro, y mas libremente podrian hacer sus devociones dentro de su casa, y ejercitarse en obras de caridad en Alcalá, que no andando por montes y despoblados.» Entonces el juez riendo le dijo: «Pues esa es toda la causa porque estais preso, y no hay otra alguna.»

Pasados cuarenta y dos dias de como le prendieron, y venidas las mujeres de su peregrinacion, tomáronles su dicho; por el cual se supo enteramente la verdad, y se halló que Ignacio no se lo habia aconsejado, y así cesó toda aquella sospecha. Y viniendo el notario de la causa á la cárcel, leyó al preso la sentencia que contenia tres cosas. La primera, que daba por libre á Ignacio y sus compañeros, y que de lo que se les oponia, fueron hallados del todo inocentes y sin culpa. La segunda, que su hábito fuese el mismo que el de los demás estudiantes con manteo y bonete, y que de ahí adelante no anduviesen de otra manera vestidos. La tercera, que pues no habian estudiado teología (lo cual siempre Ignacio claramente confesaba) en los cuatro años siguientes no tratasen de enseñar al pueblo los misterios de nuestra santa fe católica, hasta que con el estudio tuviesen mas conocimiento y noticia de ellos. Oida la sentencia, respondió Ignacio al juez en lo que tocaba al vestido: «Cuando se nos mandó que mudásemos el color de las ropas, sin pesadumbre obedecimos; porque era fácil cosa el teñirlas, mas ahora que se nos manda traer hábito nuevo y costoso, no podemos obedecer, siendo como somos pobres, ni esto está en nuestra mano.» Y así el vicario luego les mandó comprar bonetes y manteos, y lo demás que á estudiantes pertenecia. Mas despues Ignacio, viendo que con la tercera parte de esta sentencia se les cerraba la puerta para tratar del aprovechamiento del prójimo, no dejó de poner duda en la ejecucion de ella. Y así determinó de irse al arzobispo de Toledo D. Alonso de Fonseca, que á la sazon estaba en Valladolid, y pasar por lo que él le mandase hacer. Partió él y sus compañeros para Valladolid, vestidos de estudiantes, como habemos dicho: acogióle el arzobispo humanísimamente, y viéndole inclinado á ir á la universidad de Salamanca, le dió dineros para el camino, y le ofreció todo favor y amparo, siempre que de él ó de los suyos, en Salamanca, se quisiese valer.

CAPÍTULO XV.

Como tambien en Salamanca fué preso, y dado por libre.

—

Ocupábase en Salamanca, como solia, en dispertar los corazones de la gente al amor y temor de Dios. Ibase á confesar á menudo con un padre religioso de santo Domingo, de aquel insigne monasterio de san Estéban. Y á pocos dias díjole una vez su confesor, que le hacia saber, que los frailes de aquella casa tenian gran deseo de oirle y hablarle; al cual Ignacio respondió, que iria de buena gana cada y cuando que se lo mandase. « Pues venid, dice el confesor, el domingo á comer con nosotros, mas venid apercibido, porque mis frailes querrán informarse de muchas cosas de vos, y os harán hartas preguntas.» Fué Ignacio el dia señalado con un compañero, y despues de haber comido los llevaron á una capilla, donde se hallaron con ellos, el confesor y otros dos frailes de los cuales uno era el vicario que gobernaba el monasterio en ausencia del prior. El cual mirando con rostro alegre á Ignacio, le dice con palabras blandas y gravès : «Mucho consuelo me da, cuando oigo decir del ejemplo grande que dais con vuestra santa vida, y que no solamente os preciais de ser bueno para vos, sino tambien procurais que lo sean los demás, y que á imitacion de los Apóstoles, andais por todas partes enseñando á los hombres el camino del cielo. Y no soy yo solo el que de esto me gozo, que tambien les cabe parte de esta alegría á nuestros frailes; mas para que ella sea mayor y mas cumplida, deseamos oir de vos mismo algunas de estas cosas que se dicen. Y lo primero que nos digais ¿qué facultad es la vuestra, y en qué estudios os habeis criado, y qué género de letras son las que habeis profesado?» Como Ignacio con simplicidad y llaneza dijese la verdad de sus pocos estudios; «pues ¿porqué dijo él, con tan poco estudio, y con solas las primeras letras de gramática, os poneis á predicar? «Mis compañeros y yo, dijo Ignacio, no predicamos, Padre, sino cuando se ofrece alguna buena ocasion, hablamos familiarmente lo que alcanzamos de las cosas de Dios.» «¿Y qué cosas de Dios son esas que decis? que eso es lo que sumamente deseamos saber.» Entonces, dijo Ignacio, nosotros algunas veces hablamos de la dignidad y excelencia de la virtud, y otras de la fealdad y torpeza de los vicios, procurando traer á los que nos oyen á lo bueno, y apartarlos cuanto podemos de lo malo.» «Vosotros, dijo el vicario, sois unos simples idiotas, y hombres sin letras como vos mismo confesais, pues ¿cómo podeis hablar seguramente de las virtudes y de los vicios? De las cuales cosas, nadie puede tratar con seguridad, sino es con teología y doctrina, ó alcanzado por estudio, ó revelado por Dios. De manera, que pues no la habeis alcanzado por estudio, señal es que os la ha infundido inmediatamente el Espíritu santo. Y esto es lo que deseamos saber cómo ha sido, y que nos digais ¿qué revelaciones son estas del Espíritu santo?»

Detúvose aquí un poco Ignacio mirando en aquella sutil y para él nueva manera de argumentar. Y despues de haber estado un rato en grave y recogido silencio, dijo: «Basta, Padre, no es menester pasar mas adelante.» Y aunque el vicario todavía le quiso concluir con la pregunta del Espíritu santo, y le apretase con vehemencia á que le diese respuesta, no le dió otra, sino esta: «Yo, Padre, no diré mas, sino fuere por mandado de superior á quien tenga obligacion de obedecer.» «Buenos estamos, dice el Padre, tenemos el mundo lleno de errores y brotan cada dia nuevas herejías y doctrinas ponzoñosas, y vos no quereis declararnos lo que andais enseñando; pues aguardadme aquí un poco, que presto os harémos decir la verdad.» Quédase Ignacio y su compañero en la capilla, y vanse los frailes, y mandan cerrar las puertas del monasterio, y de ahí á un poco pasáronlos á una celda.

Tres dias estuvo en aquel sagrado convento Ignacio, con grandísimo consuelo de su ánima. Comia en refitorio con los frailes, y muchos de ellos venian á visitarle y á oirle á su celda, que casi estaba llena de frailes, á los cuales Ignacio hablaba con mucha libertad y eficacia de las cosas divinas, como era su costumbre: y muchos de ellos aprobaban y defendian su manera de vivir y enseñar. Y así el monasterio se partió como en bandos, aprobando unos y reprobando otros lo que oian de su doctrina.

En este espacio de tiempo aquellos padres religiosos, con buen celo, movidos de la libertad con que Ignacio hablaba y del concurso de la gente que le oia, y del rumor que de sus cosas, ya tan sonadas, habia en la ciudad (el cual casi nunca se mide al justo con la verdad) y viendo los tiempos tan sospechosos y peligrosos, temiendo que so capa de santidad no se escondiese algun mal, que despues no se pudiese tan fácilmente atajar, dieron parte de lo que pasaba al provisor del obispo; el cual al cabo de los tres dias envió al monasterio su alguacil; y él llevó á Ignacio á la cárcel con su compañero, mas no los pusieron abajo á donde estaban los otros presos por comunes delitos, sino en lo mas alto de un aposento, apartado, viejo, medio caido, muy sucio y de mal olor. Allí ataron á una gruesa cadena, larga de doce ó trece palmos, á los dos presos, metiéndoles un pié á cada uno en ella, tan estrechamente, que no podia apartarse el uno del otro, para ninguna cosa. Y de esta suerte pasaron toda aquella noche, velando y haciendo oracion. Mas al dia siguiente, como se divulgó en la ciudad que eran presos, no faltaron hombres devotos, de los muchos que á Ignacio solian oir, que los proveyeron abundantemente de cama y comida y de las otras cosas necesarias. Y allí donde estaba preso, no dejaba Ignacio sus ejercicios acostumbrados, ni de hablar con libertad, ensalzando la virtud y reprendiendo los vicios, y despertando los corazones de los hombres al menosprecio del mundo.

Vínoles á visitar á la cárcel el bachiller Frias, que así se llamaba el provisor, y á cada uno por su parte le tomó su confesion. Dióle Ignacio el libro de los *Ejercicios espirituales* para que los examinase: y díjole que fuera del que allí estaba tenia otros dos compañeros, y declaróle la casa donde los hallaria. Mandólos el provisor prender, y poner abajo en la cárcel comun, para que estando así apartados los unos de los otros no se pudiesen comunicar. No quiso tampoco Ignacio en esta persecucion tomar de los hombres procurador ó abogado que defendiese su inocencia.

Pasáronse algunos dias de esta manera en la cárcel, y al cabo de ellos le llevaron delante de cuatro jueces, hombres todos graves y de muchas letras; los tres llamados Isidoro, Paraviñas y Frias, eran doctores. El cuarto era el provisor dicho, que se llamaba el bachiller Frias. Todos estos habian leido el libro de los *Ejercicios*, y le habian examinado con toda curiosidad. Llegado á su presencia Ignacio,

preguntáronle muchas cosas, no solo de las que en
el libro se contenian, sino de otras cuestiones de
teología, muy recónditas y exquisitas, como de la
santísima Trinidad, del misterio de la Encarnaeion,
y del santísimo Sacramento del altar. A lo cual todo, Ignacio, protestando primero con modestia que
era hombre sin letras, respondia tan sábia y gravemente, que mas les daba materia de admiracion,
que ocasion de reprension alguna. Púsole despues
el provisor una cuestion del derecho canónico que
declarase: y él diciendo que no sabia lo que los doctores en aquel caso determinaban, con todo eso respondió de manera, que dió derechamente en el blanco de la verdad. Mandáronle al fin, que les declarase allí el primer mandamiento del Decálogo, de
la manera que lo solia declarar al pueblo; hízolo
así; y dijo acerca de esto tantas cosas, y tan extraordinarias, y tan bien dichas, que les quitó la
gana de preguntarle mas. Una cosa sola parece que
no tenian por segura los jueces, que es un docu-
mento que se da al principio de los ejercicios, en
que se declara la diferencia que hay entre el pensamiento que es pecado mortal, ó venial. Lo cual
no lo reprendian en Ignacio, porque enseñase cosa
falsa, sino porque no habiendo estudiado se ponia
á determinar lo que sin mucha doctrina no se podia
bien discernir y averiguar. A lo cual Ignacio les
respondió: «Si es verdad ó no lo que yo acerca de
esto enseño, vuestro es mirarlo, que para eso os

hacen jueces; yo no quiero ser el juez, solo pido que si es verdad, que se apruebe, y sino que se repruebe y condene lo que digo» Mas los jueces no hallando porque, no lo osaron reprobar.

Venian muchos, como antes dije, allí á la cárcel á visitar á Ignacio y á oirle, entre los cuales era uno D. Francisco de Mendoza, que despues murió cardenal y obispo de Burgos. El cual un dia doliéndose de su trabajo, le preguntó¿ si le daba mucha pena el verse preso, y en cadenas? Al cual Ignacio respondió: «¿Tan gran mal os parece á vos estar así preso un hombre y aherrojado? Pues yo os digo de verdad, que no hay tantos grillos en Salamanca, ni tantas cadenas, que no sean mas en las que yo deseo verme por amor de mi señor Jesucristo.» Y ciertas religiosas que ya tenian noticia de su santidad, le escribieron una carta, doliéndose de su trabajo, y quejándose y acusando á los que le habian puesto en él. A las cuales él respondió otra reprendiéndoles su sentimiento y desconocimiento de los tesoros que se encierran en la cruz y tribulaciones que se pasan por Cristo; dándoles á entender cuan regocijada estaba su ánima, y cuan deseosa de mayores fatigas y tormentos, con tan encendidas y afectuosas palabras, que por una parte quedaron las monjas corridas, y por otra abrasadas y atravesadas con el deseo de padecer mucho por amor de su Dios y Señor.

Acaeció en este tiempo que estaban presos, que

una noche todos los demés presos se salieron de la cárcel pública, y escaparon huyendo, dejándola abierta, y tan sola, que solos los compañeros de Ignacio quedaron como por guarda de la casa. Y así otro dia por la mañana fueron hallados ellos solos en la cárcel las puertas abiertas de par en par. De lo cual no menos quedaron maravillados, que edificados, así el juez como toda la ciudad; por lo cual los sacaron de allí y llevaron á una buena posada.

A cabo de veinte y dos dias de su prision, fueron llamados ante los jueces, para oir la sentencia que se les daba: y en suma fué, que los daban por hombres de vida y doctrina limpia y entera, sin que en ella se hallase mácula ni sospecha: y que pudiesen como antes lo hacian, enseñar al pueblo, y hablarle de las cosas divinas. Mas que de una sola cosa se guardasen, que era meterse en muchas honduras, y declarar la diferencia que hay entre el pecado venial ó el mortal, hasta que hubiesen estudiado cuatro años de teología. Leida la sentencia, dijo Ignacio que él la obedecia por el tiempo que estuviese en su jurisdiccion ó distrito; porque no era justo que no hallándose culpa en su vida ni error en su doctrina, le quisiesen cerrar el camino para ayudar á las almas, quitándole la facultad de hablar libremente de las cosas de Dios, y que pues él era libre y señor de sí para ir donde quisiese, él miraria lo que le cumplia.

CAPÍTULO XVI.

Como fué á estudiar á la universidad de Paris.

—

Desde el primer dia que Ignacio se determinó de seguir los estudios, anduvo siempre con gran solicitud suspenso y deliberando, si acabados los estudios seria bien tomar el hábito de alguna sagrada Religion, ó si quedándose libre, se emplearia todo en aprovechar á las almas, buscando compañeros que en esta santa ocupacion le quisiesen ayudar. Esta duda le tuvo en gran manera perplejo y dudoso. Bien se determinaba en que habiendo de hacerse religioso, entraria en alguna Religion que estuviese mas apartada de sus fervorosos principios, y olvidada de la observancia de sus reglas. Porque por una parte le parecia que quizá seria Nuestro Señor servido, que aquella Religion se reformase con su trabajo y ejemplo; y por otra, que tendria en ella mas ocasion de padecer y de sufrir las muchas contradicciones y persecuciones que le vendrian, de los que contentos con solo el nombre y hábito de religiosos, habian de recusar la reformacion de la disciplina regular y de su vida religiosa: mas mucho mas se inclinaba su corazon á buscar y allegar compañeros, para con mas comodidad y aparejo emplearse todo en la ayuda espiritual de los prójimos; y esta al fin fué su resolucion, como cosa y vocacion á la cual el Señor le llamaba: y de este propósito estuvo, aun cuando estaba en la cadena de Salamanca. De la cual luego que se vió suelto, y consideró los estorbos que allí se le ponian para la ejecucion de su deseo, juzgó que le convenia mudar su asiento de aquella universidad. Y así se salió de ella con harta contradiccion de muchos hombres principales, á los cuales dolia en el alma esta partida.

Salió con determinacion de irse á la universidad de Paris, adonde Dios le guiaba para favorecerle como le favoreció.

Tratada, pues, y acordada la jornada cón sus compañeros, se parte Ignacio solo, camino de Barcelona á pié, llevando un asnillo delante cargado de libros. Llegado á Barcelona, y tratando su negocio y camino con sus conocidos y devotos (que tenia allí muchos del tiempo pasado), todos con grandes y eficaces razones le desaconsejaron la jornada de París. Poníanle delante el frio muy áspero que hacia, por ser en medio del invierno: la guerra ya rompida y muy sangrienta que habia entre España y Francia, y los peligros y trabajos de que por esta causa estaba lleno el camino. Contábanle muchos y frescos ejemplos de horribles crueldades que en aquel camino de Francia los soldados habian ejecutado contra los caminantes. Mas no bastaron todas estas cosas á detener el ánimo de Ignacio, que se sentia llevar del favorable viento del Espíritu santo , y que hallaba paz en la guerra , y en los peligros seguridad , y en los trabajos descanso. Y así se dió á caminar por medio de Francia á pié: y con el favor de Dios que le guiaba , llegó á París sano y sin pasar ningun peligro , al principio de febrero de 1528.

LIBRO SEGUNDO.

CAPÍTULO I.

Del trabajo que pasó en los estudios, y frutos que sacó de ellos.

Llegado Ignacio á la universidad de Paris , comenzó á pensar con gran cuidado, qué manera hallaria , para que descuidado y libre de la necesidad que tenia de la sustentacion corporal , se pudiese del todo emplear en el estudio de las artes liberales. Mas sucedióle muy al revés , porque fué grande la necesidad , y molestia que pasó en la prosecucion de sus estudios. Habíanle enviado de España cierta suma de dineros en limosna , y como era tan amigo de no tener nada , dióla á guardar á un su compañero español , con quien posaba : y el se la gastó toda como le pareció, y gastada, no tuvo de que pagarle. Y así Ignacio quedó tan pobre y desproveido, que se hubo de ir al hospital de Santiago á vivir; donde le fué necesario pedir en limosna de puerta en puerta, lo que habia de comer. Lo cual aunque no le era nuevo, y en pedir como pobre le daba gusto y consuelo, todavía le era grande embarazo para sus estudios, y especialmente le estorbaba el vivir tan lejos de las escuelas como vivia. Porque comenzándose las liciones en invierno (como es uso en Paris), antes del dia, y durando las de la tarde hasta ya noche, él por cumplir con el órden del Hospital, y con sus leyes, habia de salir á la mañana con sol y volver á la tarde con sol y con esto venia á perder buena parte de las liciones.

Viendo, pues que no aprovechaba en los estudios como quisiera, y que para tanto trabajo es muy poco el fruto que sacaba, pensó de ponerse á servir algun amo que fuese hombre docto y que enseñase filosofia, que era lo que él queria oir, para emplear en estudiar todo el tiempo que le sobrase de su servicio; porque así le parecia que tendria menos estorbos para aprender, que no estando en el hospital mendigando cada dia. Y habíase determinado si hallaba tal amo, de tenerlo en su corazon en lugar de Cristo nuestro señor, y á sus dicipulos de mirarlos como á los Apóstoles. De manera que procuraria de representarse siempre la presencia de aquel santísimo colegio de Cristo con sus Apóstoles para vivir como quien andaba siempre puesto delante de tales ojos y ejemplo. Y así dejó nuestro buen padre bien encargado en las reglas que nos dió que mirásemos siempre á nuestro superior, cualquiera que fuese, como á persona que nos representa á Cristo nuestro Señor; y á los padres y hermanos, como á sus santos discípulos. Porque esta consideracion en la comunidad y vida religiosa, es de gran fuerza para conservar la reverencia que se debe á los superiores; y para mantener la union y paz que entre sí deben tener unos con otros. Descaba cumplir lo que el Apóstol manda á los siervos y criados; diciendo: Los que servís, obedeced á vuestros amos con temor y sencillez de corazon, como al mismo Cristo. Nunca pudo hallar tal amo aunque con gran diligencia, y por medio de muchas personas le buscó. Y así por consejo de un amigo suyo religioso, despues de haberlo encomendado á Nuestro Señor, tomó otro camino que le sucedió mejor.

Íbase cada año de París á Flandes, donde entre los mercaderes ricos españoles que trataban en las ciudades de Brujas y Anvers recogia tanta limosna con que podia pasar pobremente un año la vida. Y con esta provision se volvia á París, habiendo con pérdida y trabajo de pocos dias, redimido el tiempo que despues le quedaba para estudiar. Por esta via vino á tener los dos primeros años lo que habia menester para su pobre sustento. Y al tercero pasó tambien á Inglaterra para buscar en Lóndres esta limosna, y hallóla con mas abundancia. Pasados los tres primeros años, los mercaderes que estaban en Flandes, conocida ya su virtud y devocion, ellos mismos le enviaban cada año su limosna á París; de

manera que no tenia necesidad para esto, de ir y
venir tantas veces. Tambien de España le enviaban
sus devotos algun socorro y limosna, y con la que le
enviaban de Flandes, podia pasar mas holgadamen-
te, y aun hacer la costa á otro compañero. Con estos trabajosos principios pasó sus estudios Ignacio.

Mas no era sola la pobreza y corporal necesidad la
que le estorbaba ir en ellos adelante; porque el demonio que ya comenzaba á temer á Ignacio, procuraba con todas sus fuerzas apartarle del camino que
con tanto fervor llevaba en sus estudios. Luego en
comenzando el curso de la filosofía, le quiso engañar con las mismas ilusiones que en Barcelona le
habia traido al principio de la gramática, de muchos
conceptos y gustos esprituales que se le ofrecian.
Mas como ya escarmentado, fácilmente echó de sí
aquellas engañosas representaciones, y quebrantó el
ímpetu del astuto enemigo de la misma manera que
lo habia hecho en Barcelona. Fué tambien muy fatigado de enfermedades, yendo ya al fin de sus estudios, aunque al principio de ellos se halló mejor
de sus dolores de estómago. Pero despues, el castigo
tan áspero y tan contínuo de su cuerpo, las penitencias que hacia (las cuales por hallarse ya mejor de
su salud habia acrecentado) con el trabajo del estudio con tan poco refrígerio; la grande y perpétua
cuenta que traia consigo para irse en todas las cosas
á la mano; y el aire de Paris, que le era muy contrario y mal sano, vinieron á apretarle tanto, que tuvo

necesidad para no perder la vida de interrumpir e
hilo de sus estudios. Mas con todos estos trabajos vino á salir con tanto caudal de doctrina, que dió todo
lo que padecia por bien empleado, y no se le hizo
mucho á trueque de tanto provecho.

En España, por persuasion de algunos que se
lo aconsejaron , y por ganar tiempo para mas presto ayudar á las ánimas, habia confundido el órden
de sus estudios, oyendo lógica, filosofía y teología
todo en un mismo tiempo; y así queriendo abarcar
mucho, apretó poco, y el querer atajar, le fué causa de mucho rodeo y tardanza. Escarmentando,
pues, con esta experiencia, se fué poco á poco en
Paris, y ordenó muy bien sus estudios, porque
antes de pasar adelante se reformó bien en la lengua latina ; oyendo en el colegio que allí dicen de
Monte Agudo , de buenos maestros las letras humanas casi dos años: es á saber desde el principio
de febrero del año 1528 , hasta la renovacion de
los estudios del año de 1529 que en Paris se hace
el primer dia de octubre, que es la fiesta de san
Remigio. En la cual comenzó el curso de artes, y
le acabó con mucha loa, y tan bien aprovechado,
que recibió el grado de maestro en artes ; pasando
por el exámen que allí llaman de la Piedra, que
es de los mas rigurosos que en aquella universidad
se hacen. Púsole en esto su maestro, y él aunque
huia mucho de toda vana ostentacion, pasó por
ello, por tener de los hombres (para con ellos) con

el grado, algun testimonio de su doctrina; acordándose que en Alcalá y en Salamanca, solo este impedimento habia hallado para poder libremente ayudar á sus prójimos.

Acabado el curso de filosofía, lo demás del tiempo, hasta el año de 1535 empleó en el estudio de la sagrada teología; favoreciéndole notablemente la misericordia del Señor en la doctrina y erudicion que en aquel tiempo alcanzó. No dejaré, pues viene á propósito, de decir, que de las muchas dificultades y trabajos que esperimentó en sí mismo al tiempo de los estudios nuestro buen Padre, vino á proveer tan sabiamente lo que nosotros para ellos habíamos menester. Del estorbo que tuvo en sus estudios por la pobreza y necesidad temporal, le nació el desear y procurar que mientras los de la Compañía estudian tengan la provision necesaria para la vida humana; de esta manera, que no los impida de los estudios la solicitud de buscar mantenimiento. Porque afirmaba, que donde hay suma pobreza, no es fácil atender al estudio de las ciencias; y que con el cuidado de mantener el cuerpo, se pierde mucho tiempo que se habia de poner en cultivar el entendimiento. Y así dejó en las constituciones ordenado, que los colegios donde los nuestros estudian, puedan tener renta en comun. La cual no derogaba nada á la santa pobreza, y ayuda mucho á alcanzar la doctrina, que para mayor gloria de Nuestro Señor se pretende. Y porque tambien él habia sido impedido en sus estudios, de las devociones y gustos de cosas celestiales que sin tiempo se le venian al pensamiento y le ocupaban el entendimiento, proveyó que en el tiempo de los estudios los hermanos de la Compañía no se dejen llevar del fervor del espíritu, de manera que les desvie de sus ejercicios de letras; sino que así sus meditaciones y oracion, como las ocupaciones con los prójimos, sean tasadas y medidas con la discrecion que aquel tiempo de estudios requiere.

Las enfermedades muchas que tuvo, le debilitaron y menoscabaron su salud. Por esto tuvo especial cuidado todo el tiempo de su vida, de la salud de todos sus hijos; y dejó á los superiores muy encomendado en las Constituciones, que mirasen por ella; y que procurasen que los trabajos de nuestros estudiantes, con la intermisión pudiesen durar. Vió asímesmo que él al principio, habia abrazado en un mismo tiempo el estudio de muchas facultades juntas, y que esto le habia sido muy costoso; y porque no errásemos tambien nosotros, dejó bien ordenados los tiempos y ocupaciones de los estudios. De manera, que ni queden faltos, ni se estudie primero lo que ha de ser postrero, ni se sigan compendios ni atajos, que suelen ser causa de llegar mas tarde, que cuando se va por el camino real. De suerte, que de lo que él padeció, y en lo que fué tentado, aprendió por experiencia, como habia de enderezar y ayudar á otros cuando

6

lo son. Y á este propósito solia él mismo decir la mucha pobreza y trabajos que tuvo en sus estudios, y el gran cuidado con que estudió: y decíalo con mucha razon, porque primeramente él pasó siempre con gran pobreza, como habemos dicho; y esta voluntaria, y no tomada por obediencia, como lo hacen algunos religiosos, sino de su propia y espontánea voluntad. Lo segundo, acosado y afligido de tantas enfermedades, y tan recias y contínuas, como se ha visto. Demás de esto no teniendo por blanco ni por fin de sus éstudios, ni la riqueza, ni la honra, ni otra ninguna de las cosas temporales, que suelen ser estímulo á los hombres para sus estudios, y alentarlos, y animarlos en sus trabajos; tampoco le era alivio lo que á otros le suele dar, que es el gusto que reciben de lo que van aprendiendo; el eual suele ser tan sabroso, que muchas veces por no perderle se pierde la salud y la vida, sin poder los hombres apartarse de sus libros. Mas Ignacio así por su natural condicion, como por su crecida edad en que comenzó los estudios; y tambien porque habia ya gustado de la suavidad de los licores divinos, y de la conversacion celestial, no tenia gusto en los estudios, ni otro entretenimiento humano que á ellos le convidase.

Tambien en todo el tiempo de sus estudios tuvo muchas ocupaciones, persecuciones gravísimas, infinitos cuidados, y perplejidades que le cortaban el hilo de ellos, ó á lo menos se le embarazaban é

impedian. Y con todas estas dificultades estudió casi
doce años contínuos, con mucho cuidado y solicitud
abnegando á sí mesmo, y sujetándose á la voluntad
del Señor; al cual en todo y por todo deseaba agradar. Y para hacerlo mejor y alcanzar lo que deseaba, procuraba con todas sus fuerzas de cercenar
y apartar de sí todo lo que de su parte para ello le
podia estorbar. Y así cuando estudiaba el curso de
artes, se concertó con el maestro Fabro, que á la
hora de estudiar no hablase de cosas de Dios; porque si acaso entraba en alguna plática ó coloquio
espiritual, luego se arrebataba tan adentro de la
mar, que con el soplo del cielo que le daba iba navegando de manera, que se le pasaban muchas horas sin poder volver atrás, y con esto se perdia el
provecho que habia de sacar de sus estudios. Y por
la misma causa en este tiempo del curso de la filosofía, no quiso ocuparse en dar los ejercicios espirituales, ni en otros negocios que le pudiesen embarazar. Y como en este tiempo tuviese mucha paz,
y ninguno le persiguiese, díjole un amigo suyo:
«¿No veis, Ignacio, lo que pasa? ¿qué mudanza es
esta? ¿despues de tan gran tormenta, tanta bonanza? Los que poco ha os querian tragar vivo, y os
escupian en la cara, ahora os alaban, y os tienen
por bueno, ¿qué novedad es esta?» Al cual respondió Ignacio: «No os maravilleis de esto, dejadme
acabar el curso, y lo veréis todo al revés: ahora
callan, porque yo callo; y porque yo estoy quedo,

están quedos : en queriendo hablar ó hacer algo, se levantará la mar hasta el cielo, y bajará hasta los abismos, y parecerá que nos ha de hundir y tragar.» Y así fué, como él lo dijo, porque acabado el curso de la filosofía, comenzó á tratar con mas calor del aprovechamiento de las ánimas ; y luego se levantó una tormenta grandísima, como en el capítulo siguiente se contará.

CAPÍTULO II.

Como por ejercitarse en obras de caridad fué perseguido.

En el tiempo de sus estudios, no solamente se ocupaba Ignacio en estudiar, sino tambien en mover, como habemos dicho, con su vida, consejos y doctrina, á los otros estudiantes, y atraerlos á la imitacion de Jesucristo nuestro señor. Y así antes que comenzase el curso de la filosofía, movió tanto á algunos mozos nobles, ingeniosos y bien enseñados, que desde luego se desapropiaron de cuanto en el mundo tenian, siguiendo el consejo del Evangelio. Y aun que en el mismo curso de las artes no se daba tanto á esta ocupacion, por los respetos que en el capítulo precedente contamos ; pero acabado el curso, en tanta manera inflamó los ánimos de muchos estudiantes, de los mejores que en aquel tiempo habia en la universidad de París, á seguir la perfeccion evangélica, que cuando Ignacio partió de París, casi todos sus conocidos y devotos, dando de mano al mundo y á todo cuanto de él podian esperar, se acogieron al puerto seguro de la sagrada Religion. Porque estaba tan encendido y abrasado con el fuego del amor divino su ánimo de Ignacio, que doquiera que llegaba, fácilmente se prendia en los corazones de los otros el mismo fuego que en el suyo ardia. Pero como la envidia suele ir siempre ladrando tras la virtud, tras las llamas de este fuego se seguia el humo de la contradicion. Y así se levantaron en París grandes borrascas contra él: y la causa particular fué esta.

Habia en aquella universidad algunos mancebos españoles nobles; los cuales por la comunicacion de Ignacio, y movidos con su ejemplo, vinieron á hacer tan gran mudanza en su vida, que habiendo dado todo cuanto tenian á los pobres, andaban mendigando de puerta en puerta y dejando las compañías que primero tenian, y las casas en que moraban, se habian pasado para vivir como pobres al hospital de Santiago. Comenzóse á divulgar la fama de este negocio, y á esparcirse poco á poco por toda la universidad, de manera, que ya no se hablaba de otra cosa, interpretándolo cada uno conforme á su gusto. Los que mas se alborotaron, y mas sentimiento hicieron de este negocio, fueron ciertos caballeros españoles, amigos y deudos de aquellos mancebos discípulos de Ignacio. Estos vinieron al hospital de-

Santiago á buscar á sus amigos, y comenzaron con muy buenas palabras á persuadirles que dejasen aquella vida tomada por antojo y persuasion de un hombre vano, y que se volviesen á sus casas. Y como no lo pudiesen acabar con ellos, usaron de ruegos, halagos, promesas y amenazas, valiéndose de las armas que les daba el afecto, y de todo el artificio que sabian. Pero como todo él no bastase, dejando las palabras vinieron á las manos; y con grande ímpetu y enojo, por fuerza de armas, medio arrastrando los sacaron de donde estaban, y los llevaron á aquella parte de la ciudad donde está la universidad. Y tanto les supieron decir y hacer, que al fin les hicieron prometer que acabarian sus estudios primero, y que despues podrian poner por obra sus santos deseos.

Y como de estos consejos y nuevo modo de vida se supiese que Ignacio era el autor, no podia dejar de desagradar á los que semejantes obras no agradaban. Entre los otros fué uno el doctor Pedro Ortiz, que ya en aquel tiempo florecia en aquella universidad con nombre de insigne letrado. El cual movido con la novedad de la cosa, quiso que se examinase muy de propósito la doctrina y vida de Ignacio, de que tanto por una parte y por otra se decia. Denunciáronle delante del inquisidor en este tiempo; el cual era un docto y grave teólogo, llamado el maestro Ori, fraile de la órden de santo Domingo. A este se fué Ignacio en sabiendo lo que pasaba sin ser llamado, y sin esperar mas se presentó ante él. Y díjole que él habia oido decir, que en aquel tribunal habia cierta deposicion contra sí, y que ahora fuese verdad, ahora no lo que le habian dicho, queria que supiese su Paternidad, que él estaba aparejado para dar razon de sí. Aseguróle el inquisidor, constándole, como era verdad, que á él habian venido á acusarle, mas que no habia de qué tener recelo ninguno, ni pena.

Otra vez acabados ya sus estudios, queriendo hacer una jornada, que no podia escusar para España, le avisaron que habia sido acusado criminalmente ante el inquisidor: y en sabiéndolo, tampoco aguardó á que le llamasen, sino luego se fué á hablar al juez, y ruégale mucho que tenga por bien de examinar su causa, y averiguar la verdad, y pronunciar la sentencia, conforme á ella. «Cuando yo, dice, era solo, no me curaba de estas calumnias y murmuraciones: mas ahora que tengo compañeros, estimo en mucho su fama y buen nombre, por lo que toca á la honra de Dios. ¿Cómo puedo yo partirme para España, dejando aquí esparcida tal fama, aunque vana y falsa, contra nuestra doctrina?» Dícele el inquisidor que no hay contra él acusacion ninguna criminal, mas que algunas niñerías y vanidades le han venido á decir, que nacian, ó de ignorancia ó de malicia de los acusadores, y que como él supiese que eran relaciones falsas y chismerías, nunca habia querido ni aun hacerle llamar. Mas que ya que estaba

allí que le rogaba que le mostrase su libro de los
Ejercicios espirituales. Diósele Ignacio, y leyóle el
buen inquisidor, y agradóle tanto que pidió licencia á Ignacio de poderle trasladar para sí, y así lo
hizo.

Pero como Ignacio viese que el juez andaba, ó
disimulando, ó dilatando el publicar la sentencia sobre la causa de que era acusado, porque la verdad
no se oscureciese con la mentira, lleva un escribano
público y testigos ante el inquisidor, y pídele que
sino quiere dar sentencia, á lo menos le dé fe y
testimonio de su inocencia y limpieza, si halla que la
puede dar con justicia. El juez se la dió luego, como se la pedia, y de esto dió fe el escribano; de lo
cual tomó Ignacio un traslado auténtico, para usar
de él si en algun tiempo fuese menester, contra la
infamia del falso testimonio que se le habia levantado.

Algunas personas graves y antiguas de la Compañía contaron á este propósito una cosa bien particular, que por ser muy conforme al valor y prudencia de nuestro Padre quiero yo añadir. Y es,
que cuando fué de París para Ruan descalzo y sin
comer, para visitar, consolar y remediar aquel pobre español que le habia tomado y gastado los dineros que habia puesto en su poder, y estaba enfermo, como se escribe en el quinto libro de esta
historia, estando ocupado en esta santa obra le acu-
saron delante del inquisidor, y que hubo de ello

gran ruido en París, y que muchos decian que
aquellos extremos no podian parar en bien; otros
que como hereje se habia huido, y que un amigo
suyo le escribió y avisó luego de lo que pasaba, y
que en Ruan recibió estando en la calle esta carta
y aviso, y que luego al momento sin volver mas á
su posada ni entrar en otra, hizo llamar un escribano, y pidió por testimonio como él acababa de
recibir aquel aviso, y que del mismo lugar donde le
habia recibido se partia para París, y que el escribano y testigos le acompañaron hasta fuera de Ruan,
camino de Paris, y que en llegando á aquella ciudad se fué derecho, sin entrar en su casa ni en
otra, al inquisidor, y le contó lo que pasaba.

CAPÍTULO III.

Como le quisieron azotar públicamente en el colegio
de santa Bárbara en París, y de la manera que Nuestro
Señor le libró.

———

Habia persuadido Ignacio á muchos de sus con-
díscipulos que dejasen las malas compañías y las
amistades fundadas, mas en sensuales deleites, que
en virtuosos ejercicios, y que se ocupasen los dias
de fiesta en santas obras, confesando y comulgan-
do devotamente. De donde venia que ellos en tales
dias, por acudir á estos devotos ejercicios, que les
aconsejaba Ignacio, faltaban algunas veces á los

6 *

de las letras, que en París en los dias de fiesta, aun no se dejan del todo. Viendo el maestro de Ignacio que su escuela quedaba medio desamparada, faltándole los discípulos, tomólo pesadamente: avisó á Ignacio que mirase por sí, y no se entremetiese en las vidas ajenas, y que no le desasosegase á los estudiantes, sino queria tenerle por enemigo. Tres veces fué de esto Ignacio amonestado, mas no por eso dejó de llevar adelante su empresa, y de convidar á sus condiscípulos á la frecuencia devota de los santos sacramentos.

Trató esto el maestro con Diego de Gobea, un doctor teólogo, que era el que gobernaba el colegio de santa Bárbara, donde Ignacio estudiaba, y era como rector, que allí llaman el principal del colegio; el cual de su parte hizo que el maestro amenazase á Ignacio, y que le dijese que le daria una sala, sino cesaba de desviar á los estudiantes de sus estudios, y traerlos como los traia, embaucados. Llaman sala en París dar un cruel y ejemplar castigo de azotes públicamente por mano de todos los preceptores que hay en el colegio, convocando á este espectáculo todos los estudiantes, que en él hay, en una sala. El cual afrentoso y riguroso castigo no se suele dar, sino á personas inquietas y de perniciosas costumbres. No bastó tampoco esta amenaza para que Ignacio aflojase en lo comenzado.

Quejóse con mucho sentimiento el maestro al doctor Diego de Gobea, afirmándole que Ignacio

solo le perturbaba todo su general, y que en són
de santidad les quebrantaba los buenos estatutos,
y costumbres de aquel colegio. Y que habiéndole
uno y muchos dias avisado, rogándoselo unas veces, y otras amenazándole en su nombre, habia estado siempre tan duro, que nunca habia
podido acabar con él que se enmendase.

Estaba antes de esto el doctor Gobea enojado contra Ignacio por un estudiante español, llamado Ama-
dor, que por su consejo habia dejado el colegio y los
estudios, y el mundo, por seguir desnudo á Cristo desnudo. Irritado pues Gobea con estas palabras
del maestro y lleno de ira y enojo determina de hacer
en él aquel público castigo, como en un alborotador
y revolvedor de la paz y sosiego comun; y así manda que en viniendo Ignacio al colegio, se cierren
las puertas de él, y campana tañida se junten todos
y le echen mano, y se aparejen las varas con que
le han de azotar. No se pudo tomar esta resolucion
tan secretamente, que no llegase á oidos de algunos amigos de Ignacio; los cuales le avisaron que
se guardase. Mas él lleno de regocijo no quiso perder tan buena ocasion de padecer, y venciéndose,
triunfar de sí mismo. Y así luego sin perder punto
vase al colegio donde le estaba aparejada la ignominia y la cruz.

Sintió bien Ignacio que rehusaba su carne la carrera, y que perdia el color y temblaba; mas él hablando consigo mismo, decíale así: « ¿Cómo? ¿y

contra el aguijon tirais coces? Pues yo os digo don Asno, que esta vez habeis de salir letrado, yo os haré que sepais bailar:» y diciendo estas palabras, da consigo en el colegio. Ciérranse las puertas en estando dentro, hacen señal con la campana, acudiendo todos los condiscípulos, vienen los maestros con sus manojos de varas, con que en París suelen azotar, allégase toda la gente, y júntase en el general en que se habia de ejecutar esta rigurosa justicia. Fué en aquella hora combatido el ánimo de Ignacio de dos espíritus, que aun que parecian contrarios, ambos se enderezaban á un mismo fin: el amor de Dios, junto con un encendido deseo de padecer por Jesucristo y de sufrir por su nombre dolores y afrentas, le llevaba para que se ofreciese alegremente á la infamia y á los azotes que á punto estaban. Mas por otra parte el amor del mismo Dios, con amor de la salud de sus prójimos y el celo de sus ánimas, le retiraba, y apartaba de aquel propósito.

«Bueno es para mí, decia, el padecer, mas ¿que será de los que ahora comienzan á entrar por la estrecha senda de la virtud? ¿cuántos con esta ocasion tornarán atrás del camino del cielo? ¿cuántas plantas tiernas quedarán secas sin jugo de devocion, ó del todo arrancadas con este torbellino? Pues ¡cómo! ¿y sufriré yo con tan clara pérdida de tantos, buscar un poco de ganancia mia espiritual? Y allende de esto, ¿que cosa mas fea y mas ajena de la gloria de Cristo puede ser, que ver azotar y deshonrar públicamente un hombre cristiano en una universidad de cristianos, no por otro delito, sino porque sigue á Cristo, y allega los hombres á Cristo? Nó, nó, no ha de ser así, sino que el amor de Dios necesario á mis prójimos ha de sobrepujar y vencer al amor de Dios, no necesario en mí mismo. Para que este amor vencido del primero, sea vencedor, y crezca, y triunfe con victoria mayor. Dé pues ahora la ventaja mi aprovechamiento al de mis hermanos; sirvamos ahora á Dios con la voluntad y con el deseo de padecer, que cuando sin detrimento y sin daño de tercero se pueda hacer, le servirémos poniendo por obra el mismo padecer. »

Con esta resolucion, se va al doctor Gobea, que aun no habia salido de su aposento, y declárale todo su ánimo y determinacion, diciéndole que ninguna cosa en esta vida le podia venir á él mas dulce y sabrosa, que ser azotado y afrentado por Cristo, como ya lo habia experimentado en las cárceles y cadenas donde le habian puesto por la misma causa; mas que temia la flaqueza de los principiantes, que aun eran en la virtud pequeñuelos y tiernos: y que lo mirase bien, porque le hacia saber, que él de sí ninguna pena tenia, sino de los tales era toda su pena y cuidado. Sin dejarle hablar mas palabra, tómale de la mano el doctor Gobea, llévale á la pieza donde los maestros y discípulos le estaban esperando: y súbitamente puesto allí, con admiracion

y espanto de todos los presentes, se arroja á los piés
de Ignacio, y derramando de sus ojos afectuosas
lágrimas le pide perdon, confesando de sí que habia
lijeramente dado oidos á quien no debia. Y diciendo
á voces, que aquel hombre era un santo, pues no
tenia cuenta con su dolor y afrenta, sino con el provecho de los prójimos y con la honra de Dios. Quedaron con esto los buenos animados, y los malos
confundidos. Y vióse la fuerza que Dios nuestro señor dió á las palabras de Ignacio, y como libra á los
que esperan en él. Y el bien que de esto sucedió, tomando Dios nuestro señor por instrumento á este
doctor Gobea para la conversion de la India oriental
contarémoslo á los diez y seis capítulos de este libro, por que aquel será su propio lugar.

CAPÍTULO IV.

De los compañeros que se le allegaron en París.

—

Desde el principio que Ignacio se determinó de
seguir los estudios, tuvo siempre inclinacion de juntar compañeros que tuviesen el mismo deseo que
él, de ayudar á la salvacion de las ánimas. Y así aun
cuando en España anduvo tan perseguido y acosado,
tenia los compañeros que dijimos que se le habian
allegado. Mas como aun no habia echado raices aquella compañía, con la partida de Ignacio para París

luego se secó, deshaciéndose y acabándose fácilmente, lo que fácilmente y sin fundamento se habia comenzado. Porque escribiéndoles él de París (cuando aun apenas se podia sustentar mendigando) cuan trabajosamente las cosas le sucedian, y cuan flacas esperanzas traia de poderlos él allí mantener y encomendándolos á D.ª Leonor Mascareñas, que (por respecto de Ignacio) mucho los favoreció; se desparcieron, yéndose cada uno por su parte.

Al tiempo pues, que entró al estudio de la filosofía Ignacio, vivian á la sazon en el colegio de santa Bárbara, Pedro Fabro, saboyano, y Francisco Javier, navarro, que eran no solo amigos y condiscípulos, mas aun compañeros en un mismo aposento. Los cuales, aun que ya casi iban al cabo de su curso, recibieron á Ignacio en su compañía: y por aquí comenzó á ganar aquellos mozos en ingenio y doctrina tan excelentes. Especialmente con Fabro tomó estrechísima amistad, y repetia con él las liciones que habia oido; de manera que teniéndole á él por su maestro en la filosofía natural y humana, le vino á tener por discípulo en la espiritual y divina. Y en poco tiempo le ganó tanto con la admiracion de su vida y ejemplo, que determinó de juntar sus estudios y propósito de vida, con los estudios y propósitos de Ignacio. El cual no estendió luego al principio todas las velas, ni usó de todas sus fuerzas para ganar esta ánima de un golpe, sino muy poco á poco y de espacio fué procediendo con él. Porque lo primero le enseñó á examinar cada dia su conciencia. Luego le hizo hacer una confesion general de toda su vida, y despues le puso en el uso de recibir cada ocho dias el santísimo Sacramento del altar : y al cabo de cuatro años que pasó viviendo de esta manera, viéndole ya bien maduro y dispuesto para lo demás, y con muy encendidos deseos de servir perfectamente á Dios, le dió para acabarle de perficionar los ejercicios espirituales. De los cuales salió Fabro tan aprovechado, que desde entónces le pareció haber salido de un golfo tempestuoso de olas y vientos de inquietud, y entrado en el puerto de la paz y descanso; el cual, el mismo Fabro escribe en un libro de sus meditaciones (que yo he visto) que antes de los ejercicios, nunca su ánima habia podido hallar. Y en este tiempo se determinó y propuso de seguir de veras á Ignacio.

Francisco Javier, aunque era tambien su compañero de cámara, se mostró al principio menos aficionado á seguirle, mas al fin no pudo resistir á la fuerza del espíritu que hablaba en Ignacio. Y así vino á entregarse á él, y ponerse del todo en sus manos; aunque la ejecucion fué mas tarde : porque cuando él tomó esta resolucion, habian pasado dias, y estaba ya ocupado en leer el curso de la filosofía.

Habia tambien venido de Alcalá á Paris, acabado su curso de artes y graduado en ellas, el maestro Diego Lainez, que era natural de Almazan. Trájole el deseo de estudiar la teología en París, y de buscar y ver á Ignacio, al cual en Alcalá habia oido alabar por hombre de grande santidad y penitencia. Y quiso Dios que fué Ignacio el primero con quien entrando en París encontró Lainez, y en breve tiempo se le dió á conocer, y trabaron familiar conversacion y amistad. Vino tambien con Lainez de Alcalá, Alonso de Salmeron, toledano, que era mas mozo; pero ambos eran mancebos de singular habilidad y grandes esperanzas. A los cuales dió Ignacio los ejercicios espirituales en el mismo tiempo que los hizo Pedro Fabro, y por ellos se determinaron de seguirle. Y de esta manera se le fueron despues allegando Simon Rodriguez, portugués, y Nicolás de Bobadilla, que es de cerca de Palencia. Los cuales todos siete acabado su curso de filosofía, y habiendo recibido el grado de maestros, y estudiando ya teología, el año de 1534, dia de la Asuncion de Nuestro Señor, se fueron á la iglesia de la misma Reina de los ángeles, llamada *Mons Martyrum*, que quiere decir, el monte de los mártires, que está una legua de París.

Y allí despues de haberse confesado, y recibido el santísimo Sacramento del cuerpo de Cristo nuestro señor, todos hicieron voto de dejar para un dia que señalaron, todo cuanto tenian, sin reservarse mas que el viático necesario para el camino hasta Venecia. Y tambien hicieron voto de emplearse en el aprovechamienio espiritual de los prójimos, y de ir en peregrinacion á Jerusalen, con tal condicion que llegados á Venecia, un año entero esperasen la navegacion: y hallando en este año pasaje, fuesen á Jerusalen, é idos procurasen de quedarse, y vivir siempre en aquellos santos lugares. Mas sino pudiesen en un año pasar ó habiendo visitado aquellas santos lugares, no pudiesen quedarse en Jerusalen, que en tal caso se viniesen á Roma, y postrados á los piés del sumo Pontífice, vicario de Cristo Nuestro señor, se le ofreciesen para que su Santidad dispusiese de ellos libremente, donde quisiese, para bien y salud de las almas.

Y de aquí tuvo orígen el cuarto voto de las misiones que nosotros ofrecemos al sumo Pontífice cuando hacemos profesion en la Compañía. Y estos mismos votos tornaron á confirmar otros dos años siguientes, en el mismo dia de la Asuncion de Nuestra Señora, y en la misma iglesia, y con las mismas ceremonias. De donde tambien tuvo orígen el renovar de los votos que usa la Compañía antes de la profesion.

En el espacio de tiempo de estos dos años, se le juntaron otros tres compañeros teólogos, llamados Claudio Jayo, saboyano, Juan Coduri, provenzal, y Pascasio Broet, tambien francés, de la provincia de Picardía, y así llegaron á ser diez, todos, aunque de tan diferentes naciones, de un mismo corazon y voluntad. Y porque la ocupacion de los estudios de tal manera se continuase, que no entibiase la devocion y fervor del espíritu, los armaba Ignacio con la oracion y meditacion cotidiana de las cosas divinas, y juntamente con la frecuente confesion y comunion. Mas no por esto cesaba la disputa y conferencia ordinaria de los estudios, que como eran por una parte de letras sagradas y teología, y por otra tómados por puro amor de Dios, ayudaban á la devocion y espíritu.

Íbanse criando con esto en sus corazones, unos ardientes é inflamados deseos de dedicarse todos á Dios. Y el voto que tenian hecho (el cual renovaban cada año) de perpétua pobreza; el verse y conversarse cada dia familiarmente; el conservarse en una suavisíma paz, concordia y amor, y comunicacion de todas sus cosas y corazones, los entretenia y animaba para ir adelante en sus buenos propósitos. Y aun acostumbraban, á imitacion de los santos Padres antiguos, convidarse segun su pobreza, los unos á los otros; y tomar esto por ocasion para tratar entre sí de cosas espirituales, exhortándose al desprecio del siglo y al deseo de las cosas celestiales. Las cuales ocupaciones fueron tan eficaces, que en todo aquel tiempo que para concluir sus estudios se detuvieron en París, no solamente no se entibió, ni disminuyó aquel su fervoroso deseo de la perfeccion, mas antes con señalado aumento iba creciendo de dia en dia,

CAPÍTULO V.

Como se partió de París para España, y de España para Italia.

—

Andaba en este tiempo Ignacio tan fatigado de cruelísimos dolores de estómago, y con la salud tan quebrantada y tan sin esperanza de remedio humano, que fué forzado por consejo de los médicos y ruego de sus compañeros, partirse para España á probar si la mudanza de los aires naturales (que sin duda son mas sanos que los de París) bastarian á sanarle ó á lo menos á darle alguna mejoría y alivio. Y para que Ignacio, que tenia en poco su salud, viniese bien en querer hacer esta jornada, juntó Nuestro Señor otra causa, que fué el tener algunos de sus compañeros, negocios tales en España, que para su sosiego y quietud convenia que Ignacio se los desenvolviese y acabase.

Dieron pues, en sus cosas esta traza, el año de **1535**, que Ignacio se partiese á España : y habiendo en su tierra cobrado fuerzas, se fuese á concluir los negocios de los compañeros, que dejaba en París ; y que de España se vaya á Venecia, y allí los aguarde y que ellos se entretengan en sus estudios en París hasta el dia de la conversion de san Pablo, que es á **25** de Enero, del año de **1537**; y aquel dia se pongan en camino para Venecia, para que allí se junten con Ignacio á dar. órden en la pasada para Jerusalen.

Partióse Ignacio, conforme á lo que habia concertado, camino de España en una cabalgadura que le compraron los compañeros; porque su gran flaqueza no le daba lugar de ir á pié. Llegó á su tierrà mas recio de lo que salió de París. Antes que llegase tuvieron nueva de su venida, y saliéronlo á recibir todos los clérigos del pueblo; mas nunca se pudo acabar con él que fuese á posar á casa de su hermano, ni quiso otra morada que la de los pobres, que es el hospital. Comenzó á pedir limosna de puerta en puerta para sustentarse, contra toda la voluntad de su hermano mayor, que en esto le iba á la mano cuanto podia. Y queriendo enseñar la doctrina cristiana á los niños, por desviarle tambien esta voluntad, le decia su hermano que venian pocos oyentes á oirle; al cual respondió Ignacio: «Si solo un niño viene á oir la doctrina, lo tendré yo por un excelente auditorio para mí.» Y así no haciendo caso de la contradiccion que con humana prudencia su hermano le hacia, comenzó á enseñar la doctrina cristiana; á la cual pasados pocos dias, ya su mismo hermano venia con grande muchedumbre de oyentes.

Mas á los sermones que predicaba todos los domingos y algunos dias de fiesta entre semana, con notable fruto, era tanto el concurso de la gente, que de muchos pueblos de toda aquella provincia

acudia á oirle, movida de la fama de sus cosas, que
le era forzado, por no caber en los templos, irse á
predicar á los campos: y los que concurrian para
poderle ver y oir se subian en los árboles. Y la primera vez que predicó en Azpetia con grande concurso de toda la gente principal y pueblo, dijo una
cosa que despues de haber escrito esta historia he
sabido ; la cual me pareció poner aquí para que se
vea la cuenta que tenia Ignacio de humillarse y mortificarse, y volver por la honra y buen nombre de
sus prójimos; y por cuan diferentes caminos lleva
el Señor á sus escogidos de lo que el mundo suele
y acostumbra, como se vé en las confesiones del glorioso P. San Agustin, donde llora con entrañable sentimiento y amargura de corazon, una travesura que
hizo siendo muohacho, semejante á la que escribiré
aquí; y en otros santos se ven semejantes ejemplos.
Estando pues predicando Ignacio dijo, que una de las
cosas que le habian traido á su tierra, y subídole
á aquel púlpito, era querer dar satisfaccion de cierta
cosa que le habia sucedido, y salir de congoja y
remordimiento de conciencia. Y era el caso, que
siendo mozo habia entrado con ciertos compañeros
en cierta heredad, y tomado alguna cantidad de
fruta con daño del dueño ; el cual por no saber el
malhechor hizo prender con falsa sospecha á un
pobre hombre, y le tuvo muchos dias preso, y quedó infamado y con menoscabo de su honra y hacienda : y nombróle desde el púlpito, y pidióle per-

don , que estaba presente al sermon , y dijo : que
él habia sido el malo y perverso , y el otro sin culpa é inocente , y que por este camino le habia querido restituir públicamente la pérdida de su buena
fama , y la de su hacienda (porque la justicia le habia condenado en cinco ó seis ducados) con darle
dos heredades que él tenia; de las cuales allí delante
de todos le hacia donacion.

Sacó Dios tanto fruto de su vida , el tiempo que
estuvo en su tierra , juntándose á la doctrina el
ejemplo de vida y prudencia del predicador , que
se corrigieron muchos errores , y se desarraigaron
muchos vicios , que hasta en los eclesiásticos se habian entrado , y con la mala y envejecida costumbre se habian apoderado de manera , que no repa-
raban los hombres en ellos, porque tenian nombre
de virtud. Dejóles puestas muchas órdenes; que
para la paz y buen gobierno de la vida política , y
para el buen sér y aumento de la religion cristiana
parecian necesarias. Entre otras cosas procuró que
los gobernadores y jueces hiciesen rigurosas leyes
contra el juego y contra la disolucion y deshones-
tidad de los sacerdotes. Porque siendo uso antiguo
de la provincia , que las doncellas anden en cabello y sin ningun tocado , habia algunas que con mal
ejemplo y grande escándalo, viviendo deshonestamente con algunos clérigos , se tocaban sus cabezas , ni mas ni menos que si fueran legítimas mujeres de aquellos con quien vivian en pecado. Y

guardábanles la fe y lealtad como á los propios maridos se debe guardar.

Este sacrílego abuso procuró Ignacio con todas sus fuerzas que se extirpase de aquella tierra; y negoció como se proveyese á los pobres del mantenimiento necesario; y que se tocase la campana á hacer oracion tres veces al dia, á la mañana, al medio dia, y á la tarde: y que se hiciese particular oracion por los que están en pecado mortal. Y habiendo en estas y en otras semejantes cosas dado la órden y asiento que convenia, y cobrado las fuerzas necesarias para ponerse en camino (porque tambien en su tierra le apretó una enfermedad) se partió para concluir los negocios de sus compañeros. Mas como quisiese ir á pié y sin viático ninguno, de aquí le nació otra contienda con su hermano. Porque como antes el hermano habia tenido por grande afrenta que su hermano no haciendo caso de él, se hubiese ido á vivir despreciado y abyecto entre los pobres, y á sus ojos hubiese andado á pedir limosna en su tierra; para remediar este desman y menoscabo de su reputacion (que así suele llamar la prudencia de la carne á las cosas de Dios) importunóle muy ahincadamente, que quisiese ir á caballo, y proveido de dineros y acompañado. Y por aplacar á su hermano, y dejarle gustoso, y librarse presto de él y de los otros sus parientes, aceptó Ignacio lo que su hermano le ofrecia; pero en saliendo de Guipúzcoa, luego hurtó el cuerpo á los que le acompañaban, y dejó el caballo, y á pié, y solo, y sin dineros, pidiendo limosna , se fué á Pamplona.

De allí pasó á Almazan, y Sigüenza, y Toledo ; porque en todos estos lugares habia de dar órden en las cosas que de sus compañeros traia encargadas. Y habiéndolas bien despachado, y no habiendo querido recibir dinero ni otra ninguna cosa de las muchas que le ofrecian los padres de sus compañeros ; se partió á Valencia, y allí se embarcó en una nave; aunque contra la voluntad y consejo de sus amigos, que le decian el gran peligro que habia en pasar en aquella sazon el mar Mediterráneo, por tener Barbaroja, famoso corsario y capitan del gran Turco, tomados los pasos de aquella navegacion. Y aunque le guardó la divina Providencia de los corsarios, no le faltaron los peligros del mismo mar ; porque se levantó una tan brava tempestad, que quebrado el mastil con la fuerza del viento , y perdidas muchas jarcias y obras muertas de la nave, pareciéndoles ser su hora llegada, se aparejaban todos á morir.

En este trance y peligroso punto examinaba su conciencia Ignacio y escudriñaba los rincones de su alma ; y cuando todos estaban con el espanto de la muerte atemorizados, él no podia hallar en sí temor ninguno. Solo le daba pena parecerle que no habia enteramente hasta entonces respondido á los toques y dones de Dios. Acusábase en su conciencia, que de tantos beneficios y con tan larga mano ofrecidos de Nuestro Señor, no se hubiese sabido

7

aprovechar con aquel agradecimiento y cuidadosa
constancia que debia, para bien de su alma y de las
de sus prójimos. Pasado este peligro llegó á Génova, y de ahí con otro grandísimo y gravísimo de
la vida á Boloña; porque caminando solo por la
falda de los Alpes, perdió el camino, y de paso en
paso, se vino á embreñar en un altísimo y muy estrecho despeñadero que venia á dar en la raudal corriente de un rio, que de un monte se despeñaba.
Hallóse en tan grande apretura y conflicto, que yo
le oí decir, que habia sido aquel el mayor que habia pasado en su vida; porque sin poder pasar adelante, ni saber volver atrás, do quiera que volvia
los ojos, no veia sino espantosas alturas y despeña-
deros horribles, y debajo la hondura y profundidad
de un rio muy arrebatado. Mas al fin por la misericordia de Dios, salió de este peligro yendo un gran
rato el pecho por tierra, caminando á gatas; mas sobre las manos, que sobre los piés.

A la entrada de la ciudad de Boloña cayó de una
portezuela, que habia de madera, abajo en la caba:
de donde salió todo sucio y enlodado, y no sin risa y escarnio de los que le veian. Entrando de
esta manera en la ciudad, y rodeándola toda pidiendo limosna, no halló quien le diese una blanca ni
un bocado de pan: lo cual es cosa de maravillar en
una tan rica y tan grande y caritativa ciudad. Pero
suele Dios á las veces probar de esta manera á los
suyos. Allí cayó enfermo de los trabajos pasados:

mas sanó presto, y prosiguiendo su camino llegó á Venecia donde halló á sus compañeros, como lo habian en París concertado.

CAPÍTULO VI.

Como fué acusado en Venecia, y se declaró su inocencia.

—

No estuvo ocioso Ignacio en Venecia el tiempo que aguardaba á sus compañeros: antes se ocupaba con todo cuidado, como era su costumbre, en el aprovechamiento de sus prójimos, y así movia algunos á seguir los consejos de Nuestro Señor en el camino de la perfeccion. Entre los cuales fueron dos hermanos navarros, hombres honrados y ya entrados en edad, los cuales volviendo de Jerusalen (donde habian ido en peregrinacion), toparon en Venecia con Ignacio, á quien antes habian ya conocido y tratado en Alcalá. Estos se llamaban Estéban y Diego de Eguía, que despues entraron y murieron santamente en Roma en la Compañía. Tambien fué uno de los que aquí se movieron, un español llamado el bachiller Hoces, hombre de letras y de buena vida, el cual aunque se aficionó mucho á la virtud y doctrina que en Ignacio se veia, pero no osaba del todo fiarse de él y ponerse en sus manos; porque habia oido decir muchas cosas de Ignacio, ó maliciosamente fingidas de los mal-

dicientes, ó imprudentemente creidas de los ignorantes. Mas en fin pudo tanto Ignacio que le inclinó
á hacer los ejercicios espirituales ; en los cuales
aunque entró al principio dudoso, y aun temeroso,
despues los abrazó con entera voluntad y confianza.
Porque luego que se recogió á darse á la meditacion y oracion, encerró consigo muchos libros de
teología, temiendo no se le entrase sin sentir algun
error, para que ayudándose de ellos pudiese mas fácilmente descubrirle si se le quisiese Ignacio enseñar. Mas salió tan desengañado y aprovechado de
ellos, que trocado el recelo en amor entrañable, vino á serle muy verdadero y fiel compañero, y puesto en la cuenta de los diez primeros que tuvo Ignacio.

Tambien tuvo en Venecia comunicacion con don
Juan Pedro Garrafa, que despues fué Papa Paulo IV,
el cual dejando el arzobispado de Chete se acompañó con D. Gaetano de Vincencia, y D. Bonifacio
Piamontés, y D. Paulo Romano, hombres nobles y
de buena vida, que dieron principio á la Religion
que vulgarmente se llama de los Teatinos; porque
el arzobispo de Chete, que en la lengua latina llaman Teatino, fué como habemos dicho uno de sus
fundadores ; y en sangre, letras, dignidad y autoridad el mas principal de todos. Y de esta ocasion
por error del vulgo, se vino á llamar nuestra Religion de los Teatinos, que de este nombre nos dan
algunos por engaño ; en el cual no es maravilla que

haya caido la gente comun. Porque como nuestra Religion y aquella , entrambas sean de clérigos reglares, y fundadas casi en un mismo tiempo, y en el hábito no muy desemejantes; el vulgo ignorante puso á los nuestros el nombre que no era nuestro, no solo en Roma donde comenzó este engaño, mas tambien en otras tierras y provincias apartadas.

Dió tambien Ignacio los ejercicios espirituales en Venecia á algunos caballeros de aquel clarísimo senado, ayudándolos con su consejo á seguir el camino de la virtud cristiana. Mas no faltaron otros que por envidia, ó por estar mal informados, publicaron por la ciudad, que era un hombre fugitivo, y que en España habia estado muchas veces preso, y que habiéndole quemado su estatua se vino huyendo; y que ni aun en París habia podido estar seguro, sino que se hubo de salir huyendo, para escapar la vida. Vino la cosa á términos, que se averiguó este negocio por tela de juicio, y así se hizo diligente pesquisa de su vida y costumbres. Mas como esto se fundaba en falsedad , luego se cayó todo. Porque como ya Ignacio miraba por la fama de sus compañeros mas que habia mirado por la suya, no paró hasta que el nuncio apostólico, que entónces estaba en Venecia , llamado Hierónimo Veralo declaró la verdad por su sentencia: en la cual de la entereza de vida y doctrina de Ignacio da claro y muy ilustre testimonio, como se ve en la misma sentencia original que hoy dia tenemos en Roma.

CAPÍTULO VII.

Como los compañeros de Ignacio le vinieron á buscar de París á Italia.

—

Mientras que Ignacio esperaba en Venecia la venida de sus compañeros, se encendió nueva guerra en Francia, entrando en ella con poderoso ejército por la parte de la Provenza, el católico emperador D. Cárlos. Por lo cual los compañeros de Ignacio, que habian quedado de acuerdo de partir de París en su demanda el dia de la conversion de san Pablo, del año de 1537, fueron forzados de anticipar su salida, huyendo la turbacion y peligro de la guerra. Y así partieron de París á 15 de noviembre de 1536; y su camino era de esta manera: Iban todos á pié, vestidos pobremente, cada uno cargado de los cartapacios y escritos de sus estudios. Los tres que solos eran sacerdotes, conviene á saber, Pedro Fabro, Claudio Yayo, y Pascasio Broeth, decian cada dia misa, y los otros seis recibian el santísimo Sacramento del cuerpo de Nuestro Señor, armándose con el pan de la vida contra los grandes trabajos y dificultades de aquella su larga y peligrosa jornada. Por la mañana al salir de la posada, y por la tarde al entrar en ella, era su primero y principal cuidado, hacer alguna breve oracion, y esta acabada, por el camino se seguia la meditacion, y tras ella razonaban de cosas divinas y espirituales. El comer era siempre muy medido, y como de pobres: cuando consultaban si seria bien hacer alguna cosa ó no, seguian con mucha paz y concordia todos lo que parecia á la mayor parte. Llovióles cada dia por Francia, y atravesaron la alta Alemania en la mayor fuerza del invierno, que en aquella region septentrional era muy áspero y extremado de frio; pero vencian todas estas dificultades tan nuevas para ellos y desusadas, el espiritual contentamiento y regocijo que tenian sus ánimas, de ver por quién y para qué las pasaban. Y de ellas, y de los peligros que en semejantes caminos (mayormente á los pobres y estranjeros) suelen suceder, los libró con su misericordia la Providencia divina.

No dejaré de decir como el mismo dia que salieron de París, maravillados algunos de ver el nuevo traje, el número y el modo de caminar de estos nuestros primeros Padres, preguntaron á un labrador, que de hito en hito los estaba mirando, si sabia qué gente era aquella: y el rústico movido no sé con que espíritu respondió en francés: *Mosieurs les reformateurs, ils vont reformer quelque pays.* Que es como decir, son los señores reformadores, que van á reformar algun pais.

Llegaron en fin á Venecia á 8 de enero del año de 1537: y allí hallaron á Ignacio que los aguardaba juntamente con el otro sacerdote que dijimos que se le habia allegado, y con singular alegría se recibieron los unos á los otros. Mas porque aun no era buena sazon de ir á Roma á pedir la bendicion del Papa para ir á Jerusalen, dando de mano á todas las otras cosas, determinaron de repartirse por los hospitales, y los cinco de ellos se fueron al hospital de san Juan y san Pablo, y los otros cinco al hospital de los incurables. Aquí comenzaron á ejercitarse con singular caridad y diligencia en los mas bajos y viles oficios que habia, y á consolar y ayudar á los pobres en todo lo que tocaba á la salud de sus almas y de sus cuerpos, con tanto ejemplo de humildad y menosprecio del mundo, que daba á todos los que los veian grande admiracion.

Señalábase entre todos Francisco Javier en la caridad y misericordia con los pobres, y en la entera y perfecta victoria de sí mismo; porque no contento de hacer todos los oficios asquerosos que se podian imaginar por vencer perfectamente el horror y asco que tenia, lamia y chupaba algunas veces las llagas llenas de materia á los pobres. Tales fueron los principios de este varon de Dios, y conforme á ellos fué su progreso y su fin, como adelante se dirá. Echaban entonces nuestros Padres los cimientos de las probaciones que habia de hacer despues la Compañía. Así estuvieron hasta mediada Cuaresma, que partieron para Roma, quedando Ig-

nacio solo en Venecia, por parecer que así convenia al divino servicio.

El modo de caminar era este: íbanse de tres en
tres, dos legos y un sacerdote, y siempre mezcla-
dos españoles con franceses ó saboyanos. Decian
cada dia misa los sacerdotes, y los que no lo eran
recibian el santísimo Cuerpo de Nuestro Señor. Iban
á pié, ayunaban todos los dias, porque era Cuaresma, y no comian otra cosa, sino lo que hallaban por
amor de Dios: y era la limosna tan flaca, que muchas veces pasaban sus ayunos y el trabajo del camino, comiendo solo pan y bebiendo solo agua. Y
así fué necesario que padeciesen nuestros Padres
en esta peregrinacion extraordinarios trabajos. Y un
domingo les aconteció, que habiendo tomado no mas
que sendos bocados de pan por la mañana, descalzos los piés, caminaron veinte y ocho millas de
aquella tierra, que vienen á ser mas de nueve leguas de las nuestras, lloviéndoles todo el dia reciamente, y hallando los caminos hechos lagunas de
agua, en tanto grado, que á ratos les daba el agua
á los pechos, y con esto sentian en sí un contento
y gozo admirable. Y considerando que pasaban aquellas fatigas por amor de Dios, le daban infinitas
gracias, cantando á versos los salmos de David:
y aun el maestro Juan Coduri, que llevaba las piernas cubiertas de sarna, con el trabajo de este dia
quedó sano. Así que si los trabajos de nuestros Padres en este camino fueron grandes, no fueron me-

7.

nores los regalos que recibieron de la divina y liberal mano del Señor, por quien los padecian.

Hallóse en Roma cuando allí llegaron, el doctor Pedro Ortiz, que por mandado del emperador Don Cárlos, trataba delante del Papa la causa matrimonial de la reina de Inglaterra D.ª Catalina, tia del emperador: la cual Enrique VIII su marido, habia dejado por casarse con Ana Bolena, de cuya hermosura torpemente se habia aficionado. Era este doctor Ortiz el que en París habia mostrado á Ignacio tan poca voluntad como ya vimos: mas como llegaron á Roma los compañeros, movido con espíritu de Dios (cuando ellos menos este oficio esperaban) los acogió con grandes muestras de amor, y los llevó al sumo Pontífice, encomendándole su virtud, letras, é intencion de servir á Dios en cosas grandes. Recibió luego como los vió Paulo III una estraña alegría, y mandó que aquel mismo dia disputasen delante de él una cuestion de teología que se les propuso. Dióles benignamente licencia para ir á Jerusalen, y su bendicion, y una limosna de setenta ducados. Y á los que aun no eran ordenados de misa, les dió facultad para ordenarse á título de pobreza voluntaria, y de aprobada doctrina.

Ayudaron tambien otras personas con sus limosnas, especialmente los españoles que estaban en Roma, cada uno como podia, y llegaron hasta doscientos y diez ducados, y no faltaron mercadederes que pasaron á Venecia esta suma de dineros, sin que les costase el cambio cosa alguna á los Padres : pero ellos no quisieron aprovecharse de esta limosna ni tomarla en sus manos, hasta el tiempo del embarcarse. Y así con la misma pobreza y desnudez con que habian venido á Roma , se tornaron, pidiendo por amor de Dios , á Venecia; á donde llegados se repartieron por sus hospitales, como antes habian estado : y poco despues todos juntos hicieron voto de castidad y pobreza delante de Hierónimo Veralo, legado del Papa en Venecia, que entónces era arzobispo de Rosano , y despues fué cardenal de la santa Iglesia romana : y ordenáronse de misa Ignacio y los otros compañeros, el dia de san Juan Bautista , dándoles este alto sacramento el obispo Arbense con maravillosa consolacion y gusto espiritual , así de los que recibian aquella sacra dignidad, como del prelado que á ella los promovia. El cual decia que en los dias de su vida no habia recibido tan grande y tan extraordinaria alegría en órdenes que hubiese dado como aquel dia : atribuyéndolo todo al particular concurso y gracia de Dios con que favorecia á nuestros Padres.

CAPÍTULO VIII.

Como se repartieron por las tierras del dominio veneciano á
trabajar y ejercitar su ministerio.

—

Estándose aparejando los padres, y aguardando
la sazon del embarcarse para Jerusalen; vinieron
á perder totalmente la esperanza del pasaje. Fué
de esto la causa, que en el mismo tiempo la Señoría de Venecia rompió guerra contra el gran turco
Soliman, é hizo liga con el sumo Pontífice y con
el emperador D. Cárlos. Y estando la mar cubierta
de las poderosas armadas de ambas partes, y ocupados todos en la guerra, cesó la navegacion de
los peregrinos, que pedia mas paz y quietud. Y es
cosa de notar, que ni muchos años antes ni despues acá, hasta el año de 1570, nunca dejaron
de ir cada año las naves de los peregrinos á Jerusalen, sino aquel año. Y era que la divina Providencia
que con infinita sabiduría rige y gobierna todas las
cosas criadas, iba enderezando los pasos de sus peregrinos para servirse de ellos en cosas mas altas de lo
que ellos entendian ni pensaban. Y así con admirable consejo, les cortó el hilo, y les atajó el camino que ya tenian por hecho de Jerusalen, y les di-
virtió á otras ocupaciones. Porque como los Padres
vieron que se les iba cerrando cada dia mas la esperanza de pasar á la Tierra santa, acordaron de

esperar un año entero para cumplir con el voto
que habian hecho en París. Y para aparejarse mejor, y llegar con mayor reverencia al sacrosanto
sacrificio de la misa, que aun no la habian comenzado á decir los nuevos sacerdotes, determinaron de apartarse y recogerse todos, é hiciéronlo
de esta manera: Ignacio, Fabro y Lainez, se van
á Vincencia: Francisco Javier y Salmeron, á Monte Celso: Juan Coduri y Hoces, á Treviso: Claudio Yayo y Simon Rodrigez, á Bazan: Pascasio y
Bobadilla, á Verona. Son todas estas tierras de la
Señoría de Venecia; porque no se quisieron salir
de aquel estado, por hallarse cerca, si acaso se les
abriese alguna puérta para su embarcacion.

Ignacio pues y sus dos compañeros, á los cuales habia cabido ir á Vincencia, se entraron en
una casilla ó hermita pequeña, desamparada y medio derribada, sin puertas y sin ventanas, que por
todas partes le entraba el viento y el agua. Estaba
esta hermita en el campo fuera de la ciudad; y habia quedado así yerma y mal parada del tiempo de
la guerra, que no muchos años antes se habia hecho
en aquella tierra. Aquí se recogieron, y para no
perecer del frio y humedad, metieron un poco de
paja, y sobre de esta dormian en el suelo. Salian
dos veces al dia á pedir limosna á la ciudad, pero
era tan poco el socorro que hallaban, que apenas
tornaban á su pobre hermita con tanto pan que les
bastase á sustentar la vida. Y cuando hallaban un

poquito de aceite ó de manteca que era muy raras veces, lo tenian por muy gran regalo. Quedábase el uno de los compañeros en la hermitilla para mojar los mendrugos de pan, duros y mohosos que se traian, y para cocerlos en un poco de agua, de manera que se pudiesen comer. Y era Ignacio el que de ordinario se quedaba á hacer este oficio. Porque de la abundancia de lágrimas que de contínuo derramaba, tenia casi perdida la vista de los ojos, y no podia sin detrimento de ellos salir al sol y al aire. Todo el tiempo que de buscar esta pobre limosna les quedaba, se daban á la oracion y contemplacion de las cosas divinas, porque para este fin habian dejado todas las demás ocupaciones.

Habiendo perseverado cuarenta dias en esta vida, vino á Vincencia Juan Coduri, y acuerdan todos cuatro de salir á predicar en aquella ciudad. Y así en un mismo dia, y á la misma hora, en cuatro diversas plazas, comienzan á grandes voces á llamar las gentes, y á hacerles señas con los bonetes, que se lleguen á oir la palabra de Dios. Y habiéndose congregado gran muchedumbre de gente, les predican de la fealdad de los vicios, de la hermosura de las virtudes, del aborrecimiento del pecado, del menosprecio del mundo, de la inmensa grandeza de aquel amor inestimable con que Dios nos ama, y de las demás cosas que se les ofrecian; á fin de sacar los hombres del cautiverio de Satanás, y des-

pertar sus corazones, y atraerlos á procurar con todas sus fuerzas aquella bienaventuranza para que
Dios los crió. Y sin duda quien entonces mirara al
lenguaje de aquellos Padres, no hallara en él
sino toscas y groseras palabras; que como todos
eran estranjeros y tan recien llegados á Italia, y se
daban tan poco al estudio de las palabras, era necesario que estas fuesen una como mezcla de diversas lenguas. Mas estas mismas palabras eran muy
llenas de doctrina y espíritu de Dios, y para los
corazones empedernidos y obstinados, como un
martillo ó almadena de hierro que quebranta las
duras piedras. Y así se hizo mucho fruto con la divina gracia.

CAPÍTULO IX.

Como Ignacio estando enfermo, sanó con su visita al Padre
Maestro Simon.

—

Entendiendo en estas obras Ignacio, y empleán-
dose con todas sus fuerzas en buscar la gloria de
Dios y el desprecio de sí mismo, quebrantado del
trabajo cayó malo de calentura en Vincencia; y tambien el P. Lainez, por la misma causa, fué tocado de una mala disposicion. En este mismo tiempo
tuvo nueva Ignacio, como Simon Rodriguez estaba muy mas gravemente enfermo, y en gran peligro

de la vida, en Basan, que está como una jornada
de Vincencia. Y á la hora, estando él á la sazon
con calentura, dejando al P. Lainez en el hospital
y en la cama, toma el camino para Basan, y vase á
pié con el P. Fabro, con tanto fervor de espíritu y
con tanta ligereza, que Fabro no podia tener á su
paso, ni alcanzarle, llevándole siempre delante de sí
muy gran trecho. Y como Ignacio fuese tan adelante, tuvo tiempo para apartarse un poco del camino.
Y por un rato estuvo puesto en oracion, rogando
á Nuestro Señor por la salud del maestro Simon:
y en la oracion fué certificado que Dios se la daria.
· Levantándose de ella, dijo al P. Fabro con mucha
confianza y alegría: « No hay por que nos congoje-
mos, hermano Fabro, del mal de Simon, que no
morirá de esta dolencia que tanto le fatiga. » Como
llegó á donde el P. Simon estaba en la cama, hallóle con la fuerza del mal muy consumido y flaco, y
echándole los brazos, « No hay de que temais, dijo,
hermano Simon, que sin duda sanaréis de esta: » y
así se levantó, y estuvo bueno. Esto contó el P. Fabro, al P. Lainez cuando tornaron á Vincencia; y
el P. Lainez me lo contó á mí de la manera que
aquí he dicho. Y el mismo padre maestro Simon
conoció, y agradeció, y publicó este beneficio, que
de Dios nuestro señor, por medio de su siervo Ignacio, recibió.

Aquí en Basan vivia entonces un hombre de nacion italiano, por nombre Antonio; el cual hacia

una vida admirable y solitaria on una hermita que
se llama san Vito; la cual está fuera del lugar en
un cerro alto y muy ameno, de donde se descubre an valle muy apacible, que es regado con las
aguas del rio llamado en latin Meduaco, que en
italiano llaman Brenta. Era este hombre anciano,
lego é idiota y muy sencillo; mas severo y grave,
y de los hombres tenido por santo. El cual en sus
costumbres y aspecto parecia un retrato de san Antonio el abad, ó de san Hilarion, ó de otro cualquiera de aquellos santos Padres del yermo. Algunos años despues conocí yo á este Padre, y le tra-
té familiarmente. El cual tratando á Ignacio le tuvo
en poco, y juzgóle en su corazon por imperfecto;
hasta que un dia puesto en larga y fervorosa oracion, se le representó Dios como á hombre santo
y enviado del cielo al mundo para provecho de muchos.

Entónces comenzó á avergonzarse y á tenerse en
poco, y á estimar lo que antes habia desestimado,
como él mismo, despues corrido de sí mismo, lo
confesó. Movido pues, de la vida de fray Antonio, uno de los primeros compañeros de Ignacio, que estaba en Basan, comenzó á titubear en
su vocacion, y á dudar si seria mas servicio de
Nuestro Señor seguir el camino comenzado, ó vivir
en compañía de aquel santo en contemplacion, apartado de los peligros y del desasosiego é inquietud
que la conversacion de los hombres trae consigo. Y

hallándose perplejo y confuso con las razones que de una parte y de otra se le ofrecian, determinó de irse al mismo fray Antonio, y comunicar con él sus dudas y hacer lo que él le dijese. Estaba en este tiempo Ignacio en Basan. Fuése pues aquel Padre á buscar al fraile, y yendo vió un hombre armado, que con horrible aspecto y fiero semblante, con la espada sacada y levantada, se le puso delante en el camino. Turbóse al principio y paró el Padre, mas volviendo en sí parecióle que no habia porque detenerse, y siguió su camino. Entónces el hombre con gran ceño y enojo, arremete al Padre, y con la espada desenvainada como estaba, da tras él. El Padre temblando, y mas muerto que vivo, echó á huir, y el otro á seguirle; pero de manera que los que presentes estaban veian al que huia y no veian al que le seguia. Al fin de buen rato, el Padre desmayado con el miedo y asombrado de esta novedad, y quebrantado de lo que habia corrido, dió consigo desalentado y sin huelgo en la posada donde estaba Ignacio. El cual en viéndole, con rostro apacible se volvió á él, y nombrándole por su nombre, díjole: «Fulano, ¿así dudais? *Modicæ fidei quare dubitasti?* Hombre de poca fe, ¿porqué habeis dudado?» Con esta representacion, que fué una como declaracion de la divina voluntad, se confirmó mucho este Padre en su vocacion, como el mismo que lo vió y lo pasó lo ha contado.

CAPÍTULO X.

Como se repartieron por las universidades de Italia.

—

Despues de haber hecho nuestros Padres aquellas como correrías espirituales que habemos contado, todos se vinieron á juntar con Ignacio en la ciudad de Vincencia; la cual estaba grandemente movida con la vida y doctrina de los tres compañeros. Por lo cual donde al principio, apenas hallaban pan y agua para poder vivir los tres, y algunas veces tenian necesidad de salir á las aldeas á pedir limosna para sustentarse; despues once juntos tuvieron todo lo necesario con abundancia. Todos los nuevos sacerdotes habian dicho ya la primera misa, sino solo Ignacio que la tenia por decir. En esta junta que aquí hicieron, acordaron que pues la esperanza de ir á Jerusalen se les iba cada dia acabando mas, se repartiesen por las universidades mas insignes de Italia, donde estaba la flor de los buenos ingenios y letras; para ver si Dios nuestro señor seria servido de despertar algunos mancebos hábiles, de los muchos que en las universidades se suelen criar, y traerlos al mismo instituto de vida que ellos seguian en beneficio de sus prójimos.

Y con este fin á la entrada del invierno, repartieron entre sí las universidades de Italia de esta

manera, que los Padres Ignacio, Fabro y Lainez vayan á Roma: Salmeron y Pascasio, á Sena: Francisco Javier y Bobadilla, á Boloña: Claudio Yayo y
Simon Rodriguez, á Ferrara: Juan Coduri y el nuevo compañero, á Padua. En esta empresa, demás
del principal cuidado que cada uno tenia de su propia conciencia, y de perficionarse en las virtudes,
trabajaban cuanto podian de encaminar los prójimos
al camino de su salvacion, y de encender en ellos
el amor y santo deseo de las cosas espirituales y
divinas.

La manera de su gobierno era esta: á semanas
tenia cargo el uno del otro; de manera que el que
esta semana obedecia mandaba la siguiente. Pedian
por amor de Dios de puerta en puerta. Predicaban
en las plazas públicas. Antes del sermon, el compañero súbdito traia de alguna tienda prestado un
escaño que servia de púlpito, y llamaba al pueblo
á voces y con el bonete, meneándole, para que
viniese á oir la palabra de Dios. No pedian en el
sermon limosna, ni despues de haber predicado la
querian recibir de los oyentes, aunque de suyo se
la ofreciesen. Si hallaban alguno deseoso de su aprovechamiento, y sediento de las aguas vivas que matan la sed del alma, á este tal se comunicaban mas,
y le daban mayor parte de lo que Nuestro Señor á
ellos les comunicaba. Oian las confesiones de muchos que lo pedian. Enseñaban á los niños, y á
los ignorantes y rudos, la doctrina cristiana. Cuan-

do podian y tenian tiempo, acudian á los hospitales y servian á los pobres, consolando á los enfermos y afligidos que estaban en la cama.

Finalmente, no dejaban ninguna cosa de las que entendian que podian servir para mayor gloria de Dios y de sus prójimos. Con estas obras iban derramando un olor de Cristo y de su doctrina, tan suave y bueno, que muchos sacaron singular fruto de sus pláticas y conversacion. Y de aquel tan pequeño y débil principio, vino á ser conocida nuestra Compañía, y creció la fama de su nombre, y el fruto que hacian se estendió por toda Italia.

No dejaré de decir, que en Padua los nuestros fueron por el vicario del obispo echados en la cárcel, y en cadenas aprisionados: y de esta manera pasaron una noche tan regocijada y alegre, que Hozes el uno de ellos, de pura alegría no se podia valer de risa. Otro dia mirándolo mejor, el mismo juez les soltó, y de ahí adelante siempre los tuvo en lugar de hijos. Esto es lo que sus compañeros de Ignacio hicieron: lo cual tocamos brevemente, porque no escribimos su historia de ellos, sino la de Ignacio: y así es bien que veamos lo que á él le aconteció en su camino y en la ida de Roma que le cupo.

CAPÍTULO XI.

Como Cristo nuestro Señor apareció á Ignacio, y donde tomó este nombre la Compañía de Jesus.

—

Viéndose Ignacio puesto en el oficio y dignidad sacerdotal, como quien conocia bien lo que era y la pureza de vida que pedia, tomó un año entero de tiempo para recogerse mas, y aparejarse á recibir en sus manos el sacratísimo cuerpo de Cristo nuestro señor, que es sacrificio verdadero y hostia viva por nuestros pecados. Que antes de este tiempo, no fiaba de sí que estaria tan bien dispuesto, como era menester para decir su primera misa. La cual dijo despues aun mas tarde de lo que habia pensado, que fué la noche de Navidad del año 1538, y díjola en Roma en la capilla del pesebre donde Jesucristo nuestro señor, fué puesto cuando nació, que está en santa Maria la Mayor: y así estuvo año y medio sin decirla despues que le ordenaron.

En este tiempo con todas las fuerzas de su ánima y de todo corazon se empleaba en contemplacion de las cosas divinas, de dia y de noche, suplicando humilmente á la gloriosa Vírgen y Madre de Dios, que ella le pusiese con su Hijo. Y que pues era puerta del cielo, y singular medianera entre los hombres y Dios, que ella le abriese la puerta, y le diese entrada para su preciosísimo Hijo. De manera, que él fuese conocido del Hijo, y juntamente él pudiese conocer al Hijo, hallarle, y amarle, y reverenciarle con afectuoso acatamiento y devocion. Con esto, todo el tiempo que así estuvo sin decir misa, fueron maravillosas las ilustraciones y visitas que tuvo de Dios, en Venecia, en Vincencia y en otras ciudades, y por todo este camino, tanto que le parecia ser restituido á aquel primer estado que tuvo en Manresa, donde habia sido visitado sobremanera, y consolado de Dios. Porque en París en el tiempo de los estudios, no sentia ni tan señalados gustos, ni tantas inteligencias de las cosas divinas : mas ahora en este camino de Roma, era de Dios con soberanos resplandores, y gustos espirituales ilustrado y esforzado. Recibia cada dia el cuerpo sacratísimo de Cristo nuestro redentor, de mano de sus compañeros, y con él suavísimas y celestiales consolaciones.

Aconteció en este camino, que acercándose ya á la ciudad de Roma, entró Ignacio á hacer oracion en un templo desierto y solo, que estaba algunas millas léjos de la ciudad. Estando en el mayor ardor de su fervorosa oracion, allí fué como trocado su corazon y los ojos de su alma fueron con una resplandeciente luz tan esclarecidos, que claramente vió como Dios Padre, volviéndose á su unigénito Hijo, que traía la cruz á cuestas, con grandísimo y entrañable amor le encomendaba á Ignacio y á sus compañeros, y los entregaba en su poderosa diestra, para que en ella tuviesen todo su patrocinio y amparo. Y habiéndolos el benignísimo Jesus acogido, se volvió á Ignacio así como estaba con la cruz, y con un blando y amoroso semblante le dice.

Ego vobis Romæ, propitius ero.

Yo os seré en Roma propicio y favorable. Maravillosa fué la consolacion y el esfuerzo con que Ignacio quedó animado de esta divina revelacion. Acabada su oracion, dice á Fabro y á Lainez: « Hermanos mios, que cosa disponga Dios de nosotros, yo no lo sé, si quiere que muramos en cruz, ó descoyuntados en una rueda, ó de otra manera; mas de una cosa estoy cierto, que de cualquiera manera que ello sea, tendrémos á Jesucristo propicio:» y con esto les cuenta lo que habia visto, para mas animarlos y apercibirlos para los trabajos que habian de padecer.

De aquí es que habiendo despues Ignacio y sus compañeros determinado de instituir y fundar Religion, y tratando entre sí del nombre que se le habia de poner para representarla á su Santidad, y suplicarle que la confirmase; Ignacio pidió á sus compañeros que le dejasen á él poner el nombre á su voluntad: y habiéndoselo concedido todos con grande alegría, dijo él que se habia de llamar la *Compañía de Jesus.* Y esto porque con aquella maravillosa vision, y con otras muchas y escelentes ilustraciones, habia Nuestro Señor impreso en su corazon este sacratísimo nombre, y arraigándole de tal manera que no se podia divertir de él, ni buscar otro. Y lo que hizo teniéndolo todos por bien, lo hiciera aunque fuera contra el parecer de todos, como él dijo, por la claridad grande con que su ánima aprendia ser esta la voluntad de Dios. Para que los que por vocacion divina entraren en esta Religion, entiendan que no son llamados á la Órden de Ignacio, sino á la Compañía y sueldo del Hijo de Dios, Jesucristo nuestro Señor, y asentando debajo de este gran Caudillo, sigan su estandarte y lleven con alegría su cruz, y pongan los ojos en Jesus, único autor y consumador de su fe; el cual pudiendo echar mano del gozo, se abrazó, como dice el apóstol san Pablo, de la ignominia de la cruz, no haciendo caso de la confusion y abatimiento que en ella habia. Y para que no se cansen ni desmayen en esta sagrada y gloriosa milicia, tengan por cierto y averiguado que su Capitan está con ellos; y que no solamente á Ignacio y á sus primeros compañeros ha sido propicio y favorable, como lo ha mostrado la experiencia, mas que tambien lo será á todos los demás, que como verdaderos hijos de la Compañía serán imitadores de tales Padres. Todo lo que aquí digo de esta inefable vision y amorosa y regalada promesa que Cristo nuestro redentor hizo á Ignacio de serle favorable, contó (como lo digo) el padre maestro Lainez, siendo prepósito general, en una plática que hizo á todos los de la Compañía que estábamos en Roma, siendo yo uno de ellos. Y el mismo P. Ignacio antes de esto, preguntándole algunas particularidades y circunstancias acerca de esta visitacion celestial, se remitió al padre maestro Lainez, á quien dijo que se lo habia contado al tiempo que le aconteció, de la misma manera que ello habia pasado. Demás de esto, en un cuaderno escrito, de su mano, en el cual, al tiempo que hacia las Constituciones escribia Ignacio dia por dia los gustos y afectos espirituales que sentia su ánima en la oracion y misa, dice en uno de ellos, que habia sentido tal afecto, como cuando el Padre eterno le puso con su Hijo.

He querido particularizar los originales que tengo de esta visitacion divina, por ser tan señalada y de tan grande confianza para los hijos de Ignacio: y lo mismo podria hacer en las demás que en esta historia se cuentan, pero déjolo por evitar prolijidad.

CAPÍTULO XII.

Como Ignacio entró en Roma, y estando en el monte Casino, vió subir al cielo el ánima de uno de sus compañeros.

———

Entrando en Roma comenzó Ignacio á volver los ojos por todas partes, considerar atentamente la grandeza del negocio que queria emprender; y apercebirse con oracion y confianza en Dios, contra todos los encuentros y asechanzas del cruel enemigo. Porque conoció y pronosticó que alguna grande tempestad de trabajos venia á descargar sobre ellos. Y así llamando á sus compañeros una vez, les dice: « No sé que es esto que todas las puertas veo cerradas, alguna grande borrasca de tiempos muy peligrosos se nos apareja, mas toda nuestra esperanza estriba en Jesus, él nos favorecerá como lo ha prometido.» Poco despues de llegados, siendo el Papa bien informado de la doctrina de los Padres que allí estaban, mandó que públicamente leyesen teología; y así Fabro comenzó á declarar la sagrada Escritura en la Sapiencia (que así llaman en Roma las escuelas públicas de la universidad); Lainez leia la teología escolástica, y resolvia las cuestiones que en ella se tratan, y hacian su oficio el uno y el otro erudita y gravemente. A Ignacio quedaba el cargo principal de mover los corazones de los hombres á la virtud, y encender en ellos el fuego del amor divino: y así procuró aficionar y ganar para Dios al doctor Ortiz. El cual habiéndole sido otro tiempo en París (como ya lo vimos) contrario, y despues en Roma, como está dicho, dado algun favor á los Padres sus compañeros, con la familiaridad y trato que con Ignacio ahora tuvo, quedó tan obligado y tan rendido, que siendo un hombre ya de edad, grandes letras y mucha autoridad, y ocupado en negocios públicos de tanta importancia, como queda dicho, deseó ser enseñado de Ignacio, y .tomar de su mano los ejercicios espirituales. Y para estar mas libre y mas desembarazado, determinó de salir por unos dias de Roma, dejando los negocios y cuidados y amigos que tenia. Escogió para esto el monasterio de monte Casino, lugar tres jornadas de Roma, que por la memoria del glorioso san Benito que allí hizo su vida, y por su sepultura y reliquias que allí son reverenciadas, y por la soledad del lugar, y por la mucha religion de los Padres de aquel monasterio, le pareció ser muy á propósito para la oracion y contemplacion que iba á buscar. Allí estuvo, y fué por cuarenta dias enseñado de Ignacio, con tanto fruto de su ánima, que decia este escelente teólogo, que habia aprendido allí una nueva teología, y cual nunca hasta entónces habia venido á su noticia; la cual sin comparacion estimaba mas, que las letras que en tantos años y con tantas fatigas habia alcanzado en las universidades. Porque decia él, que hay muy gran diferencia entre el estudiar el hombre para enseñar á otros, y el estudiar para obrar él. Porque con el primer estudio recibe luz el entendimiento, mas con el segundo se abrasa en amor de Dios la voluntad.

Quedó desde este tiempo tan obligado y tan agradecido el doctor Ortiz á Ignacio por esta merced de Dios, que por su mano habia recibido, que toda su vida fué íntimo amigo y defensor de la Compañía.

En este tiempo que Ignacio estaba en el monte Casino, pasó de esta vida mortal á la eterna el bachiller Hozes (que como habemos dicho le habia cabido la suerte de ir á Padua con Juan Coduri. *Y consummatus in brevi explevit tempora multa.* Acabó en breve tiempo sus trabajos; pero fuéronle de tanto fruto como si fueran de largos años. Era en vida este buen padre un poco moreno y feo de rostro : mas despues que espiró, fué tanta la hermosura y resplandor con que quedó, que Juan Coduri su compañero no se hartaba de mirarle, ni podia apartar los ojos de él , y de pura consolacion y alegría espiritual se le salian hilo á hilo las lágrimas de los ojos. Profetizó mucho antes su muerte Ignacio : y allí en monte Casino (donde san Benito vió el ánima de san Germano , obispo de Capua, ser llevada por los ángeles en una esfera de fuego al cielo, como lo cuenta san Gregorio), Ignacio vió una ánima rodeada y vestida de una resplandeciente luz entrar en el cielo , y conoció que era el ánima de Hozes su compañero. Y despues estando en misa, al tiempo de decir la confesion general que se dice al principio de la misa , llegando á aquellas palabras : *Et omnibus sanctis* , y á todos los santos; vió puesto delante de sus ojos un grande número de santos con resplandor de gloria; entre los cuales estaba Hozes , mas resplandeciente y esclarecido de gloria que los otros. No porque él fuese mas santo que los demás , sino porque (como Ignacio despues decia) por aquella señal le quiso Dios dar á conocer, distinguiéndole con esta ventaja de todos los otros. Y de esta manera quedó el ánima de Ignacio llena de tanto gozo celestial, que por espacio de muchos dias no pudo reprimir las lágrimas, que de suavísimo consuelo sus ojos despedian.

CAPÍTULO XIII.

Como en Roma todos los Padres juntos determinaron de fundar la Compañía.

—

Despues de haber movido los pueblos por donde habian andado, y despertado las gentes á la devocion y piedad; mediada Cuaresma del año de 1538, todos los Padres se vinieron á Roma donde Ignacio estaba, y juntáronse en una casa y viña de un hombre honrado y devoto, llamado Quirino Garzonio, cerca del monasterio de los Mínimos, que se llama en Roma de la santísima Trinidad. Allí pasaron harta pobreza y necesidad viviendo de lo que para cada dia allegaban de limosna; mas presto comenzaron á dar noticia de sí, predicando por diversas iglesias. Ignacio en su lengua española en la iglesia de Nuestra Señora de Monserrate, Fabro en san Lorenzo in Damaso, Lainez en san Salvador del Lauro, Salmeron en santa Lucía, Claudio en san Luis, Simon en san Angel de la Pesquería, Bobadilla en san Celso.

Fué grande el fruto que se cogió de estos ser·

mones, porque por ellos se movió la gente á recibir con devocion los santos sacramentos de la Confesion y Comunion algunas veces entre año. Y desde entonces se vino á refrescar y á renovar aquella tan saludable costumbre de los antiguos tiempos de la iglesia primitiva, de hacerlo mas amenudo; la cual tantos años atrás estaba puesta en olvido, con menoscabo de la religion cristiana, y grave detrimento de las ánimas. Pues como vieron que ya no habia mas esperanza de ir á Jerusalen, tornaron al doctor Ortiz (por cuya mano los habia recibido) los doscientos y diez ducados que les habia dado por limosna para aquel santo viaje. Y porque el Papa queria enviar algunos de ellos á diversas partes; antes de apartarse unos de otros, trataron de instituir entre sí una religiosa Compañía, y de dar órden en su modo de vivir para adelante.

Para mas acertar en cosa tan grave, determinaron de parecer y consentimiento de todos, de darse por unos dias con mayor fervor á la oracion y meditacion, y ofrecer el santísimo sacrificio de la misa á Dios nuestro señor (que á nadie niega su santo favor y espíritu bueno, si se le pide como conviene, antes se le da á todos copiosamente sin escepcion de personas) y suplicarle tuviese por bien de comunicarles su divina gracia, para ordenar y establecer lo que fuese mas santo y mas agradable ante el acatamiento de su soberana Majestad. Los dias gastaban en la ayuda espiritual de los prójimos:

las noches en orar y consultar las cosas entre sí.

La primera noche pues se puso en consulta, si despues que se apartasen y repartiesen en varias provincias, por mandado del sumo Pontífice, quedarian de tal manera unidos entre sí y tan juntos, que hiciesen un cuerpo, y de suerte, que ninguna ausencia corporal, ni distancia de tierra, ni intervalo de tiempo fuese parte para entibiar el amor tan entrañable y suave con que ahora se amaban en Dios, ni el cuidado con que unos miraban por otros. A esto respondieron todos con un corazon y con una voz, que debian reconocer este tan señalado beneficio y merced de Dios, de haber juntado hombres de tan diversas provincias, y de naciones tan diferentes en costumbres, naturales y condiciones, y hécholos un cuerpo, y dádoles una voluntad y un ánimo tan conforme para las cosas de su servicio: y que nunca Dios quisiese que ellos rompiesen ni desatasen un vínculo de tanta union, hecho milagrosamente de sola su omnipotente mano. Especialmente que la union y conformidad es muy poderosa para que se conserve la congregacion, y para acometer en ella cosas árduas, y salir con ellas, y tambien para resistir ó llevar con paciencia las adversas.

La segunda consulta fué, si seria bien que á los dos votos de perpétua castidad y pobreza, que en manos del legado apostólico todos habian hecho en Venecia, añadiesen ahora el tercero voto de per-

pétua obediencia : y para esto eligiesen uno de ellos
por cabeza y por padre de toda la Compañía. En
esta consulta tuvieron bien que dar y tomar muchos
dias. Finalmente para mejor resolver esta tan importante dificultad, se concertaron en estos puntos.
El primero, que en inguna manera aflojasen en el
cuidado que se tenia aquellos dias de acudir á Dios
en la oracion, sino antes acrecentase, y que todas sus oraciones y sacrificios se enderezasen á pedir
intensamente á Nuestro Señor que les diese en la virtud de la obediencia gozo y paz, que es un dón
del Espíritu santo; y que cuanto era de su parte
cada uno desease mas el obedecer que el mandar.
El segundo, que de esta materia no hablasen unos
con otros, porque ninguno se inclinase por humana persuasion mas á una parte que á otra. El tercero, que cada uno hiciese cuenta que no era él de
esta congregacion, ni le tocaba nada este negocio,
sino que se imaginase que habia de dar su parecer
á otros estraños; para que de este manera puestos
aparte todos los propios afectos, que suelen turbar
el buen juicio, se determinasen en lo que convenia
con menos sospecha de engaño. Finalmente todos
con grandísima conformidad concluyeron que hubiese obediencia en la Compañía, y que se eligiese
uno que la gobernase como superior, al cual todos
los otros perfectamente sujetasen sus juicios y voluntades.

Esta resolucion tomaron persuadidos de muchas

8 ·

razones y muy eficaces, que seria largo el contarlas todas aquí, mas principalmente los movia el deseo vivo que tenian de imitar (cuanto sus flacas fuerzas bastasen) á su cabeza Cristo Jesus señor nuestro; el cual por no perder la obediencia dió la vida, obedeciendo hasta la muerte, y muerte de cruz. Deseaban tambien que no faltase en su congregacion la mayor virtud y mas excelente de cuantas hay en el estado de la Religion, que es la obediencia. Y disponíanse á seguir en todo la vocacion del Espíritu santo, que los llamaba á la perfeccion y mas alta abnegacion de sí mismos; la cual sin la obediencia religiosa, rara y dificultosamente se alcanza. Ordenaron los Padres con maduro consejo y maravillosa conformidad en el espacio de tres meses, otras muchas cosas; entre las cuales eran estas que diré. Que todos los que hicieren profesion en la Compañía, hagan particular y espreso voto de obediencia; en el cual se ofrezcan de estar aparejados para ir á cualquiera provincia de fieles ó infieles que el Vicario de Cristo les enviare: mas que no traten ellos de su mision con el Pontífice, ni por sí, ni por otra persona alguna. Enseñen á los niños la doctrina cristiana. Los que en la Compañía hubieren de entrar, sean primero probados en los ejercicios espirituales, en peregrinaciones y hospitales. El prepósito general de la Compañía sea perpétuo mientras viviere. En las consultas y deliberaciones, se siga la mayor parte de los votos. De

estas y de otras cosas que allí se determinaron, se
sacó despues el sumario y fórmula de nuestra regla
é instituto, que siéndole presentada le aprobó el sumo
Pontifice, como adelante se dirá.

CAPÍTULO XIV.

De una grave persecucion que se levantó en Roma contra Ignacio y sus compañeros , y del fin que tuvo.

—

Entendiendo en estas obras Ignacio y sus compañeros , se levantó contra ellos aquella pesada y
terrible tempestad , que Ignacio mucho antes habi-
visto y pronosticado : y fué de ella la ocasion que
aquí dirémos. Predicaba en Roma un fray Agustin
Piamontés , religioso de la órden de san Agustin ;
el cual en sus sermones sembraba los errores de la
secta luterana, inficionando disimuladamente el pueblo con su ponzoñosa doctrina. Conocieron nuestros
Padres el daño , y públicamente predicaron contra
ella , probando ser falsa y perniciosa. Ciertos españoles (que no hay para que nombrarlos) amigos
del fraile , confiados en sus muchas riquezas y autoridad , tomaron á defender la causa del Agustino ;
y para poderlo mejor hacer , volviéronse contra Ignacio y sus compañeros , tomando por instrumento para esto á un español llamado Miguel , á quien
Ignacio en París habia hecho muchas y muy buenas

obras. Infaman pues malamente á los nuestros, y principalmente á Ignacio, publicando que en España, y en París, y al fin en Venecia, habia sido condenado por hereje. Dicen que es hombre perdido y facineroso, que no sabe sino pervertir todas las leyes divinas y humanas: y juntamente calumnian los ejercicios espirituales, y ponen mácula en los compañeros de Ignacio infamándolos de muchas cosas perniciosas.

Resistió á estas olas y torbellinos Ignacio, y puso en tela de juicio el negocio, procurando con todas sus fuerzas que se averiguase y declarase la verdad. Porque como vió que se trataba en este negocio, no menos que de todo el sér de nuestra Compañía, y conoció el ardid de Satanás, que procuraba de ahogar nuestra Religion en su mismo parto, aun antes de ser nacida, ó á lo menos amancillarla y afearla con alguna nota é infamia; puso todo su caudal y esfuerzo para resistir á este golpe y salir al encuentro al enemigo. Y favorecióle Dios y su bondad de tal manera, que aquel Miguel urdidor de aquella trama, y atizador con sus mentiras de aquel fuego, fué por pública sentencia condenado del gobernador de Roma, y desterrado de ella. Y los demás acusadores, que eran los principales en el negocio, y con cuya autoridad se hacia, primeramente aflojaron mucho de la fuerza con que se puso la acusacion, y despues comenzaron á temblar de miedo, y al fin convirtieron la acusacion en loores de Ignacio y de sus compañeros, confesando que habian sido engañados ; y esto delante del cardenal de Nápoles, legado que entónces era del Papa, y en presencia del gobernador de Roma. Los cuales, pareciéndoles que la verdad quedaba satisfecha con la confesion pública de los acusadores, quisieron poner silencio en el negocio, y que se acabase el pleito sin llegar á sentencia. Pero aunque los demás compañeros y los amigos de Ignacio se contentaban de esto, solo Ignacio no lo tuvo por bueno; porque quedando la verdad oprimida é indecisa, no recibiese la Compañía en algun tiempo algun daño. Pues era cosa fácil que con el tiempo se olvidase la memoria de lo que allí habia pasado ; y constando por autos y escrituras de la acusacion, podrian los hombres sospechar que por negociacion y favor que habia tenido Ignacio, se habia solapado la verdad y encubierto, y estorbádose la prosecucion de la causa, echándose tierra encima.

Esta fué la causa porque Ignacio jamás se dejó persuadir ni ablandar de sus compañeros, ni de los importunos ruegos de sus amigos, ni de la autoridad y potencia de nadie, ni quiso apartarse un punto de su parecer. Antes insistió y porfió que la causa que habia venido á juicio de tribunal tan alto, se declarase por sentencia en el mismo juicio y tribunal. Hombre verdaderamente despreciador de su honra propia ; mas todo puesto, y de veras celoso de la honra de Jesucristo y de sus compañeros por Cristo. Porque siempre que se trató de su estima y honra, viéndose en cárceles y en cadenas, nunca de los hombres quiso tomar abogado ni procurador que por él respondiese, ni consintió que nadie por él hablase. Mas cuando vió que se trataba de la honra de Dios y de la salvacion de las ánimas, ponia todo su conato y todas sus fuerzas para que conocida y derribada la mentira, quedase vencedora y en pié la verdad. Y para este efecto, viendo que los jueces mostraban poca gana de dar la sentencia, se fué al mismo Papa, que estaba aquellos dias en Frascata, como cuatro leguas de Roma, y hablándole en latin le dió larga cuenta del negocio, diciéndole llanamente cuantas veces, y dónde, y porque habia sido encarcelado y encadenado. Dale á entender cuanto daño recibia el crédito de la virtud y de las cosas divinas en la opinion de los hombres, si por no hacerse caso de este negocio se quedase así enterrado, y que causas le movian á desear que se diese la sentencia. Las cuales como pareciesen bien á Su Santidad manda al juez que concluya brevemente aquel negocio, y que pronuncie la sentencia en favor de la verdad y justicia; y el juez lo cumplió enteramente.

Mostróse en esta causa muy particularmente la providencia y asistencia con que Dios miraba por la Compañía, pues ordenó que se hallasen en Roma en aquella sazon, los que en España, en París y en Venecia, habián sido jueces de Ignacio. Todos

estos en un mismo tiempo, de tan diversos lugares, unos por una causa y otros por otra, mas todos
por divina providencia, se vinieron á hallar juntos
en Roma, y presentados por testigos por Ignacio,
dieron todos buen testimonio de su virtud é inocencia. De España habia venido D. Juan de Figueroa,
el cual siendo vicario general del arzobispado de
Toledo en Alcalá, habia echado en la cárcel á Ignacio, y dádole por libre. Este era aquel Figueroa,
que vino despues á ser presidente de consejo real en
España, y murió en este oficio el año 1565. Hallóse de Francia el maestro fray Mateo Ori, de la
Órden de Santo Domingo, ante quien siendo inquisidor de la fe, fué en París acusado Ignacio. Hallóse de Venecia el doctor Gaspar de Doctis, que habia dado sentencia en favor de Ignacio, y defendí-
dole de las falsas acusaciones de sus calumniadores
siendo él allí juez ordinario de Hierónimo Veralo,
legado apostólico. Estos fueron entre otros los testigos de la virtud, y vida, y doctrina de Ignacio:
y como tales fueron examinados, y ellos dieron tal
testimonio, cual lo mostró la sentencia del gobernador de Roma; la cual me pareció poner aquí á
la letra, porque esta sentencia comprende en suma
todas las otras que en favor de Ignacio antes se
habian dado, y hace de ellas mencion.

BERNARDINO CURSINO, *electo obispo Bitroverien-se, Vicecamerario de la ciudad de Roma, y gobernador general de su distrito.*

«A todos y á cada uno de los que estas nues-«tras letras vieren, salud en el Señor. Como sea de «mucha importancia para la república cristiana, que «sean conocidos los que con ejemplo de vida y sana «doctrina trabajando en la viña del Señor aprove-«chan á muchos y edifican. Y tambien los que al con «trario tienen por oficio sembrar cizaña. Y como se «hayan esparcido algunos rumores, y hecho algunas «denunciaciones de la doctrina y vida, y señalada-«mente de los ejercicios espirituales que dan á otros «los venerables señores Ignacio de Loyola, y sus «compañeros que son Pedro Fabro, Claudio Ya-«yo, Pascual Broeth, Diego Lainez, Francisco «Javier, Alonso Salmeron, Simon Rodriguez, Juan «Coduri y Nicolás de Bobadilla, maestros por París, « y presbíteros y seculares de las diócesis de Pam-«plona, de Génova de Sigüenza, de Toledo, de Vi-«seo, de Ebredum y de Palencia. Los cuales ejercicios «y doctrina, algunos decian ser erróneos y supersti-«ciosos, y apartados de la doctrina católica. No-«sotros, por lo que á nuestro oficio debemos y por lo «que su Santidad nos ha mandado, mirando esto «con diligencia hicimos informacion para mas ple-«nariamente conocer esta causa, y ver si por ven-«tura era así, lo que de ellos se decia. Por lo cual

«examinados primero algunos que contra ellos mur-
«muraban ; y vistos por otra parte los públicos ins-
«trumentos y sentencias de España, de París, de Ve-
«necia, de Vincencia, de Boloña, de Ferrara y de
«Sena, que en favor de los dichos venerables se-
«ñores Ignacio y sus compañeros contra sus acu-
«sadores fueron mostrados. Y allende de esto exa-
«minados en juicio algunos testigos, en vida, doctri-
«na y dignidad, *omni ex parte majores*. Finalmen-
«te, toda la murmuracion y acusaciones, y rumores
«contra ellos esparcidos, hallamos ser falsos. Por
«lo cual juzgamos ser propio de nuestro oficio pro-
«nunciar y declarar, como pronunciamos y decla-
«ramos, el dicho Ignacio y sus compañeros, de las
«dichas acusaciones y rumores, no solo no haber
«incurrido infamia alguna de hecho ó derecho ; mas
«antes haber de esto sacado mayor aprobacion y tes-
«timonio de su buena vida y sana doctrina. Vien-
«do como hemos visto ser vanas y de toda verdad
«ajenas las cosas que sus contrarios les oponian ; y
«al contrario ser hombres de mucha virtud y muy
«buenos, los que por ellos testificaron. Y por esto he-
«mos querido dar nuestra sentencia, para que sea un
«público testimonio contra todos los adversarios de
«la verdad, y para serenar los ánimos de todos aque-
«llos que por causa de estos acusadores y detrac-
«tores han concebido de ellos alguna siniestra opi-
«nion ó sospecha ; pidiendo y encargando y rogan-
«do á todos los fieles en el Señor, que á los dichos

«venerables señores Ignacio y sus compañeros los «tengan y estimen por tales, cuales nosotros los ha-«bemos hallado y probado, y por católicos, sin nin-«gun género de sospecha, mientras que perserveraren «en el mismo tenor de vida y doctrina, como con «el ayuda de Dios esperamos que perseverarán. Dada «en Roma en nuestra casa, á diez y ocho dias de «noviembre, de mil y quinientos y treinta y ocho «años. — B. Gobernador, el de arriba. — Rutilio «Furio, secretario.»

Es bien que se sepa, como el fraile que dijimos que se llamaba Agustin Piamontés el cual fué la primera causa y orígen de esta persecucion, quitada la máscara de la disimulacion con que primero an-daba encubierto, se hizo públicamente luterano. Y el paradero de los acusadores fué este: que callan-do los nuestros, y rogando á Dios por ellos, en fin se descubrió cual era su vida y doctrina. La cual fué tan detestable y mala, que al uno le quemaron en Roma la estátua, escapándose del fuego con huir: y el otro tambien por hereje fué condenado á cárcel perpétua: y tornando á la carrera de la verdad, se convirtió poco antes de su muerte: y llorando su vida pasada y sus errores, acabó en Roma, ayu-dándole á bien morir uno de los nuestros el año de 1559.

CAPÍTULO XV.

Como Ignacio y sus compañeros se ocupaban en Roma y fuera
de ella en servicio de la Iglesia.

—

Pasada la tempestad de esta persecucion, se siguió luego gran bonanza, y las máquinas que habia armado Satanás para combatir la verdad, le vinieron á servir para su defensa; como suele acontecer á los que tienen buena causa, y estriban en el amparo divino. De donde vino que muchas personas grandes suplicaron al Papa les concediese algunos de nuestros padres, unos para una parte, y otros para otra, y el Papa se los concedió de esta manera.

Fué enviado el maestro Pascasio á Sena, para reformar un monastesio de monjas; lo cual hizo despertar en muchas ánimas vivos deseos de servir á Dios con la entereza de vida y mansedumbre de condicion que tenia. Porque este Padre era dotado de una columbina y prudente simplicidad. El maestro Claudio Yayo, fué enviado á Bresa, el cual ganó las voluntades de toda aquella ciudad, con la suavidad de su condicion y santidad de sus costumbres: y despertó las gentes á buscar de veras el camino del cielo. Partieron para Parma y Plasencia de Lombardía, en compañía de Enio Philonardo Verulano, cardenal de san Angel, legado apostólico, los Padres maestros Pedro Fabro y Diego Lainez;

los cuales cogieron maravillosos frutos de sus trabajos en aquellas ciudades, y ganaron para la Compañía un buen número de personas de diversas edades, mas todos bien aptos para el efecto de su vocacion. A Calabria fué el maestro Nicolás de Bobadilla, donde empleó bien su trabajo, enseñando y cul-
tivando aquellos pueblos, por su ignorancia muy necesitados de doctrina. Y no estaban ociosos los Padres que quedaron en Roma, porque habiendo en
aquella ciudad gran falta de mantenimientos, y siendo el año tan apretado, que muchos ó perecian de
hambre, ó se hallaban casi consumidos y para morir, tendidos por las plazas; los Padres para remediar cuanto les fuese posible tan gran necesidad, ponian gran diligencia en buscar dineros: allegaban
pan, y guisaban algunas ollas de yerbas, y buscando los pobres por las calles y plazas, los traian á
casa, y despues de haberles lavado los piés, les
daban de comer, y curaban los llagados, y ense-
ñábanles la doctrina cristiana: y finalmente, no dejaban de hacer oficio ninguno ni obra de misericordia que pudiesen, así espiritual como corporal. Y
algunas veces estaba la casa tan llena de los pobres
que traian de las calles y plazas, que no cabian mas,
porque llegaban á trescientos y á cuatrocientos los
que estaban en casa tendidos sobre el heno que para esto habian echado los Padres en el suelo.

Maravilló esta obra estrañamente con la novedad
y provecho al pueblo romano: y fué motivo para

que otros se empleasen en semejantes obras de caridad. Porque muchos hombres principales , y entre ellos algunos cardenales , movidos con tal ejemplo, procuraron muy de veras que los pobres no padeciesen tanta necesidad. Y fué creciendo tanto esta obra, que se sustentaban en Roma en diversos lugares tres mil pobres; los cuales murieran de hambre si no fueran socorridos. Tambien se allegaron en este tiempo á los nuestros algunas personas señaladas, así mancebos, como hombres de mayor edad, para seguir su instituto y manera de vivir.

CAPÍTULO XVI.

Como los Padres maestro Francisco Javier, y maestro Simon partieron de Roma para la India oriental.

Contamos en el capítulo III de este segundo libro, como en París estaba un doctor teólogo, llamado Diego de Gobea ; el cual siendo rector y el principal del colegio de santa Bárbara , por un injusto enojo quiso azotar pública y afrentosamente á Ignacio, y despues volviendo sobre sí, y conociendo mejor su inocencia y la verdad, se trocó de manera, que convirtió el castigo que le tenia aparejado, en honrarle y reverenciarle. Era Gobea portugués, y hombre pio y de autoridad, y que desde aquel dia de su desengaño quedó aficionadísimo y devotísimo de Ignacio; porque entendió los deseos que Dios le habia dado, de emplearse en las cosas de su servicio y de la salvacion de sus prójimos, y con cuantas veras acudia á este llamamiento de Dios. Y sabia que él y sus compañeros estaban ocupados en Italia, con grande edificacion y provecho de las ánimas, en todas las obras de caridad.

Encendido pues del mismo deseo, escribió Gobea á Ignacio, que en la India oriental habia Dios abierto una grande puerta para trabajar con fruto. Y que en aquellas remotísimas regiones, les darian las manos llenas á sus compañeros si quisiesen ir á ellas, siendo como son, tan desamparadas y tan apartadas de la luz y conocimiento de Dios nuestro señor; y que deseaba saber si se inclinaban á ello. A esto le respondió Ignacio, que él y los otros Padres sus compañeros estaban totalmente puestos en la mano del sumo Pontífice, y aparejados para ir á cualquiera parte del mundo donde el Vicario de Cristo los enviase.

Recibida esta respuesta de Ignacio, avisó luego el doctor Gobea al rey de Portugal D. Juan el tercero su señor, y escribióle largamente las calidades de Ignacio y de sus compañeros, y cuan á propósito eran para la conversion de la gentilidad. El rey, que era religiosísimo y mas deseoso de dilatar la gloria de Cristo nuestro señor y de ayudar á la salvacion de los índios, que no de ensanchar sus reinos ni estender el imperio de sus estados, manda luego á D. Pedro Mazcareñas, su embajador en Roma, que trate de este negocio con Ignacio, y que procure alcanzar del Papa á lo menos seis Padres, cuando mas no pudiere, para sus Indias, y que se valga de todas las cosas que le pudieren ayudar para la buena conclusion del negocio, sin tener cuenta con gasto ni trabajo. Y con esto envíale el rey las cartas de Ignacio para Gobea, y de Gobea para el rey.

El embajador D. Pedro Mazcareñas se confesaba en esta sazon con Ignacio, que se le habia dado á conocer D.ª Leonor Mazcareñas (de quien arriba se ha hecho mencion) con quien D. Pedro tenia muy estrecho deudo y amistad: y por esto y por hacer lo que su rey le mandaba habló con Ignacio con las cartas del rey en la mano, é hizo grande instancia para que se cumpliese en todo la voluntad de su rey. Respondióle el Padre lo mismo que habia escrito á Gobea, que ni él ni sus compañeros eran libres para disponer de sí, que al Papa tocaba el mandar, y á ellos el obedecer. Mas que si él hubiese de dar parecer en ello, el suyo seria, que se enviase un par de Padres á la India, porque enviar mas que dos no podia dejar de ser muy dificultoso. Y como el embajador apretase y procurase con instancia; que de los diez á lo menos se le diesen los seis al rey para la India, con rostro sereno y amoroso le tornó á responder Ignacio estas palabras: «Jesus, señor embajador, si de diez van seis para

la India, para el resto del mundo ¿ que quedará ? »
En conclusion el Papa, habiendo oido lo que se
le suplicaba, manda que vayan dos de los Padres,
los que á Ignacio les pareciesen ; el cual nombró
para esta mision á los padres Simon Rodriguez y Nicolás de Bobadilla.

El maestro Simon estaba entónces cuartanario,
y con todo eso se embarcó luego para Portugal,
y escribióse á Bobadilla que viniese de Calabria á
Roma. Vino, mas tan debilitado de la pobreza y trabajos del camino, y tan enfermo y maltratado de
una pierna cuando llegó á Roma, que estando al
mismo tiempo el embajador D. Pedro Mazcareñas,
á punto para volverse á Portugal, fué necesario
(por no poder aguardar que sanase Bobadilla, ni
quererse partir sin el otro Padre que habia de ir á
la India) que en lugar del maestro Bobadilla, con
felicísima suerte fuese sustituido el padre maestro
Francisco Javier, de esta manera que aquí diré.
Estaba enfermo en la cama el P. Ignacio , y llamando á Francisco Javier le dice : « Bien sabeis,
hermano maestro Francisco ; que dos de nosotros
han de pasar á la India por órden de Su Santidad ;
y que Bobadilla que para esta empresa estaba señalado, no puede partir por su enfermedad , ni tampoco el embajador , por la priesa que á él le dan,
le puede esperar. Dios se quiere servir en esto de
vos, esta es vuestra empresa , á vos toca esta mision.» Como esto oyó Javier con grande alegría , di-

ce : «Héme aquí, Padre, aparejado estoy.» Y así se partió con el embajador luego otro dia, sin tomar mas tiempo de pocas horas, que para despedirse de los amigos y abrazar á sus hermanos, y aderezar su pobre ropa fueron menester.

Partióse con tan buen ánimo, y con tan alegre rostro, que ya desde entonces se veia uno como pronóstico, de que la divina Providencia (que sapientísima y suavísimamente dispone todas las cosas) llamaba á este su siervo para tan gloriosos trabajos, como fueron los que en esta mision padeció. Y para que mejor se entienda la virtud de la obediencia, y el fuego de la caridad de que estaba su ánima abrasada, se ha de considerar, que en aquel tiempo no siendo aun fundada la Compañía, aunque á Ignacio le tenian todos sus compañeros por Padre (pues á todos los habia engendrado en Cristo) mas no era superior, ni prepósito general á quien hubiesen dado la obediencia, para que pudiese mandar con autoridad y en nombre de Cristo una cosa tan árdua como esta. Quiero tambien decir una cosa que oí algunas veces contar al padre maestro Lainez, y es, que mucho antes de esto, peregrinando por Italia en compañía Lainez y Javier, acaecia muchas veces, que Javier despertando de noche, como despavorido del sueño, despertaba tambien á Lainez, y le decia: «¡Qué cansado estoy! válgame Dios; ¿sabeis hermano maestro Lainez, qué se me antojaba durmiendo? Soñaba que traia á cuestas

9

un indio ó negro de Etiopía buen rato , mas era tan pesado, que con su peso no me dejaba alzar la cabeza : y así ahora despierto como estoy, me siento tan cansado y molido, como si hubiese luchado con él». Porque aunque es verdad, que comunmente hay mucha vanidad en hacer cáso y dar crédito á sueños, pero algunas veces suele Nuestro Señor particularmente á sus siervos , revelar en ellos, ó significar su voluntad, como se ve en las sagradas letras.

Y harto semejante es á esto, lo que oí al padre maestro Gerónimo Domenech , el cual antes que entrase en la Compañía, tuvo grande amistad con el padre Francisco Javier en Boloña. Decia este Padre , que desde entonces Javier hablaba mucho y con mucho gusto de las cosas de la India , y de la conversion de aquella gran gentilidad á nuestra santa fe, como que le daba el alma que habia él de hacer esta jornada , y que tenia encendido deseo de emplear en ella su vida, como lo hizo, y adelante se contará.

CAPÍTULO XVII.

Como el Papa Paulo III confirmó la Compañía.

Porque Ignacio tenia entendido, que todos los trabajos que él y sus compañeros tomaban para la salud de las almas, entonces serian mas agradables á Dios Nuestro Señor, y mas provechosos á los hombres, cuando el sumo Pontífice vicario de Jesucristo, con su autoridad apostólica los aprobase confirmando la Compañía y haciéndola Religion; dió parte de este su deseo y santo propósito al Papa Paulo, que entonces era cabeza de la Iglesia, por medio del cardenal Gaspar Contareno, diciéndole, que él y los otros Padres sus compañeros se habian ofrecido á la obediencia de Su Santidad y de sus sucesores, por voto especial que para esto babian hecho: y habian dedicado todos sus trabajos y sus vidas para beneficio de sus prójimos : y que deseaban que estos buenos propósitos, que de emplearse en cultivar su viña el Señor les habia dado, no se acabasen con sus dias, sino que pasasen de ellos en otros que les sucediesen, siendo el mismo Señor servido de despertar algunos que en esto los quisiesen imitar. Que esto se hiciese fundándose una Religion, que fuese de clérigos regulares; y que el instituto de ella, fuese estar siempre puestos y aparejados para ser mandados de la Sede apostólica ; y conformarse en su modo de vivir con la regla que mucho antes tenian pensada y establecida, si pareciese bien á Su Santidad.

Oyó esto alegremente el sumo Pontífice, estando en Tívoli, á tres de setiembre de 1539: y leyó los capítulos, y túvolos por buenos. Mas despues suplicándole Ignacio que le diese por escrito la confirmacion de este instituto, el Papa lo cometió á

tres cardenales : los cuales contradecian reciamén-
te, y procuraban que no tuviese efecto esta confirmacion. Principalmente el cardenal Bartolomé
Guidicion, hombre pio y muy docto, era de este
parecer; porque no estaba bien con tanta muchedumbre de Religiones como hay en la Iglesia de
Dios. Moviéndole por ventura á esto, lo que está
estatuido en el Concilio lateranense debajo de Inocencio III : y en el lugdunense en tiempo de Gregorio X acerca de la multiplicacion de las religiones : ó como otros decian por ver en algunas menos observancia de su regla y mas flojedad y tibieza
de la que seria menester, por haber caido del primer fervor y espíritu con que comenzaron ; y por
esto decia este cardenal, que mas necesidad tenia
la Iglesia de Dios de reformar las Religiones ya
fundadas, y restituirlas á su primer estado, que
de fundar otras de nuevo. Y aun segun se decia,
habia él mismo escrito un libro para esto de esta
materia ; por lo cual resistió fuertemente á los
nuestros y contradijo mas que otro ninguno á la
confirmacion de la Compañía, y allegáronse otros
cardenales que eran del mismo parecer.

Mas todo esto era para que cuanto mas contradiccion tuviese este negocio, y mas de espacio y
con mas madureza se examinase y aprobase la Compañía, tanto mas claramente se manifestase la voluntad de Dios, que la confirmaba por su Vicario. Porque
al fin las contínuas lágrimas y oraciones de Ignacio

vencieron todas las dificultades y contradicciones.
Y para mejor alcanzar esta victoria de mano del
Señor, le ofreció de hacer decir algunos millares de
misas, por el felice suceso de tan árduo negocio.
El cual acabado, y confirmada ya la Compañía, en
algunos años se dijeron todas, repartiéndose por los
padres de ella, que estaban ya en tan diversas partes del mundo derramados. Por lo cual fué el corazon, así de los otros cardenales, como principalmente del cardenal Guidicion, tan trocado y
tan otro, que de contrario que era y adverso, vino
como súbitamente á ser favorecedor y protector de
esta obra. Y el que poco antes reprendia la institucion de nuevas Religiones, entendido el fin de
la Compañía, nunca acababa de alabar su instituto: estaba tan mudado y tan de otro parecer
que se le oian decir estas palabras: «A mí no
me parecen bien Religiones nuevas, mas esta no
oso dejar de aprobarla; porque interiormente me
siento tan aficionado á ella, y en mi corazon veo
unos movimientos tan extraordinarios y divinos,
que á donde no me inclina la razon humana, veo
que me llama la voluntad divina; y aunque no
quiero me veo abrazar con el afecto, lo que antes
por la fuerza de los argumentos y razones humanas aborrecia.

Así que el mismo cardenal Guidicion alabó despues al Papa el instituto de la Compañía con grande eficacia, y el Papa le leyó y quedó tan admi-

rado, que con espíritu de Pontífice sumo, dijo en leyéndole, *Digitus Dei est hic*, que quiere decir, este es el dedo de Dios. Y afirmó que de tan pequeños y flacos principios, no esperaba él pequeño fruto ni poco provecho para la Iglesia de Dios.

De esta manera quedó confirmada la Compañía el año de 1540, á los 27 de setiembre : mas fué por entonces con cierta limitacion y tasa, porque no se dió facultad que pudiese crecer el número de los profesos mas de hasta sesenta. Lo cual ordenó así Dios nuestro señor, para que con maravillosa consonancia se fuesen respondiendo los principios á los medios, y los medios á los fines. Porque esta Compañía fué antes que naciese probada y tentada en España, en su fundador Ignacio : y recien nacida, fué en Francia y en Italia combatida antes que el sumo Pontífice la aprobase. Y ahora habiendo ya salido á luz, el mismo Papa con grandísima prudencia la quiso probar é irse poco á poco y con tiento en su confirmacion; por lo cual puso tasa en el recibir á la profesion, y duró esta manera de probacion hasta el año de 1543. En el cual el mismo Papa viendo los efectos de la divina gracia, que confirmaba la doctrina de los Padres con su omnipotente virtud, quitó aquella limitacion del número, y abrió la puerta para todos cuantos quisiesen recibir, y desde allí fué creciendo y se hizo valiente y robusta. Y fué de Julio III el año de 1550 otra vez confirmada, y de todos los otros Pontífices que despues le han sucedido, ha sido establecida y acrecentada de muchas y grandes gracias y privilegios, como en su propio lugar se dirá.

CAPÍTULO XVIII.

Lo que pretendió Dios nuestro señor en la institucion y confirmacion de la Compañía.

—

Pues habemos llegado á este punto, y visto la institucion y confirmacion de la Compañía, creo que será acertado que escudriñemos algo del acuerdo é intento que Dios nuestro señor tuvo en esta fundacion y confirmacion, y el consejo y particular providencia con que envió á Ignacio al mundo; para que como ministro fiel sirviese á su Iglesia, y le diese hijos y soldados que la defendiesen y amparasen. Para entender esto mejor, será razon que consideremos el estado en que ella estaba al tiempo que Ignacio nació y vivió: porque de él sacarémos la necesidad que habia de este socorro divino, y rastrearémos algo de los propósitos é intentos del Señor. El cual como cuidadoso padre de familias á todos tiempos y á todas horas llama y envia obreros que labren y cultiven su viña; pero mas cuando hay mayor necesidad.

Y como rey de todos los reyes poderosísimo y sapientísimo, tiene cuenta de fortalecer á su reino, que es la santa Iglesia católica, con plazas inexpugnables y fuerzas, baluartes y reparos, que son las sagradas Religiones; y de poner en ellas capitanes y soldados valerosos en presidio, para defensa y seguridad de todo el reino: y de bastecerlas y proveerlas de las armas, municiones, vituallas y pertrechos que son menester, para que los enemigos, que son las maldades, herejías y errores, no corran el campo sin resistencia, y hagan guerra sin temor á la verdad y á la virtud. No hace este gran Rey y Señor cosa acaso: porque sino cae una hoja del árbol sin su sabiduría y consejo, si tiene contados todos los cabellos de nuestra cabeza, y su infinita providencia alcanza de fin á fin con fortaleza, y dispone y encamina todas las cosas suavemente, bien se deja entender que en las cosas mayores y de mas importancia, como son las fundaciones de las Religiones, de razon ha de resplandecer mas esta soberana é incomprensible providencia. Y para que mejor podamos nosotros barruntar algo de ella, hase de considerar el fin para que envió Dios al mundo la Compañía, que es muy conforme al estado y necesidad en que él estaba cuando Dios por su Vicario la confirmó.

La bula apostólica de la confirmacion de la Compañía dice, que es instituida principalmente para defensa y dilatacion de nuestra santa fe católica. La fe se defiende entre los herejes; y se dilata y estiende entre los gentiles. Pues veamos ahora qué necesidad habia de que fuese defendida la fe, y amparada de los herejes en este tiempo, y qué aparejo y disposicion tenian los gentiles para recibirla, de manera que en sus reinos y provincias se propagase y acrecentase, que de estas dos cabezas y consideraciones sacarémos algo del consejo del Señor. Hallarémos, pues, que en este tiempo la santa Iglesia padecia gravísimas é irreparables calamidades, y que por una parte se iba menoscabando con las crueles y contínuas persecuciones de infieles y herejes; y por otra, que le descubria el Señor del cielo y de la tierra otro nuevo mundo en que se estendiese y dilatase su fe y se reparasen con aventajadas ganancias las pérdidas y quiebras que en este otro antiguo mundo padecia.

Porque primeramente, dejado aparte lo que el imperio otomano desde que comenzó, que fué cerca del año del Señor de 1300, hasta el de 1491, en que Ignacio nació, habia crecido, y los reinos, provincias y señoríos que habia sojuzgado, que son muchos y muy grandes, desarraigando ó disminuyendo en ellos la fe de Jesucristo nuestro redentor, y plantando y arraigando la monstruosa secta de su falso profeta Mahoma. Despues que nuestro Padre Ignacio comenzó á gozar de la luz de este mundo, se ha oscurecido la de nuestra religion en gran parte de Hungría, con muerte y pérdida de su rey Ludovico, y de la Transilvania y de la Dalmacia y Esclavonia. Habemos perdido la isla de Rodas, que era defensa de la cristiandad, y la de Chio, y el reino de Chipre, y las fuerzas de Coron y Modon, Nápoles de Romanía, Malvasia, Lepanto, la Goleta, Trípoli de Berbería, y Bugía, y otras, que se habian ganado á costa de nuestra sangre, para que Cristo nuestro señor fuese en ellas conocido y reverenciado.

Pues ¿qué diré de las herejías, que por nuestros pecados se han levantado en nuestros tiempos; las cuales como fuego infernal y pestilencia pegajosa han abrasado é inficionado tantos reinos y provincias, que no se pueden contar sin lágrimas de corazon?

El año de 1483 nació Martin Lutero en Sajonia, provincia de Alemania, para ruina y destruccion de los nacidos: y el de 1517 comenzó á predicar contra las indulgencias concedidas á los fieles por el romano Pontífice: y el de 1521 se quitó la máscara, y descubiertamente publicó la guerra contra la Iglesia católica. Y este mismo año Dios nuestro señor quebró la pierna á Ignacio en el castillo dé Pamplona para sanarle, y de soldado desgarrado y vano hacerle su capitan y caudillo, y defensor de su Iglesia contra Lutero. Esto es propio como he dicho, de la providencia y consejo del Señor, socorrer y ayudar á la mayor necesidad, y oponer á Simon Mago un san Pedro príncipe de los Apóstoles, á Arrio un Atanasio, á Nestorio un Cirilo, á Joviniano, Vigilancio y Elvidio, un Jerónimo, á Manes y Pelagio, á Agustino, y á otros herejes enemigos, otros valerosos capitanes y defensores.

Los escritores de la historia eclesiástica, con mucha razon advirtieron, que el mismo dia que en Inglaterra nació Pelagio para pervertir y oscurecer con sus errores el mundo, ese mismo dia nació en África aquel gran sol de la Iglesia católica Agustino, para deshacer con sus rayos y resplandor las tinieblas del malvado y perverso hereje. Cuando los albigenses y otros herejes, mas desapoderadamente turbaban la paz de la Iglesia de Dios, y las espinas de los vicios y maldades estaban mas crecidas, y ahogaban la buena semilla que habia sembrado el sembrador celestial, envió al mundo aquellos dos serafines y lumbreras del cielo, santo Domingo y san Francisco; para que por sí y por sus hijos y discípulos resistiesen á los herejes, desarraigasen los errores, corrigiesen los pecados, reformasen las costumbres, alumbrasen y santificasen el universo con su amable ejemplo y doctrina; como lo hicieron los santos Padres, y hasta ahora lo hacen sus hijos.

Las Religiones de caballería y militares envió Dios nuestro señor á su Iglesia, al tiempo que por estar ella oprimida de sus enemigos, era menester defenderla con las armas en las manos: y lo mismo habemos de entender de las demás Religiones sagradas, y particularmente de la Compañía de que al presente tratamos. Porque habiendo el miserable y desventurado Martin Lutero (siendo fraile) dejado los hábitos de su Religion, y con ellos la vergüenza y temor de Dios, y casádose incestuosa y sacrílegamente con una monja, y hecho de ella pública fiesta y regocijo, comenzó á alzar bandera, tocar cajas y hacer gente contra la Iglesia católica. Acudieron luego á él los hombres profanos, desalmados y perdidos, amigos de sí mismos, soberbios, altivos y deseosos de novedades; y entre ellos un buen número de poetas livianos, de oradores maldicientes, de gramáticos presuntuosos y temerarios; los cuales dieron en escribir canciones, versos, rimas y comedias, alabando lo que decia y hacia su maestro y capitan Lutero y burlándose de las tradiciones apostólicas y ritos, ceremonias y personas eclesiásticas. Tras estos se siguió una manada de clérigos y apóstatas. Los cuales no pudiendo, por la flaqueza de sus ojos, sufrir la claridad de las santas Religiones en que vivian, por revolcarse mas libremente en el cieno de sus torpezas y vicios, se salieron de ellas: y para dar muestra de lo que eran y pretendian, se casaron públicamente con mujercillas engañadas, y muchos de ellos con vírgenes y monjas consagradas á Dios: y esto con tan espantosa y abominable desvergüenza y diabólico sacrilegio, que en las bodas de algunos de ellos compusieron y cantaron una misa, (si tal nombre merece tan infernal desatino) llena de increibles abominaciones y horribles blasfemias; en la cual le alababan y llamaban santo y alumbra-

do de Dios porque se casaba , y exortaban á hacer
lo mismo á los demás sacerdotes, por mofa y risa
de los sacrosantos misterios de la misa. Que esto
es propio de los herejes , ser muy detestables en
sus maldades , y mas en el modo y circunstancias
con que las cometen.

Estos, pues, comenzaron á pregonar libertad á
los hombres , para hacerlos esclavos del pecado, y
á predicar á Cristo crucificado en la voz , y en hecho de verdad al Antecristo : de manera que los
fieles aborreciesen todo lo que es cruz y penitencia
y verdadera imitacion de Jesucristo. Y como el
mundo estaba tan dispuesto y tan aparejado para
recibir esta doctrina , por las maldades que reina-
ban en él , mucha gente baldía é ignorante , torpe
y ciega con sus pasiones y vicios, se dejó engañar,
y la abrazó y siguió, y enseñó á los demás.

Entre esta gente hubo sastres, zapateros , tin-
toreros , carniceros , sayones , hombres desoreja-
dos y castigados por ladrones , facinerosos é infames por justicia : en fin la escoria y horrura de toda
la república, los cuales se hicieron predicadores de
este nuevo Evangelio, que siendo tal , no podia tener otros predicadores, sino tales como ellos. Y aun
en algunas partes hubo mujercillas livianas , atre-
vidas y parleras, que olvidadas de la vergüenza y
modestia que es tan propia y connatural á las mujeres , y de lo que manda el apóstol san Pablo que
la mujer calle en la Iglesia y aprenda en su casa

con silencio, se subieron en los púlpitos de las Iglesias , y predicaron , y aun quisieron disputar con los doctores teólogos , y defender conclusiones de sus locuras y devaneos.

Fué cundiendo esta pestilencia mas, y tomando nuevas fuerzas este incendio de Babilonia con los vientos y favores de príncipes poderosos que le acrecentaron ; los cuales, ó por su ambicion y estado, ó por codicia de los intereses grandes que esperaban de los bienes eclesiásticos con la mudanza de religion, ó por enemistades y otras particulares pasiones, favorecieron y dieron calor á las insolencias y desatinos de estos predicadores, sirviéndose de su falsa religion por capa y escudo de sus desordenados apetitos y pretensiones : y el Señor que queria castigar nuestros innumerables y enormes pecados, con dejarnos caer en otros mayores, y en uno de los mayores de todos, que es el de la herejía, permitió que hubiese guerras y disensiones entre los príncipes cristianos, que son las que fomentan y atizan las herejías ; y que los pastores durmiesen, y los perros no ladrasen, y los lobos hiciesen la riza y estrago que vemos en el ganado de Jesucristo, y que se siguiesen los gravísimos é irreparables daños que se han seguido en la república cristiana, porque no podian seguirse de la predicacion y nueva doctrina de tales predicadores y maestros, otros frutos y efectos, sino los que se han seguido. Algunos de los cuales contaré yo aquí ; porque contarlos todos seria imposible, siendo como son infinitos.

Lo primero, han resucitado de allá del infierno donde estaban sepultadas, casi todas las herejías y errores que desde el principio del Evangelio hasta ahora ha habido en la Iglesia de Dios. Apenas en todos los siglos pasados ha habido desatino tan loco, ni blasfemia tan horrible, ni doctrina tan impía y diabólica que no haya revivido en nuestros dias por medio de Lutero y sus secuaces. Contra la santísima Trinidad; contra la divinidad de Jesucristo; contra la persona del Espíritu santo; contra la gloriosísima y serenísima Reina del cielo nuestra señora; contra los ángeles y santos, y ánimas del purgatorio, hasta en el mismo infierno han hallado que mentir y que blasfemar. No hay sacramento en la Iglesia católica, que no calumnien y perviertan, ni ceremonia eclesiástica, de que no hagan escarnio, ni tradicion apostólica, de que no burlen, ni escritura sagrada, que ó no nieguen, ó no destruyan con sus translaciones, postilas y falsas interpretaciones. Pues ¿qué diré de los sacrosantos concilios celebrados con asistencia y direccion del Espíritu santo, y de los decretos de los sumos Pontífices, quemados en una hoguera por Lutero? ¿qué de los libros y tratados de los sagrados Doctores, que con su doctrina y santísima vida han alumbrado y convertido al mundo? Los cuales oscurecen y corrompen estos monstruos infernales por ser contrarios á su doctrina.

No quiero decir lo que dicen y hacen contra la potestad del Papa, sucesor de san Pedro, y Vicario de Jesucristo en la tierra, porque todos los herejes le han siempre aborrecido, como los ladrones á la justicia que los persigue y castiga. En fin no hay cosa tan santa, que no la profanen, ni tan firme, que no la enflaquezcan, ni tan recibida en toda la Iglesia católica con universal consentimiento de todos los siglos, Padres y naciones, en que no pongan dolencia, duda y sospecha. Y como la verdad es una, y las mentiras son muchas, varias y contrarias unas de otras, han salido tantas cabezas de esta nueva hidra de Lutero, y tantas sectas que no se pueden contar. Pues de sola una de ellas, que es de los anabatistas, se cuentan doce, y tan contrarias entre sí, que en los pueblos donde ellas reinan, apenas hay casa en la cual lo que cree el marido, crea la mujer; y lo que sigue el padre y señor, sigan los criados é hijos: y esto con tanta inconstancia, que lo que creen hoy, descreen mañana; y no hay Euripo, ni Pharo de Mecina, ni veleta de tejado mas mudable.

Y tienen los herejes de diversas sectas un odio tan estraño unos con otros, y hácense tan cruel guerra, que no se pueden concertar entre sí, sino como las zorras de Sanson, juntando las colas para quemar y arruinar los panes y sustento de la Iglesia católica. No se han contentado con enseñar sus diabólicos errores y desvaríos, y con la ponzoña de su doctrina inficionar y matar las ánimas, sino que tambien con su crueldad y violencia han quitado la vida corporal á muchos, á quien no podian quitar la eterna. A prelados santos, á frailes perfectísimos, á sacerdotes sagrados, á monjas religiosísimas, á doncellas honestas y delicadas, á niños inocentes, á viejos por su edad y canas venerables, han perseguido, despedazado y muerto con estraña crueza, y con tan espantosos y nuevos géneros de tormentos, que los que usaron Diocleciano y Maximiniano, y otros sangrientos y fieros tiranos, para coronar nuestros santísimos y constantísimos mártires, apenas llegan á ellos. Lea quien quisiere las historias de nuestros tiempos, y hallarálas en lo que toca á lo que vamos tratando, llenas de lastimeros sucesos, y de crueldades increibles.

A muchas doncellas castísimas, despues de haberlas afrentado, por no querer dejar la fe católica, han apretado los pechos entre las arcas ó tórculos; para que con despiadados dolores acabasen la vida. Gran número de sacerdotes y religiosos han sido muertos con violencia; unos enterrados vivos, otros despeñados, otros desollados, otros cocidos ó asados vivos, otros traspasadas las cabezas con agudísimos clavos, otros pegando fuego á la pólvora que les habian echado en la boca abrasados y desmenuzados. ¿Quién creerá que á algunos católicos vivos les sacaron las entrañas, y los hicieron pesebres de sus caballos bravos, llenando el vientre de cebada, para que los comiesen. y despedazasen? ¿Quién que hayan abierto á mujeres preñadas, y sacándoles las criaturas vivas, y dado con ellas en las duras piedras, ó en el fuego, ó espántadolas, y asádolas, con fuego manso, poco á poco? ¿Quién que hayan cortado las narices y orejas de los clérigos y ministros de Dios, y enclavádolas en las cabezadas de sus caballos, y traídolas por burla y oprobio de la órden sacerdotal, con grande braveza y denuesto? ¿ Quién que hayan cortado sus miembros, y cocídolos, y hechóselos comer por fuerza á los religiosos viejos y venerable á quienes los habian cortado?

Pues estas y otras cosas como estas han hecho los calvinistas en Francia en nuestros dias. Y si parara en sola la afrenta é injuria de los hombres, esta furia infernal de estos diabólicos predicadores, no fuera tan horrible y espantosa como es: pero han puesto sus manos sacrílegas en los templos de Dios, en los cálices, en las vestiduras y vasos sagrados, en la pila del bautismo, en el óleo de la uncion, en las reliquias de los santos, en el mismo Dios, con increible desacato, escarnio y vilipendio. No se puede fácilmente creer las iglesias que han derribado y quemado, los monasterios que han asolado y saqueado, el vituperio y oprobio con que han ultrajado y hollado todos los ornamentos é instrumentos sagrados de la Iglesia, ni la impiedad y rabia con que han quemado y hecho polvos los cuerpos de los gloriosos san Hireneo, san Hilario, san Martin obispo, santo Tomás cantuariense, san Buenaventura, san Aniano obispo de Orliens, y derramado y disipado sus santas reliquias.

Han despedazado las imágenes y cruces y Crucifijos, y hecho fuego de ellos; y lo que excede infinitamente todo encarecimiento, y el mismo Satanás temblara en imaginarlo, y solo oirlo hace estremecer las carnes, es que han tomado muchas veces la hostia consagrada, en la qual estaba verdadera y realmente el cuerpo de nuestro salvador Jesucristo, (¡ó bondad inmensa ó clemencia y paciencia de Dios infinita!) y la han tratado con tan grande desacato que no se puede escribir. Aquí se agota el entendimiento y enmudece la lengua, y desfallece y se acaba el sentido de cualquiera persona que tiene una pequeña centella de fe. Y este sufrimiento y paciencia de Dios, no es falta de poder, sino sobra de bondad, no es tener las manos atadas para el castigo, sino abiertas y estendidas para el perdon: es querer probar nuestra fe, y dar mayores muestras de su invencible clemencia, es querer aguardar que sus enemigos se reconozcan y hagan penitencia; y sino la hicieren agravarles las penas, y recompensar con la graveza y terribilidad la tardanza y dilacion del castigo. Porque este Señor que así vemos maltratado de los herejes y perseguido, es el mismo que hirió y mató á Oza, por haber tocado con desacato el arca del testamento, que no era mas que figura de este divino Sacramento. Y el que por haberla mirado con curiosidad mató cincuenta mil betsamitas ; y el que con manifiestos y esclarecidos milagros en todos los siglos pasados y en nuestros dias, ha confirmado en diversas tierras y provincias, la verdad de su real presencia en el Sacramento del altar, y ejecutado justos y gravísimos castigos contra los judíos y malos cristianos, que le han injuriado, ó tratado con menos acatamiento y reverencia. Y lo que ha hecho contra ellos, podria hacer contra los herejes, pero disimula y sufre por las razones que he dicho, y por otras que sabe su oculta é infinita sabiduría.

Y aunque tras lo que habemos referido todo lo demás es cifra ; todavia ¿qué diré de los robos, latrocinios, desafueros, insultos, incendios, rapiñas, violencias y tiranías que han hecho estos ministros de Satanás, á innumerables personas particulares? ¿Qué de las rebeliones, alborotos, levantamientos, comunidades y guerras que han sucedido en todos los reinos y provincias donde se ha emprendido y hallado cebo este fuego infernal. En Alemania se levantaron siendo trompeta y despertador Lutero, los rústicos y labradores contra sus legítimos señores y príncipes, y mataron de ellos cien mil rústicos, y derribaron y arruinaron mas de doscientos castillos, fuerzas y monasterios en sola la provincia de Franconia. Los cantones católicos de los suizos, por defensa de la santa fe católica, pelearon con los otros cantones herejes, y con ser menos en número, los vencieron tres veces en batalla, y quemaron á Zuinglio su caudillo y maestro el año de 1531. La mayor parte del imperio se rebeló contra su verdadero señor y emperador D. Cárlos Quinto, de gloriosa memoria, y juntó poderosísimo ejército para aniquilarle y echarle si pudiera de Alemania; porque como príncipe católico no consentia las maldades y embustes que cometian contra nuestra santa religion; la cual prevaleció, sujetó y cautivó á los rebeldes, y triunfó de la herejía y falsedad con grandísima gloria del Señor.

En el florentísimo reino de Francia, demás de la sangre que se ha derramado en tantas batallas, siendo vencedora la parte de los católicos, muchas veces han conjurado los herejes contra los reyes Cristianísimos Francisco II, Carlos IX y Henrico III, y urdido tales traiciones, y tejido tales telas y engaños, que sin duda no se pudieran destejer, ni ellos escapar con la vida, si Nuestro Señor con ojos de piedad no hubiera mirado por aquel poderoso, nobilísimo y cristianísimo reino; é inclinándose á las lágrimas, suspiros y plegarias de tantas ánimas santas que en él hay. Y pasó tan adelante la desvergüenza y rebelion, que los hugonotes coronaron por rey á Ludovico Borbon, príncipe de Condé, su caudillo, el cual batió moneda de oro con esta letra: *Ludovicus 13 Dei gratia Francorum rex primus christianus*, que es título arrogantísimo

é injuriosísimo á toda la corona de los cristianísimos reyes de Francia, pues da á entender que todos ellos han sido infieles, y que él es el primer rey
cristiano de Francia.

Y no se han contentado con revolver aquel reino, y ponerle en tan estrema confusion y miseria
con los bandos y levantamientos que he dicho, pero
han enviado embajadores al Turco, prometiéndole
sus fuerzas, y convidándole á mover guerra en
Francia, España y Alemania, con las esperanzas
de las alteraciones y alborotos que pensaban causar,
y con las ayudas que le ofrecian: pero ellos son tales que aun el Turco no los ha querido oir, como
á gente vil, desasosegada y turbadora de la paz y
quietud de los reinos, y rebelde á su Dios y á su
Rey.

Tambien han conjurado y hecho guerra á la muy
católica y santa reina de Inglaterra D.ª Maria, solo
por serlo: y contra el duque de Saboya, por querer
desarraigar (como desarraigó) los herejes del valle
de Engroña, que está en sus estados: y contra
otros príncipes y potentados grandes, y particularmente en Escocia han hecho lo mismo, y querido
matar á su verdadero rey, y preso, encarcelado y
maltratado á la reina su madre por ser católica, y
entregádola á la reina de Inglaterra, Isabel su enemiga, la cual con ser mujer, se hace suprema cabeza espiritual de toda la Iglesia de Inglaterra: y
con las malas mañas, artificios y engaños que usa

con los otros príncipes, y con los socorros secretos que continuamente enviaba á sus enemigos, entretiene y fomenta la guerra y rebelion de sus vasallos contra ellos : y con los tormentos estraños, vejaciones inauditas, muertes cruelísimas con que aflige los católicos de su reino, le tiene puesto en tan grande aprieto, miseria y confusion. Las calamidades tan contínuas y lastimosas de los estados tan dichosos que solian ser de Flandes, no hay quien no las sepa; pues aun las otras provincias y reinos, aunque están apartados las sienten, y se desangran, deshacen y consumen por sustentar en ellos la guerra, y la obediencia de su rey, y nuestra santa religion. ¿Qué de sangre se ha derramado en tantas batallas, reencuentros, y guerras estos años por causa de la religion católica, despues que Lutero la puso en esta division, confusion y conflicto? ¿qué de robos, incendios, sacos, aflotamientos y destrucciones de templos, monasterios y ciudades? En solos once años de guerra, hay autor grave que escribe haber muerto en Francia y en los otros de Flandes quinientas mil personas, y otro en solo un año, que fué el de 1567, haber asolado y quemado los hugonotes en Francia mas de seiscientos monasterios, y muerto con terribles tormentos, cinco mil sacerdotes y ministros de Dios.

No quiero hablar mas de las otras provincias que están perdidas y asoladas con esta plaga y langosta roedora, é infernal, que ha consumido y atalado la

hermosura de los campos , y la fruta de los árboles , y la devocion y la fe que habia en los reinos
de Hungría , de Bohemia , de Polonia, de Dania,
Suecia, Noruega, Transilvania , Hibernia , y otras
regiones y tierras septentrionales ; porque seria nunca acabar : solo quiero añadir aquí (para que lo que
en général habemos dicho mejor se entienda) una
cosa particular. En la ciudad de Monasterio, cabeza
y Metrópoli de la provincia de Vesalia , despues
que los herejes echaron de la ciudad á los clérigos
y religiosos y caballeros , y toda la gente honrada
y cuerda que los contradecia , y sacándoles sus casas y robándoles sus haciendas , coronaron á un
sastre por rey, con todo el aparato y ceremonias
que se suelen usar en las coronaciones de los verdaderos reyes. Este se llamó *Rex justitiæ super ter-
ram*. Rey de la justicia sobre la tierra: el cual se
casó con muchas mujeres , y tomó por mujer principal y por reina la que mas era á su gusto. Comenzaron él y ella á usar el oficio sacerdotal : envió el nuevo rey veinte y ocho hombres desventurados y frenéticos , por predicadores y apóstoles
(que asi los llamaban) de toda aquella tierra. Y por
abreviar el fin , fué que este donoso rey hizo degollar públicamente en la plaza á la reina su mujer
porque tenia lástima de las estremas calamidades que
padecia aquella miserable ciudad en un apretado
cerco que por esta causa vino sobre ella : y siendo
tomada la ciudad del mismo rey loco y desatinado,

y otros muchos de su bando y desvarío, fueron atenazados y muertos con exquisitos formentos dando contra ellos esta justísima sentencia, el que es justo juez, y verdadero y supremo rey de la justicia en el cielo y en la tierra.

Demás de esto han estragado y corrompido la naturaleza y las loables costumbres de sus provincias estos mónstruos infernales con esta doctrina; de manera que los que antes eran templados y frios, ahora se abrasan en vivas llamas de torpezas y deshonestidades: los que eran fieles y leales, ahora hurtan y roban y son desleales: los que eran valientes y animosos, y hacian rostro á los turcos, y peleaban y rendian valerosamente al enemigo, ahora le vuelven las espadas, y huyen: donde antes florecian las letras y doctrina, ahora hay suma ignorancia: porque siempre á la verdadera religion acompañan sus dos hermanas, que son la potencia y verdadera sabiduría, y faltando ella necesariamente ellas han de faltar.

Estos pues son algunos de los innumerables frutos de este nuevo Evangelio, y no es maravilla que sean tales cual es el árbol donde ellos nacen, y que el agua tenga el sabor de la fuente de donde ella mana. El espíritu de todos los herejes, es espíritu de libertad, de blasfemia, de maledicencia, de tiranía, de crueldad y de soberbia; porque es espíritu de Satanás que en ellos se reviste: y el de Lutero y sus discípulos es mas abominable y mas

perverso que ninguno de todos los herejes pasados.
Y para qué sepamos claramente sin que se pueda poner duda, quien era el que le movia y guiaba en
lo que pensaba, decia y hacia contra la Iglesia católica, él mismo confiesa y escribe, que conocia
al demonio, y que habia comido algunos celemines de
sal con él, y que muchas veces le aparecia y ar-
güia y disputaba con él, y le proponia razones so-
físticas y argumentos falsos y aparentes contra las
verdades macizas y antiguas de nuestra santa religion; y especialmente contra el sacrosanto sacrificio de la misa, y contra la reverencia y acatamiento
que se debe á tan soberano y divino misterio: de
esta doctrina y maestro han brotado como de su raiz
y fuente los desacatos tan diabólicos que contra él
han usado sus discípulos. Aunque para decir la ver·
dad, ellos han sido tales, que con ser su maestro Lutero tan horrible mónstruo como parece por sus obras,
no tiene que ver con los calvinistas y hugonotes
sus discípulos en la impiedad, violencia crueldad y
tiranía. Los cuales no se han contentado de perseguir la religion católica y á los que la profesan, sino que
alborotan y destruyen, y asuelan todas las provincias
y reinos donde entran, como enemigos capitales
que son del género humano, y con verdad se puede
llamar incendio y pestilencia universal del mundo.

Por estos daños que oimos los españoles de otros
reinos, y por la paz y quietud de que gozamos en los
nuestros, y por lo mucho que florece en ellos nues-

tra santa y católica religion, debíamos contínuamente hacer incesables gracias al Señor, y estimar
en lo que es este tan inmenso é incomparable beneficio. Esto lo hará mejor, el que hubiere visto y tocado
con las manos lo que pasa en otros reinos, donde
anda suelta y sin freno la herejía. Porque podrá mas
fácilmente estimar y conferir con mas cierto peso y
mayor ponderacion, lo que va de nuestro bien á
los increibles daños que los otros padecen. Tambien
debemos enmendar nuestras vidas, porque no perdamos por nuestras culpas el don inestimable de
la fe, que otras naciones por las suyas perdieron;
y suplicar instantemente de dia y de noche al Señor por la vida y felicidad de nuestro católico rey
D. Felipe, que conforme á su apellido y renombre
con su grandísima cristiandad, celo, vigilancia y
poder ampara y defiende la fe católica, oponién-
dose como muro fortísimo é inexpugnable al furor
de los herejes, y dando brazo, aliento y favor al
santo oficio de la Inquisicion, que para conservacion y defensa de la misma fe, la divina bondad
con increible misericordia y providencia instituyó
en los reinos de Castilla y de Leon, el año de 1481;
y en los de Aragon, Valencia y Cataluña el de 1483,
que fué el año mismo que nació Lutero, para que aun
por aquí entendamos, que nos dió el Señor este
santo Tribunal para remedio, preservacion y con-
traveneno de la pestífera ponzoña de esta serpiente,
como la experiencia nos lo enseña.

Porque aunque cuando se instituyó en España la Inquisicion , pensaban los hombres que se instituia solamente para limpiarla de moros y judíos , porque no sabian las herejías que habian de nacer; pero el Señor que con su eterna presciencia sabe igualmente lo venidero, presente y pasado, y queria atajar los daños que de ellas á estos reinos podian venir, inspiró y movió á los Reyes católicos, que fundasen y pusiesen en ellos un tribunal , que habia de ser la defensa, conservacion y seguridad de ellos , limpiándolos de las suciedades y abominaciones de los judíos y moros , con echarlos fuera , y no dejando entrar en ellos las herejías y errores que en nuestros tiempos habian de nacer.

Volviendo pues á nuestro propósito, y declarando el intento que Dios nuestro señor tuvo en fundar la Compañía , y la necesidad que habia de quien resistiese á los herejes (que para que esto se entendiese mejor, se ha hecho este por una parte largo, y por otra breve y compendioso discurso). Cuando salió del abismo Martin Lutero, como mónstruo infernal , acompañado de un escuadron de abominables y diabólicos ministros, para hacer los efectos que habemos visto, y otros semejantes que por ser innumerables se dejan de contar ; y para llevar tras sí , á guisa de otro dragon que cae del cielo, la tercera parte de las estrellas ; al mismo tiempo envió Dios nuestro señor de socorro, otro varon y capitan á su Iglesia en todo y por todo con-

trario á Lutero : para que con su espíritu invencible , y armas poderosas y divinas , valerosamente
le resistiese y pelease las batallas del Señor. Y porque una de las cosas que mas habia de perseguir
este dragon , y en que mas se habia de encarnizar
y escupir la ponzoña de su pestífera doctrina , son
las sagradas Religiones , y en derribar y extinguir los varones apostólicos que en ellas viven , para que faltando ellos , como pastores y perros vela-
dores , él como lobo matador y carnicero , mas á su
salvo hiciese estrago en el rebaño de la santa Iglesia católica : con grandísima sabiduría ordenó la
divina Providencia que se instituyese una nueva
Orden , para defender principalmente nuestra santísima fe. Cuyo instituto es socorrer y, ayudar á los
soldados valerosos de las otras santas Religiones,
que de dia y de noche con tanto esfuerzo y fruto pelean donde los hay : y donde no , salir ella con las
armas en las manos al encuentro del comun enemigo.

Así lo hace la Compañía en las provincias septentrionales que están arruinadas y destruidas de
las herejías. En las cuales , por haberse acabado
en ellas los religiosos que las alumbraban y escla-
recian con el resplandor de su santa vida y doctrina , ó quedar ya muy poquitos de ellos , y estos
arrinconados , debilitados y afligidos , ha sido menester que la Compañía supliese esta pérdida tan
grande y lastimosa , para que por falta de defensa
no corriesen el campo los herejes , y pareciese á

los simples é ignorantes que triunfaban de la religion y verdad, y como esto se hace, y con cuanto fruto, en los libros siguientes brevemente se tocará.

CAPÍTULO XIX.

Prosigue el capítulo pasado y declárase la necesidad y disposicion que habia de dilatar nuestra santa fe entre los gentiles.

—

Esto es lo que toca á la resistencia de los herejes, y á la conservacion y defensa de nuestra santa fe, para la cual llamó Dios á Ignacio, é instituyó en tiempo tan oportuno la Compañía. Veamos ahora lo que toca á la propagacion y dilatacion de la misma fe, que no es menos necesaria ni menos milagrosa. La cual si paramos mientes, quedarémos como atónitos y pasmados, considerando la infinita sabiduría y providencia de Dios que en esta obra se descubre: y no menos agradecidos, humildes y obligados por los inestimables tesoros de su dulcísima misericordia que en ella se manifiestan. Porque cierto, mirando bien los muchos siglos que han pasado despues que hay letras, trato y comercio por medio de la navegacion en el mundo, y la curiosidad que algunos emperadores y monarcas usaron en inquirir é investigar nuevas provincias y tierras, y el aparejo que tuvieron para descubrirlas y conquistarlas; y la cuidadosa diligencia que tan-

tos varones doctos y excelentes cosmógrafos antiguos pusieron en pintar, distinguir, y desmenuzar
las que se habian antes hallado y descubierto ; y la
insaciable codicia que los hombres tienen de oro,
plata, joyas y tesoros de la tierra ; y los trabajos y
peligros infinitos á que se ponen por alcanzarlos,
parece cosa milagrosa que Nuestro Señor haya tenido este secreto tan encubierto y guardado para
nuestros tiempos el descubrimiento de tantos reinos, provincias, y señoríos, de mares inmensos,
de tierras innumerables, y tan varias y anchas,
que parecen verdaderamente otro mundo, tan lleno, abastado y colmado de tanta copia y diversidad
de cosas y de todo género de especierías, olores,
medicinas, piedras y riquezas de inestimable valor,
que el oirlo asombra, y el verlo espanta, y el es-
cribirlo excede todo género de encarecimiento.

Especialmente viendo en Platon algun rastro de
nuevo mundo debajo del nombre· de Atlante, y en
Séneca aquellos versos:

Venient annis sæcula feris,
quibus oceanus vincula rerum laxet,
et ingens pateat tellus,
Typhisque ; novos detegat orbes,
nec fit terris ultima Thyle.

En los cuales pareció á algunos, que con espíritu y furor poético habia pronosticado este dichoso
descubrimiento de tierras.

Y sabiendo que los cartagineses tuvieron alguna noticia, aunque confusa, de ellas, y que descubrieron una isla apartada, muy fértil y desierta : y que los focenses que vivian en nuestra isla de Cádiz saliendo por las columnas de Hércules, y navegando con Solano hallaron nuevas tierras; como lo uno y lo otro refiere Aristóteles; y aun hay autor que escribe haber hallado en las Indias occidentales en las minas de oro una medalla de Augusto César, y haberse enviado al Papa en testimonio de la verdad. Pero todo esto es cifra, enigmas y encubiertas : y cuando vemos la cosa, fácilmente adivinamos lo que vemos.

La verdad es, que la inestimable providencia del Señor, cuyos juicios son secretísimos y sus caminos investigables, guardó para nuestro tiempo este felicísimo y maravilloso descubrimiento; porque ya con el poder y tiranía del Turco se nos iba menoscabando la cristiandad, y estrechándose los límites de nuestra santa fe en Europa : y tambien porque la furia infernal de los herejes destruia y asolaba muchas provincias y reinos, como habemos visto, en que florecia antes la devocion, doctrina y santidad de la Iglesia católica. Y asímismo porque quiso hacer esta señaladísima merced á nuestra España, y que de ella saliesen los primeros descubridores de este nuevo mundo; y con las poderosísimas y felicísimas armas de los gloriosos reyes de Castilla y de Portugal se conquistase, allanase y sujetase para grande gloria del mismo Señor y dilatacion de nuestra santa Religion.

Comenzó este dichoso y maravilloso descubrimiento hácia la parte de la India oriental el infante D. Enrique, hijo del rey D. Juan de Portugal, primero de este nombre; el cual por ser hombre docto y aficionado á letras, y á la contemplacion del cielo y curso de las estrellas, y grande cosmógrafo, se entregó al estudio de las cosas naturales, y poco á poco vino á entender que se podia navegar desde Portugal á la India. Para hacer prueba de ello, envió diversas veces navíos y gente á su costa para descubrir aquella navegacion. Tuvo noticia de gran parte de tierra firme, y de la isla de la Madera, y de algunas islas del mar Atlántico, en las cuales hizo predicar la fe de Jesucristo nuestro señor: y por su celo y buena diligencia, muchos infieles recibieron la luz del Evangelio; y hasta el año en que murió llevó siempre adelante esta empresa. La cual continuaron los reyes de Portugal D. Juan el segundo; y despues que nació Ignacio el rey D. Manuel y el rey D. Juan el tercero su hijo mucho mas, enviando sus poderosas armadas á Angola, á Congo, Monomotapa, Guinea y Etiopía, Sino Pérsico, Dio, Calicut, Goa, Malaca, Malucas, China, Japon y otras remotísimas regiones, navegando por mares inmensos, por caminos nunca usados, por naciones estrañas y bárbaras; ganando las voluntades de algunas con dádivas y halagos, y sujetando otras con sus armas, y plantando en ellas el conocimiento de un solo Dios verdadero.

El cual maravillosamente los ha favorecido, para que pocos portugueses venciesen á muchos ; y con su valor y esfuerzo abriesen el camino que tan cerrado estaba á la predicacion del sacro Evangelio: é innumerables infieles de su conquista se convirtiesen de la ceguedad de la idolatría al resplandor de nuestra santa Religion y verdad. Y ha sido esto de manera, que habemos visto con nuevo é inaudito milagro en el mundo, los japones que vinieron á España el año de 1584. Los cuales con ser mozos ilustres, y algunos de ellos de sangre real, siendo ya cristianos dejaron sus tierras, parientes y padres, y fiándose de los Padres de la Compañía, con cuya leche é institucion se habian criado en los colegios que ella tiene en el Japon, navegaron siete mil leguas, y pasaron á Roma à reconocer, venerar y dar la obediencia al Vicario de Jesucristo nuestro señor en la tierra, en su nombre y de los reyes de Bungo, Arima y Fiunga sus deudos, como primicias de la cristiandad tan estendida, fina y ejemplar que con el favor del mismo Señor se ha hecho en el Japon por medio de los Padres de la Compañía. Y como á tales los recibió, regaló, favoreció y honró, la santidad de Gregorio XIII, teniendo por grandísima gloria de Dios y suya (como en hecho de verdad lo es) ver en su Pontificado tan acrecentada y estendida y propagada la santa fe católica , que de tierras tan estrañas y apartadas, y antes de ahora no vistas ni conocidas , con inmensos trabajos y peligros de tan larga navegacion, viniesen las nuevas ovejuelas á su Pastor, y postrados á sus piés , reverenciasen y adorasen en él al Príncipe de todos los pastores, que en la tierra representa.

Por otra parte los esclarecidos Reyes católicos D. Fernando y D.ª Isabel comenzaron á enviar sus armadas con Cristóbal Colon genovés de nacion, para descubrir tierras no conocidas hácia el Poniente: y el emperador D. Cárlos , rey de España , su nieto (de gloriosa memoria) despues lo continuó, y el católico rey D. Felipe, hijo del emperador, no lo ha dejado de las manos.

Y es tanto lo que con el favor divino se ha descubierto, y en gran parte sujetado con las invictas armas de Castilla , que costeando las Indias descubiertas tierra á tierra, ponen algunos curiosos escritores mas de nueve mil leguas debajo: no teniendo el circuito y redondo de todo el mundo mas de siete mil y quinientas leguas, segun la opinion de Ptolomeo, aunque Alphraga no pone menos, y Fernelio algo mas.

Pero los modernos doctos en la astrología, y experimentados en las navegaciones del océano , no ponen mas de seis mil y trescientas y sesenta leguas, correspondiendo á cada grado del cielo cincuenta y tres millas, que hacen casi diez y ocho leguas, contando tres millas por legua, de las nuestras comunes de Castilla. Y hase visto en nuestro siglo, con otro nuevo é inaudito milagro, una nave de la armada del rey de Castilla haber rodeado y dado una vuelta á todo el universo, llevando por piloto á Juan Sebastian del Cano, natural de Gueteria en Vizcaya, la cual nave llamaron con razon la Victoria. Que es cosa que pone admiracion y espanto, y que se ve claramente ser propia de la poderosa diestra del muy alto: el cual en todo ha querido mostrar ser él el autor y obrador de tan grande maravilla; para que á él solo se diese la alabanza y gloria de ella. Y para este mismo efecto la comenzó á obrar en tan buena sazon y coyuntura, disponiendo y aparejando suavemente las cosas con su altísima providencia, para todo lo que él queria hacer y obrar.

Porque habiendo los Reyes católicos acabado ya la larga, dificultosa é importantísima guerra y conquista del reino de Granada, y quebrantado el orgullo de los moros, y puesto fin á la cruel y afrentosa cautividad que los cristianos españoles habian padecido cerca de ochocientos años, y estando con la paz y quietud que era menester, y desembarazados de otros cuidados y aprietos de guerra; el mismo año que se acabó la de Granada, se comenzó esta nueva conquista.

Tambien por este mismo fin de declarar ser el autor de obra tan señalada, tomó el Señor muy flacos y débiles instrumentos, para hacerla y acabarla así en la calidad de los primeros descubridores y conquistadores de este nuevo mundo, como en el número de los pocos soldados españoles que le emprendieron, conquistaron y sujetaron para gloria eterna de su santísimo nombre, y grande honra de nuestra nacion. Pero aun mucho mas resplandece esta virtud soberana del Señor en el fruto maravilloso que de tan flacos y bajos principios se ha seguido; pues infinitas gentes fieras, bárbaras y ciegas que adoraban al demonio, y hablaban y trataban visiblemente con él, y le sacrificaban hombres, y lavaban sus manos en la sangre inocente de sus hijos, y estaban envueltos en vicios y pecados tan abominables, como era el que se los enseñaba, y vivian como brutos, han salido del cautiverio y tiranía del demonio, y le han quebrantado la cabeza, abrazándose con el único redentor y salvador del mundo Jesucristo nuestro Dios y señor.

En este tiempo, puès, tan oportuno y tan necesario, envió el mismo Señor á Ignacio al mundo, para que con sus nuevos soldados llevase adelante esta santa y gloriosa empresa, y los repartiese y derramase por tan nuevas y tan estendidas y estrañas tierras; y ellos con la luz del santo Evangelio desterrasen de los corazones de los moradores de ellas, las horribles y espantosas tinieblas de la idolatría y falsedad. Y viesen (y viéndolo se corriesen y se deshiciesen de pura rabia y pesar) los hijos ciegos de Lutero, que cuando ellos siguiendo la ceguedad de su padre y falso profeta, y verdadero engañador, asolaban las casas sagradas, derribaban las cruces, profanaban los Sacramentos, negaban la obediencia al Papa, y con todas sus fuerzas procuraban acabar y extinguir nuestra santa Religion en estas partes, en el mismo tiempo en tantas otras mas y mayores, se edificaban nuevos templos, se levantaba y adoraba el estandarte glorioso de la cruz, eran santificados los hombres por medio de los Sacramentos, reconocian al Vicario de Jesucristo por su verdadero padre y maestro, y nuestra santísima fe florecia de Oriente á Poniente, y resplandecia con nueva y maravillosa claridad.

Y es cierto que el mismo Señor que con tanta paciencia en Europa sufria y disimulaba los desacatos y oprobios de los herejes que habemos contado, en el mismo tiempo obraba en las Indias maravillas por medio de las cruces é imágenes y Sacramentos que los herejes acá perseguian: y que puesto el santísimo cuerpo de Jesucristo nuestro redentor en los templos, enmudecia á los demonios, los cuales desaparecian y no hablaban de allí adelante (como antes solian) á los indios; y que con la señal de la santa cruz, y con el agua y cuentas benditas, sanaron muchos enfermos: y que castigó el Señor visiblemente á algunos que no habian sido tan honestos como convenia en la iglesia donde estaba el santísimo Sacramento del altar: y otras cosas infinitas y admirables obró Dios para confusion de los herejes, y conversion de los gentiles, que por ser tantas y no propias de mi historia, se dejan aquí de contar, y se podrán ver en las que están escritas de las cosas de la una y de la otra India.

Y aunque es verdad que el mismo Señor habia enviado antes otros escuadrones de valerosos soldados para esta conquista, en la cual han empleado y emplean felicísimamente sus armas y fuerzas muchos santos y celosos varones de las otras Religiones, pero como la tierra es tan dilatada, y tan yerma é inculta, y son tantas y tan bravas las fieras que la habitan, y tantos los mónstruos y vicios que la estragan y afean, hay mies para todos, y el socorro y gente que viene de refresco, es de grande ayuda y alivio para los demás. Esto digo por lo que toca á las Indias occidentales sujetas á la corona de Castilla, en las cuales hay tantos religiosos y siervos del Señor que las cultivan, que en la India oriental sujeta á la de Portugal no hay tantos. Porque, ó por ser la navegacion de los portugueses mucho mas larga y mas peligrosa, ó por ser la conquista mas árdua y dificultosa, á causa de ser tantos los reinos y tan estraños, y de reyes muy poderosos y diferentes entre sí, ó por no tener los reyes de Portugal sojuzgada toda la tierra, no se han podido fundar en ella los conventos de religiosos que fueran menester para la conversion de infinidad de gente engañada y ciega que hay en ella.

Y así vemos que en las provincias del Brasil,

Malucas, Japon , y otras del Oriente no residen de ordinario otros religiosos que atiendan á labrarlas y doctrinarlas , sino los Padres de la Compañía , hijos de Ignacio , y soldados de este santo y bienaventurado Capitan. Al cual escogió Dios y envió al tiempo que queria hacer un beneficio tan incomparable á su Igelsia , y él la ha servido y ayudado por sí y por sus hijos (como habemos dicho) así en la resistencia de los herejes como en la conversion de los gentiles , y esto de manera , que clara y evidentemente se ve que el mismo Señor los escogió para que hiciesen tantos y tan admirables efectos , como con su gracia se han hecho : los cuales no se pueden referir en escritura tan breve como esta.

Tambien se ve esto en el deseo tan encendido y abrasado que él les da de morir por su santísima fe; y en el fervor é instancia con que piden ser enviados á tierras remotísimas y estrañas para alcanzar mas fácilmente lo que desean : y en la pronta y alegre obediencia con que van , cuando de suyo los envian sus superiores y prelados , muriendo totalmente á todo lo que acá poseen y gozan : y en el fruto que de los grandes trabajos de ellos entre los herejes y gentiles contínuamente saca el Señor, que cierto es maravilloso.

Pero aun mucho mas se echa esto de ver en el esfuerzo y ánimo con que truecan esta temporal y miserable vida, por la bienaventurada y eterna, muriendo por su Dios y Señor. Porque no se contentan de oponerse al denodado ímpetu y furiosa temeridad de los herejes, con su santa vida y doctrina, ni de hacer sacrificio de sí, y morir cada dia muchas veces, por dar vida á los infieles y gentiles; pero tambien lo hacen con dar su sangre por la verdad del Evangelio, que es la última prueba, y el mas firme y esclarecido testimonio que ellos pueden dar de su virtud y valor. Setenta y siete Padres y Hermanos de la Compañia (que yo sepa) han muerto hasta el año de 1585 por la fe de Jesucristo nuestro redentor, á manos de herejes y gentiles.

Los veinte y cuatro de ellos mataron en diversas partes los infieles, moros y gentiles, con varios géneros de tormentos. El primero, y como capitan de todos, fué el bienaventurado P. Antonio Criminal, que estando en oracion hincado de rodillas, y levantadas las manos fué alanceado de los badegas, en el cabo de Comorin, el año del Señor de 1549, á donde el mismo año tambien fué descabezado el P. Alonso Mendez.

Pedro Correa y Juan de Sosa, hermanos de la Compañía, fueron asaeteados de los caribes en el Brasil, el año de 1554, y este mismo año otro Padre en la India oriental fué medio quemado, y despues acabado con ponzoña. El P. Alonso de Castro en las islas Malucas fué arrastrado de los moros por unos ásperos peñascos, año de 1558.

El P. Gonzalo Silveira, varon ilustre en sangre, y mas en santidad, fué arrastrado con una soga á la garganta, teniendo un devoto Crucifijo en sus manos, por mandado del mismo rey de Monomotapa, que él habia convertido, y despues prevaricó; habiendo antes tenido revelacion de su dichosa muerte, el año de 1561.

El P. Francisco Lopez, y otros dos hermanos, viniendo de la ciudad de Cochin á Goa, fueron atravesados con lanzas, y muertos de los moros enemigos de nuestra santa fe, el año de 1567.

En la Florida, el P. Pedro Martinez, y el P. Bautista de Segura, y el P. Luis de Quiros, con otros seis hermanos fueron martirizados.

Y en la tierra de Salfete, junto á Goa, últimamente otros cinco, entre los cuales fué uno el Padre Rodolfo Aquaviva, hijo del duque de Atri, y hermano del cardenal Aquaviva, y sobrino del P. Claudio Aquaviva, nuestro prepósito general, el año de 1583.

Otros cincuenta y tres han sido coronados de gloria eterna por mano de herejes, los mas de ellos porque iban á predicar á los gentiles la santa fe católica, como fué el dichoso y bienaventurado P. Ignacio de Acevedo, varon noble por la sangre que tenia de sus padres, y mas esclarecido por la que él derramó por Jesucristo nuestro señor. El cual yendo por provincial de la Compañía á la provincia del Brasil, con otros treinta y ocho compañeros Padres y Hermanos de la misma Compañía, á predicar y enseñar el santo Evangelio, fué muerto á manos de hugonotes corsarios y herejes franceses, cuyo capitan era Jaques de Soria, el cual los mandó matar en odio y aborrecimiento de nuestra santísima fe católica, año de 1570.

Y el P. Pedro Diaz el siguiente de 1571, con otros once que hacian la misma jornada para el mismo efecto fueron atormentados por la misma causa por Juan Claudio, hereje francés, y acabaron su navegacion, allegando al puerto de la gloria eterna.

Algunos otros porque predicaban, defendian y enseñaban la verdad católica entre los mismos herejes, fueron descoyuntados y despedazados con atroces y exquisitos tormentos, alcanzando victoria con su bienaventurada muerte, de la mentira y falsedad. Tales han sido los ilustres mártires, Edmundo Campiano, y Tomás Cottamo ingleses, Padres de la Compañía, que fueron martirizados el año de 1581 y 1582, con otros muchos por la reina Isabel de Inglaterra.

Bendito sea, alabado, glorificado, ensalzado, y sobreensalzado en todos los siglos de los siglos, de todos los ángeles y santos del cielo, el santísimo y amabílisimo nombre del Señor, que así ennoblece y enriquece esta su mínima Compañía, y la arrea y adorna con tales joyas y perlas preciosas como son los mártires: y da á entender con esto que la Compañía de Ignacio es suya, como son las demás Religiones que instituyeron y fundaron los otros santísimos Patriarcas en su Iglesia, las cuales están tan llenas de riquezas y tesoros de varones celestiales que derramaron su purísima sangre por su santo nombre, no solamente en los siglos pasados, sino tambien en los tiempos presentes, que cada una de ellas basta para ilustrar y enriquecer el mundo; como lo vemos en los santos monjes cartujos que murieron en Inglaterra á manos del rey Enrique VIII por la defension de la potestad suprema del Vicario de Cristo nuestro señor, que es cabeza de la Iglesia católica. Y por los santos frailes Dominicos y Franciscos y de otras Religiones, que en Francia han sido coronados en nuestros dias por manos de los herejes, que son nuestros Nerones, Domicianos, y Maximinos.

Alabado así mismo y glorificado sea el Señor que así mira por su Iglesia, y la provee de los fuertes y reparos de las santas Religiones, y de capitanes y soldados valerosos, que triunfan del pecado, con la santidad; de la herejía, con la doctrina católica; de la muerte, con dar la vida por él; de Satanás y del infierno, con la sangre derramada en confirmacion de su Evangelio y virtud. Que con tales peleas y victorias de soldados tan esforzados, no puede nuestra madre la santa Iglesia dejar de triunfar gloriosamente de todos sus enemigos, como lo ha hecho siempre hasta aquí, resistiendo á los unos, alumbrando y sujetando á los otros, y trayéndolos al conocimiento y amor del Señor y de su verdad.

LIBRO TERCERO.

CAPÍTULO I.

Como fué elegido por préposito general.

Despues de confirmada la Compañía por el Papa Paulo III, la primera cosa en que pusieron los ojos todos los primeros Padres de ella, fué en hacer eleccion entre sí de un superior, que con espíritu y prudencia la gobernase, cuyo estado entonces era este. Los Padres maestro Francisco Javier y maestro Simon, estaban en Portugal. El maestro Pedro Fabro en Alemania, á donde habia ido á la dieta Imperial de Vormes, en compañía del doctor Ortiz. De los otros Padres, Lainez estaba en Parma, Claudio Yayo en Bresa, Pascasio en Sena, y Nicolás de Bobadilla en Calabria. Ignacio se habia quedado solo con Salmeron y Juan Coduri en Roma. Tambien estaban estudiando en la universidad de París algunos pocos mancebos, que ya desde entonces se habian aplicado á la Compañía ; los cuales habian sido enviados del Padre Ignacio para este efecto desde Roma.

En la misma ciudad de Roma estábamos obra de una docena , que nos habíamos allegado á los primeros Padres para seguir su manera de vida , é instituto. Morábamos con grande pobreza y estrechura en una casa alquilada , vieja y caediza , enfrente del templo viejo de la Compañíá, y que para el nuevo que ahora tenemos se ha derribado. Y como yo era uno de los que en este tiempo estaban en Roma , podré hablar como testigo de vista en lo que de aquí adelante se contará.

Estando, pues , las cosas en este estado, fueron llamados á Roma todos los Padres que de los diez primeros andaban por Italia trabajando en la viña del Señor : y vinieron todos cerca de cuaresma del año de 1541 : solo faltó el P. Bobadilla , que por mandado de su Santidad se quedó en Bisiñano, ciudad de Calabria. Y porque el sumo Pontífice queria luego enviar algunos de los otros Padres á varias provincias , no se pudo aguardar mas á Bobadilla , ni dilatar mas la eleccion del General. Así que mediada cuaresma, Ignacio, Lainez, Salmeron, Claudio , Pascasio y Coduri se juntaron en Roma; y despues de haber ventilado las cosas que para acertar en la buena eleccion se ofrecian , determinan de estar tres dias en oracion , y que entre sí guarden silencio, y no traten de ella : y que despues cada uno traiga su voto escrito de su mano, en el cual declare á quien dá su voz. Pasados los tres dias tórnanse á congregar, y juntan los votos que cada uno traia con los de los otros Padres ausentes ; los cuales ellos , ó habian dejado escritos antes que partiesen de Roma , ó los habian enviado despues.

Y para mayor confirmacion y establecimiento de la eleccion , determinaron de estar otros tres dias en oracion sin leer los votos : los cuales abrieron al cuarto dia , y por voto de todos los presentes y ausentes fué declarado Ignacio por prepósito general ; de manera que no le faltó otro voto sino el suyo. Mas él, como quien de corazon y de verdad estaba mas aparejado para obedecer que para mandar, díceles así : «Yo, hermanos, no soy digno de este oficio, ni lo sabré hacer, porque quien no sabe bien regirse á sí, ¿cómo regirá bien á los otros? Y porque con toda verdad y sinceridad delante de Dios nuestro señor yo así lo entiendo ; y porque miro los vicios y malos hábitos de mi vida pasada, y los pecados y muchas miserias de la presente, no puedo acabar conmigo de recibir la carga que me echais acuestas. Por tanto, ruégoos por amor del Señor, que no lo tengais á mal , y que de nuevo, por espacio de otros tres ó cuatro dias , con mas ahinco y fervor encomendeis este negocio á su divina Majestad ; para que alumbrados con la luz de su espíritu y favorecidos de su gracia , elijamos por padre y superior al que mejor que todos ha de regir la Compañía.»

Quisieron al principio irle á la mano los Padres, mas al fin fueron forzados á consolarle, y á condescender con él; y tomando tiempo para de nuevo deliberar, júntanse despues de cuatro dias otra vez, y con el mismo consentimiento y union de voluntades, tornan á elegir á Ignacio por superior y general. Él entónces, temiendo por una parte de contradecir á todos, y por otra, de encargarse de peso que juzgaba ser sobre sus fuerzas, díjoles así : «Yo pondré todo este negocio en manos de mi confesor, y yo le daré cuenta de los pecados de toda mi vida; y le declararé las malas inclinaciones de mi alma y las malas disposiciones de mi cuerpo. Y si él con todo eso, en el nombre de Jesucristo nuestro señor me mandare ó aconsejare que tome sobre mí tan grande carga, yo le obedeceré.»

Aquí comenzaron todos á reclamar, diciendo que harto entendida estaba la voluntad de Dios, y apretaban á Ignacio para que no les entretuviese mas con sus humildades, ni dilatase este negocio, porque esto ya parecia querer repugnar á Dios. Mas como no le pudiesen apartar de su parecer, finalmente que quisieren que no, hubieron de condescender con lo que él pedia.

Hizo su confesion general Ignacio, y estuvo tres dias, que fueron juéves, viérnes y sábado santo, apartado de sus compañeros, en san Pedro Montorio, monasterio de frailes Franciscos, donde fué crucificado san Pedro, ocupado en solo este negocio. Dió parte á su confesor, el cual era entónces un santo y grave varon de aquel convento, llamado fray Theofilo (que despues siendo Ignacio general tomó por confesor de la Compañía), de toda su vida pasada : y el dia de Pascua de resurreccion, preguntóle que le parecia : responde el confesor que le parecia que en resistir á su eleccion, resistia al Espíritu santo. Entónces Ignacio le torna muy de propósito á rogar, que lo mire de nuevo con mas atencion, y lo encomiende de veras á Dios ; y que lo que despues de esto le pareciere, lo escriba en una cédula de su mano, y sellada la enviase á sus compañeros.

Hízolo así el confesor, y escribió la cédula en que decia, que su parecer era que Ignacio en todo caso se encargase del gobierno de la Compañía. Ya entónces con grandísimo regocijo y aplauso de todos, dijo que lo haria ; y señalaron el viérnes siguiente, despues de Pascua de resurreccion, que era á 22 de abril, para visitar las siete iglesias, que son las estaciones principales de Roma : y en la iglesia de. san Pablo, que es una de ellas, apartada del ruido de la gente y de gran devocion, hacer todos su profesion ; la cual se hizo de esta manera

Como llegaron aquel dia á san Pablo, se reconciliaron todos confesándose brevemente unos con otros : Ignacio hizo lo mismo en la capilla de Nues-

11

tra Señora, donde entónces estaba el santísimo Sacramento. Llegando el tiempo de recibir el cuerpo
del Señor, teniéndole en la patena con la una mano, y con la otra su profesion escrita, se volvió
hácia los Padres, y en voz alta dijo de esta manera: «Yo, Ignacio de Loyola, prometo á Dios todopoderoso, y al sumo Pontífice su vicario en la tierra, delante de la santísima vírgen y madre Maria,
y de toda la corte celestial, y en presencia de la
Compañía, perpétua pobreza, castidad y obediencia, segun la forma de vivir que se contiene en la
bula de la Compañía de Jesus señor nuestro, y en
sus constituciones, así las ya declaradas, como las
que adelante se declararen. Y tambien prometo especial obediencia al sumo Pontífice, cuanto á las
misiónes en las mismas bulas contenidas. Item prometo de procurar que los niños sean enseñados en la
doctrina cristiana, conforme á la misma bula y constituciones.» Tras esto recibió el santísimo Sacramento del cuerpo y sangre de Cristo nuestro señor.

Luego los otros Padres sin guardar órden ninguno de antigüedad, hicieron su profesion en esta
forma : «Yo fulano prometo á Dios todopoderoso,
delante de la sacratísima Vírgen su madre, y de toda la corte celestial, y en presencia de la Compañía,
y á vos, reverendo Padre, que teneis el lugar de
Dios, perpétua pobreza, castidad y obediencia, segun la forma de vivir contenida en la bula de la
Compañía de Jesus, y en las constituciones, así

declaradas como las que se han de declarar adelante.
Y mas prometo especial obediencia al sumo Pontífice para las misiones contenidas en la dicha bula. Y
tambien prometo obedecer en lo que toca á la enseñanza de los niños, segun la misma bula.» Y así
despues de haber leido cada uno su profesion, co-
mulgó de mano de Ignacio. Acabada la misa, y visitado los santos lugares de aquel templo con mucha devocion, vanse los Padres al altar mayor, en
el cual están sepultados los huesos sagrados de los
gloriosos príncipes de la Iglesia san Pedro y san Pablo. Allí se abrazaron con grande amor y abundancia de lágrimas, que todos derramaban de puro gozo espiritual y devocion fervorosa, dando infinitas
gracias á la suma y eterna majestad de Dios, porque habia tenido por bien de llevar al cabo, y perficionar lo que él mismo habia comenzado. Y porque
les habia dejado ver aquel dia tan deseado, en que
los habia recibido en holocausto de suave olor, y
dádoles gracia que unos hombres de tan diversas
naciones fuesen de un mismo corazon y espíritu,
hiciesen un cuerpo con tan concorde union y liga
para mas le agradar y servir.

No quiero dejar de decir la extraordinaria y exce-
siva devocion que el maestro Juan Coduri sintió
aquel dia con tan vehemente y divina consolacion,
que en ninguna manera la podia reprimir dentro de
sí, sino que á borbollones salia fuera. Yo anduve con
los Padres aquel dia, y vi lo que pasó. Iba delante

de nosotros Juan Coduri en compañía de Lainez, por aquellos campos, oíamosle henchir el cielo de suspiros y lágrimas, daba tales voces á Dios que nos parecia que desfallecia, y que habia de reventar por la grande fuerza del afecto que padecia, como quien daba muestras que presto habia de ser libertado de esta cárcel del cuerpo mortal. Porque en este mismo año de 1541, en Roma, el que fué el primero que hizo la profesion despues de Ignacio, fué tambien el primero de los diez que pasó de esta vida, á los 29 de agosto, dia de san Juan degollado. Nació en Proenza en un pueblo llamado Sein, y nació dia del glorioso san Juan Bautista, fué ordenado de misa el dia mismo de su nacimiento; murió el dia de la muerte de este bienaventurado Precursor, y murió de su misma edad. Fué en oir confesiones (para los pocos años que fué sacerdote) muy ejercitado y eficaz; y diestro en tratar y mover los prójimos á la virtud, y hombre de rara prudencia: por lo cual habia venido á ser muy bien quisto, y á tener grande autoridad con personas principales para las cosas de Dios. Vió entrar en el cielo el ánima de este Padre, rodeada de una clarísima luz entre los coros de los ángeles, una persona devotísima, que á aquella hora estaba en oracion; que así lo escribió Ignacio al P. Pedro Fabro. Y yendo el mismo Ignacio á decir misa por él á san Pedro Montorio, que está de la otra parte del rio Tiber, llegando á la puente que llaman de Sixto, porque la edificó ó reparó el

papa Sixto IV, al punto que acabó de espirar Juan
Coduri, se paró Ignacio como salteado de un súbito
horror que de repente le dió: y volviéndose á su
compañero, que era el P. Juan Bautista Viola (que
hoy dia vive, y me lo contó á mí) le dijo. «Pasado
es ya de esta vida Juan Coduri.»

CAPÍTULO II.

Como Ignacio comenzó á gobernar la Compañía.

En recibiendo el cargo de prepósito general, luego comenzó Ignacio á tratar con mucho peso, así
las cosas que pertenecian á la Compañía universal,
como las que tocaban al buen gobierno de aquella
casa de Roma. Y por humillarse él y abajarse tanto mas, cuanto en mas alto estado Dios le habia
puesto; y para provocar á todos con su ejemplo al
deseo de la verdadera humildad, luego se entró en
la cocina, y en ella por muchos dias sirvió de co-
cinero, é hizo otros oficios bajos de casa: y esto
con tantas veras y tan de propósito, como si fuera
un novicio que lo hacia por solo su aprovechamiento y mortificacion. Y porque por las ocupaciones que
cada dia se le ofrecian, muchas y muy grandes,
no podia libremente del todo darse á estos oficios
de humildad, de tal manera repartia el tiempo, que
ni faltaba á los negocios mas graves, ni dejaba los

que tocaban á la cocina. Despues de esto comienza á enseñar la doctrina cristiana á los niños : lo cual hizo cuarenta y seis dias arreo en nuestra iglesia ; pero no eran tantos los niños, cuantas eran las mujeres y los hombres , así letrados como sin letras, que á ella venian.

Y aunque él enseñaba cosas mas devotas que curiosas, y usaba de palabras no pulidas ni muy propias , antes toscas y mal limadas , eran empero aquellas palabras eficaces y de gran fuerza para mover los ánimos de los oyentes , no á darles aplauso , y con vanas alabanzas admirarse de ellas , sino á llorar provechosamente y compungirse de sus pecados. De manera que cuando él acababa su plática , muchos se iban gimiendo , y echándose á los piés del confesor no podian decir sus pecados; porque estaban sus corazones tan arrebatados de dolor, y tan movidos, que de lágrimas y sollozos apenas podian hablar. Lo cual muchas veces me contó el P. M. Lainez , que en aquel tiempo confesaba en nuestra iglesia. Aunque acordándome yo de lo que entonces vi , no tengo porque tener esto por cosa nueva ni estraña. Porque me acuerdo de oir predicar á Ignacio entonces, con tanta fuerza y con tanto fervor de espíritu , que parecia que de tal manera estaba abrasado del fuego de caridad , que arrojaba unas como llamas encendidas en los corazones de los oyentes ; tanto, que aun callando él , parecia que su semblante inflamaba á los presentes, y que

los ablandaba y derretia con el divino amor la infla-
macion de todo su rostro.

Y para que mejor se entienda la fuerza de Dios
nuestro señor, que habia en este su siervo, y la cuenta que él tenia con la humildad y con el menosprecio
de sí mismo, quiero añadir que yo en este tiempo repetia cada dia al pueblo lo que Ignacio habia enseñado el dia antes. Y temiendo que las cosas provechosas que él decia, no serian de tanto fruto ni
tan bien recibidas por decirse en muy mal lenguaje
italiano, díjeselo á nuestro Padre, y que era menester que pusiese algun cuidado en el hablar bien: y
él con su humildad y blandura me respondió estas
palabras: «Cierto que decís bien, pues tened cuidado, yo os ruego, de notar mis faltas y avisarme
de ellas para que me enmiende.» Hícelo así un dia
con papel y tinta, y vi que era menester enmendar
casi todas las palabras que decia: y pareciéndome
que era cosa sin remedio, no pasé adelante, y avi-
sé á nuestro Padre de lo que habia pasado: y él entónces con maravillosa mansedumbre y suavidad me
dijo: «Pues, Pedro ¿qué harémos á Dios?» Queriendo decir, que Nuestro Señor no le habia dado·mas,
y que le queria servir con lo que le habia dado. Así
que sus sermones y razonamientos no eran adorna-
dos con palabras de la humana sabiduría para con
ellas persuadir, mas mostraban fuerza y espíritu de
Dios, como dice el apóstol san Pablo de sí. Que en
fin el reino de Dios, como dice el mismo Apóstol en

otro lugar, no consiste en palabras elegantes, sino
en la fuerza y virtud del mismo Dios, con que las
palabras se dicen envolviéndose en ellas el mismo
Dios, y dándoles espíritu y vida para mover á quien
las oyere.

CAPÍTULO III.

Como Francisco Javier pasó á la India, y Simon Rodriguez
quedó en Portugal.

—

En este mismo año de 1541, á 7 de abril, se
embarcó en Lisboa el P. Francisco Javier, en la nao
capitana que llevaba al virey Martin Alonso de Sosa,
y se hizo á la vela dando principio á aquella dichosa
jornada de la India oriental. El Padre M. Simon se
quedó en Portugal por la causa que ahora diré. Mientras estos dos Padres estaban en Portugal aguardando el tiempo en que la armada habia de partir á la
India, por no estar entre tanto ociosos, comenzaron,
como en otras partes lo solian hacer, á despertar la
gente y traerla al servicio de Dios. Y especialmente
aficionaron á muchos de los mas principales del reino
de Portugal, no menos con el ejemplo de su vida,
que con sus pláticas y conversacion familiar. Por lo
cual algunos señores de su corte advirtieron al rey,
que siendo aquellos Padres de tanta virtud y prudencia, seria bien que su Alteza considerase, si por
ventura serian de mas provecho en su reino de Portugal, que no en la India.

Entreoyeron esto los Padres, y dieron luego aviso
por sus letras á Ignacio de lo que pasaba, y que temian no les mandase quedar el rey en Portugal, contra el órden que de Su Santidad tenian de ir á la
India. Ignacio luego dió cuenta de todo lo que sus
compañeros le escribian á Su Santidad; el cual ha-
biéndolo entendido, se remitió en todo á la voluntad del rey. Y así Ignacio les escribe, que habiendo
el Pontífice puesto en las manos del rey todo el negocio, ellos podian y debian obedecer á su Alteza,
sin escrúpulo del primer mandato de Su Santidad.
Mas que si por ventura el rey quisiese saber su parecer en esto, seria, que el M. Francisco Javier partiese á la India, y el M. Simon quedase en Portugal.
Este parecer tuvo el rey por bueno, y así se hizo. De
este pequeño granito de trigo que allí se sembró, han
nacido los manojos y fruto que por manos de la Compañía, Dios nuestro señor ha sido servido de coger
en Portugal, y en aquellas remotísimas y anchu-
rosas provincias de la India oriental.

CAPÍTULO IV.

Como los Padres maestro Salmeron y maestro Pascasio fueron
enviados por nuncios de Su Santidad á Irlanda.

Envió tambien el Papa este mismo año de 1544,
á la isla de Ibernia, por sus nuncios apostólicos, á
los Padres maestros Alonso Salmeron y Pascasio

Broeth. Dióles muy amplia potestad, de la cual ellos usaron moderada y discretamente, no faltando á ninguna de las cosas que requerian diligencia para bien ejercitar su oficio. Trabajaron mucho por sustentar en la antigua y verdadera religion católica, aquellos pueblos ignorantes é incultos, que con la potencia y vecindad de Enrico VIII, rey de Inglaterra, se iban ya perdiendo y faltando de ella. Declararon á las gentes las verdades católicas, enseñándoles la falsedad contraria, de que se habian de guardar. Nunca pidieron dinero á nadie, ni lo recibieron aunque se lo ofreciesen voluntariamente. Las penas en que los reos caian, sin que llegasen á sus manos, todo lo mandaban repartir á los pobres. Y habiéndose detenido en aquella provincia algun tiempo usando de esta templanza y moderacion en su oficio, se volvieron á Francia, porque vieron cerradas las puertas á la verdad. Y porque supieron que ciertos hombres perdidos trataban de entregarlos á mercaderes ingleses, y venderlos por dinero, que los querian para entregarlos al rey Enrico de Inglaterra, de cuyas manos milagrosamente habian escápado navegando á Irlanda. Avisado del peligro en que estaban el sumo Pontífice habia mandado que se pasasen al reino de Escocia, con la misma facultad y poder de nuncios apostólicos.

Mas despues considerando Su Santidad, que ya aquella provincia estaba inficionada y mal afecta contra la Sede apostólica, y que ya mucha gente noble pervertida y engañada le habia perdido la obediencia y reverencia tan debida, pareciéndole que no era buena sazon de enviarlos, los mandó volver para sí á Roma.

Salieron de París los nuncios apostólicos, camino, de Roma, á pié y pobremente vestidos, y con harta y flaca provision de viático. Y llegados de esta manera á Leon de Francia, los prendieron por espías, y los echaron en la cárcel pública á lo cual dió ocasion el haber entonces rompido guerra Francia con España, viniendo el delfin Enrico con ejército poderoso á Perpiñan, y el ver dos clérigos, el uno francés y el otro español, en aquel hábito, en tiempo tan sospechoso. Tuvieron noticia de esta prision los cardenales de Tornon y Gadi, que á la sazon se hallaron en Leon, y·mandáronlos sacar de ella, y dándoles liberalmente en que ir, y lo necesario para su camino, los enviaron muy honradamente á Roma.

Entre tanto que esto pasaba, en el mismo año de 1541 fué de Alemania con el doctor Ortiz á España el P. Fabro, y en su lugar partió para Alemania por órden de Su Santidad el P. Bobadilla, despues de haber hecho en Roma su profesion. De manera que como de lo dicho en este capítulo se colige, dentro de un año entero, despues que la Sede apostólica confirmó la Compañía, ya estaba esparcida por las provincias de Italia, Francia, España, Alemania, Irlanda, Portugal y la India.

CAPÍTULO V.

Como se fundaron los colegios de Coimbra, Goa , y la casa de Roma.

—

Estando las cosas de la Compañía en el estado que dicho es, el rey de Portugal D. Juan el tercero, despues de haber enviado á Francisco Javier á la India , con el gran cuidado que tenia de la salvacion de aquellas almas, trató de buscar manera como cada año pudiese enviar allá algunos de los nuestros : y así se determinó de hacer un colegio de nuestra Compañía , que fuese un seminario señaladísimo y muy principal , donde se criase gente de ella en aquel reino : y para esto añadió este colegio á la insigne universidad de Coimbra , que poco antes el mismo rey habia fundado.

Fué este colegio de Coimbra orígen y principio de todos los demás que en aquel reino se han fundado. Para la fundacion de este colegio envió Ignacio al M. Simon, algunos de los mas aprovechados varones y mozos que habian entrado en la Compañía, y estaban en Roma y en París : y fué esto el año de 1541. Y pues viene á próposito, no quiero, aunque de paso, dejar de decir la manera como en aquel tiempo Ignacio enviaba nuestros hermanos á tierras y provincias tan apartadas.

Iban peregrinando á pié , y aunque no todos de

un hábito, todos pobremente vestidos. Iban pidiendo limosna, y de ella vivian. Recogíanse á los hospitales donde los habia: cuando no hallaban de limosna que comer, ó donde dormir, socorríanse con algun dinerillo que para este fin y para semejante necesidad llevaban guardado. Predicaban en las plazas segun la oportunidad y tiempo que hallaban. Animaban á todos los que topaban á la penitencia de sus pecados, á la confesion y oracion, y á todo género de virtud. Saliendo de la posada se armaban con la oracion, y entrando tambien se recogian á ella. Confesaban y comulgaban los domingos, ó mas á menudo los que no eran sacerdotes. Habia entre ellos suma paz y suma concordia, y tenian el ánimo siempre regocijado.

Era tan grande el deseo que tenian de trabajar por Cristo, y tan encendido de padecer por su amor, que no se acordaban ni de los trabajos ni de los peligros de tan prolijos caminos. Mandábales el Padre, que el mas flaco y que menos podia andar, fuese delante de todos, para que la regla y medida de su camino en el andar y en el parar, fuese lo que aquel podia, y los mas fuertes siguiesen á los mas flacos. Y porque no habia entonces colegios de la Compañía en que albergarse, y porque por no ser aun ella conocida, no tenia devotos ni personas que los acogiesen en tiempo de alguna necesidad, ordenaba Ignacio (y así se guardaba) que si alguno enfermase en el camino de manera que no pudiese pasar

adelante, se detuviesen todos con él, y le guardasen algunos pocos dias. Y si la enfermedad pareciese larga, quedase uno de los compañeros con el
enfermo, y que este fuese el que era mas á propósito para servirle y regalarle, señalándole para ello
el que iba por superior.

De esta manera pues iban los nuestros en aquellos principios enviados de Ignacio, desde Roma á
París y á España. De esta manera vinieron á Portugal los que dieron principio al colegio de Coimbra, los cuales fueron del rey muy bien recibidos.
Y mientras en Coimbra se aparejaban las cosas para el colegio se detuvieron algunos dias en Lisboa,
y dieron tambien principio á la casa de san Antonio de aquella ciudad. Pero tambien en la India
comenzó la Compañía á fructificar luego que la virtud y prudencia del P. Francisco Javier fué tratada y conocida, como lo contarémos en su lugar.
Porque el año de 1542, se dió á la Compañía en
Goa (que es la cabeza y principal ciudad que tiene
el rey de Portugal en la India) un colegio que estaba ya fundado para criar y enseñar á los hijos de
los gentiles que se convirtiesen á nuestra santa fe.
Fué dado á los nuestros, para que tuviesen en él
cuidado de instruir á aquellos niños en la vida y
doctrina cristiana; y para que pudiesen acoger á
sus hermanos, que de nuevo les enviasen de Portugal; y tambien para que los que de aquella tierra
quisiesen entrar en la Compañía, tuviesen allí su casa

de probacion. Finalmente para que fuese aquel colegio un castillo roquero para defensa de nuestra fe, contra los enemigos de ella.

De tan pequeños y bajos principios fué mucho lo que crecieron estos dos colegios de Coimbra y de Goa; porque llega el de Coimbra á tener mas de doscientas personas, y el de Goa á ciento y veinte. Y en el uno y en el otro, se enseñan públicamente todas las disciplinas y artes liberales que á un teólogo suelen ser necesarias. Así que podemos decir con verdad, que á estos dos colegios se debe casi todo el fruto que con la divina gracia ha cogido la Compañía en Japon, en la China, en la Persia, en la Etiopía; y en otras muchas naciones ciegas, por estar sin el conocimiento verdadero de Dios. Y de lo dicho tambien se saca, que de todos los colegios que en la Compañía hasta ahora se han fundado, tiene el primer lugar el de Coimbra, comenzado entonces y despues acabado con la liberalidad y grandeza del serenísimo rey de Portugal D. Juan el tercero. De los colegios digo que este es el primero, porque la casa de Roma es la madre de toda la Compañía, de la cual como de primer principio y cabeza, por la industria y buen gobierno de Ignacio, nacieron todos los otros, que como colonias se fueron multiplicando y estendiendo por tan diversas naciones y tierras.

La cual casa de Roma podemos decir que nació juntamente con la misma Compañía y en un mismo tiempo : pues al cabo del año de 1540 nos fué dado por la buena diligencia y caridad del P. Pedro Codacio el templo que llaman de Nuestra Señora de la Estrada, que era parroquia. El cual cuando se nos dió era muy pequeño y angosto, y despues no pudiendo caber en él la mucha gente que concurria á oir la palabra de Dios, se fué ensanchando con varias trazas y añadiduras. Hasta que el año de 1568, Alejandro Farnesio, cardenal y vicecanciller de la santa Iglesia romana, príncipe de grande autoridad y prudencia, nos comenzó á hacer un templo suntuosísimo, de una traza y obra maravillosa para su enterramiento. Pareciéndole que pues desde el principio de la Compañía, él habia sido singular patron y protector de ella, que era bien llevarlo con esta obra tan señalada adelante. Y demás de adornar con ella su ciudad, y hacer este comun beneficio así á los ciudadanos como á los estranjeros, quiso que quedase perpetuada la memoria de la merced que en su primera confirmacion la Compañía y toda la cristiandad en ella habia recibido de Dios nuestro señor por mano del sumo Pontífice Paulo III cabeza de su casa y familia.

Y cierto que era justo que pues la casa Farnesio fué la primera que fundó y estableció la Compañía, que este ilustrísimo cardenal, que es ornamento y honra de su casa, tenga su asiento y primer lugar en aquella casa é iglesia de la misma Compañia, que es madre y cabeza de todas las demás.

Tambien el año de 1543, nos añadieron á la iglesia de santa Maria de la Estrada, otra junto á ella, que se llamaba san Andrés, que por su vecindad nos venia muy á propósito, y esto por mandado de Su Santidad, procurándolo y negociándolo Philippo Archinto, obispo de Seleucia, y vicario del Papa en la ciudad de Roma; lo cual pasó de esta manera. Visitaba el vicario Archinto todas iglesias de Roma, por órden de Su Santidad: y viniendo á la iglesia de san Andrés, que era tambien parroquia, hallóla desamparada de su cura y encomendada á una mujer. Supo esto el Pontífice, y enojándose de tan grande desórden, como era razon, determinó por aviso del vicario de dar esta iglesia á los nuestros, que en la iglesia de santa Maria de Estrada allí junto confesaban y predicaban, con notable concurso y fruto de las ánimas. Hízose así, y aunque despues no faltó quien lo contradijese, todavía pasó adelante la voluntad y determinacion del Pontífice, y se dió la posesion de ella á la Compañía, y comenzóse el mismo año á labrar en ella la casa en que ahora vivimos en Roma. Y porque la cura de las almas no nos fuese estorbo, como cosa agena de nuestro instituto, se traspasó la de la una iglesia y de la otra, con todas sus rentas y provechos á la iglesia de san Márcos, que está allí cerca, y es muy antigua y principal parroquia en Roma.

CAPÍTULO VI.

Como se fundó el colegio de Padua.

—

Por el mismo tiempo, á instancia de la Señoría de Venecia, fué el P. M. Lainez enviado por el sumo Pontífice á aquella ciudad el año de 1542, para que enderezase y llevase adelante ciertas obras de caridad que allí se comenzaban. Del cual, como hiciese escogidamente su oficio, tuvo noticia Andrés Lippomano, prior de la iglesia de la santísima Trinidad, persona ilustre en sangre, y de gran fama de virtud y cristiandad; y por su importunidad se fué el P. Lainez á posar á su casa. Estando Lainez en ella, fué tanto lo que de su trato y de su vida el prior se edificó, y tanto lo que se pagó de su ingenio y de todo el instituto de la Compañía cuando lo entendió, que luego trató con él de hacer un colegio de ella en Padua; porque tambien tenia en aquella ciudad otro priorado, que llamaban de la Magdalena, que era de la órden y hospital de los caballeros de santa Maria de los teutónicos, instituida antiguamente de aquella nacion, cuando pasaban á la conquista de la Tierra santa los alemanes.

Este priorado determinó Lippomano de dar para la fundacion del colegio, y mientras se impetraba de la Sede apostólica la union del priorado, quiso sustentar en aquella ciudad algunos de los nuestros, por

gozar no solamente de la esperanza del fruto venidero, mas tambien del provecho presente. Y así el
año de 1543, envió el P. Ignacio desde Roma algunos hermanos á Padua, para que se juntasen con
Juan de Polanco, español, y Andrés Frusio, francés, que ya estudiaban en aquella universidad, y
echasen los cimientos de aquel colegio. Y el año de
1546, se alcanzó del papa Paulo III lo que se deseaba, y por sus letras apostólicas se unió aquel
priorado á la Compañía.

Mas despues el año de 1548, pidiendo los nuestros á la Señoría de Venecia, que los pusiesen en la
posesion de él, un caballero hermano del prior Lippomano, que pretendia el priorado para un hijo suyo,
lo procuró estorbar con todas sus fuerzas: y como
senador que era en aquella república, y tan principal, daba bien en qué entender á los Padres Lainez
y Salmeron, que de parte de la Compañía trataban el
negocio. A los cuales como á hombres advenedizos
y pobres, les acaeció una vez, que entrando en el
senado para dar razon de su demanda, como tenia
tanta parte en él este caballero, tanta burla hicieron de ellos, que no faltaba sino silvarlos y patear-
los. Mas despues que se sosegaron, habló el P. Lainez
de tal manera, que acabado su razonamiento, se levantaron en pié todos los senadores, y los saluda-
ron con muestra de mucha cortesía, maravillados
no menos de la prudencia y eficacia en el decir, que
de la modestia y humildad del orador.

Hallaban todavía grandes dificultades, porque los contrarios eran muy poderosos, y el negocio en sí era árduo y odioso en aquella república. Y así teniéndolo ya casi por desahuciado, y no viendo ninguna buena salida en él, escribió Lainez al P. Ignacio en qué términos estaba, pidiéndole que para que Nuestro Señor le diese buen suceso, dijese una misa por aquel negocio, porque el no hallaba otro remedio. Dijo Ignacio la misa, como se le pedia, el mismo dia de la Natividad de Nuestra Señora. Y acabada escribió á Lainez: «Ya hice lo que me pedísteis, tened buen ánimo, y no os dé pena este negocio, que bien le podeis tener por acabado como deseais.» Y así fué, porque ocho dias despues que se dijo la misa, que fué la octava del nacimiento de Nuestra Señora, se juntó sobre este negocio el consejo, que en Venecia llaman Pregay, y conformándose los votos de casi todos los senadores, se mandó dar la posesion á los nuestros. Espantáronse mucho los hombres pláticos de aquella república, y tuvieron por cosa maravillosa y nunca vista, que contra un ciudadano, caballero, y tan principal, en junta de casi doscientos y cincuenta senadores, y entre ellos de tantos parientes y amigos suyos, hubiesen tenido tanta parte unos hombres pobres, forasteros y estraños, porque solos tres votos tuvo él en su favor.

Y para que este suceso no se pudiese atribuir á los hombres, sino á Dios, el dia que esto se determinó en el senado, no vinieron á él los senadores que mas favorecian nuestra causa. Y tambien para que nosotros aprendiésemos, á no estribar ni poner nuestra esperanza en las criaturas, sino en Dios nuestro criador. El cual aun convirtió en bien y favor de sus siervos, lo que los contrarios tomaron por medio para nuestro mal. Porque como se hubiesen dicho muchas cosas de los que en el colegio de Padua entónces vivíamos, y los adversarios hubiesen por todas las vias procurado hacernos sospechosos y odiosos á aquella república, por decreto del senado se vino á hacer con mucho exámen, inquisicion de nuestra vida, doctrina y costumbres: y quiso Nuestro Señor por su bondad, sin saberlo nosotros, que los que fueron á tomar la informacion, la hallaron de manera, que escribieron al senado lo que bastó, *no* solamente para librarnos de toda sospecha, pero para tener entero crédito de la virtud y verdad que trata la Compañía. Y esto fué gran parte para que se tomase la resolucion que se tomó, y se nos mandase dar la posesion.

Y para tornar al año de 1542 de que comenzamos á tratar, este mismo año de 1542 entraron los nuestros en Flandes, no tanto por su voluntad, cuanto por una necesidad que se ofreció. Porque como repentinamente se hubiese encendido la guerra entre el emperador Carlos V y el rey de Francia Francisco, fueron echados de Francia todos los españoles y flamencos que en ella estaban. Hallámonos á la sazon en París, quince ó diez y seis de la Com-

pañía parte españoles, parte italianos; de los cuales
para cumplir con los edictos reales, quedándose
en París los italianos, los españoles hubimos de salir á Flandes (por ser provincia del emperador la
mas vecina y segura) llevando por nuestro superior
al P. Hierónimo Domenech, para proseguir en la
universidad de Lovayna nuestros estudios.

Fué tanto lo que con el ejemplo de los nuestros,
y con los sermones en latin del P. Francisco de Estrada, se movió aquella universidad, que muchos
estudiantes escogidos, mozos, y hombres ya en doctrina y autoridad señalados, se llegaron á nuestro
instituto y entraron en la Compañía, los cuales se confirmaron mas y establecieron en ella, con los consejos del P. Fabro, que habiendo vuelto de España
por Alemania la alta, era venido á Alemania la baja:
y este fué el primer principio por donde se vino á
fundar y estender la Compañía en los estados de
Flandes.

CAPÍTULO VII.

Como el Papa de nuevo confirmó la Compañía,
y le dió la facultad para recibir en ella todos los que quisiesen
entrar.

Viendo, pues, Ignacio que no solo se inclinaban
á ser de la Compañía mozos hábiles y de mucha expectacion, sino tambien hombres eruditos y graves,

que se ofrecian fundaciones de colegios, y que los suyos por do quiera que andaban hacian gran fruto, y que no podian por la prohibicion del sumo Pontífice hacer profesos en la Compañía á todos los que Dios nuestro señor á ella llamaba; procuró con todo cuidado, y suplicó á Su Santidad, que tuviese por bien de confirmar de nuevo la Compañía, y de estender aquel breve número que en su primera aprobacion habia tasado, y abrir la puerta á todos los que viniesen á ella llamados de Dios. Lo cual, como arriba se dijo, el Pontífice hizo con gran voluntad el año de 1543, á 14 dias del mes de marzo, movido del fruto que nuestros Padres, con su vida y doctrina hacian tan copioso en la Iglesia de Dios, y esperando que habia de ser mayor para adelante.

Desde este tiempo comenzó nuestra Religion á ir creciendo con notable aumento cada dia mas. En esta sazon habia ya en la ciudad de Parma comenzado á crecer el grano que los Padres Fabro y Lainez habian sembrado, y muchos sacerdotes de la misma tierra, que en la imitacion les eran discípulos y en el deseo compañeros, hacian el oficio de regar y labrar lo que aquellos Padres habian plantado. Por donde la devocion y piedad de aquella ciudad iba acrecentándose cada dia de bien en mejor.

Mas el enemigo que nunca duerme para hacernos mal, trabajó cuanto pudo de sembrar sobre esta buena semilla su cizaña por medio de un predicador hereje, el cual despues de haberse arrojado á decir desde el púlpito muchas blasfemias y herejías; para salir con su dañada intencion viendo que la vida y doctrina de aquellos sacerdotes que he dicho le era grande estorbo, les levantó un falso testimonio, y pretendió desacreditarlos por este camino. Y así se levantó una grande persecucion contra ellos, aunque sin ninguna culpa suya.

Llamaban á estos clérigos los Contemplativos, porque trataban de oracion y meditacion, y aunque ellos no eran de la Compañía, sino amigos de ella é imitadores de su doctrina y virtud, todavía nos echaban á nosotros su culpa, como á maestros de ellos, ó á lo menos como á participantes en el delito.

Procuró Ignacio que el sumo Pontífice supiese de raiz todo lo que pasaba en Parma. Y Su Santidad indignado gravemente, como era justo, del caso, considerando los daños que en algunas ciudades de Italia se podian recibir si el veneno de las herejías (como se temia) fuese cundiendo, instituyó una congregacion y tribunal de seis cardenales escogidos entre el sacro Colegio; los cuales con suma potestad fuesen inquisidores contra los herejes, y se desvelasen en descubrir y extirpar los enemigos de nuestra santa fe católica. Fué esta traza del cielo, porque este nuevo tribunal, no solo ha sido provechoso á Roma, mas aun ha dado vida y salud á toda Italia. Tambien procuró con todas sus fuerzas Ignacio que lo que se decia contra aquellos clérigos de Par-

ma, se examinase y se viese en contradictorio juicio, y se sacase á luz, porque de pasarse en silencio, no resultase alguna nota de infamia en su buena vida de ellos, ó en el buen nombre de la Compañía. Y aun que hubo muchos que le contradecian
y resistian, al fin salió Ignacio con su intento. Y
así por pública sentencia de Ludovico Milanesio,
protonotario y vicelegado apostólico, fueron dados
por inocentes y libres de toda sospecha é infamia.

CAPÍTULO VIII.

Del colegio de Alcalá.

Uno de los que arriba en el capítulo quinto de
este libro dijimos, que habia enviado el P. Ignacio
desde Roma á la fundacion del colegio de Coimbra,
el año 1541, fué Francisco de Villanueva: el cual
como por los trabajos del largo camino hubiese caido enfermo, y tuviese poca salud en Portugal, por
consejo de los médicos y obediencia de sus superiores, vino á Alcalá para ver si los aires mas naturales le serian mas provechosos. Adonde hallándose mejor de salud, por órden de Ignacio quedó de
asiento; y siendo ya hombre en dias, comenzó á
estudiar la gramática y aprender con toda diligencia las declinaciones y conjugaciones, y los demás
principios tan desabridos de los niños, por pura
obediencia.

En este trabajo gastó dos años con suma pobreza y sufrimiento, y menosprecio de todas las cosas del mundo, mas no con menor fruto y admiracion de los que le conocian y trataban. Porque siendo hombre sin letras, de baja suerte, y aun de nombre no conocido, sin favor humano, de tal manera supo ganar la voluntad de los mas graves varones y mas doctos de aquella universidad, que maravillados del espíritu y prudencia que en él veian, acudian á él con sus dudas, y le tenian por maestro de su vida y por guia de sus intentos. Y mayor autoridad le daba acerca de los buenos, la opinion que de su virtud se tenia, que no le quitaba la falta conocida de la doctrina.

Juntáronsele despues otros tres compañeros, con cuyo ejemplo se movieron algunos estudiantes á pedir la Compañía: los cuales recibidos en ella, pasaron grandes molestias y trabajos en sus principios, porque muchos se alteraron con la novedad, y mas con un falso testimonio que les levantaron. De la cual sospecha, entendida luego la verdad, fueron los nuestros dados por libres, con testimonio y sentencia pública del maestro Vela, rector que entonces era de aquella universidad. Y el colegio de Alcalá, ayudándole Dios con su gracia y muchas personas con su favor y liberalidad, y principalmente el doctor Vergara, canónigo de la magistral de Cuenca, insigne teólogo y perfecto varon, ha ido en tanto aumento, que le tenemos hoy dia por uno de los mejores colegios de la Compañia, así por el número de los estudiantes como por el fruto que en él se ve.

Seria cosa larga y fuera de mi propósito querer ahora contar cuantos mancebos de excelentes ingenios y de grande expectacion en letras y virtud, y cuantas personas señaladas en sabiduría y prudencia cristiana, hayan entrado por la puerta de aquel colegio, en nuestra Compañía, tanto que me parece á mí haber sido el colegio de Alcalá el mas principal seminario que la Compañía ha tenido, y como la fuente y principio de fundarla y estenderla en las provincias de España.

CAPÍTULO IX.

De las obras pias que Ignacio hizo fundar en Roma.

No solamente tenia cuidado Ignacio de las cosas domésticas y de las que tocaban el buen sér y gobierno de la Compañía; mas tambien daba la parte de este cuidado que podia al provecho de la gente de fuera. Y con esta solicitud procuró que se desarraigasen muchos vicios de la ciudad de Roma, que por la mala costumbre ya no se tenian por tales: y que se instituyesen muchas obras de gran servicio de Dios nuestro señor, y beneficio espiritual de las almas. Y lo primero fué, que se pusiese en uso y se renovase y tuviese su fuerza aquella tan saludable y necesaria decretal de Inocencio III, en la cual se manda que los médicos no hagan su oficio de curar el cuerpo del enfermo, antes que el ánima esté curada con el santo sacramento de la Penitencia y Confesion. Aun que para que mejor se reci· biese procuró Ignacio que se mitigase el rigor de este decreto con una suave moderacion, y es, que pueda el médico visitar á los enfermos una y dos veces, mas no la tercera sino estuvieren confesados. El cual decreto con esta misma moderacion, dejó perpétuamente establecido so graves penas, la santidad de Pio V, en un proprio motu que sobre esto hizo.

Tambien habiendo en Roma tanta muchedumbre de judíos, no habia lugar ninguno donde recibir á los que quitado el velo de la infidelidad, por la misericordia de Dios se convirtiesen al Evangelio de Jesucristo. No habia tampoco maestros señalados que enseñasen é instituyesen en la fe á los que al gremio de la santa Iglesia se quisiesen acoger. No habia renta ninguna ni cosa cierta para sustentar la pobreza de estos, y socorrer á sus necesidades. Pues porque no se perdiese tanto fruto, no dudó Ignacio con toda la estrechura y pobreza de nuestra casa, de recoger en ella algunos años los que se querian convertir, y sustentarlos, doctrinarlos y ponerlos despues á oficio donde viviesen entre cristianos como cristianos, y pasar su vida con menos trabajo. Y así muchos judíos movidos con la caridad de los nuestros, y con el buen ejemplo de algunos de los suyos, que ya habian recibido el bautismo, se convirtieron á nuestra fe, entre los cuales fueron algunos principales, que importaban mucho para la conversion de los demás. Porque estos con grande eficacia y claridad convencian á los otros judíos, mostrándoles por las escrituras que el prometido y verdadero Mesías es Jesucristo nuestro señor.

Mas porque este bien tan señalado no fuese de poco tiempo y se acabase con sus dias, con todo cuidado é industria procuró Ignacio que en Roma se hiciese una casa de catecúmenos en que se recibiesen y sustentasen los que pedian el santo bautismo, y venian al conocimiento de la verdad: la cual aunque á costa de grandes trabajos suyos, al fin salió con ello, y la puso en perfeccion. Y para que no tuviesen estos hombres tropiezo ninguno, sino que fuese mas fácil y llano el camino de convertirse á nuestra santa Religion, alcanzó Ignacio del papa Paulo III, que los judíos que de allí adelante se convirtiesen, no perdiesen nada de sus haciendas, como antes se usaba : ni saliesen con pérdida temporal, por la ganancia espiritual é inestimable que hacian en conocer y adorar á Jesucristo nuestro redentor, de quien habian de esperar los bienes eternos. Y aun les alcanzó, que los hijos de los judíos que venian á la fe contra la voluntad de sus padres, los heredasen enteramente como antes que se convirtiesen. Y que los bienes que hubiesen ganado por usuras, de que no se supiesen los dueños (pues la Iglesia puede y suele emplear los tales bienes en pios usos y en beneficio de los pobres) se aplicasen á los mismos que se convertian, en favor del santo bautismo. A lo cual con grande aviso, despues añadieron los sumos pontífices Julio III, y Paulo IV, y mandaron que todas las sinagogas de judíos que hay en Italia, paguen cierta suma de dineros cada año para el sustento de esta casa de los catecúmenos de Roma.

Y otras muchas cosas se hicieron por industria de Ignacio, así por convidar á estos infieles y tenerlos á nuestra santa fe, como para conservarlos en ella. Con lo cual se ha abierto una gran puerta á esta gente para su salvacion, y muchos de los que quedan, y del desecho de Israel (que dice el Apóstol) se han allegado al conocimiento de Jesucristo nuestro Redentor.

Habia tambien en Roma gran muchedumbre de mujercillas públicas perdidas, y ardíase la ciudad en este fuego infernal. Porque en aquel tiempo no estaba tan refrenada la libertad de vida en Roma; la cual despues con la severidad de sus mandatos han reprimido mucho los sumos Pontífices, y está muy reformada y trocada aquella santa ciudad. No faltaban algunas de aquellas pobres mujeres, que inspiradas de Dios deseaban salir de aquella torpe y miserable vida, y recogerse á puerto saludable de penitencia. Para recibir á las que de esta manera se vuelven á Nuestro Señor, hay en Roma un monasterio con título de santa Maria Magdalena, que comunmente se dice de las arrepentidas; pero no se admiten en él sino las que quieren encerrarse para siempre, y dedicándose á la religion gastar todos los dias de su vida en obras pias de penitencia. Lo cual aunque sea muy bueno, no puede ser tan universal ni estenderse á tantas de estas pobres mujeres como seria menester. Porque primeramente muchas de ellas por ser casadas no pueden entrar en Religion, y así son excluidas de esta guarida, y habríaseles de dar donde se recojan, hasta que se tratase de reconciliarlas con sus maridos, y porque no caigan en peligro de la vida por buscar la castidad y limpieza.

Tambien hay otras que aunque desean salir de aquel mal estado, no por eso sienten en sí fuerzas para seguir tanta perfeccion; porque no todos los que acaban consigo de apartarse de lo malo, se hallan luego con caudal para seguir lo mejor. A estas tambien se les niega la entrada por sus estatutos en el monasterio de las Arrepentidas.

Y así Ignacio mirando estas dificultades, y deseando aprovechar á todo este género de personas, de manera que no hubiese ninguna de ellas que por achaque de no tener que comer, dejase de apartarse de vida tan abominable y mala, procuró que se instituyese una nueva casa en que todas pudiesen ser recibidas.

Comunicando pues este su designio y obra tan caritativa y provechosa , con muchos señores y señoras principales, para que con su autoridad y limosna pudiese tener efecto , todos se ofrecieron de ayudar , cada uno con lo que pudiese, si se hallase quien como autor y dueño se quisiese encargar de ella. Porque cada uno temia de tomar sobre sí todo el peso del negocio , y queria mas entrar á la parte como compañero á ayudar esta obra, que como principal encargarse de toda ella. Mas como por esta causa viese Ignacio que ninguno comenzaba , y que se pasaban los dias y los meses sin ponerse en efecto lo que él tanto deseaba y tanto cumplia al servicio de Dios nuestro señor , por quitar al demonio la ocasion de mas dilatarla , se determinó de comenzarla , usando de la industria que diré.

De una plaza nuestra que está en Roma delante de nuestra Iglesia, sacaba en aquella sazon Pedro Codacio , procurador de nuestra casa , unas piedras grandes de las ruinas y edificios de la antigua ciudad de Roma. Dícele pues Ignacio al procurador: «Vendedme esas piedras que habeis sacado, y hacedme de ellas hasta cien ducados:» hízolo así el dicho procurador, en tiempo que pasábamos harta necesidad, y dió los cien ducados á Ignacio ; el cual los ofreció luego por aquella santa obra diciendo: «Si no hay quien quiera ser el primero, síganme á mí , que yo lo seré:» siguiéronle otros muchos, y así se comenzó y acabó aquella grande obra en el templo de santa

Marta, donde se instituyó una cofradía y hermandad que se llama Nuestra Señora de Gracia , que tiene cuidado de llevar adelante esta obra ; y de recoger, amparar y proveer á semejantes mujeres.

Y era tanta la caridad y celo de Ignacio para salvar las almas de estas pobrecitas , que ni sus canas , ni el oficio que tenia de prepósito general, eran parte para que él mismo en persona dejase de llevarlas y de acompañarlas por medio de la ciudad de Roma , cuando se apartaban de su mala vida , colocándolas en el monasterio de santa Marta , ó en casa de alguna señora honesta y honrada, donde fuesen instituidas en toda virtud. En esta obra de tanta caridad muy particularmente se señaló y resplandeció la bondad y santo celo de D.ª Leonor Osorio, mujer de Juan de Vega, que era entónces embajador del emperador D. Cárlos en Roma.

Solian algunos decir á Ignacio, que porque perdia su tiempo y trabajo en procurar el remedio de estas mujeres, que como tenian echos callos en los vicios, fácilmente se tornaban á ellos. A los cuales respondia él : «No tengo yo por perdido este trabajo, antes os digo, que si yo pudiese con todos los trabajos y cuidados de mi vida , hacer que alguna de estas quisiese pasar solo una noche sin pecar, yo los tendria todos por bien empleados , á trueque de que en aquel breve tiempo , no fuese ofendida la majestad infinita de mi Criador y Señor; puesto caso que supiese cierto , que luego se habia de volver á su torpe y miserable costumbre.»

No menos trabajó en que se socorriesen á la necesidad y soledad de los huérfanos : y así por su consejo é industria se hicieron dos casas en Roma, la
una para los niños, y la otra para las niñas que se
hallan sin padre y madre y quedan desamparados y
sin humano remedio ; para que allí tuviesen asegu-
rada su castidad, y el mantenimiento necesario para los cuerpos, y la doctrina é instruccion conveniente para las almas, aprendiendo juntamente los
oficios en que despues de crecidos sirviesen á la república.

Tambien buscó manera para socorrer á muchas
doncellas, y evitar el peligro en que suele estar puesta su limpieza, ó por descuido ó poca virtud de las
madres, ó por necesidad y pobreza que tienen. Y para
este efecto se fundó en Roma aquel loable y señalado
monasterio de santa Catalina, que comunmente llaman de Funariis. En el cual se recogen, como á sagrado, las doncellas que se ven en peligro de perderse. Estas son pues, y otras cosas de este jaez, las que
Ignacio hizo en Roma, ordenadas todas para el bien
de los prójimos, y para la salud de las almas. Y en
hacerlas tenia esta órden : comunicaba su determinacion con hombres graves y cuerdos, y amigos de
todo lo bueno, y particularmente inclinados á obras
de caridad. Entre los cuales los que mas se señalaron eran Diego Crescencio, caballero romano, muy
amigo suyo, y dado á todas las cosas de piedad ; y

Francisco Vanucio, limosnero mayor del papa Paulo III, y Lorenzo del Castillo: de los cuales Ignacio se valia mucho, no solo para oir su consejo, mas para ayudarse de su favor é industria.

Ventiladas entre ellos y allanadas las dificultades de la obra que querian hacer, se iban á representarla á algunos hombres principales, ricos y devotos, para que con su autoridad y limosna, se le diese principio y se sustentase. Y lo primero era escoger algun cardenal de la santa Iglesia, el que parecia mas apropósito para ser protector de tal obra; despues hacian su hermandad, escribian sus estatutos, ponian sus leyes, daban la órden con que ella se habia de gobernar y tener en pié. Hecho todo esto, viendo Ignacio que ya podia andar por sus piés, y que sin él se podia conservar, se salia á fuera dando su lugar á otro. Y poco á poco se aplicaba luego á comenzar otras semejantes obras. Porque era tanta su caridad, que no podia acabar consigo estar ocioso; sino que siempre andaba tratando cosas de nuevo, que acarreasen provecho é hiciesen bien á los hombres para su salvacion.

CAPÍTULO X.

Como se fundaron en diversas partes nuevos Colegios.

Grande era el celo y la solicitud con que Ignacio se empleaba en estas cosas en Roma, siempre atento y puestos los ojos en procurar la mayor gloria divina; mas mucho mayor era el amor con que Dios nuestro señor galardonaba éste su cuidado, que el mismo Dios le habia dado de su servicio, acrecentando la Compañía, y moviendo los corazones de las gentes para que de muchas partes llamasen á los nuestros, y procurasen tenerlos consigo, y les diesen casas y todo lo necesario. Y aunque siendo tan pocos, como entónces eran, no se podia satisfacer á todos los que lo pedian, mas procuraba Ignacio de repartir los hijos que tenia, y distribuirlos por aquellos lugares, en los cuales consideradas las circunstancias, se esperaba que resultaria mayor fruto en el divino servicio.

Por esta causa habiendo el P. Hierónimo Domenech (que mucho antes se habia dedicado á la Compañía) ofrecido toda su hacienda, para que de ella se fundase un colegio en Valencia, de donde él era natural, Ignacio considerada la amplitud y nobleza de aquella ciudad, la frecuencia de la universidad, y la abundancia de pueblos que tiene en su comarca para hacer salidas y aprovechar á las almas; envió á Valencia al P. Diego Miron (que de París habia venido á Coimbra, el año de 1541, y habia tenido algun tiempo carga de aquel colegio) y despues envió algunos otros el año de 1544, para que diesen principio al colegio de Valencia.

Lo cual ellos hicieron con toda diligencia y fidelidad. Y el año de 1545 se le aplicó por bulas apostólicas alguna renta eclesiástica, con la cual mas se estableció ; y despues acá ha florecido cada dia mas aquel colegio , así con la copiosa cosecha de muchos estudiantes que allí han entrado en la Compañía , como con el grande fruto, que en los naturales de aquella ciudad, por la misericordia de Dios nuestro señor, siempre se hace.

En este mismo tiempo, los padres Pedro Fabro y Antonio de Araoz vinieron de Portugal á Castilla, enviados del rey de Portugal D. Juan el tercero, con la princesa D.ª María su hija, que venia á casarse con el príncipe de España D. Felipe. Llegados á Valladolid, donde á la sazon estaba la corte, fueron las primeras piedras que Dios nuestro señor puso para el edificio del colegio de aquella villa. El cual aunque fué pequeño y muy estrecho al principio, despues creció tanto, que así por la frecuencia y grandeza del pueblo, como por el mucho fruto que en él se hace , ha sido necesario añadir al colegio otra casa de profesos.

Tambien se dió entónces principio al colegio de Gandía ; el cual levantó desde sus cimientos , don Francisco de Borja, duque de aquel estado, en muy buen sitio, y con singular devocion y liberalidad le acabó y le dotó de buena renta. Al cual envió Ignacio desde Roma cinco de los nuestros, el año de 1545. Los cuales se juntaron en España con otros y fueron los primeros moradores del colegio de Gandía.

CAPÍTULO XI.

De la muerte del P. Pedro Fabro.

El principal instrumento que Dios tomó con el duque de Gandía para la fundacion del colegio de ella, fué el P. M. Pedro Fabro; el cual pasó de esta vida á la inmortal en Roma, el primer dia de agosto del año de 1546. Nació este admirable varon en una aldea del ducado de Saboya, llamada Villareto, en la diócesis de Génova, el año de 1506: sus padres eran labradores y de baja suerte, mas hombres muy cristianos y devotos. Crióse en su casa de ellos de tal manera, que desde su niñez daba muestras de la`eleccion con que Dios le habia escogido por una de las principales columnas sobre que queria fundar esta santa Religion. Porque desde la edad de siete años, comenzó á sentir en sí grandes estímulos y deseos vivos de toda virtud; y á los doce, fué su corazon tan encendido y abrasado del amor de la castidad y limpieza, que hizo voto de ella.

Tuvo tan grande inclinacion al estudio de las letras, que por sus importunos ruegos fué su pobre padre forzado á sacarle del oficio de pastor y de andar tras el ganado, y ponerle á la escuela; en la cual dió muestras de rara habilidad. Habiendo aprovechado en las primeras letras medianamente, á los diez y nueve años de su edad fué enviado á París, á donde acabó el curso de la filosofía, alcanzando honoríficamente el grado de maestro en artes. Era en este tiempo muy acosado de escrúpulos, y tan afligido, qne trataba de irse á vívir á un desierto, y sustentarse de las yerbas y raices del campo, ó hacer otra vida mas áspera, para desechar de sí aquella congoja y afligimiento de espíritu que padecia.

Mas andando en estas trazas sin hallar descanso, trató, como dijimos, con Ignacio, con cuya santa conversacion y saludables consejos quedó del todo libre y sosegado ; y fué el primero de los compañeros que se determinó de seguirle é imitarle en toda pobreza y perfeccion. Acabados los estudios de teología, vino con los otros compañeros á Italia, como hermano mayor y guia de todos ellos. De Roma le envió el sumo Pontífice á Parma, y de allí á Alemania, y despues á España con el doctor Ortiz, de donde dió la vuelta otra vez á Alemania ; en la cual hizo muy señalado fruto. Porque con la vida ejemplar, y con la autoridad de su excelente doctrina, y con la gravedad y prudencia que tenia en el conversar, ganó las voluntades de los príncipes católicos de aquella nacion. Fué muy acepto á Alberto, cardenal de Maguncia, y estuvo mucho tiempo con él, y declaró los salmos de David en los estudios públicos de Maguncia. Fué grande amigo de Oton, cardenal de Augusta, obispo que entónces era de Espira, y de otros muchos príncipes y señores católicos.

Reprimió valerosamente el ímpetu y furor de los herejes, y disputó muchas veces con sus maestros y caporales, y particularmente con Bucero con tanta erudicion y fuerza, que si ellos no estuvieran obstinados en su malicia, fácilmente pudieran conocer la verdad. Tuvo admirable dón y espíritu de orar por los heresiarcas y por toda Alemania, y sentia y decia claramente, que la Religion católica seria restituida á su entereza y antigua puridad en aquellas partes, cuando la ira de Nuestro Señor se hubiese aplacado con la sangre de algunos buenos y santos católicos derramada por su fe.

De los alemanes que ganó para la Compañía, el primero fué Pedro Canisio, el cual movido por la fama que tenia el P. Fabro, vino de Colonia á Maguncia solamente por verle y comunicarle. El huésped que tuvo en Maguncia, por su conversacion se dió todo á Nuestro Señor, y se hizo monje cartujo. En Colonia predicó muchas veces en latin en los monasterios de religiosos, y en la universidad con grande espíritu, gravedad y doctrina: y en aquella ciudad particularmente reverenciaba las reliquias de las santas vírgenes Ursula y sus compañeras, y estaba muchas veces y grandes ratos postrado delante de la capilla donde están sus huesos sagrados, la cual allí llaman la cámara áurea con mucha razon, por el tesoro precioso é inestimable que hay en ella. Diciendo misa en aquel santo lugar, tuvo grandes ilustraciones y revelaciones de

Nuestro Señor, como tambien en otras partes.

Tuvo gran pecho y fortaleza para no hacer caso de las calumnias de los herejes, ni de las amenazas de los hombres furiosos y atrevidos, ni de las murmuraciones y dichos de los que poco saben, á trueque de servir á Nuestro Señor, y defender siempre la verdad católica, y reprimir el furor de los herejes. Y con el buen olor que de nuestra Compañía derramó por todas partes, le abrió la puerta para que ella entrase en aquellas provincias; las cuales en otro tiempo fueron tan religiosas, como al presente son miserablemente inficionadas y necesitadas de socorro.

Sembró el P. Fabro en aquel campo con lágrimas, el fruto que ahora los nuestros cogen con alegría. Movia tanto la vida y ejemplo de este buen Padre, que por su respeto los monjes cartujos que se habian juntado á capítulo, quisieron tener una santa hermandad y alianza con nuestra Compañía; por la cual nos hicieron particioneros de todas sus buenas obras y merecimientos.

Despues fué el P. Fabro á Portugal y á Castilla, y por toda España. En los cuales reinos fué singularmente amado y reverenciado de todos cuantos con él trataban. Finalmente, viniendo de España por mandado del sumo Pontífice, para hallarse en el sacro concilio de Trento, y entrando en Roma en lo recio del estío, cayó malo de una enfermedad que en pocos dias le acabó la vida. Suplieron bien la falta que Fabro hizo en el concilio, los padres Lainez y Salmeron, que ya entonces estaban en él como teólogos de la Sede apostólica.

Fué Fabro varon de grande virtud y doctrina. Tuvo admirable don de conocer y discernir espíritus, y gracia de sanar enfermos. Fué hombre muy ejercitado en la continua oracion y contemplacion, y de tanta abstinencia, que llegó alguna vez á no comer bocado ni beber gota en seis dias enteros. Era obedientísimo y gran despreciador de sí mismo. Zelaba siempre la gloria de Dios y la salud de los prójimos. En el razonar de las cosas de Dios, parecia que tenia en su lengua la llave de los corazones; tanto los movia y aficionaba: y no era menor la reverencia que todos le tenian por la suave gravedad y sólida virtud que resplandecia en sus palabras, que el amor con que los tenia ganados.

Comunicábasele Dios nuestro señor, y regalaba su alma con maravillosas ilustraciones y revelaciones divinas, como se vé, parte en un libro que él escribió como memorial de lo que pasaba por ella, lleno de espíritu y devocion; parte en una carta que escribió desde Alemania al P. Lainez, el año de 1542. Escribia Fabro á Lainez, y trataba con él con tanta llaneza y hermandad, como con su propia alma; porque era grandísima la semejanza que en estos dos Padres habia de espíritu y celo, y muy entrañable entre ellos la union de amor y caridad. Y para que esto mejor se vea, quiero poner aquí á la letra un capítulo, sacado de aquella carta que á Lainez envió; en la cual Fabro le da cuenta de sí, diciendo, aun que era saboyano, estas formales palabras en su castellano :

« Pluguiese á la Madre de Dios nuestro señor, « que yo pudiese daros noticia de cuanto bien ha en-« trado en mi alma y quedado, desde que yo os dejé « en Plasencia, hasta este dia presente; así en co-« nocimiento, como en sentir sobre las cosas de Dios « nuestro señor, de su Madre, de sus santos ángeles « y santos, almas del cielo y del purgatorio, y de « las cosas que son para mí mesmo, sobre mis altos « y bajos, mis entrares en mí mesmo, y salires, mun-« dar el cuerpo, y el alma, y el espíritu; purificar « el corazon, y desembarazarlo para recibir los di-« vinos licuores, y retenerlos, y mantenerlos, pi-« diendo para todo gracias diversas, buscándolas y « pulsando por ellas. Así mesmo cuanto toca al pró-« jimo, dando Nuestro Señor modos y vias, y ver-« dades y vidas para conocerle, y sentir sus bienes « y sus males en Cristo, para amarle, para supor-« tarle, y padecerle, y compadecerle, para hacer « gracias por él, y pedirlas, para buscar perdones « por él, y escusaciones hablando bien por él, delan-« te su divina Majestad, y sus santos. En suma digo, « hermano mio, maestro Lainez, que yo no sabré ja-« más reconocer, no digo por obras, mas ni aun por « pensamiento y símplice aprehension, las mercedes « que Nuestro Señor me ha hecho, y hace, y está

«prontísimo para hacerme. Aligando todas mis con-
«triciones, sanando todas mis enfermedades, y mos-
«trándose tan propicio á todas mis iniquidades, ipsi
«gloria amen. Él sea bendito por todo, y de todas
«las criaturas por ello, amen. Él sea siempre hon-
«rado en sí, y en su Madre, y en sus ángeles, y en
«sus santos y santas, amen. Él sea magnificado y
«sobre todo ensalzado, por via de todas sus criatu-
«ras, amen. Yo digo amen de mi parte, y os ruego
«que le alabeis sobre este vuestro hermano, que yo
«así lo hago sobre toda la Compañía.»

Hasta aquí son palabras de Fabro. Y como algunos de nuestros hermanos mostrasen mucho sentimiento por la muerte de un Padre tan principal, que
con su vida habia hecho tanto bien á la Compañía,
y parecia que podia hacer adelante mucho mas, les
dijo Ignacio: «No hay de que tomar pena por la muerte de Fabro, porque Dios nuestro señor nos re-
compensará esta pérdida, y dará en su lugar otro
Fabro á la Compañía, que la acrecentará y enno-
blecerá mucho mas que el que ahora nos quitó.» Lo
cual se cumplió así como él lo dijo. Porque D. Francisco de Borja, duque de Gandía, no contento de habernos edificado y dotado el colegio de Gandía, determinó de ofrecerse á sí mismo como piedra viva de este
edificio espiritual, que Cristo iba levantando de la
Compañía: y así se lo escribió á Ignacio, diciéndole,
que determinaba despedirse del mundo, y seguir
desnudo al desnudo Jesus en su Compañía. Y fué

el primero que hizo profesion en ella despues de la muerte de Fabro ; para que se verificase lo que habia dicho Ignacio, y se entendiese que Dios le habia traido en su lugar.

Hizo su profesion el duque , el año de 1547, reservándose , con licencia del Papa, la administracion de su estado algunos pocos años, para pagar en ellos sus deudas, y dar órden á su casa y familia, y juntamente gozar el fruto de su devocion , y hacer desde luego sacrificio de sí mismo. El acrecentamiento que á la Compañía ha dado la divina bondad , tomando por instrumento de sus obras, la virtud é ilustre sangre de este su siervo, el mundo todo lo sabe, y la misma Compañía lo reconoce: pues vemos por su mano fundados muchos y muy principales colegios en España , y que movidos con su ejemplo, muchos mozos de excelentes ingenios, muchos de edad madura y prudencia, muchos varones por sangre y por letras señalados é ilustres, han venido á la Compañía, y que han servido y sirven en ella al Señor de todos. Y todo esto vimos hecho por él , aun antes que fuese prepósito general.

CAPÍTULO XII.

De la caridad y hermandad que usó la sagrada Orden de la Cartuja con la Compañía.

Y porque habemos hecho mencion de la caridad y benevolencia que la sagrada Orden de los cartujos usó con nuestra Compañía, no será fuera de mi propósito referir aquí particularmente lo que toca á la estima que ha tenido esta santísima Religion, y la aprobacion que con su testimonio ha dado en ella. Porque el que leyere esto, entenderá cuan suave olor de virtud y santidad derramaron nuestros Padres desde que comenzó la Compañía en todas partes; y cuan admirables fueron á todos los que los trataban con el ejemplo de su vida y conversacion: y los hijos de ellos procurarán con el favor del Señor de seguir las pisadas de tales Padres: y toda la Compañía de ser agradecida á los Padres Cartujos, viéndose obligada con tantos y tan estrechos lazos de hermandad y caridad, y conforme á sus pequeñas fuerzas, de pagar esta deuda en la misma moneda.

Fué pues tan grande la entereza de vida y santidad de costumbres del P. Pedro Fabro, que robaba los corazones de todos los que trataba (como habemos dicho) y los suspendia: y así ganó las voluntades de los Padres cartujos del convento de la ciudad de Colonia de tal manera, que ellos mismos de suyo trataron con el reverendísimo P. Pedro de Sardis, prior general de la gran Cartuja, y con el capítulo general que en ella se celebró el año 1544. Y procuraron que toda la santa Orden Cartujana hiciese una hermandad con nuestra Compañía, y le comunicase el rico tesoro de sus buenas obras y merecimientos. Lo cual se hizo con

grande conformidad y extraordinaria demostracion
y alegría de aquellos Padres, como se puede ver por
las letras patentes que se despacharon en aquel capítulo, cuyo tenor es el siguiente.

« FRAY PEDRO, humilde prior de la mayor Cartuja,
    « y todos los otros definidores del capítulo gene-
    « ral de la Orden cartujana al reverendo en Cris-
    « to padre y devotos varones Ignacio, prepósito
    « general, y á todos los otros sus hermanos de la
    « nueva Compañía de Jesus, en cualquier parte
    « que estuvieren desean aquella salud que el Señor
    « tiene aparejada á los que le aman.

« Habiendo oido, hermanos en el Señor dilectísi-
    « mos, la fama y olor suave de la ejemplar conver-
    « sacion de vuestras Reverencias, de su saludable
    « doctrina, voluntaria pobreza y todas las demás vir-
    « tudes, con las cuales resplandecen en las tinie-
    « blas de este miserable siglo, y procuran de enca-
    « minar por la estrecha senda de la salud á los que
    « andan descaminados y perdidos, de esforzar á los
    « flacos, animar y despertar á su aprovechamiento
    « á los que están en pié, y el fruto grande que con
    « sus trabajos y ministerios acarrean á la santa Igle-
    « sia católica: mucho nos habemos gozado en el Se-
    « ñor, y le habemos hecho gracias por haberse dig-
    « nado en esta tan grande calamidad de su Iglesia
    « que padecemos, enviar nuevos obreros á su viña,
    « acordándose de su misericordia. Y queriendo no-

«sotros cooperar con nuestra pobreza, y ayudar en
«esta santa obra á vuestras Reverencias, les roga-
«mos y pedimos, por la caridad·de aquel Señor
«que no dudó ofrecer su ánima en la cruz por no-
«sotros, que no reciban en vano la gracia del Señor,
«sino que perseveren en su santo propósito, y en
«todas las cosas se hayan como ministros de Dios,
«con mucha paciencia, y no desmayen entre los
«trabajos y peligros y persecuciones que se suelen
«ofrecer á todos los que quieren vivir cristianamente,
«porque sino desmayan, á su tiempo cogerán. Y
«nosotros, hermanos, si algo pudiéremos delante
«el divino acatamiento, con nuestros sacrificios,
«oraciones, abstinencias y todos los otros piadosos
«ejercicios (de los cuales hacemos á vuestras Re-
«verencias y á todos sus sucesores en la vida, y
«despues de la muerte estrechamente partícipes)
«con muy entera voluntad, ayudarémos sus piado-
«sos trabajos en el Señor, pidiéndoles por su amor,
«que tambien vuestras Reverencias nos reciban en
«la comunicacion y participacion de sus oraciones
«y buenas obras.

«Dada en la Cartuja, y sellada con nuestro sello
«el jueves despues de la dominica *Cantate*, del año
«del Señor de mil quinientos y cuarenta y cuatro,
«celebrándose nuestro capítulo general.

SÉLLESE,

P. Prior de la Cartuja.

CAPÍTULO XIII.

De las persecuciones que se levantaron contra Ignacio en Roma,
por las buenas obras que en ella hizo.

Parecia que con vientos tan prósperos iba segura
esta nao de la Compañía, y que no habia que temer:
mas al mejor tiempo se le levantó una terrible y
cruel tormenta, procurada del demonio por sus ministros; pero como tenia á Dios nuestro señor por
piloto y capitan, aun que pasó trabajo salió bien de
él. Y fué así, que en Roma un hombre habia tomado una mujer casada á su marido; la cual reconociendo su culpa, deseó apartarse del adulterio, y
entrar en el monasterio de santa Marta, que poco antes, como dijimos, se habia fundado. Súpolo Ignacio, dióle la mano, y púsola en el monasterio : de
lo cual el amigo que la tenia recibió tan grande saña
y enojo, que siendo como era colérico y atrevido,
furioso con la pasion del amor ciego, comenzó, como quien sale de seso, á apedrear de noche el mismo monasterio de santa Marta, y á deshonrar é in-
famar nuestra Compañía, publicando muchas cosas
contra ella, que no solo eran falsas, sino tan malas, que por su fealdad no se pueden honestamente
decir.

Llegó á tanto su atrevimiento, que vino á poner
mácula en Ignacio, y á perseguirle, y á decir mucho mal de él. Y cuando topaba él ó los suyos al-

13

gunos de los nuestros, les decian en la cara tales palabras, y tan afrentosas, y con tanta desvergüenza, que sin asco y horror no se podian oir. Y no contento con esto, confiado en la privanza y favor grande que tenia, hizo libelos disfamatorios, y divulgólos : en los cuales nos acusaba de tantas maldades, y tan abominables sacrilegios, que apenas los nuestros osaban salir de casa, ni tratar con los hombres de su salvacion. Porque cuantos perdidos y desalmados encontraban, ó les decian denuestos é injurias, ó les echaban maldiciones. Y no solamente corria esta infamia entre la gente baja y vulgar, mas aun habia llegado á oidos de los príncipes y de los cardenales de la corte romana, y del mismo Papa Paulo III.

Para resistir á esta infamia, y para que (como con la disimulacion y paciencia habia crecido) no se fuese arraigando y cobrando fuerzas, con daño del servicio de Dios nuestro señor y del bien de las ánimas, suplicó Ignacio á Su Santidad que cometiese este negocio á los mejores jueces, y de mas entereza que hubiese ; y que fuese Su Beatitud servido de mandarles que particularmente tomasen informacion é inquiriesen de los delitos de que aquel hombre nos habia infamado. Cometió el Papa la causa al gobernador de Roma Francisco Michaelio, y á Felipe Archinto su vicario general ; los cuales hicieron con gran cuidado y diligencia escrutinio é inquisicion de todo lo que se habia dicho y publicado. Y finalmente el año de 1546 á 11 de agosto pronunciaron la sentencia ; por la cual habiendo declarado que los nuestros eran inocentes y libres de toda infamia , y honrándolos con muchas alabanzas, ponen silencio perpétuo al acusador y tramador de aquellas calumnias, amonestándole so graves penas, que mirase de allí adelante por sí, y se guardase de semejantes insultos. Y el mismo Ignacio intercedió y rogó por él, para que no se tocase en su persona, ni se le diese otro mas riguroso castigo. Y ganóse con esta blandura , que en fin se vino á reconocer y arrepentir, despues que la ciega aficion de aquel encendido y loco amor se le resfrió, y sanó de aquella miserable dolencia y frenesí. Y trocóse de tal manera , que comenzó á amar y reverenciar al médico que tanto habia aborrecido ; y hacer tantas y tan buenas obras á los que antes habia maltratado y perseguido, que recompensó bien la culpa pasada con la benevolencia presente, y el odio con el amor.

Sosegada esta borrasca, se levantó otra no menos peligrosa , por ocasion de la casa nuevamente fundada en Roma de los catecúmenos. La primera nació del amor deshonesto : y esta segunda de una vehemente ambicion, que no suele ser esta pasion cuando reina y se apodera de un hombre, menos ciega y desatinada que el amor. Tenia cargo de la casa de los catecúmenos un sacerdote seglar, el cual se dió á entender que Ignacio en el gobierno de

ella le era contrario, y que se hacia mas caso de
lo que parecia á Ignacio que á él. Entró poco á poco en aquella pobre alma la envidia y pesar de esto
de tal manera que embriagó, y ciego del odio y
rencor, se determinó de perseguir á Ignacio é infa-
mar la Compañía. Aquí decia que éramos herejes,
allí que revelábamos las confesiones y otras cosas
escandalosas y malsonantes: y el remate de sus pláticas era, que habian de quemar á Ignacio en vivas
llamas. Mas como Ignacio ardia en otro fuego del
divino amor, no hizo caso de este miserable hombre, ni de lo que decia y hacia, antes tuvo por mejor vencerle con el silencio, y rogando por él á Dios,
que suele responder por sus siervos cuando ellos
callan por su amor: y así lo hizo en este caso, que
no dejó sin castigo aquella maldad y calumnia. Vinié-
ronse á descubrir, sin que Ignacio lo supiese, tales
cosas de la vida de este pobre clérigo (las cuales él
con arte habia disimulado y encubierto muchos dias)
que por sentencia pública fué condenado en juicio,
y quedó perpétuamente suspenso del oficio sacerdotal, y privado de todos los beneficios y oficios que
tenia, y encerrado en una cárcel por todos los dias
de su vida.

CAPÍTULO XIV.

Como Ignacio libró la Compañía de tener cargo de mujeres debajo de su obediencia.

—

Casi en el mismo tiempo libró Dios la Compañía de otra suerte de peligro. Porque ciertas señoras, teniendo por una parte gran deseo de servir á Nuestro Señor en perfeccion religiosa, y por otra de ser guiadas y regidas por la Compañía, á la cual tenian muy particular devocion, suplicaron al Papa que les diese licencia para vivir en Religion, y hacer su profesion debajo de la obediencia de nuestra Compañía, y así la alcanzaron, y comenzaron á usar de ella. Fué una de estas una matrona honestísima y virtuosísima, natural de Barcelona, llamada Isabel Rossell, de quien Ignacio habia recibido muy buenas obras en París y en Barcelona; de donde ella vino á Roma con deseo de verle, y con determinacion de dejar todas las cosas del mundo, y entregarse toda á su obediencia para ser regida por él.

Deseaba grandemente Ignacio (que era muy agradecido) dar á esta señora satisfaccion, y consolarla por lo mucho que le debia; mas en esto no pudo dejar de hacerle gran resistencia. Porque aunque su deseo de ella era pio y santo, juzgaba Ignacio que no convenia á la Compañía tener cargo de mujeres, por ser cosa embarazosa y muy ajena de nuestro instituto. Y mostró bien la experiencia, que no se movia á sentir esto sin mucha razon; porque es cosa de espanto, cuanto fué la ocupacion y molestia que en aquellos pocos dias que duró, le dió el gobierno de solas tres mujeres, que esta licencia de Su Santidad alcanzaron. Y así dió luego cuenta al sumo Pontífice, del grande estorbo que seria este cargo, si durase, para la Compañía: y suplica á Su Santidad que á él exonere de esta carga presente, y libre á la Compañía de la perpétua congoja y peligro que con ella tendrá: y no permita que los nuestros que han de estar siempre ocupados en cosas tan provechosas, grandes y necesarias, con este cuidado* (á que otros pueden atender) de gobernar mujeres sean embarazados.

Aprobó el sumo Pontífice las razones de Ignacio, y concedió á la Compañía lo que se le suplicaba, y mandó expedir sus letras apostólicas, por las cuales para siempre son eximidos los nuestros de esta carga de regir mujeres que quieran vivir en comunidad, ó de otra cualquier manera, debajo de la obediencia de la Compañía. Fueron expedidas estas letras apostólicas á los 20 de mayo de 1547. Y no contento con esto Ignacio, para asegurar mas este punto tan esencial, y cerrar la puerta á los sucesos de adelante, y tapar todos los agujeros á las importunidades, que con la devocion y buen celo se suelen ofrecer, alcanzó del papa Paulo III el año de 1549, que la Compañía no sea obligada á recibir cargo

de monjas, ó de cualquier otras mujeres religiosas,
aunque las tales impetren bulas apostólicas, si en
las tales bulas, de nuesto indulto y de nuestra Orden no se hiciese expresa mencion: que estas son
las mismas palabras de nuestro privilegio. Y así en
las Constituciones que dejó Ignacio escritas á la Compañía, con grande aviso le quita todo cuidado de
gobernar mujeres, que aunque pueda ser santo y
loable, no se compadece bien con nuestras muchas
ocupaciones, ni está tan desamparado que no haya
en la Iglesia de Dios quien loablemente se ocupe en
él. Y para que mejor nuestros sucesores entiendan
lo que nuestro P. Ignacio en esto sentia, y esto se
declare con sus palabras y no con las mias, quiero poner aquí una carta que escribió sobre este negocio
á la misma Isabel Rossell, cuando mas le importuna-
ba que la tuviese debajo de su obediencia, que dice así:

*Veneranda señora Isabel Rossell, madre y
hermana en Cristo nuestro señor.*

« Es verdad que yo deseo á mayor gloria divina
« satisfacer á vuestros buenos deseos, y teneros en
« obediencia como hasta ahora habeis estado en al-
« gun tiempo, poniendo la diligencia conveniente
« para la mayor salud y perfeccion de vuestra alma:
« tamen para ello no hallando en mí disposicion ni
« fuerzas cuales deseo, por las mis asíduas indispo-
« siciones, y ocupaciones en cosas, por las cuales

» tengo principal obligacion á Dios nuestro señor,
« y á la santidad de nuestro Señor en su nombre.
« Asimismo viendo conforme á mi conciencia, que
« á esta mínima Compañía no conviene tener car-
« go especial de dueñas con votos de obediencia
« (segun que habrá medio año que á Su Santidad
» expliqué largo) me ha parecido á mayor gloria
« divina retirarme y apartarme de este cuidado de
« teneros por hija espiritual en obediencia, mas por
« buena y piadosa madre, como en muchos tiem-
« pos me habeis sido, á mayor gloria de Dios nues-
« tro señor. Y así por mayor servicio, alabanza y
« gloria de su eterna bondad, cuanto yo puedo, salva
« siempre toda autoridad superior, os remito al pru-
« dentísimo juicio, ordenacion y voluntad de la San-
« tidad de nuestro Señor, para que vuestra ánima en
« todo sea quieta y consolada á mayor gloria divi-
« na. En Roma primero de octubre, MDXLVI. »

Hasta aquí son sus palabras. Y conforme á ellas
fueron sus obras, así por lo que habemos contado
en este capítulo, como por otras cosas que para
este mismo fin hizo. Entre las cuales es una, que
comenzándose á fundar el colegio de Ferrara, y
pidiendo el duque de aquella ciudad (que es tan poderoso príncipe, y de quien dependia toda la fundacion) á nuestro Padre, que diese licencia á los
nuestros, para que algunos dias tuviesen cargo de
un monasterio de monjas muy religioso, que en

aquella ciudad habia fundado la madre del mismo duque, y haciendo mucha instancia sobre ello, nunca lo pudo acabar con él. Y en Valladolid, habiendo los nuestros (por pura importunidad y lágrimas de ciertas monjas, y ruegos de personas principales, y por obediencia de los superiores de la Compañía de España, que vencidos de ellos se lo mandaron) tomado cargo de ciertas monjas, luego que lo supo Ignacio se lo mandó dejar, y así se hizo. Porque de ninguna cosa tenia mayor cuidado que de conservar el instituto de la Compañía entero y en su vigor. Y en que los de ella sirviesen á Nuestro Señor, en lo que él quiere ser servido de ellos, y no en otras cosas ajenas á su vocacion: en las cuales no suele Dios así acudir con su gracia, como en las otras para las cuales él los llama, y para que de ellos se quiere servir.

CAPÍTULO XV.

Como Ignacio procuró con todas sus fuerzas que no fuese obispo Claudio Yayo, ni se diesen dignidades eclesiásticas á los de la Compañía.

—

Sosegadas ya las tempestades que habemos dicho, se levantó luego otra gravísima contra la Compañía, tanto mas peligrosa, cuanto era mas encubierta, y á los ojos del mundo menos temerosa. Andaba buscando el rey de romanos y de Hungría, don
13·

Fernando de Austria, personas de vida ejemplar y de excelente doctrina para darles las iglesias de sus reinos, inficionados en gran parte de la pestilencia luterana; la cual cada dia se iba entrando mas, y cundiendo por sus estados; para que estos prelados santos y celosos, hiciesen rostro á los herejes, y como buenos pastores velasen sobre sus ovejas, y las defendiesen de los lobos carniceros. Y como estaba saneado de la entereza de vida y santa doctrina del P. Claudio Yayo, le nombró para el obispado de Trieste, en la provincia que llaman Istria. Rehusólo el P. Claudio fuertemente, y de pura pena pensó morir, tanto que hubo de ir el negocio al sumo Pontífice; al cual escribió el rey de romanos lo que pasaba, y por su embajador le hizo saber la extrema necesidad de aquella iglesia y provincia, y la eleccion que él habia hecho de la persona de Claudio Yayo, por las partes que de bondad, celo santo y letras en él concurrian : mas que hallaba en él tan grande resistencia, que sino era mandándoselo Su Santidad en virtud de obediencia (como le suplicaba que lo hiciese) no tenia esperanza ninguna de poder acabar con él que aceptase aquella dignidad.

Aprobó el Papa el celo y la eleccion del rey, y con mucha voluntad suya y de los cardenales, se determinó de hacer á Claudio obispo de Trieste. Vino el negocio á oidos de Ignacio antes que se efectuase; el cual puso todas sus fuerzas para estorbarlo;

y tomó todos los medios que pudo para ello por ter-
ceras personas. Y como no le sucediesen, vase él
mismo á hablar al Papa, y con una humilde libertad
le propone muchas y muy eficaces razones, por las
cuales no convenia que Su Santidad condescendiese
con el rey, y llevase adelante su determinacion. Su-
plícale humilmente, que pues es pastor de todos,
que mire por todos, y no quiera sanar las llagas de
los heridos, hiriendo mas á los sanos. «Temo, dice,
beatísimo Padre, que por este camino perdamos el
fruto de todos los trabajos, con que nuestra Compañía hasta hoy, por la misericordia de Dios, ha
servido á su Iglesia. Porque sacándosenos la pobreza y humildad, que son las raices, ¿cómo no se seca-
rán los frutos, que en ella se sustentan? En grande
peligro veo que nos ponen esta nueva planta; no
querria que la codicia y ambicion nos arranque todo
lo que con la caridad y con el menosprecio del mundo hasta ahora ha crecido. Quiero decir, Padre santo, que algunos de los que sueltos de las cadenas
del mundo, se han acogido al puerto de esta nuestra Religion (que es hechura de Vuestra Santidad)
y que desean subir al cielo por los escalones de la
pobreza y desprecio del mundo, por ventura volve-
rán atrás, viendo que se les cierran los caminos
para lo que buscan, y se les abren otros para lo que
vienen huyendo del mundo. Y al revés, podria ser
que hubiese otros, y no pocos, que picasen en
este sabroso y dulce cebo, y deslumbrados y ciegos

con el engañoso y aparente resplandor de las mitras y dignidades, viniesen á la Compañía, no por
huir la vanidad del mundo, sino para buscar en ella
al mismo mundo. Y tengo recelo que este obispado, no solamente nos haga perder á un Claudio Yayo, mas que abra la puerta para que perdamos
otros muchos en la Compañía, y que ella se venga
á salir de sus quicios y á desgobernarse, y se eche
á perder. Porque ¿quién duda que otros pretenderán luego seguir á Claudio, y hacer con su ejemplo
lo que sin él no hicieran? Yo no quiero por esto,
ni trato de condenar las dignidades y prelacías: ni
tampoco repruebo los religiosos, que santamente y
con grande fruto de la santa Iglesia, usan de estos
honrosos cargos, y los administran. Mas quiero decir,
santísimo Padre, que hay muy grande diferencia de
las otras Religiones á la nuestra. Porque las demás
con su antigüedad y largo tiempo han cobrado fuerzas para llevar cualquier carga: la nuestra es tierna y recien nacida, y tan flaca que cualquier gran
peso la derribará. Las otras Religiones las considero yo en este lucido ejército de la Iglesia militante, como unos escuadrones de hombres de armas,
que tienen su cierto lugar y asiento, y con su fuerza pueden hacer rostro á sus enemigos, y guardar
siempre su manera de proceder. Mas los nuestros
son como caballos ligeros, que han de estar siempre á punto para acudir á los rebates de los enemigos, para acometer y retirarse, y andar siempre

escaramuzando de una parte á otra. Y para esto es necesario que seamos libres y desocupados de cargos y oficios que nos obligan á estar siempre quedos. Pues si miramos, no digo al bien de nuestra Religion (aunque este es bien de toda la Iglesia, á quien ella sirve) sino al bien de los prójimos; ¿quién duda que será mucho mayor el fruto, y mas abundante, que la Iglesia de Jesucristo podrá recibir de los nuestros, si no son obispos, que siéndolo? Porque el obispo aunque tiene mayor autoridad y potestad, todavía tiénela limitada en cierto distrito, y para ciertas ovejas que en él hay, las cuales debe apacentar. Y puede acontecer, como muchas veces vemos que acontece, que ni él sea grato á sus ovejas, ni acepto, ni pueda buscar otras á quien lo sea, y así que no pueda ejercitar su talento. Mas el hombre que es libre y suelto, y que no tiene obligacion de residir en un lugar, si en una ciudad no le reciben acudirá á otra: y como vecino y morador del mundo universo, ayudará y servirá á todos los obispos y á todos los pueblos. Muéveme tambien la estima y crédito de la Compañía acerca del pueblo, que en esto corre mucho riesgo. Porque para mover á otros y persuadirles el camino de la virtud, importa mucho que sientan bien del predicador, y entiendan que no busca sus haciendas, sino sus almas: y que no codicia riquezas, ni títulos ni honras, sino solamente la gloria de Cristo, y la salvacion de los que él con su sangre redimió. Lo cual con mucha dificultad se podrán persuadir los hombres de nosotros, si nos ven en los mismos principios y fervor de nuestra Compañía entrar en obispados y grandezas; porque no lo atribuirán á caridad y obediencia (aunque por ventura nazca de ellas) sino á ambicion y codicia; y así se perderá la buena opinion que tienen de nosotros. La cual, como he dicho, es necesaria á los ministros del Evangelio de Cristo, si quieren hacer fruto en las almas de sus prójimos, y la pérdida de este buen crédito es tan grande á mi pobre juicio, Padre santo, que no se puede bien recompensar con el fruto que de un obispado, ni de muchos se puede sacar.»

Con estas y otras muchas razones procuró Ignacio mover al sumo Pontífice, para que tuviese por bien dejar al P. Claudio vivir sin cargo, en la llaneza y pobreza de su Religion. Mas no pudo por entonces sacar otra cosa del Papa, sino que se encomendase mas á Dios este negocio, y que él queria mirar mas en ello. Vuelto pues á casa Ignacio, luego hizo que todos los Padres ofreciesen á este fin todas las misas que se decian cada dia, y ordenó que los hermanos hiciesen contínua oracion: y él tambien de su parte suplicaba á Nuestro Señor con muchas lágrimas y oraciones, que tuviese por bien de librar la Compañía de aquel tan grande y tan evidente peligro. Y no paraba de dia ni de noche, yendo de casa en casa á todos los cardenales, dándoles á entender la importancia de este negocio, y el daño que de él podria resultar al bien comun de la Iglesia.

Valieron tanto delante de Dios sus oraciones y lágrimas, y para con los hombres pudo tanto su prudente solicitud é industria, que se dilató el negocio, que ya se tenia por hecho y concluido. Y así hubo tiempo para escribir al rey de romanos. Lo cual hizo Ignacio con tanta fuerza, y tomó tantos medios para persuadirle, como suelen los ambiciosos para alcanzar las honras que pretenden. El rey vistas las razones de Ignacio, entendiendo que lo que él deseaba, no se podria efectuar sin notable perjuicio de la Compañía (como era cristianísimo y religiosísimo príncipe, y devotísimo de nuestro instituto) no quiso que á tanta costa nuestra hiciésemos bien á otros, ni con daño nuestro aprovechar á aquella particular iglesia de Trieste. Y así mandó luego á su embajador que desistiese de este negocio, y no diese mas puntada en él.

De esta manera salimos entonces de este peligro, y de ello hubo muy particular regocijo en toda la universal Compañía: y despues fué mas fácil resistir (como muchas veces resistió Ignacio) tratándose de dar mitras y capelos á algunos Padres de la Compañía. Porque el año de 1551 quiso el papa Julio III hacer cardenal al P. Francisco de Borja (duque que habia sido de Gandía y despues fué el tercer general de la Compañía) á suplicacion del emperador D. Cárlos, quinto de este nombre, cuyo criado y privado haba sido el duque. Nuestro P. Ignacio, cuando lo supo, dudó mucho lo que habia de hacer en este caso; porque no sabia lo que Dios queria, ni lo que le seria mas agradable. Y para saber mejor su voluntad ordenó que por tres dias todas las misas y oraciones de los de casa se hicieren á esta intencion, y el mismo Padre dando de mano á todos los demás cuidados y negocios, por atender á solo este, se encerró en su aposento, y soltando las riendas de la devocion á las lágrimas y á los abrasados y amorosos afectos, comenzó á suplicar á Nuestro Señor muy de veras, que le descubriese con el rayo de su luz, lo que en este negocio tan dudoso él habia de hacer.

El primer dia de la oracion se halló perplejo é indiferente, sin inclinarse mas á una parte que á otra. El segundo se inclinó mas á estorbarlo que á dejarlo correr. El tercero fué tan grande la claridad que tuvo, y tan firme la certidumbre que Dios le dió, de que lo debia estorbar, que él mismo Padre me dijo, que aunque todo el mundo se echara á sus piés y le rogara que no tratara de ello, no dejara de hacer lo que hizo, que fué hablar al Papa, y dar forma, como cumpliendo con el emperador, el P. Francisco se quedase en su bajeza, y con ella admirase y edificase al mundo.

Tambien el año de 1553 quiso el rey de romanos D. Fernando hacer obispo de Viena al Padre Pedro Canisio, por la satisfaccion que tenia de su persona; y por la necesidad que tenia aquella ciudad de pastor santo y vigilante, que defendiese el rebaño del Señor, y resistiese á los herejes, que como lobos robadores y sangrientos hacian grande estrago en ella y en toda Austria. Pero remitiendo el papa Julio III este negocio á nuestro Padre, y diciendo que Su Santidad lo haria, si el P. Ignacio diese su consentimiento, no se pudo acabar con él que le diese por muchos medios que se tomaron para ello. Y el año de 1555 en el mes de octubre, sabiendo que el papa Paulo IV queria en todas maneras hacer cardenal al P. M. Lainez, me dijo nuestro Padre que si lo fuese, lo seria de suerte que el mundo entendiese como la Compañía aceptaba semejantes dignidades. Lo mismo han hecho todos los otros generales sucesores de Ignacio, en las ocasiones que se les han ofrecido, defendiendo este portillo, como cosa importantísima para la conservacion de nuestra Religion.

Y aun alcanzó Ignacio de la Sede apostólica, y dejólo establecido en nuestras Constituciones, que ninguno de la Compañía pueda admitir dignidad fuera de ella, sin licencia del prepósito general; la cual él nunca dará si el Papa por obediencia no se lo mandare. Y de esto hacen particular voto los profesos de la Compañía. No quiero pasar en silencio lo que acerca de este punto se me ofrece, por ser cosa en que pueden adelante reparar algunos, pareciéndoles que podria la Compañía hacer mayor servicio á Nuestro Señor, aceptando obispados y dignidades, que no andando, como anda, en su baja humildad y pobre llaneza. El cardenal de santa Cruz, Marcelo Cervino (que por sus merecimientos de excelente virtud y prudencia vino á ser Papa, y fué llamado Marcelo, segundo de este nombre, y por nuestros pecados en breves dias le perdimos) fué muy amigo de nuestro P. Ignacio, y muy devoto de la Compañía. El cual poco antes que fuese levantado á la silla del sumo Pontificado, tuvo una gran disputa sobre esto con el doctor Olave (de quien en este libro habemos hecho mencion, y adelante se hará mas) varon señalado é insigne teólogo de nuestra Compañía. Decia el cardenal, que la Compañía haria mayor servicio á la Iglesia de Dios, si la proveyese de buenos obispos, que dándole buenos predicadores y confesores, y que seria tanto mayor el fruto, cuanto puede mas hacer un buen obispo que un pobre clérigo, y traia muchas razones á este propósito. A las cuales iba respondiendo el doctor Olave, dándole á entender que el mayor servicio que la Compañía podia hacer á la santa Iglesia, era conservarse en su puridad y bajeza, para servirla en ella mas tiempo y con mas seguridad. Y como en fin el cardenal, pareciéndole mejor sus razones se quedase en su opinion, dijo el doctor Olave: «Sino bastan razones para convencer á V. Señoría Ilustrísima, y hacerle mudar parecer, á nosotros nos basta la autoridad de nuestro P. Ignacio, que siente esto, para

que creamos ser mejor.» Entonces dijo el cardenal :
« Ahora me rindo, señor doctor, y digo que teneis
razon ; porque puesto caso que me parece que la
razon está de mi parte, todavía mas peso tiene en
este negocio la autoridad del P. Ignacio, que todas
las razones del mundo. Y esto lo dice la misma razon. Porque, pues, Dios nuestro señor le eligió para
plantar en su Iglesia una Religion como la vuestra,
y para estenderla por todo el mundo con tanto provecho de las ánimas, y para gobernarla y regirla con
tanto espíritu y prudencia, como vemos que lo ha
hecho y hace; tambien es de creer, y no parece
que puede ser otra cosa, sino que el mismo Dios le
haya revelado y descubierto la manera con que quiere
que esta Religion le sirva, y para adelante se conserve.» Y esto que digo tuvo de muy atrás siempre
muy asentado Ignacio: porque cuando vino la primera vez á Roma con Fabro y Lainez, visitando al
marqués de Aguilar (que entonces era embajador
del emperador D. Cárlos en Roma) y hablando de
diversas cosas, de plática en plática vino el marqués á darle á entender, que no faltaba quien sos-
pechase que él so cubierta de pobreza y humildad,
andaba pescando algun capelo ó dignidad. A lo cual
Ignacio no respondió con palabras, sino con obras.
Porque quitándose el bonete, y hecha la señal de la
cruz, con grande devocion y mesura, hizo voto allí
delante del marqués, de no aceptar dignidad ninguna que fuera de la Compañía se le ofreciese, sino

fuese obligándole á pecado el Vicario de Cristo nuestro señor. Y con esta respuesta quitó entónces la falsa sospecha. Y aun otra vez renovó el mismo voto delante de un cardenal, por entender que habia la misma necesidad; y por cerrar de su parte la puerta á los vanos juicios de los hombres, que comunmente miden por sí á los demás.

CAPÍTULO XVI.

De la fundacion de diversos colegios.

Libre ya la Compañía y desembarazada de estos trabajos y peligros que habemos contado, mediante las oraciones y buena diligencia de Ignacio, iba cada dia adelante con mas felice suceso, creciendo así en el número de los que entraban en ella, como en el fruto que ellos hacian, y en los colegios que de ella se fundaban. Al de Barcelona dieron principio algunos hombres devotos, aficionándose á la doctrina y conversacion del P. doctor Araoz, que en aquella ciudad residió un poco de tiempo. El de Boloña se comenzó el año de 1546: y el de 1547 entraron en la ciudad de Zaragoza los Padres de la Compañía, llamados por algunos principales hombres de aquella ciudad, entre los cuales fué uno Juan Gonzalez amigo y devoto nuestro, que entonces era conservador del reino de Aragon.

Allí ejercitaron los nuestros los oficios y obras de caridad y devocion, en que la Compañía segun su instituto se suele ocupar; con las cuales procuraron de mover á todo génèro de virtud aquella ciudad, que en riqueza, nobleza y autoridad es tan señalada en España. Y como en su lugar se dirá, no les faltó materia de ejercitar tambien la paciencia. Viendo pues Ignacio que su familia iba creciendo, y que así multiplicaba Dios esta su obra; para mejor gobernarla, é irla reduciendo poco á poco á mas órden, determinó de repartir con otros la solicitud y cuidado que él solo tenia, y de hacer distintas provincias, y señalar á cada una sus colegios y nombrar provinciales; y así nombró al P. M. Simon Rodriguez provincial de Portugal; y del resto de España al P. doctor Araoz. En cuya provincia se comenzó en este mismo tiempo el colegio de Salamanca; el cual casi como todos los demás tuvo pequeños principios, mas grande y felice suceso. Porque D. Francisco de Mendoza, que entonces era obispo de Coria y cardenal de la santa Iglesia de Roma, movido con lo que en Roma veia por sus ojos de la vida de Ignacio, y con el provecho que en todas partes los nuestros hacian, se determinó de edificarnos un colegio en aquella insigne universidad; para lo cual envió Ignacio al P. doctor Miguel de Torres con otros dos compañeros á Salamanca, el año de 1548. Los cuales entrando en aquella ciudad, tomaron una casilla alquilada, y comenzaron á despertar grandemente con obras y con palabras, así á los ciudadanos como á los estudiantes, á la devocion y obras de virtud.

Pero luego se levantó contra ellos una gran murmuracion; la cual fomentaba alguna gente principal, y entre ella algunos religiosos y famosos letrados; los cuales no solamente en la conversacion y pláticas familiares, mas aun en los púlpitos y cátedras trataban de nosotros de manera, que ya no faltaba sino escupir nuestro nombre, y huir de nosotros como de gente infame y sospechosa. Mas de los que en aquel tiempo mayor contradiccion nos hicieron, el principal y como caudillo y muñidor de todos los demás, fué un hombre que por el hábito de su religion, y por el nombre que tenia de gran letrado, y por haber despues dejado un obispado, fué muy conocido, respetado y tenido en grande veneracion. El cual para mostrarse en la guarda de este rebaño del Señor (que es la Iglesia) ser uno de los canes de ella mas cuidadosos y vigilantes, comenzó á ladrar reciamente contra los que tuvo por lobos, y perseguir pesadamente nuestro instituto. Y como era varon de tanta autoridad, muchos cerrados los ojos le seguian.

Mas plugo á la eterna bondad, de descubrir con el tiempo lo que la Compañía profesa. Y que aquella infamia y murmuracion, fundada en dichos de hombres y falsedad, presto se cayese. Las obras de aquellos Padres nuestros, y los sermones del padre

M. Estrada que allí fué á predicar, pusieron silencio á todos nuestros adversarios. Y sacó Dios nuestro señor, como suele, gran fruto de aquella persecucion. Porque nuestros Padres respondian orando y callando, y á ratos alabando ó escusando á sus perseguidores en lo que buenamente podian, y rogando á Nuestro Señor por ellos, y no dejando las buenas obras que tenian entre manos, sino llevando su empresa adelante con alegría y constante perseverancia. Y así aunque eran pocos y pobres, y estaban arrinconados en una casilla, y por ventura si los dejaran en paz no fueran conocidos en mucho tiempo, ni se supiera quienes eran: como los predicaron desde los púlpitos y desde las cátedras, muchos abrieron los ojos, y con curiosidad los venian á buscar y á conocer para ver si descubrian en ellos algo de lo que habian oido murmurar. Y con el trato y ejemplo de ellos, les quedaban estrañamente aficionados, y perdida la mala opinion y sospecha que al principio de ellos se tuvo, vinieron á ser muy amados y seguidos.

Así que allende de un grandísimo número de estudiantes, que por consejo de los nuestros han entrado en otras santas Religiones, en la Compañía se ha recibido de aquella nobilísima universidad tanta y tan principal gente, que á este colegio de Salamanca, y al que tenemos en Alcalá, se debe la multiplicacion y aumento de nuestra Compañía en España, y de muchas partes fuera de ella.

CAPÍTULO XVII.

Del público testimonio que dió de la Compañía el Maestro general de la Orden de los Predicadores.

No me parece que será razon pasar en silencio el testimonio, que por ocasion del colegio de Salamanca, dió de nuestra Compañía el general de la Orden de los Predicadores. Supo Fr. Francisco Romeo, maestro general de la Religion de santo Domingo, varon gravísimo y doctísimo, que algunos religiosos de su Orden, que en la Iglesia de Dios es tan esclarecida en santidad y doctrina, por no saber la verdad de nuestro instituto aconsejaban públicamente á las gentes en Salamanca que se guardasen de los nuestros y huyesen de novedades. Y por sacarlos de este error, y por avisar á todos sus súbditos que fuesen mas cautos de ahí adelante en este particular, dió al P. Ignacio sus letras patentes, para que usase de ellas donde juzgase ser necesario. Por las cuales declara lo que siente de la Compañía, y les mandó que le tengan amor, y á los Padres de ella, por sus compañeros y hermanos. Y para que mejor se vea lo mucho que debemos á aquel siervo del Señor y á su santísima Religion ; y para que procuremos pagarlo, como es razon, con agradecimiento perpétuo, he querido poner aquí á la letra, trasladada del latin en romance, la misma patente que dice así.

«A todos nuestros venerables en Cristo Padres y «Hermanos de la Orden de los Predicadores, donde «quiera que se hallaren : Fr. Francisco Romeo de «Castellon, profesor en sacra teología y humilde «maestro general, y siervo de toda la dicha Orden, «salud y consolacion del Espíritu santo. Sabed co- «mo en estos miserables tiempos en que la religion «cristiana es combatida de las armas de los herejes «y maltratada de las perversas costumbres de los «malos cristianos, nos ha enviado la misericordia «de Dios como gente de socorro, una nueva Reli- «gion de clérigos regulares, llamada la Compañía «de Jesus : la cual ha aprobado y confirmado nues- «tro santísimo en Cristo padre y señor el Papa Pau- «lo III, movido de los grandes frutos que en la Igle- «sia esta Religion hace con sus sermones y leccio- «nes públicas, con exhortar los fieles á la virtud, «con oir las confesiones, y con los otros sacros «ejercicios, y con el ejemplo de santa vida. De lo «cual os he querido avisar, porque ninguno de vo- «sotros, movido de la novedad de este instituto, se «vuelva por error contra los soldados que Dios le «ha enviado de socorro, ni murmure de aquellos «de cuyo acrecentamiento se debia alegrar, é imi- «tar sus pias obras. Bien creemos que vosotros, «como amigos y amados del celestial Esposo, no «vituperaréis, ni sentiréis mal de la variedad de «vestidos de su esposa, antes los estimaréis y hon- «raréis con aquella caridad que se goza con la ver-

14

«dad; mas por no faltar á lo que debemos á nues-
«tro oficio, y por prevenir á cualesquier inconve-
«nientes, por estas nuestras letras os ordenamos,
« y por la autoridad de nuestro oficio, y en virtud
«del Espíritu santo y de la santa obediencia, y so
«las penas que quedarán á nuestro arbitrio os man-
«damos, que ninguno de vosotros los dichos nues-
«tros religiosos, se atreva á murmurar ni decir mal
«de esta dicha Orden, aprobada y confirmada por
« la santa Sede apostólica, ni de sus institutos, así
«en las lecciones públicas y sermones y ayunta-
«mientos, como en las pláticas y conversaciones
«familiares; antes trabajeis de ayudar á esta Reli-
«gion, y á los Padres de ella, como á soldados de
« nuestra misma capitanía, y los defendais y ampa-
«reis contra sus adversarios. En fe de lo cual man-
« damos sellar estas nuestras letras, con el sello de
« nuestro oficio. Dada en Roma á 10 de octubre
«de 1548.

FRANCISCO ROMEO,

maestro de la Orden de los Predicadores
en el tercer año de nuestra asuncion.

La misma voluntad y benevolencia con la Compañía, imitó con gran caridad diez y siete años despues, toda la Religion de los menores de san Francisco de la Observancia, que es otra lumbrera del
cielo y ornamento de la santa Iglesia, cuando en su
capítulo general, que se congregó en Valladolid el

año de 1565, hizo este decreto entre los otros que de aquel capítulo salieron.

«Siendo nuestra Religion de Frailes Menores, «fundada principalmente en la humildad y caridad, «sepan todos los frailes en cualquier parte del mun- «do donde estuvieren, que deben tratar con toda «humildad y humanidad á los religiosos de cual- «quier Religion, y principalmente á los de la Com- «pañía de Jesus; á los cuales han de amar y hon- «rar, y convidarlos, y recibirlos con caridad á los «actos y ejercicios literarios, y á las fiestas en que «celebramos nuestros santos, y á todos los otros ac- «tos públicos á que suelen congregarse los religiosos, «y ninguno de nuestros frailes se atreva á murmu- «rar de ellos, ni en público ni en secreto, etc.»

CAPÍTULO XVIII.

Como los padres de la Compañía entraron por diversas partes de Africa.

En este año de 1548 entraron Padres de la Com- pañía en las partes de la Africa interior y exterior. Porque los Padres Juan Nuñez (que despues murió en Goa siendo patriarca de Etiopía), y el P. Luis Gonzalez de Cámara, fueron enviados desde Portu- gal al reino de Tremecen á rescatar los cautivos cristianos: los cuales hicieron gran bien á aquellos cuitados y pobres, y de tantas maneras necesitados.

Porque no solo rescataron con dinero los cuerpos de un gran número de hombres, y mujeres, y niños, librándolos del miserable cautiverio de los moros en que estaban; pero dieron tambien espiritual socorro á las almas, consolando á los enfermos y afligidos cristianos, y esforzando en la fe y animando á muchos que estaban en peligro de renegarla, y reduciendo al gremio de la Iglesia á otros que ya habian apostatado. Y habiéndose ejercitado en este oficio algun tiempo con mucha caridad y diligencia, se volvieron á Portugal.

Navegaron tambien otros cuatro de la Compañía al reino de Congo, que está puesto en la Etiopía occidental. La ocasion de esta jornada fué, que viendo el rey D. Juan de Portugal que ya la memoria del Evangelio y de la religion cristiana se habia perdido en aquellas costas de Africa y reino de Congo, donde se habia predicado y recibido en tiempo del rey D. Mauel su padre y predecesor (el cual con santo celo de dilatar la Iglesia de Dios y ensalzar el nombre de Jesucristo, habia enviado gentes de sus reinos á dar noticia de la verdad del Evangelio por aquellas partes), y teniéndose por su sucesor, no menos de la piedad y celo de las almas, que de los reinos que habia heredado del rey D. Manuel su padre, envió estos cuatro predicadores de la Compañía á aquel reino, el año de 1548, para que con su doctrina avivasen las centellas de la fe, si por ventura hubiesen quedado algunas, ó rastro de ellas, y tornasen á labrar

aquellos bárbaros que por falta de ella habian quedado tan desiertos é incultos.

Hiciéronlo así los nuestros, y sucedióles al principio como deseaban ; porque el mismo rey de Congo recibió el santo bautismo, y otros muchos de su
reino por su ejemplo. Mas despues como los nuestros los apretasen para que conformasen la vida y
costumbres con la fe y Evangelio que profesaban ; y
ellos por el contrario quisiesen torcer el Evangelio á
sus apetitos y antojos, vino á romper el rey bárbaro,
y á desvergonzarse de tal manera, que no solamente él no vivia como convenia á cristiano, sino que
tambien llevaba tras sí á todos los demás, parte con
su mal ejemplo, parte apremiándolos y haciéndoles
fuerza. No les pareció á los nuestros arrojar las preciosas margaritas á tales puercos ; de los cuales no
se podia ya esperar, sino que volviéndose á ellos,
los quisiesen despedazar y destrozar. Y así porque
no les fuese mayor condenacion á aquellos miserables, el volver atrás del bien conocido , y muchas
veces predicado, se pasaron á otras tierras de la
gentilidad á predicar el Evangelio.

Verificóse aquí lo que el Apóstol dice, que muchos vienen á perder la fe por no hacer caso de la
buena conciencia. Y si esta conversion no tuvo tan
buen suceso, podré decir que no fué mejor el de
los otros que fueron al reino de Angola enviados á
ruegos y suplicacion del mismo rey de Angola, que
mostró grande deseo de hacerse cristiano. Y por-

que fuesen mejor recibidos de aquel rey bárbaro, el
rey de Portugal le envió con ellos su embajador y
un rico presente. Recibiólos como llegaron con mucha humanidad y cortesía el rey. Mas despues acabados los presentes y gastado el dinero que le habian dado de parte del rey de Portugal, echó en la
cárcel al embajador y á los predicadores de la verdad, donde muchos años estuvieron presos. De suerte, que ya que no sacaron nuestros Padres la conversion de los otros en esta jornada, á lo menos sacaron para sus ánimas el fruto de la paciencia y
fortaleza cristiana, y el merecimiento que con el padecer y con el deseo de morir por él habrán alcanzado del Señor.

CAPÍTULO XIX.

Como los padres de la Compañía entraron en Sicilia.

En este mismo tiempo entró nuestra Compañía
en la isla de Sicilia, y el primero de los nuestros
que en ella entró fué el P. Jacobo Lhostio, flamenco,
varon de singular doctrina y modestia. Envióle el
P. Ignacio á Girgento, á peticion del cardenal Rodolfo Pio de Carpi que era obispo de aquella ciudad
y protector de nuestra Compañía. Despues fué enviado el P. Hierónimo Domenech; al cual llevó consigo desde Roma Juan de Vega, cuando le hicieron
virey del reino de Sicilia, el año de 1547. Pidióle á

Ignacio, y llevóle consigo, para ayudarse de su industria y consejo en las cosas del divino servicio que deseaba ordenar en aquel reino.

Parecíale á aquel cristiano y valeroso caballero, que hacia poco en fortificar con muros y gente de guarnicion las ciudades, y en limpiar el reino de innumerables salteadores de caminos, y en asegurarle y defenderle de los contrarios y enemigos de nuestra sante fe, y en gobernar con suma paz y justicia los súbditos, como él lo hacia, sino plantaba juntamente en sus ánimos la piedad y devocion cristiana, con el conocimiento y reverencia de la divina Majestad. Para que todas las otras cosas estribando en este tan sólido fundamento, fuesen mas firmes y eficaces, y de mas lustre y resplandor. Y porque en Roma siendo embajador del emperador D. Carlos, quinto de este nombre, habia tenido gran conocimiento y familiaridad con Ignacio, y habia visto por sus ojos el modo de proceder de los nuestros y su instituto echó mano de ellos, pareciéndole que eran á propósito para aquel su intento, y que de ellos se podria aprovechar mas. Y para que el fruto fuese mas durable y perpétuo, movió con su autoridad á la ciudad de Mecina, que procurase gente de la Compañía, y los llevase á ella, y fundándoles un colegio, los tuviese por vecinos y moradores.

Creyó al consejo de un tan sabio y valeroso caballero, aquella noble y rica ciudad, que siempre se ha preciado de honrar todas las sagradas Religiones, y fiada de tal juicio, comenzó á amar y desear los que por solo el nombre y fama conocia. El año pues de 1548, escribieron el virey y la ciudad al sumo Pontífice y á Ignacio, pidiendo gente para fundar un colegio de la Compañía. Y para darle principio envió Ignacio á los Padres Hierónimo Nadal, español, y á Andrés Frusio, francés, Pedro Canisio, aleman, y Benedicto Palmio, italiano, y algunos otros tambien de diversas naciones. Los cuales iban con suma union y concordia. Y dándoles la ciudad casa en escogido lugar, y la iglesia de san Nicolás que llaman de los caballeros, con todo el aderezo necesario, comenzaron á leer públicamente las ciencias que la Compañía suele enseñar, que son las que para un teólogo son necesarias. Creció luego el colegio, y despues se instituyó en la misma ciudad de Mecina la primera casa de probacion que ha tenido la Compañía para criar novicios.

No quiso ser vencida de Mecina en una obra tan pia y provechosa la ciudad de Palermo, venciendo ella á todas las otras de aquel reino, en la grandeza del sitio, fertilidad de la tierra, lustre de los ciudadanos y numero de gente principal: ni pudo sufrir que en el deseo de la religion y virtud, ninguna otra le hiciese ventaja. Y así movida con la autoridad del mismo virey, y con el ejemplo vivo que veia del colegio de Mecina, suplicó al papa Paulo III, y pidió á Ignacio con instancia que se les enviasen al-

gunos de los nuestros. Los cuales enseñasen juntamente con las buenas letras, las buenas costumbres á
aquella su juventud, y aficionasen los ánimos de los
ciudadanos y de toda aquella república, que tanto
lo deseaba, á las cosas del cielo y de su salvacion.
Envióles pues Ignacio doce de la Compañía el año
de 1549, entre los cuales iba Nicolás de Lanoy,
flamenco, y Paulo Achiles, italiano, y otros escogidos varones de otras naciones, dándoles órden
que se juntasen en Sicilia con el P. M. Diego Lainez, y el P. Hierónimo Domenech, y fuesen todos
á dar principio al colegio de Palermo. Era el P. Lainez, á la sazon en lugar de Ignacio, superior de todos los de la Compañía en Sicilia, á donde habia
ido á instancia del cardenal Alejandro Farnesio arzobispo de Monreal, para pacificar y componer ciertas discordias muy antiguas y muy reñidas que habia entre los eclesiásticos de aquella iglesia y ciudad. Y así todos juntos, como Ignacio les ordenaba, pusieron las primeras piedras y dieron principio al colegio de Palermo, á los 24 de noviembre
de 1549, con tan gran concurso y tales muestras
de amor de los ciudadanos, que bien mostraba el
deseo y voluntad con que los habian llamado y esperado.

De esta manera se comenzaron aquellos dos colegios de Mecina y Palermo: los cuales con el tiempo han crecido mucho, y han sido dotados con renta suficiente, ayudando á ello la liberalidad de los

14

católicos emperador D. Cárlos V, y del rey D. Felipe su hijo, y la devocion de las mismas ciudades
que los pidieron. De estos dos colegios han salido
todos los demás que la Compañía tiene en la provincia de Sicilia. Y puédese bien decir, que han sido de gran provecho para todo aquel reino. Porque
demás del fruto que se hizo con los sermones, lecciones y otros ministerios en que se emplea la Compañía; por consejo y ministerio de los Padres que moraban en ellos ordenó el virey Juan de Vega por todas las ciudades de él, muchas cosas muy saludables
é importantes para la conservacion y acrecentamiento de nuestra santa y católica Religion, y para el
culto divino y bien de las almas. Las cuales se han
conservado y llevado adelante por la buena diligencia de los vireyes que despues han sucedido.

Este mismo año de 1549, fueron los nuestros
llamados á Venecia, donde les dió casa propia é
iglesia el prior Andrés Lippomano, fundador del
colegio de Padua. Comenzóse tambien entonces el
colegio de Tibuli, por ocasion de ciertos Padres de
la Compañía que habian ido á apaciguar á aquella
ciudad, que estaba en mucha discordia y rompimiento con otra. Y en Alemania ya se veia notable
progreso y fruto de la comunicacion con los nuestros, porque Guillermo, duque de Baviera, príncipe no menos católico que poderoso (al cual y á
sus sucesores dió Dios á su Iglesia para defensa y
ornamento de la católica y antigua religion en Ale-

mania) llevó á los nuestros para que en su universidad de Ingolstadio leyesen las letras sagradas. Y
fueron los que Ignacio para esto envió, los padres
Alonso Salmeron, y Pedro Canisio, y Claudio Yayo; el cual antes habia leido en aquella ciudad algunos años, con grande aceptacion y loor. Recibió
el duque Guillermo estos Padres con estraño amor:
y mandó á Leonardo Ekio, presidente de su Consejo, y amicísimo de la Compañía, que tuviese
mucha cuenta con ellos, y que los regalase. Comenzó el P. Salmeron á declarar las epístolas de san
Pablo: el P. Claudio los salmos de David; y Canisio el Maestro de las sentencias: y hacíanlo todos
con tan gran doctrina y prudencia, que fué maravilloso el fruto que de sus liciones se siguió. Por
las cuales comenzó aquella universidad, que estaba
muy caida, á levantar cabeza, y los estudios de
teología, que con las herejías se tenian en poco,
á ser estimados y frecuentados.

Animáronse los obispos de aquellos estados, los
católicos cobraron fuerzas, desmayaron los herejes,
y enfrenados de los nuestros que con la doctrina sólida les resistian, detuvieron el ímpetu furioso con
que hacian guerra á la verdad, é hiciéronse muchas
cosas en alabanza y gloria de Dios. Por las cuales
movido el buen duque Guillermo, determinó de fundar un muy buen colegio de la Compañía: mas ata-
jóle la muerte, y no pudo acabar lo que deseaba.
Pero dejólo encomendado al duque Alberto su hi-

jo, que en la religion, prudencia y magnanimidad, ha sido bien semejante á su padre. El cual siguiendo las pisadas de tal padre, ha sido siempre el que con las armas en las manos, y con su celo y gran poder, ha hecho rostro á los herejes, y mostrádose perpétuo y constante defensor de nuestra santa fe católica. Y aunque á los principios de su gobierno, por las muchas y graves ocupaciones hubo de dilatar la fundacion del colegio (por lo cual el P. Salmeron volvió á Italia, y Claudio fué á Viena, quedando Canisio y Nicolás Gaudano, por algun tiempo en Ingolstadio) pero despues que el duque se desembarazó, de tal manera abrazó la Compañía y la favoreció, que no se contentó de fundar un solo colegio en Ingolstadio, sino que hizo tambien otro en la ciudad de Monachio, que es donde residen los duques de Baviera, y cabeza de sus estados.

CAPÍTULO XX.

Como los Padres de la Compañía pasaron al Brasil, y Antonio Criminal fué martirizado por Cristo.

—

Estas eran las ocupaciones de nuestros Padres, cuando por voluntad del rey de Portugal D. Juan pasaron los de la Compañía al Brasil. Es el Brasil una provincia muy estendida, fértil y alegre, por tener el cielo como le tiene muy saludable, y los aires templados : mas terrible y espantosa, por ser habitada de gente tan fiera é inhumana, que por vengarse de sus enemigos los mata con grande fiesta y regocijo, y los come y guarda la carne algunas veces por muchos años para comerla despues, pensando en esta manera de vengarse ellos. Navegaron allá los Padres el año de 1549, y hasta ahora perseveran entre aquellas gentes bárbaras, con grandísima caridad y sufrimiento de excesivos trabajos, y con no menor fruto de las almas de los naturales.

Grande es el número de los que han dejado las desvariadas supersticiones, y monstruosas falsedades que tenian, y se han llegado al conocimiento y luz del verdadero y solo Dios; y los que con la infidelidad que dejaron, juntamente se desnudaron de aquella fiera crueldad que tenian de comer carne humana; aprendiendo con la verdadera religion la humanidad y mansedumbre cristiana. Y donde antes pervertian la ley natural con tomar muchas mujeres, ahora por la gracia de Jesucristo viven con las leyes de su santo Evangelio.

Este mismo año de 1549 mataron los enemigos de nuestra santa fe en la India, al P. Antonio Criminal: el cual era italiano, nacido de buenos padres en un lugar cerca de Parma, en Lombardía, que se llama Sifi, y en la flor de su juventud se consagró á Dios, y entró en la Compañía. El año de 1542, fué por Ignacio enviado de Roma á Portugal: y siempre fué un ejemplo de singular bondad y rara modestia, á todos los que le trataban.

Fué despues enviado entre los primeros Padres á la India, para procurar la salud de aquella gentilidad. Conocida por el P. Francisco Javier su virtud y prudencia, le puso en aquella parte de la India que llaman Pesquería, cuyo promontorio se dice el cabo de Comorin, y le hizo superior de todos los nuestros que allí residian. Aquí por las continuas guerras de los reyes comarcanos, y por el odio capital que le tenian los sacerdotes de los ídolos, y por la necesidad y pobreza en el comer y vestir, pasó muchas y muy grandes molestias; y por ensalzar y aumentar la gloria de Jesucristo sufrió trabajos inmensos. Estando pues en la provincia del rey de Manancor, procurando de criar con la leche de la doctrina cristiana, y de conservar en ella á los que por virtud de Jesucristo habia engendrado en la fe; vino de improviso un ejército de soldados del rey de Visnaga gentil, que venia á asolar aquella provincia, y á destruir con ella la fe de Cristo.

Llegó repentinamente esta nueva al P. Antonio, y luego se recogió á una iglesia donde aquel mismo dia habia dicho misa, para encomendar á Dios aquellas ovejuelas. Hecha su oracion, salióse á la orilla del mar, é hizo entrar en los navíos de portugeses que allí estaban, todas las mujeres cristianas y niños, para que én ellos se salvasen. Y aunque los portugueses le importunaron mucho, que dejando los naturales de la tierra á sus aventuras, él mirase por sí, y se metiese en alguna nave, nunca lo quiso hacer. De esta manera olvidándose de sí mismo, por salvar las vidas de aquellos inocentes cristianos, le atajaron los pasos los badegas (que así se llaman aquellas gentes armadas) y no tuvo lugar de volver á las naos : y como vió que los enemigos arremetian para él, sin ninguna turbacion les salió al camino, é hincadas las rodillas, y levantadas las manos, y enclavados en el cielo sus ojos se ofreció á la muerte. Pasaron junto á él el primero y el segundo escuadron de los enemigos sin tocarle, mas el tercero le pasó de parte á parte con sus azagayns y lanzas; y desnudándole de sus pobres vestidos, y cortándole la cabeza, la colgaron de una almena.

Fué este Padre y siervo del Señor, muy grande despreciador de sí mismo, celador de la honra de Dios, grande amigo de la obediencia, y muy señalado en la virtud de la oracion, de cuya vida como muy escogida y aprobada, daba testimonio el mismo P. Francisco Javier, diciendo, que tales deseaba él que fuesen todos los nuestros que pasasen á la India á la conversion de aquella gentilidad. Yo que conocí bien al P. Antonio, y fuí su compañero desde Roma hasta Aviñon de Francia, cuando el año de 1542 salimos juntos, él para Portugal y yo para París, soy buen testigo, de las grandes prendas de singular virtud que en él conocí. Y puedo decir con verdad, que hartas veces yo conmigo mismo me admiré de su ferviente caridad; de manera que no es maravilla si á tales principios dió Nuestro

Señor fin tan deseado y glorioso, como es perder la vida predicando su fe, y ganando las almas para aquel que las compró con su preciosa sangre.

CAPÍTULO XXI.

Como el Papa Julio III confirmó de nuevo la Compañía.

—

Murió en esta sazon el papa Paulo III, que fué el primero de los Pontífices que confirmó con autoridad apostólica la Compañía, y le concedió muchas gracias y privilegios. Sucedióle en el Pontificado Julio, tambien tercero de este nombre, el año de 1550. Al cual suplicó luego Ignacio, que tuviese por bien de ratificar lo que su antecesor habia hecho, y aprobar nuestro instituto, y declarar en él algunas cosas que podian parecer dudosas y oscuras. Otorgólo de buena gana el Sumo Pontífice viendo el provecho grande que de ello se podia seguir, y mandó expedir una copiosa bula de esta su aprobacion y confirmacion. Esta bula me ha parecido poner aquí á la letra, traducida en nuestra lengua castellana, porque contiene con brevedad el instituto y modo de vivir de la Compañía, y su confirmacion. Y creo que los que esto leyeren holgarán de saberlo, como en ella se contiene. Dice pues así:

«Julio Obispo, siervo de los siervos de Dios,
«para perpétua memoria. Requiere el cargo del ofi-
«cio pastoral, al cual nos ha llamado sin nuestro
«merecimiento la divina Majestad, que favorezca-
«mos con afecto paternal á todos los fieles, y prin-
«cipalmente á los religiosos que caminan por la
«senda de los divinos mandamientos, procurando
«la gloria de Dios, y la salud espiritual de los pró-
«jimos. Porque los mismos fieles, ayudándolos la
«mano del Señor, procuren con mas fervor el pre-
«mio de la eterna salud, y se confirmen en sus
«buenos propósitos. Habiendo pues nosotros sabido,
«que la felice memoria del Papa Paulo III nuestro an-
«tecesor, entendiendo que nuestros amados hijos en
«Cristo Ignacio de Loyola, y Pedro Fabro, y Claudio
«Yayo, y Diego Lainez, y Pascasio Broeth, y Fran-
«cisco Javier, y Alonso de Salmeron, Simon Ro-
«driguez, Juan Coduri, Nicolás de Bobadilla, sa-
«cerdotes de las ciudades y diócesis respectivamen-
«te, de Pamplona, Geneva, Sigüenza, Toledo,
«Viseo, Ebredum y Palencia, graduados en los ar-
«tes liberales, todos maestros por la universidad
«de París, y ejercitados en los estudios de la teo-
«logía por muchos años, inspirados del Espíritu
«santo, de diversas partes del mundo se habian con-
«gregado, y hecho compañeros de vida ejemplar
«y religiosa, renunciando todos los deleites del si-
«glo, dedicando sus vidas al servicio perpétuo de

«nuestro señor Jesucristo, y suyo, y de sus suce-
«sores los romanos Pontífices. Y que ya se habian
«muchos años ejercitado en predicar la palabra de
«Dios, y en exhortar los fieles en particular á san-
«tas meditaciones, y vida honesta y loable, en ser-
«vir á los pobres en sus hospitales, y en enseñar á
«los niños é ignorantes la doctrina cristiana, con
«las cosas necesarias para la eterna salud. Y final-
«mente, que en todos los oficios de caridad que
«sirven para la edificacion de las almas, se habian
«loablemente ejercitado segun su instituto, en todas
«las partes donde habian ido, cada uno segun el
«talento y gracia que el Espíritu santo le habia
«dado. El dicho Paulo III nuestro antecesor, para
«que se conservase en estos compañeros, y otros
«que quisiesen seguir su instituto, el vínculo de la
«caridad, y la union y paz, les aprobó, confirmó
«y bendijo su instituto, contenido en cierta forma
«y manera de vida que ellos hicieron conforme á la
«verdad evangélica y á las determinaciones de los
«santos Padres, y recibió debajo de su proteccion
«y amparo de la Sede apostólica los mismos com-
«pañeros, cuyo número no quiso por entónces que
«pasase de sesenta, y les concedió por sus letras
«apostólicas licencia de hacer constituciones y cua-
«lesquier estatutos para la conservacion y buen pro-
«greso de la Compañía confirmada. Y como despues
«andando el tiempo, favoreciéndolos el Espíritu san-
«to entendiese el dicho nuestro predecesor, que el

«fruto espiritual de las almas iba creciendo, y que
«ya muchos que deseaban seguir este instituto, es-
«tudiaban en París y en otras universidades y es-
«tudios generales. Y considerando atentamente la
«religiosa vida y doctrina de Ignacio, y de los otros
«sus compañeros, concedió facultad á la misma
«Compañía, para que libremente pudiese admitir
«todos los que fuesen aptos á su instituto, y proba-
«dos conforme á sus instituciones. Y que fuera de
«esto pudiesen admitir coadjutores, así sacerdotes
«que ayudasen en las cosas espirituales, como le-
«gos, que ayuden en los oficios temporales y do-
«mésticos. Los cuales coadjutores acabadas sus
«probaciones, como lo ordenan las constituciones
«de la Compañía, puedan para su mayor devocion
«y mérito, hacer sus tres votos de pobreza, casti-
«dad y obediencia. Los cuales votos no sean solem-
«nes, sino que les obliguen todo el tiempo que el
«prepósito general de la dicha Compañía juzgare
«que conviene tenerlos en los ministerios espiritua-
«les ó temporales. Y que estos tales coadjutores
«participen de todas las buenas obras que en la Com-
«pañía se hicieren, y de todos los méritos, ni mas
«ni menos que los que hubiesen en la misma Com-
«pañía hecho solemne profecion. Y concedió con la
«benignidad apostólica á la misma Compañía otras
«gracias y privilegios, con que fuese favorecida y
«ayudada en las cosas pertenecientes á la honra de
«Dios y salud de las almas.

«Y para que se confirme mas todo lo que nuestro «antecesor concedió, y se comprenda en unas mis- «mas letras juntamente todo lo que pertenece al ins- «tituto de la dicha Compañía. Y para que se ex- «pliquen y declaren mejor por nosotros algunas «cosas algo oscuras, y que podrán causar escrúpulos «y dudas, nos fué humilmente suplicado que tuvié- «semos por bien de confirmar un sumario y breve «fórmula, en la cual el instituto de la Compañía (por «el uso y experiencia que despues se ha habido) se «declara mas entera y distintamente que en la pri- «mera, aunque es hecha con el mesmo espíritu «que la primera. Su tenor es este que se sigue.

«Cualquiera que en esta Compañía (que deseamos «que se llame la Compañía de Jesus) pretende asen- «tar debajo del estandarte de la cruz, para ser sol- «dado de Cristo, y servir á sola su divina Majestad, «y á su esposa la santa Iglesia, so el romano Pon- «tífice, vicario de Cristo en la tierra, persuádase que «despues de los tres votos solemnes de perpétua cas- «tidad, pobreza y obediencia, es ya hecho miembro «de esta Compañía. La cual es fundada principal- «mente para emplearse toda en la defension y di- «latacion de la santa fe católica, en ayudar á las al- «mas en la vida y doctrina cristiana, predicando, «leyendo públicamente, y ejercitando los demás ofi- «cios de publicar la palabra de Dios, dando los «ejercicios espirituales, enseñando á los niños, y á «los ignorantes la doctrina cristiana, oyendo las

«confesiones de los fieles, y ministrándoles los de-
«más sacramentos para espiritual consolacion de
«las almas. Y tambien es instituida para pacificar
«los desavenidos, para socorrer y servir con obras de
«caridad á los presos de las cárceles, y á los enfer-
«mos de los hospitales, segun que juzgarémos ser
«necesario para la gloria de Dios, y para el bien
«universal. Y todo esto ha de hacer graciosamente
«sin esperar ninguna humana paga, ni salario por
«su trabajo. Procure este tal traer delante de sus
«ojos todos los dias de su vida á Dios primeramen-
«te, y luego esta su vocacion é instituto, que es ca-
«mino para ir á Dios, y procure alcanzar este alto
«fin á donde Dios le llama, cada uno segun la gra-
«cia con que le ayudará el Espíritu santo, y segun
«el propio grado de su vocacion, y para que nin-
«guno se guie por su celo propio sin ciencia, ó dis-
«crecion, será en mano del prepósito general, ó del
«prelado que en cualquier tiempo eligiéremos, ó de
«los que el prelado pondrá á regir en su lugar, el
«dar y señalar á cada uno el grado y el oficio que
«ha de tener y ejercitar en la Compañía. Porque de
«esta manera se conserva la buena órden y concier-
«to que en toda comunidad bien regida es necesario.
«Y este superior con consejo de sus compañeros,
«tendrá autoridad de hacer las constituciones con-
«venientes á este fin, tocando á la mayor parte de
«los votos siempre la determinacion: y podrá decla-
«rar las cosas que pudiesen causar duda en nues-

«tro instituto contenido en este sumario. Y se en-
«tienda, que el consejo que se ha de congregar pa-
«ra hacer constituciones, ó mudar las hechas, y pa-
«ra las otras cosas mas importantes, como seria
«enagenar, ó deshacer casas ó colegios una vez fun-
«dados, ha de ser la mayor parte de toda la Com-
«pañía profesa, que sin grave detrimento se podrá
«llamar del prepósito general, conforme á la decla-
«racion de nuestras constituciones. En las otras
«cosas que no son de tanta importancia, podrá li-
«bremente ordenar lo que juzgare que conviene pa-
«ra la gloria de Dios, y para el bien comun;
«ayudándose del consejo de sus hermanos, como le
«parecerá, como en las mesmas constituciones se
«ha de declarar. Y todos los que hicieren profesion
«en esta Compañía, se acordarán, no solo al tiempo
«que la hacen, mas todos los dias de su vida, que
«esta Compañía y todos los que en ella profesan, son
«soldados de Dios que militan debajo de la fiel obe-
«diencia de nuestro santo padre y señor, el papa
«Paulo III, y los otros romanos Pontífices sus suce-
«sores. Y aunque el Evangelio nos enseña, y por la
«fe católica conocemos, y firmemente creemos que to-
«dos los fieles de Cristo son sujetos al romano Pontífi-
«ce, como á su cabeza y como á vicario de Jesucris-
«to; pero por nuestra mayor devocion á la obediencia-
«de la Sede apostólica, y para mayor abnegacion
«de nuestras propias voluntades, y para ser mas
«seguramente encaminados del Espíritu santo, he-

«mos juzgado que en grande manera aprovechará «que cualquiera de nosotros, y los que de hoy en «adelante hicieron la misma profesion, demás de «los tres votos comunes, nos obliguemos con este «voto particular, que obedecerémos á todo lo que «nuestro santo Padre que hoy es, y los que por «tiempo fueren Pontífices romanos nos mandaren «para el provecho de las almas, y acrecentamiento «de la fe. É irémos sin tardanza (cuanto será de «nuestra parte) á cualesquier provincias donde nos «enviaren, sin repugnancia ni escusarnos, ahora nos «envien á los turcos, ahora á qualesquier otros in-«fieles, aunque sea en las partes que llaman Indias «ahora á los herejes y scismáticos, ó á cualesquier «católicos cristianos.»

« Por lo cual los que han de venir á nuestra Com-«pañía, antes de echar sobre sus espaldas esta car-«ga del Señor, consideren mucho, y por largo «tiempo, si se hallan con tanto caudal de bienes es-«pirituales, que puedan dar fin á la fábrica de esta «torre, conforme al consejo del Señor. Conviene á «saber, si el Espíritu santo que los mueve, les pro-«mete tanta gracia que esperen con su favor y ayuda «llevar el peso de esta vocacion. Y despues que con «la divina inspiracion hubieren asentado debajo de «esta bandera de Jesucristo, deben estar de dia y de «noche aparejados para cumplir con su obligacion. «Y porque no pueda entrar entre nosotros la pre-«tension ó la escusa de estas misiones ó cargos,

«entiendan todos que no ban de negociar cosa algu-
«na de ellas, ni por sí, ni por otros, con el roma-
«no Pontífice, sino dejar este cuidado á Dios y al
« Papa como á su vicario, y al superior de la Com-
«pañía. El cual tampoco negociará para su persona
« con el Pontífice sobre el ir ó no ir á alguna mision,
« sino fuese con consejo de la Compañía.

« Hagan tambien todos voto, que en todas las
« cosas que pertenecieren á la guarda de esta nues-
«tra regla, serán obedientes al prepósito de la Com-
«pañía. Para el cual cargo se eligirá por la mayor
«parte de los votos (como se declara en las cons-
« tuciones) el que tuviere para ello mas partes, y
« él tendrá toda aquella autoridad y potestad sobre
« la Compañía, que convendrá para la buena admi-
« nistracion y gobierno de ella. Y mande lo que viese
« ser á propósito para conseguir el fin que Dios y la
« Compañía le pone delante. Y en su prelacia se
« acuerde siempre de la benignidad y mansedumbre,
« y caridad de Cristo, y del dechado que nos deja-
« ron san Pedro y san Pablo. Y así él como los que
« tendrá para su consejo, ponga siempre los ojos en
« este dechado. Y todos los súbditos, así por los
« grandes frutos de la buena órden, como por el
«muy loable ejercicio de la contínua humildad,
« sean obligados en todas las cosas que pertenecen
« al instituto de la Compañía, no solo á obedecer
« siempre el prepósito, mas á reconocer en él como
«presente á Cristo, y á reverenciarle cuanto con-

«viene. Y porque hemos experimentado que aque-
«lla vida es mas suave, y mas pura, y mas apa-
«rejada para edificar al prójimo, que mas se aparta
«de la avaricia, y mas se allega á la probeza evan-
«gélica: y porque sabemos que Jesucristo nuestro
«señor proveerá de las cosas necesarias para el co-
«mer y vestir á sus siervos, que buscan solamente
«el reino del cielo, queremos que de tal manera ha-
«gan todos el voto de la pobreza, que no puedan
«los profesos ni sus casas, ó iglesias, ni en comun,
«ni en particular, adquirir derecho civil alguno, para
«tener ó poseer ningunos provechos rentas ó pose-
«siones, ni otros ningunos bienes raices, fuera de
«lo que para su propia habitacion y morada fuere
«conveniente, sino que se contenten con lo que les
«fuere dado en caridad para el caso necesario de
«la vida. Mas porque las cosas que Dios nos diere,
«se han de enderezar para trabajar en su viña, ayu-
«dando á los prójimos, y no para ejercitar los es-
«tudios: y porque por otra parte parece muy con-
«veniente que algunos de los mancebos en quien se ve
«devocion y buen ingenio para las letras, se apare-
«jen para ser obreros de la viña del Señor, y sean
«como seminario de la Compañía profesa, quere-
«mos que pueda la Compañía profesa para la como-
«didad de los estudios, tener colegios de estudian-
«tes, donde quiera que algunos se movieren por su
«devocion á edificarlos y dotarlos, y suplicamos que
«por el mismo caso que fueren edificados y dotados,

15

« se tengan por fundados con la autoridad apostóli-
« ca. Y estos colegios puedan tener rentas, y cen-
« sos, y posesiones, para que de ellas vivan y se
« sustenten los estudiantes : quedando al prepósito
« ó á la Compañía, todo el gobierno y superinten-
« dencia de los dichos colegios y estudiantes, cuanto
« á la eleccion de los rectores y gobernadores y es-
« tudiantes, y cuanto al admitirlos y despedirlos, po-
« nerlos y quitarlos, y cuanto á hacerles y ordenar-
« les constituciones y reglas, y cuanto al instituir, y
« enseñar, y edificar, y castigar á los estudiantes,
« y cuanto al modo de proveerlos de comer y vestir
« y cualquiera otro gobierno, direccion y cuidado,
« de tal manera que ni los estudiantes puedan usar
« mal de los dichos bienes, ni la Compañía profesa los
« pueda aplicar para su uso propio, sino solo para
« socorrer á la necesidad de los estudiantes. Y estos
« estudiantes deben dar tales muestras de virtud é
« ingenio, que con razon se espere que acabados los
« estudios serán aptos para los ministerios de la
« Compañía. Y así conocido su aprovechamiento en
« espíritu y en letras, y hechas sus probaciones bas-
« tantes, puedan ser admitidos en nuestra Com-
« pañía. Y todos los profesos, pues han de ser sa-
« cerdotes, sean obligados á decir el oficio divino
« segun el uso comun de la Iglesia, mas no en co-
« mun, ni en el coro, sino particularmente. Y en el
« comer y vestir, y las demás cosas exteriores segui-
« rán el uso comun y aprobado de los honestos sacer-

«dotes para que lo que de esto se quitare cada uno, ó
«por necesidad, ó por deseo de su espiritual aprove-
«chamiento, le ofrezcan á Dios como servicioraciona
«ble de sus cuerpos, no de obligacion sino detlevocion.

«Estas son las cosas que poniéndolas debajo de
«beneplácito de nuestro santo Padre Paulo III y
«de la Sede apostólica, hemos podido declarar co-
«mo en un breve retrato de aquesta nuestra profe-
«sion; el cual retrato hemos aquí puesto para in-
«formar compendiosamente, así á los que nos pre-
«guntan de nuestro instituto y modo de vida, co-
«mo tambien á nuestros sucesores, si Dios fuere
«servido de enviar algunos que quieran echar por
«este nuestro camino. El cual porque hemos expe-
«rimentado que tiene muchas y grandes dificulta-
«des, nos ha parecido tambien ordenar que ninguno
«sea admitido á la profesion en esta Compañía, si
«su vida y doctrina no fuere primero conocida con
«diligentísimas probaciones de largo tiempo, como
«en las Constituciones se declarará. Porque á la
«verdad, este instituto pide hombres del todo hu-
«mildes y prudentes en Cristo, y señalados en la
«pureza de la vida cristiana y en las letras. Y aun
«los que se hubieren de admitir para coadjutores,
«así espirituales como temporales, y para estudian-
«tes, no se recibirán sino muy bien examinados y
«hallándose idóneos para este mismo fin de la Com-
«pañía. Y todos estos coadjutores y estudiantes
«despues de las suficientes probaciones, y del tiem-

«po que se señalará en las Constituciones, sean
«obligados para su devocion y mayor mérito, á
«hacer sus votos, pero no solemnes (sino fuere al-
«gunos que por su devocion y por la calidad de sus
«personas, con licencia del prepósito general, po-
«drán hacer estos tres votos solemnes) mas harán
«los votos de tal manera, que los obliguen todo el
«tiempo que el prepósito general juzgare que con-
«viene tenerlos, como se declara mas copiosamente
«en las Constituciones de esta Compañía de Jesus:
«al cual suplicamos tenga por bien de favorecer á
«estos nuestros flacos principios á gloria de Dios
«Padre, al cual se dé siempre honor en todos los si-
«glos, amen.

«Por lo cual nosotros considerando que en la
«dicha Compañía y sus loables institutos, y en
«la ejemplar vida y costumbres de Ignacio y los
«otros sus compañeros, no se contiene cosa que
«no sea pia y santa, y que todo va encaminado á
«la salud de las almas de los suyos y de los demás
«fieles de Cristo, y al ensalzamiento de la fe, ab-
«solviendo á los dichos compañeros, y á los coadju-
«tores, y á los estudiantes de la Compañía, para
«el efecto de estas letras solamente, de toda exco-
«munion, suspension y entredicho, y de cualquier
«otras eclesiásticas sentencias, censuras y penas,
«que por derecho ó por sentencia de juez, por cual-
«quier via ó manera hubiesen incurrido, y recibién-
«dolos debajo de nuestro amparo y de la Sede apos-

«tólica, de nuestra propia voluntad, y por nuestra
«ciencia, con la autoridad apostólica por el tenor
«de esta presente bula, aprobamos y confirmamos,
«y con mayores fuerzas revalidamos perpétuamente
« la fundacion é institucion de la Compañía, y la
«dilatacion del número de los profesos, y el recibir
«y admitir coadjutores, y todos los privilegios, li-
«bertades y excepciones, y la facultad de hacer y
«alterar los estatutos y ordenaciones, y todos los
«otros indultos y gracias que nuestro antecesor y
«la Sede apostólica les ha concedido y confirmado
«en cualquier tenor y forma.

«Y confirmamos las letras apostólicas, así plo-
«madas como en forma de breve, y todo lo en ellas
«contenido y por ellas hecho, y suplimos todos los
«defectos que hubiesen en ello intervenido, así
«del derecho como del hecho, y declaramos que
«todas estas cosas deben tener perpétua firme-
«za y guardarse inviolablemente, y que por tales
«sean declaradas é interpretadas y sentenciadas de
«cualesquier jueces y comisarios de cualquier au-
«toridad que sean, y les quitamos la facultad y autori-
«dad de juzgarlas ó interpretarlas de otra manera. Y
«si acaso alguno de cualquier autoridad que fuese á
«sabiendas ó por ignorancia tentase algo sobre es-
«tas cosas diferentemente que nosotros decimos,
«lo declaramos por inválido y sin ninguna fuerza.
«Por lo cual por estas letras apostólicas mandamos
«á todos los venerables, hermanos patriarcas, arzobis-

«pos, obispos, y á los amados hijos, abades y priores,
«y á las otras personas constituidas en dignidad
«eclesiástica, que ellos y cada uno de ellos, por sí ó
«por otros, defiendan á los dichos prepósito y Com-
«pañía en todo lo sobredicho, y hagan con nuestra
«autoridad que estas nuestras letras, y las de nues-
«tro antecesor, consigan su efecto, y sean invio-
«lablemente guardadas: y no permitan que ningu-
«no sea molestado indebidamente de manera algu-
«na contra su tenor, y pongan silencio á cuales-
«quier contrarios y rebeldes, con censuras ecle-
«siásticas, y con otros oportunos remedios del de-
«recho, sin que les valga apelacion, y agraven las
«dichas censuras guardando los términos debidos,
«é invoquen tambien para este efecto, si fuere ne-
«cesario, el auxilio del brazo seglar, no obstantes
«las constituciones y ordenaciones apostólicas: y
«todas las cosas que nuestro predecesor quiso en
«sus letras que no obstasen, y todas las otras co-
«sas contrarias, cualesquiera que sean, ni obstando
«tampoco que algunos en comun ó en particular
«tuviesen privilegio de la Sede apostólica, que no
«puedan ser entredichos, suspensos ó descomul-
«gados, si en las letras apostólicas no se hiciere
«entera y expresa mencion y palabra por palabra
»de este indulto. Ninguno pues sea osado que-
«brantar ó contravenir con temerario atrevimiento,
«á esta escritura de nuestra absolucion y amparo,
«aprobacion, confirmacion, añadidura, suplemento,

«decreto, declaracion y mandamiento. Y si alguno
«presumiere tentar de quebrantarla, sepa que le
«alcanzará la ira de Dios omnipotente, y de los
«bienaventurados san Pedro y san Pablo sus após-
«toles. Dada en Roma en san Pedro, el año de la
«encarnacion del Señor de mil quinientos y cin-
«cuenta años, á los veinte y uno del mes de julio,
«y de nuestro pontificado el año primero.

F. DE MENDOZA,

Fed. Cardinalis Ceßus.

CAPÍTULO XXII.

Del instituto y manera de gobierno que dejó Ignacio á la Compañía de Jesus.

—

De la bula del papa Julio III, que en el capítulo
precedente se ha visto, se puede fácilmente entender cual sea el fin é instituto de esta Compañía. Mas
porque esto se toca en ella con brevedad, y no se
explica tanto como algunos querrian, paréceme que
debo darles contento, y declarar algo mas por extenso lo que en la bula en suma se contiene. Y no
será esto fuera de mi propósito, pues pertenece tambien á la vida que escribimos de nuestro Padre, que
se entienda el dibujo y traza que él hizo de la Compañía, y las reglas y leyes que le dejó para su gobierno.

La Compañía de Jesus, llamada así en su primera institucion y confirmacion por el papa Paulo tercero de este nombre, y por todos los otros sumos Pontífices que despues le han sucedido, es Religion no de monjes ni de frailes, sino de clérigos regulares, como lo dice el santo Concilio de Trento. Su vida ni es solamente activa como las militares, ni puramente contemplativa como las monacales, sino mixta, que abraza juntamente la accion de las obras espirituales en que se ejercita, y la contemplacion de donde sale la buena y fructuosa accion. El blanco á que tira, y el fin que tiene delante, y á que endereza todo lo que hace, es la salvacion y perfeccion propia y de sus prójimos. La salvacion consiste en la guarda de los mandamientos, y la perfeccion en seguir los consejos de Cristo nuestro señor. Y la una y la otra consiste principalmente en la caridad: y así ella es la regla con que esta Compañía mide, y el nivel con que nivela todo lo demás. Los medios que toma para alcanzar este fin, son todos los que la pueden ayudar para alcanzar la caridad, y muy proporcionados al fin que pretende, como son, predicar contínuamente la palabra de Dios: enseñar á los niños y rudos la doctrina cristiana: amonestar la gente que huya los vicios y abrace las virtudes, y darles la forma que han de tener para ello, y para orar con provecho; exhortar al frecuente y devoto uso de los sacramentos; visitar los enfermos; ayudar á bien mo-

rir; socorrer espiritualmente á los presos de la cárcel y á los pobres de los hospitales; consolar y dar
alivio en lo que puede á todas las personas necesitadas y miserables; procurar de poner paz entre los
enemigos; y finalmente emplearse en las obras de
misericordia, y trabajar que se funden, aumenten
y conserven en la república todas las obras de
piedad.

Todas estas obras tocan en su modo tanto
á los colegios como á las casas de la Compañía.
Pero otras hay que son propias de los colegios, en
los cuales los nuestros enseñan: que son el ejercicio de las letras, las cuales se profesan y leen públicamente desde los principios de la gramática
hasta lo postrero de la teología, mas ó menos, segun la posibilidad que cada colegio tiene. De manera, que se junte la doctrina con la virtud: y en
la juventud que es blanda y tierna, se imprima el
amor de la religion cristiana y de toda bondad. Y
todo esto hace la Compañía no solamente en las provincias y pueblos de los católicos, pero aun mucho
mas entre los herejes y bárbaros, por ser mas desamparados y necesitados de doctrina: y porque como se dice en la bula, Dios nuestro señor la ha enviado á su Iglesia, principalmente para la defensa
y propagacion de nuestra santa fe.

Este es el fin de esta Compañía y sus ministerios, y de él, y de ellos se puede sacar, en lo que
se ha de estimar su instituto y el de las otras Re-

15·

ligiones que tienen este mismo fin, y se ocupan en estas ó en semejantes obras de caridad. Pues tanto es mas perfecta y excelente una Religion que otra, como dice santo Tomás, cuanto es mas perfecto y mas universal el fin y blanco que una mas que otra tiene, y cuantos mas y mejores, y mas acertados son los medios que toma para alcanzar este su mas perfecto fin.

De tal manera se emplea la Compañía en estos medios y ministerios, que no puede tomar por ellos limosna ninguna, sino que da de balde lo que de balde recibió. Y así no recibe dinero ni otra cosa alguna por las misas que dice, ni por las confesiones que oye, ni por los sermones que predica, ni por las lecciones que lee, ni por cualquier otra obra de su instituto. Y esto no porque no sabe que el obrero, como dice el Señor, es merecedor del galardon de su trabajo, y que, como dice el Apóstol, es muy justo que quien sirve al altar viva del altar; y que conforme á esto debe el pueblo sustentar con sus limosnas á los religiosos y siervos de Dios, que le sustentan á él en lo que mas le importa. Mas porque ven que en estos tiempos tan trabajosos, anda muy abatido de los malos el oficio y nombre del sacerdocio, y que los herejes tomando ocasion de la codicia ó poco recato de algunos, dicen mal del uso santísimo de los sacramentos, como si fuese invencion de hombres, y no institucion de Dios para nuestro remedio y salvacion, pues por quitar la

ocasion á los que buscan ocasion de decir mal, ha
querido la Compañía imitar en esto al bienaventurado apóstol san Pablo; el cual alabando lo que los
otros apóstoles hacian en tomar lo que les daban
para su sustento, dice de sí, que predicaba el Evangelio sin recibir nada de nadie: y que queria antes morir que perder esta gloria que tenia: y por
esto la Compañía da de gracia lo que tan graciosamente recibió de la mano del Señor.

Por esta misma causa sigue la Compañía en el comer y vestir una manera de vida comun y moderada como de pobres, mas bastante para sustentar la
flaqueza humana y la miseria de nuestros cuerpos.
Y así no tiene hábito particular, sino que el suyo
es el comun de los clérigos honestos de la tierra
donde ella vive; en el cual procura siempre que se
eche de ver la honestidad, modestia y pobreza que
á religiosos conviene. Y así el no haber tomado capilla ni hábito propio y particular, ha sido porque la
Compañía, como habemos dicho, no es Religion
de frailes, sino de clérigos. Y porque habiendo necesariamente de tratar con los herejes y contra gente desalmada y perdida (pues para ganar estos principalmente la envió Dios), que por sus maldades y
por la corrupcion y miseria de este nuestro siglo,
desprecia y aborrece el hábito de la Religion, le
ha parecido que podrá tener mejor entrada para
desengañarlos y ayudarlos, no teniendo ella ningun
hábito señalado y distinto del comun. Y tampoco

tiene asperezas y penitencias corporales ordinarias, que obligan á todos por razon del instituto, por acomodarse á la complexion, salud, edad y fuerzas de cada uno de los que á ella vienen, y ponerles delante una manera de vida que todos sin excepcion puedan seguir. Y porque tienen otras asperezas y cargas muy pesadas interiores ; las cuales son mas y mayores que por de fuera parecen. Y no por eso deja de estimar y alabar la fuerza que tienen, y la necesidad que hay de estas penitencias y asperezas corporales ; las cuales reverencia y predica en las otras sagradas Religiones : y ella las toma para sí cuando lo pide la necesidad ó utilidad. Y es esto de manera, que ó los superiores las dén, ó los súbditos las tomen por su voluntad, con parecer y aprobacion de los superiores. Lo cual se hace con tanto hervor, que por gracia de Dios nuestro señor tienen necesidad de quien les vaya á la mano.

Y estando la Compañía tan ocupada en tantas obras y tan diversas, y de tanta importancia para salvacion de las ánimas, que son propias de su instituto, no tiene coro ordinariamente, en el cual se canten las horas canónicas, como se acostumbra en otras Religiones. Porque no es de escencia de la Religion el tener coro: de manera que no pueda ser Religion la que no tiene coro. Pues como enseña muy bien santo Tomás, puédense instituir y fundar Religiones para varios fines y para diversas obras de misericordia y piedad ; en las cuales los que se ejercitaren, aunque no tengan coro, serán tan propiamente religiosos y no nada menos que los otros que le tienen, y cada dia cantando en él alaban al Señor. Y así la órden de los predicadores del glorioso patriarca santo Domingo, parece que no tuvo en sus principios coro ; pues se escribe que impetrada la confirmacion de su orden, envió este santo Patriarca todos sus compañeros á predicar por diversas partes del mundo: y entonces no podia haber coro, siendo tan pocos, y estando como estaban sus santos religiosos desparcidos y ocupados en predicar. Y no por eso dirémos que en aquel tiempo no era Religion, pues fué tiempo muy esclarecido para ella. Y el bienaventurado san Gregorio papa, en un concilio romano prohibió so graves penas, que los diáconos que se habian de ocupar en predicar la palabra de Dios y en repartir las limosnas á los pobres, no se ocupen en el coro, ni hagan oficios de cantores. Porque (como lo declaran los santos Padres) es cosa mas excelente despertar los corazones de los hombres y levantarlos á la consideracion de las cosas divinas con la predicacion y doctrina, que no con el canto y con la música. Y así los que tienen por oficio enseñar al pueblo, y apacentarle con el pan de la doctrina evangélica, no deben, como dice santo Tomás, ocuparse en cantar; porque ocupados con el canto no dejen lo que tanto importa. Y aunque aquel cánon de san Gregorio ahora no se guarde, no por eso deja de tener su fuerza y vigor la razon porque él se hizo, que es, el que está ocupado en las cosas mayores y mas necesarias y provechosas, ha de estar para atender á ellas desembarazado del coro y de los otros ejercicios que le pueden estorbar. Y así vemos que en el principio de la primitiva Iglesia, los sagrados apóstoles dejaron el cuidado de repartir las limosnas, aunque era obra de gran caridad, y la encomendaron á los siete diáconos, por no divertirse ellos de la predicacion que importaba mas; diciendo, no es justo que nosotros dejemos de predicar la palabra del Señor por dar de comer á los pobres. Y conforme á esto en todas las Religiones, aun en aquellas que por su instituto están obligadas al coro, los predicadores y estudiantes, y todos los que están ocupados en los oficios graves ó en otros domésticos, no tienen obligacion tan estrecha de acudir al coro, para que desobligados de esta deuda, puedan acudir mejor á sus oficios. Y en nuestra Compañía con mas razon (pues no le tiene por su instituto y vocacion) están todos desobligados del coro : porque todos los de ella son profesores públicos, ó predicadores, ó confesores, ó estudiantes, ó hermanos legos que sirven : ó en fin personas que por su instituto están ocupados en ministerios espirituales y graves, ó necesarios y domésticos : y fuera de estos no hay ninguno que esté desocupado, y se pueda ocupar solamente en cantar. Por tanto como haya en la Iglesia universal de Dios tantas iglesias particulares y religiones, que

por su instituto y obligacion se ocupan santísima-
mente en alabarle y glorificarle en el coro, de los
cuales puede gozar y aprovecharse el que tuviere
devocion, y quisiera despertar su ánima con el canto para las cosas divinas, y la Compañía no puede
abrazar lo uno y lo otro, hale parecido tomar aquella
parte, para que aunque en sí no es menos necesaria ni menos fructuosa, tiene menos que la traten
y se ejerciten en ella. Y para emplearse mejor, y
poner todo el caudal de sus fuerzas en cosa que
tanto va, y no distraerse ni embarazarse en otras
que no son tan necesarias, por mas santas y loables
que sean, deja á los demás lo que es suyo (alabando al Señor que les dió tal instituto) y ocúpase en
lo que es propio de su vocacion. Imitando tambien
en esto al apóstol san Pablo: el cual dice de sí, que
no le habia enviado el Señor á bautizar, sino á predicar. No porque no fuese cosa santa y necesaria
para la salvacion de las ánimas el bautizar, pues lo
es el bautismo y puerta de todos los sacramentos,
sino porque habia otros muchos que bautizasen, y
no tantos que pudiesen predicar. Especialmente que
no sirven menos en la guerra las espías, que los
soldados que pelean, ni los ingenieros que minan
las fuerzas de los enemigos menos que los que der-
ribadas ya las murallas arremeten al asalto. Ni tiene menos parte en los despojos el soldado que queda á guardar el bagaje, que el que pelea y vence.
Ni recibieron menos espíritu del Señor Eldad y

Medad, dos de los sesenta viejos que eligió Moisen por voluntad de Dios, aunque se quedaron en los reales, que los otros sesenta y ocho, que estaban delante del tabernáculo. Para que el que come, no condene al que no come, ni el que no come juzgue al que come, como dice el apóstol, sino que los unos y los otros alaben al Señor de todos, porque reparte sus dones como es servido.

Y parécele á la Compañía, que con ocuparse en tantas cosas tan provechosas para el pueblo, y con las oraciones que contínuamente hace, y las misas que dice por sus bienhechores, cumple con la obligacion que les tiene, por la caridad y limosna que de ellos recibe.

Y. porque para ejercitar como se debe los ministerios que habemos dicho, es necesario lo primero mucha virtud, y tambien un buen natural, y mas que medianas letras, y una buena gracia para tratar y conversar con los hombres, y ser entre ellos de buena opinion y fama; no recibe esta Compañía ningun hombre facineroso, ni que sea infame segun el derecho canónico y civil, ni gente que se piensa que ha de ser inconstante en su vocacion. Y finalmente ninguno que haya traido hábito de cualquiera otra Religion, porque desea que cada uno siga el llamamiento é inspiracion del Señor, y persevere en la vocacion á que ha sido llamado: y que todas las demás Religiones sagradas crezcan cada dia mas, y florezcan en la santa Iglesia, en número y

fruto y verdadera gloria en el Señor. Y así solamente recibe los que con mucho exámen entiende que
son llamados y traidos de Dios á su instituto, y que
por esto pueden ser para él provechosos.

Estos tales son en una de cuatro maneras. La
primera es de hombres ya hechos y consumados en
letras los cuales despues de haber acabado sus estudios, tocados de la mano de Dios desean dedicarse totalmente á su servicio, y emplear en esta
Compañía para beneficio y provecho de las ánimas,
todo lo que aprendieron en el siglo. La segunda es
de los que con entereza de vida y suficiente doctrina se reciben, para que conforme al talento que
les comunicare el Señor, ayuden en los ministerios
espirituales á los profesos. La tercera es de mozos
hábiles y de buenos ingenios y esperanzas; los cuales se reciben, no porque hayan estudiado, sino para
que estudien y aprendan las letras que son menester
para aprovechar á los otros. La cuarta es de algunos hermanos legos; los cuales contentándose con
la dichosa suerte de Marta, sirven á Nuestro Señor,
ayudando en los oficios comunes de casa, y descargan
á los demás de este trabajo, para que desocupados
puedan mejor atender á los ministerios espirituales, y
por esto se llaman coadjutores temporales.

Todos los de estas cuatro suertes que habemos
dicho, tienen dos años de noviciado; en los cuales
no tienen obligacion de hacer voto ninguno, sino de
probarse, y probar la Religion. Y este espacio que

se toma para la probacion, mas largo de lo que en
las otras Religiones se usa, allende de ser muy
provechoso para los que entran, porque tienen mas
tiempo de mirar bien primero lo que hacen; tambien lo es para la misma Religion. La cual los prueba á ellos, y los ejercita en la oracion vocal y men-
tal, y en la mortificacion y humiliacion de sí mesmos, dándoles muchas vueltas, y haciendo como
dice anatomía de ellos, para conocerlos mejor, y
para labrarlos y perficionarlos mas. Y es muy conforme á razon y á la doctrina de los Santos, y á la
variedad que antiguamente hubo en la Iglesia de
Dios acerca de esto, que cuanto mas perfecto y
dificultoso fuere el instituto que se ha de emprender, se mire mas y con mas atenta consideracion
el admitirlos. Y por esto da la Sede apostólica á la
Compañía dos años de probacion. En los cuales los
maestros de novicios y superiores tienen gran cuidado de examinar muy atentamente la vocacion de
cada uno de sus novicios: y de que ellos la entiendan, y se confirmen en ella. Tienen tambien intento de entender las inclinaciones, habilidades y
talentos de los novicios, para poner á cada uno en
el oficio que mas le conviene; de manera que con
alivio y consuelo sirvan y acudan á la gracia del
Señor que los llamó. Y puesto que los enseñan muchas cosas para enderezarlos y encaminarlos al conocimiento de su regla, y á la perfeccion de su
instituto, principalmente son cuatro los avisos y do-

cumentos que se les dan, que son como cuatro fuentes de todos los demás, y sacados del espíritu y
doctrina de nuestro P. Ignacio.

El primero es, que busquen y procuren de hallar á Dios nuestro señor en todas las cosas. El
segundo, que todo lo que hicieren lo enderecen á
la mayor gloria de Dios. El tercero, que empleen
todas sus fuerzas en alcanzar la perfecta obediencia, sujetando sus voluntades y juicios á sus superiores. Y el cuarto finalmente, que no busquen
en este mundo, sino lo que buscó Cristo, nuestro
redentor. De manera que así como él vino al mundo por salvar las ánimas, y padecer y morir en la
cruz por ellas, así ellos procuren cuanto pudieren
de ganarlas para Cristo, y ofrecerse á cualquier
trabajo y muerte por ellas con alegría, recibiendo
cualquier afrenta é injuria que les hicieren por amor
del Señor, con contento y regocijo de corazon : y
deseando que se les hagan muchas, con tal que ellos
de su parte no den causa ninguna, ni ocasion para
ello en que Dios sea ofendido. Y si por ventura
algun novicio no obedece á los consejos y amonestaciones de sus superiores, ó no abraza como debe
el instituto de la Compañía, despues de corregido
muchas veces y amonestado, despídenle de ella. Porque de ninguna cosa se tiene mas cuidado para conservar sano y entero este cuerpo, que de no tener
en ella persona que no convenga á su instituto.

Pasados los dos años del noviciado, los hombres

ya letrados, y que tienen bastante doctrina para ejercitar los ministerios de la Compañía, si dan buena cuenta de sí y entera satisfaccion de su virtud y vida, pueden hacer su profesion y votos solemnes. Si no se tiene tanta experiencia y aprobacion de ella, dilátase la profesion, y entretanto que viene el tiempo de hacerla, hacen tres votos, de pobreza, castidad y obediencia perpétua de la Compañía, y lo mismo hacen acabado su noviciado todos los demás que dijimos.

Estos votos no son solemnes, sino simples. Con los cuales de tal manera se obligan los que los hacen de perseverar en la Compañía, que no por eso queda ella obligada á tenerlos para siempre : sino que tiene libertad para despedir los que no dieren buena cuenta de sí antes de la profesion, quedando ellos cuando los despiden, libres de su obligacion. Así que el que hace estos votos, hace una policitacion libre, voluntaria y simple promesa, entregándose con perpetuidad, cuanto es de su parte, á la Religion. El cual despues de haber examinado el instituto de la Compañía, y probádose á sí y á ella por espacio de dos años, como habemos dicho, se quiere obligar á vivir y morir en ella con esta condicion. Y está en su voluntad hacerlo, como pudiera sin recibir agravio, pues es señor de sí y de su voluntad, antes de haber entrado en la Compañía, ni de saber tan por menudo su regla y la carga que echaban sobre sí. Mas aunque la Compañía no

tenga obligacion precisa, que nazca de los votos
que el que entra hace, no por eso deja de haber
otra grandísima y firmísima que le pone su instituto y sus Reglas y Constituciones. Las cuales mandan que no se despida ninguno, sino con mucha
consideracion, ni por enfermedad en que haya caido sirviendo á la Compañía, ni por causas ligeras
que se puedan por otro camino remediar. Y para
decirlo en una palabra, las causas principales de
despedir se resumen en dos, que son, cuando á la
Compañía ó al mismo que se despide, conviene que
se despida. Porque en tal caso, el no hacerlo seria
en grave perjuicio de la caridad, con la cual todas
las demás cosas se deben regular. Y aun cuando la
necesidad obligare á ello, quieren que se haga con
tanto miramiento y recato, y con tales muestras de
amor y dolor, como se puede desear, así para bien
y estimacion del que se despide, como de la edificacion y provecho de los que quedan. Y para que
esto se haga con mayor acierto y consideracion,
solo el prepósito general tiene facultad de despedir
de la Compañía á los que despues de los dos años
han hecho sus votos en ella. De manera que no está en mano de los superiores despedir por su voluntad y antojo al que quieren de la Compañía, sino que se vive con orden y ley en ella : y ellos procuran en todas las cosas de usar de la debida moderacion, pero en esta mas que en ninguna, porque importa mas. No solamente porque la caridad

cristiana lo pide, pero tambien porque es interés de
la misma Compañía. La cual recibiria mucho daño, y
se haria gravísimo perjuicio á sí misma, si arreba-
tadamente y con poca consideracicn despidiese á
los hombres ya hechos y puestos en perfeccion, á
cabo de tantos años de cuidados, y trabajos, y gas-
tos suyos, habiéndolos recibido con tanto exámen
y miramiento cuando eran mozos, y sin tantas partes de virtud y doctrina. Porque esto seria trabajar
mucho en el tiempo del sembrar, y ser remiso y
desperdiciando al tiempo del coger. Mas como el
fin de la Compañía sea excelentísimo y lleno de
muchas y gravísimas dificultades, es menester que
los que viven en ella sean hombres de muy conocida y probada virtud, y muy ejercitados en las cosas espirituales si le quieren alcanzar. Y por esta
causa ha juzgado que no conviene admitir á profesion á ninguno cuya virtud y doctrina no sea muy
conocida y experimentada; porque sus hijos no tomen sobre sí mas carga de la que pueden llevar,
cayendo con ella, quebrándose los ojos, dando escándalo y haciendo daño á los que tienen obligacion
de dar edificacion y aprovechar. Y así entretanto
que se prueban y ejercitan mas, se atan con esta
obligacion de los votos que habemos dicho, y poco
á poco se van ensayando y subiendo como por gradas y escalones hasta lo mas alto.

Y aunque esta manera que habemos dicho de hacer los votos, parece nueva, es muy conveniente

para este instituto, que en esta parte es nuevo: es provechosa á los mismos que hacen los votos, y necesaria para la Compañía y para la Iglesia de Dios de grandísima utilidad. Porque los que hacen los votos, gozan desde luego el merecimiento y fruto de ellos, y atados con su obligacion, quedan mas fuertes y firmes en la vocacion á que Dios los llamó. Y la Compañía con estas prendas queda mas segura, y con menos temor y sospecha de perder sus trabajos y las gentes sus limosnas. Como se perderian si los que están en la Compañía, por no tener obligacion ni voto, tuviesen libertad para dejarla y volverse al siglo á su voluntad, despues de haber estado muchos años en ella, habiendo alcanzado doctrina y crédito á costa de sus sudores y trabajos, y de las haciendas de sus bienhechores. Lo cual seria contra toda razon, como lo seria si algun clérigo, despues de haberse aprovechado mucho tiempo de las rentas eclesiásticas, y enriquecídose con la hacienda de los pobres, y con el patrimonio de Cristo nuestro señor volviese atrás, y dejase el estado eclesiástico. Que para que esto no se pueda hacer, mandan los sagrados cánones, que el clérigo que tiene iglesia parroquial se ordene de misa (sino lo está) dentro de un año despues que alcanzó el beneficio, y que si por estar dispensado del Obispo, á efecto que pueda estudiar no lo hiciere, se ordene á menos de subdiácono. Dando por causa de este mandato, para que habiendo gozado de las rentas del beneficio, no pueda mudar estado, y volver atrás, tomando la santa Iglesia el voto que el tal hace, como por fianzas y prendas para su seguridad. Tambien la Iglesia de Dios con esto viene á ser libre de gran número de apóstatas que saldrian de la Compañía, quedándose siempre atados con sus votos, y sin poder tomar otro estado, como quedan los apóstatas de las otras Religiones, y esto nos enseña la misma experiencia.

Y no reciben agravio los que así se despiden, pues entraron con esta condicion y quedan libres, como habemos dicho : y comunmente van mas aprovechados en todo, que cuando entraron: y no se despiden sino por su bien ó por el de toda la Compañía; el cual por ser comun y pertenecer á muchos, se ha de preferir al bien particular de cada uno. Y pues en todas las Religiones por causas graves y urgentes, se pueden y suelen echar los religiosos de ellas, aunque sean profesos, quedando ellos siempre obligados á guardar sus votos y profesion; no hace agravio la Compañía á los que despide no siendo aun profesos, pues cuando los despide quedan sin ninguna obligacion y señores de sí. Ni es contra razon que se haya de fiar mas de toda la Compañía del particular cuando entra en ella, creyendo que no le despedirán sin causa, que no la Compañía del particular, esperando de perseverar sin tener voto ni obligacion para ello, pues no son iguales las partes. Aunque si bien se mira, no es menor la seguridad que tiene el particular, fundada y afianzada en el instituto y reglas de toda la Compañía, que la que ella tiene el voto y promesa del particular, como acabamos de decir.

De estos provechos, y de otros muchos que seria largo contarlos, se puede sacar cuan acertada es esta manera y obligacion de votos para este nuestro instituto. La cual si quisiéramos bien mirar, hallarémos que es muy conforme á lo que se usaba antiguamente en la Iglesia de Dios, en los seminarios que se tenian de clérigos, como se ve en algunos concilios toledanos, y en otros que no hay para que traerlos aquí, ni otras razones, ni autoridades: pues la santa Sede apostólica con la autoridad de tantos sumos Pontífices, y el sacrosanto concilio de Trento en sus decretos lo han todo instituido y aprobado.

Volviendo pues á los cuatro géneros de personas que se reciben en la Compañía, de los cuales ya habemos hablado, los primeros que son señalados en letras hacen su profesion como habemos dicho. Los segundos que llamamos coadjutores espirituales, son como soldados de socorro que ayudan á los profesos á llevar sus cargas: y están á todas horas á punto, cuando se toca al arma y se ofrece cosa del servicio del Señor. Los coadjutores temporales ejercítanse en sus oficios ayudando á los demás para que descuidados de este particular ejercicio, puedan mejor emplearse en lo que les toca. Los estudiantes aprenden letras y estudian, y el buen espíritu que bebie-

16

ron en el noviciado, procuran acompañarle con doctrina. Y en todo el tiempo de sus estudios, de tal manera se ocupan en ellos, que no se olvidan de sí, y de su mortificacion; antes se ejercitan á sus tiempos en algunos de los ministerios que despues cuando sean profesos ó coadjutores espirituales formados han de hacer, y se van habilitando para todo aquello en que despues se han de emplear.

Esto se hace en los colegios. Porque la Compañía tiene casas y colegios: entre los cuales hay esta diferencia. Las casas, ó son casas de probacion, en las cuales se prueban y ejercitan los novicios en la forma que habemos dicho; ó son casas de profesos, en las cuales solamente residen los obreros ya hechos, y se ocupan en confesar y predicar, y en los otros ministerios espirituales en beneficio de los prójimos. Los colegios son de estudiantes, en los cuales, aunque se tratan algunas de las obras de los profesos, pero su ocupacion principal es enseñar ó aprender las letras necesarias para estos ministerios.

Las casas de los profesos no tienen ni pueden tener renta ninguna, aunque sea para la fábrica de la iglesia, ó para ornamentos ó aderezos de ella: ni tienen heredades fructuosas, en comun ni en particular, ni pueden adquirir derecho para pedir por justicia las limosnas perpétuas que se les dejan, si no viven de las que cada dia se les hacen.

Las casas de probacion y los colegios pueden tener renta en comun, para que los novicios no sean cargosos á los pueblos, antes que sean de provecho, y los comiencen á servir; y los estudiantes teniendo cierto su mantenimiento y vestido, no tengan cuidado de buscarle, sino que todos se empleen en aprender las ciencias que para ayudar á los otros son menester.

Estas casas de novicios y colegios, suélenlas fundar y dotar con rentas, ó las ciudades donde se fundan de sus propios, ó algunas personas principales y ricas de sus haciendas, á quienes Dios hace merced de servirse de ellos para este efecto, y para aparejar obreros que despues trabajen en su viña, como adelante se dirá. Las rentas de los colegios están á cargo de los profesos, los cuales en ninguna manera se pueden de ellas aprovechar para sí, sino que enteramente se han de gastar en proveer y sustentar á los estudiantes. Y así los que tienen el provecho, no tienen el mando, ni pueden desperdiciar, sino gozar de los bienes que tienen: y los que tienen el mando y administracion ó superintendencia de los tales bienes, no sacan fruto temporal.de su trabajo para sí, sino para aquellos cuyos ellos son, y á quienes han de servir.

Los estudiantes acabados sus estudios vuelven otra vez á la fragua, y pasan por el crisol con nuevas probaciones, para apurarse y afinarse mas, y hacerse hábiles para ser admitidos en el número de los coadjutores espirituales formados, ó de los profesos; los cuales tienen toda la autoridad para regir y gobernar la Compañía. De los profesos salen los asistentes, los provinciales, los comisarios, los visitadores, y el mismo prepósito general. Para lo cual es muy importante y necesario, que los profesos sean varones de muy rara virtud, doctrina y experiencia: y que vivan llanamente con los demás, para que con su humildad y modestia se hagan iguales las otras cosas, que pueden parecer desiguales. Los dichos profesos hacen sus tres votos solemnes, de pobreza, castidad y obediencia perpétua, como se usa en las demás Religiones. Porque en estos tres votos consiste la esencia y fuerza de la Religion. Añaden otros cuatro votos solemnes, que es propio y particular de esta Compañía, de obedecer al romano Pontífice acerca de las misiones. Y ha sido invencion de Dios el hacerse este voto en la Compañía, en tiempos tan miserables y de tanta calamidad; en los cuales vemos que los herejes con todas sus fuerzas y máquinas, procuran combatir la autoridad de la santa Silla apostólica. Que dejando aparte los provechos que de este voto se siguen, los cuales se tocan en el sumario de nuestro instituto, y en la bula de la confirmacion de la Compañía, que en el capítulo pasado se puso; es grandísimo bien fortificar y establecer con este voto de la obediencia á su Santidad, lo que los herejes pretenden destruir y derribar.

Y para que no solamente el gobierno de la Compañía sea al presente el que debe ser, sino que de

nuestra parte se cierre la puerta á lo que para adelante nos puede dañar, y se corten las raices de la
ambicion y de la codicia, que son la polilla y carcoma de todas las Religiones. Tambien hacen otros
votos simples los profesos, y prometen de no con-
sentir que se altere, ni mude lo que está ordenado
en las constituciones acerca de la pobreza, sino fuese para estrecharla y apretarla mas : y de no pretender directa, ni indirectamente, ningun cargo
en la Compañía : y de descubrir y manifestar al que
supieren que le pretende ; y de no aceptar ninguna
dignidad fuera de la Compañía, sino fueren forzados por obediencia de quien les puede mandar y
obligar á pecado.

La forma de gobierno es esta. Hay un prepósito
general, que es superior y padre de toda la Compañía : el cual se elige por votos de los provinciales
y de dos profesos de cada provincia, que han sido
nombrados en las congregaciones ó capítulos provinciales de cada una de ellas, para ir con sus provinciales al capítulo general. El prepósito general
es perpétuo por su vida, y tiene entre todos la suma autoridad y potestad. El con la grande informacion que tiene de sus sugetos elige y constituye los
rectores de los colegios, los prepósitos de las casas profesas, los provinciales, visitadores, y comisarios de toda la Compañía. Con esto se quita la
ocasion de pasiones, desasosiegos y otros inconvenientes que suelen suceder cuando los prela-

dos y superiores se eligen por voto y voluntad de muchos. Tambien el mismo preposito general tiene la superintendencia de los colegios. Reparte y concede las gracias y privilegios que tenemos de la Sede apostólica, mas ó menos como le parece. Está en su mano el recibir en la Compañía y despedir de ella, y hacer profesos y llamar á congregacion general, y presidir en ella. Finalmente casi todas las cosas están puestas en su arbitrio y voluntad. Y para que no use mal de esta tan grande potestad el prepósito general, demás del cuidado y diligencia que se pone en escoger el mejor de todos, y el que se juzga que es mas idóneo, y mas á propósito para el tal cargo (que es toda la que humanamente se puede usar) despues de la eleccion del general, por los mismos que le eligieron se nombran otras cuatro personas de las mas graves y señaladas de toda la Compañía, que se llaman asistentes, para que asistan y sean consultores del general. Cuyo oficio es primeramente moderar los trabajos del general, medir su comer y vestir, avisarle con humildad de lo que les parece que conviene para el buen gobierno y estado de la Compañía. Y nómbrase tambien por la misma Compañía uno que se llama admonitor, que tiene este aficio de amonestar mas en particular al general de todo lo que se ofrece. Y porque puede ser que el general, como hombre, caiga en algun error grave, como seria si fuese demasiadamente arrebatado y furioso, ó que gastase

mal y desperdiciase las rentas de los colegios, ó
que tuviese mala doctrina, ó fuese en su vida es-
candaloso, pueden en estos casos los asistentes con-
vocar la Compañía, y llamar á congregacion general (la cual por representar toda la Compañía, es
sobre el mismo general y tiene la suprema potestad) para inquirir y examinar las culpas del general, y conforme á lo que se hallare darle la pena.
Porque caso puede haber en que el prepósito general sea absuelto y privado de su oficio, y castigado
con otras penas mayores. Por lo cual parece que el
gobierno de esta Compañía, aunque tira mucho al
de la monarquía, en la cual hay uno solo que es príncipe y cabeza de todos; pero tambien tiene mucho del
gobierno que los griegos llaman aristocracia, que
es de las repúblicas en que rigen los pocos y los
mejores. Y así dejando lo malo y peligroso, que puede y suele haber en estos gobiernos, ha tomado la
Compañía lo bueno que cada uno de ellos tiene en sí.
Porque no hay duda sino que el gobierno donde hay
un solo príncipe y una sola cabeza, de la cual dependen
todas las demás, es el mejor de todos, y mas durable y pacífico. Pero esto es si el príncipe es justo, y el que es cabeza es sabio, prudente y mode-
rado. Mas hay gran peligro que este tal no se en-
soberbezca y desenfrene con el poder que tiene, y
que siga su apetito y pasion, y no la ley y la razon;
y que lo que le dieron para provecho y bien de
muchos, lo convierta en perjuicio y daño de ellos,

y haga ponzoña de la medicina. Y aunque no caiga en este extremo, y sea muy cuerdo y prudente, no es posible que siendo uno sepa todas las cosas: y por tanto dice el Espíritu santo, que la salud del pueblo se halla donde hay muchos consejos; en los cuales cada uno dice lo que sabe mejor que los demás, y lo que ha experimentado para bien de todos. Pero por otra parte en la muchedumbre de los que gobiernan hay mucho peligro que no haya tantos pareceres como cabezas: en los cuales, aquella unidad tan necesaria para la conservacion de los hombres y de las repúblicas, se venga á partir y á deshacer, y con ella la union, que es el ánima y vida de todas las buenas juntas y comunidades. Pues para huir estos inconvenientes tan grandes que se halla en el uno y otro género de gobierno, ha tomado la Compañía la unidad de la monarquía, haciendo una sola cabeza, y de la república el consejo, dando asistentes al prepósito general: y ha sabido tambien juntar lo uno con lo otro, que el prepósito general presida á todos por una parte, y por otra sea sujeto en lo que toca á su persona, y que los asistentes sean consejeros suyos y no jueces.

Esta es la traza y modelo que con pocas palabras he podido dibujar del gobierno é instituto que nos dejó Ignacio de esta Compañía. La cual, como se puede sacar de lo que habemos dicho, aunque tiene muchas cosas muy esenciales semejantes y comunes á las demás Religiones, pero tambien tiene otras diferentes de ellas y propias suyas. Porque así como por ser Religion, necesariamente ha de tener las cosas esenciales que tienen las demás Religiones (que son los tres votos de pobreza, obediencia y castidad; en las cuales consiste la naturaleza y sustancia de la Religion, y sin las cuales no podria ella serlo) así por ser Religion de clérigos (como dice el sagrado concilio de Trento) tambien se ha de diferenciar de las otras Religiones monacales y de frailes, en lo que ellas se distinguen y son desemejantes de los clérigos. Y siendo tambien cierto que aunque todas las Religiones tienen un mismo fin general, que es seguir los consejos de Cristo nuestro señor, y la perfeccion que en el sagrado Evangelio se nos enseña, pero cada una tiene su fin particular al cual mira, y como á blanco endereza sus obras. Y siendo como son estos fines particulares diferentes unos de otros, necesariamente lo han de ser tambien los medios que para alcanzar los dichos fines se toman; pues los medios dependen del fin como de regla y medida, con la cual se han de medir y reglar. Y no hay Religion ninguna tan semejante á otra, que no tenga algunas cosas propias suyas, y desemejantes á todas las demás. Y cada una de las Religiones tiene sus privilegios y dispensaciones del derecho comun que hace el Vicario de Cristo nuestro señor, como autor, intérprete y dispensador de él, para bien y ornamento de su santa Iglesia. La cual está rica-

mente ataviada y compuesta con esta hermosísima
y admirable variedad, y como los reales espantosos
y bien ordenados, tiene muchos y muy lucidos escuadrones de gentes que pelean todos á una, pero
cada uno con sus propias armas; las cuales suelen
ser tan diferentes, como lo son los soldados que usan
de ellas. Y finalmente Dios nuestro señor, que con
su altísima é infinita providencia, gobierna todas
sus criaturas, da los remedios conforme á las necesidades, y aplica las medicinas como las pide la naturaleza de la enfermedad y en los tiempos en el
consistorio de su divino consejo determinados, envia las Religiones é institutos que es servido, para
que labren y cultiven esta su grande viña de la
Iglesia católica.

CAPÍTULO XXIII.

La constitucion de nuestro muy santo Padre Gregorio XIII de
la nueva confirmacion del instituto de la Compañía de Jesus.

—

Para que mejor se entienda lo que habemos dicho
de nuestro instituto, y que Dios nuestro señor, es
el que le reveló y descubrió á Ignacio, de la manera que la necesidad presente de la santa Iglesia le
habia menester, me ha parecido poner aquí parte de
una extravagante y constitucion perpétua de nuestro muy santo Padre Gregorio XIII, de feliz recor-

dacion; en la cual muy copiosamente declara, y
aprueba, y confirma de nuevo el instituto de la Compañía, y todos sus privilegios y constituciones, y estatutos en general. Y particularmente algunas cosas
de las mas sustanciales que dejo tratadas en este capítulo: y descomulga *ipso facto*, á los que dijeren
y enseñaren lo contrario, y pone freno á algunos
que con demasiada libertad y atrevimiento, osaron
poner lengua en este instituto y en otra bula apostólica (que es la que se puso en las otras impresio-
nes de este libro, y no se pone en esta, porque está embebida en esta constitucion) en que Su Santidad asimismo antes le habia declarado y confirmado, condenando por falsas y temerarias sus proposiciones. Porque como esta Compañía es de Jesus,
no le pueden faltar las contradicciones que tuvo su
cabeza, ni las que han tenido las demás sagradas
Religiones, que son miembros y compañías del mismo Jesus, y militan debajo de su imperial nombre
y bandera, como en esta constitucion se dice. Y como se ve en las persecuciones y calumnias que pa-
decieron las Órdenes de los gloriosos patriarcas santo Domingo y san Francisco en sus principios, y en
los furiosos asaltos y terribles combates que pasaron, que fueron tales, que para resistirlos y vencerlos, fué bien menester el favor de Nuestro Señor.
El cual movió á sus vicarios que tomasen la mano
para su defensa, y proveyó que en aquel mismo tiempo floreciesen los esclarecidos doctores santo To-

más de Aquino y san Buenaventura que eran lumbreras del mundo, para que con el resplandor de
la verdad y gracia, y fuerza que el mismo Señor
les daba, domasen la braveza y orgullo de sus enemigos, y desterrasen la oscuridad y tinieblas de la
mentira y falsedad. Dice pues la Constitucion así:

GREGORIO, obispo, siervo de los siervos de Dios,
para perpétua memoria.

«Entrando Nuestro Señor y Salvador en la na-
«vecilla, luego se alteró la mar, y él rogado de los
«discípulos mandó á los vientos que cesasen. Y cesó
«la borrasca, y sucedió la bonanza y tranquilidad,
«la cual nosotros que estamos puestos al gobernalle
«de esta navecilla de san Pedro, no dejamos de pe-
«dir al mismo Señor con contínuos ruegos y oracio-
«nes, en las tempestades que se levantan, ni de
«poner nuestro trabajo é industria en quebrantar
«las olas turbulentas que la combaten. Y aunque
«para este trabajo nos ha proveido la divina Provi-
«dencia de buenos compañeros y remeros esforza-
«dos, todavía particularmente nos ayuda y alivia
«para vencer las tempestades del mar embravecido,
«el cuidado y trabajo de los que por la comun sa-
«lud de las almas que peligran no hacen caso de
«sus propias comodidades, y se ofrecen á cuales-
«quier peligros. En lo cual todas las demás Reli-
«giones se muestran prontas y aparejadas, pero
«particularmente la Compañía de Jesus, con el

«contínuo trabajo que toma por Cristo, y con la
«perseverancia hasta el fin. La cual habiendo cria-
«do una muchedumbre de hijos muy provechosos
«para la religion católica y aparejada á pasar todos
«los peligros y encuentros por la Iglesia universal,
«no deja de criar otros cada dia con la gracia del
«Señor semejantes á los primeros, para que sus
«hijos siendo ejercilados por varias probaciones, y
«habiendo subido de grado en grado á lo mas alto,
«nos ayuden, y de ellos nos podamos servir en las
«empresas árduas y dificultosas, y para que mejor
«lo puedan hacer, procuramos defenderlos de toda
«injuria y calumnia, y de conservarlos enteros sin
«que ninguno los toque ni ofenda. Y para hacer es-
«to, debemos con la apostólica autoridad amparar
«y defender, y mantener en su fuerza y vigor los
«institutos de la dicha Compañía, que son como los
«cimientos y nervios del socorro y servicio que
«ellos hacen á la religion católica, siguiendo en
«esto el ejemplo de los otros romanos Pontífices,
«de los cuales Paulo III de feliz recordacion, y
«Julio asimismo tercero confirmaron las Constitu-
«ciones y el loable instituto de la dicha Compañía,
«y el mismo Paulo la eximió de toda la jurisdiccion
«de cualesquier ordinarios, y habiendo sido el ins-
«tituto examinado por Paulo IV, y alabado del con-
«cilio Tridentino, Pio V asimismo nuestro prede-
«cesor declaró que la dicha Compañía era Orden de
«mendicantes. Todas las cuales cosas con mucha

«razon han sido concedidas de nuestros predeceso-
«res á la dicha Compañía por las señaladas virtu-
«des y dones que el Señor le ha comunicado: cu-
«yo principal fin es la defension y propagacion de
«la religion católica, y el aprovechamiento de las
«ánimas en la vida y doctrina cristiana. Tambien
«es propio de la gracia de su vocacion ir á diver-
«sas partes del mundo con la direccion del Pontí-
«fice romano y del prepósito general de la misma
«Compañía, y de vivir en cualquier parte del mun-
«do, donde se pueda esperar de sus trabajos mayor
«fruto para la salvaciou de las almas, á gloria de
«la eterna majestad de Dios. Para el cual fin el Es-
«píritu santo, que movió á la buena memoria de
«Ignacio de Loyola, fundador de la dicha Compa-
«ñía, y á sus compañeros, tambien les dió y aco-
«modó los medios convenientes para alcanzar este
«mesmo fin, como son la predicacion de la palabra
«de Dios, y el ministerio y enseñanza de la doc-
«trina cristiana, el uso de los ejercicios espirituales
«y de todas las obras de caridad, la administracion
«y frecuencia de los santos Sacramentos, especial-
«mente del de la penitencia, y del sacratísimo cuer-
«po de Cristo nuestro redentor. Para hacer bien y
«como conviene las tales obras, y para vencer las
«dificultades, y pasar por los peligros que á los re-
«ligiosos de la misma Compañía se ofrecen en se-
«mejantes peregrinaciones y ministerios, es nece-
«sario los que han de obrar tan grandes cosas ten-

«gan grande caudal de virtud y devocion, el cual
«se alcanza principalmente con la gracia y favor de
«Dios todopoderoso, y despues con la crianza y lar-
«ga probacion que en la Compañía se usa y con la
«observancia de las reglas y constituciones. En las
«cuales para ponerse el cimiento que conviene pa-
«ra obra tan alta, se ordena que los novicios en
«la dicha Compañía se prueben dos años, los cua-
«les acabados si ellos quisieren perseverar, y la
«Compañía tuviere satisfaccion de ellos (porque es-
«ta Compañía no tiene solos novicios y profesos co-
«mo las demás Religiones) hacen tres votos sus-
«tanciales simples (sino fuere alguno que se debe
«admitir á la profesion, ó al grado de coadjutores
«formados) de pobreza, castidad y obediencia en la
«misma Compañía, por indulto apostólico de esta
«santa silla, y conforme á la forma de hacer los vo-
«tos, que en las mismas constituciones se expresa
«y declara, y segun ellas prometen de entrar en
«la misma Compañía, es á saber, de pasar adelan-
«te, y tomar aquel grado de ella, que pareciere al
«prepósito general. Los cuales votos hechos dejan
«de ser novicios, y son incorporados y unidos en
«el cuerpo de la Compañía, los que hubieren es-
«tudiado, ó para adelante han de estudiar, como es-
«colares aprobados, y los otros como coadjutores
«temporales, aunque no formados, y cuanto es de
«su parte quedan obligados de perseverar en la
«Compañía perpétuamente: aunque de parte de la

«dicha Compañía, conforme á los indultos apostó-
«licos y las sobredichas constituciones, tanto tiem-
«po cuanto pareciere al prepósito general. Lo cual
«es sumamente necesario para la conservacion de
«la Compañía. Y así al principio de ella se proveyó
«é instituyó, y despues con la experiencia se ha
«comprobado y se manifiesta, y expresamente se
« declara á los que quieren entrar en la Compañía
«en su misma entrada, y ellos la abrazan y entran con
«esta condicion, la cual es para ellos (si alguno se
«hubiese de despedir) mucho mas cómoda, para
«que vayan libres y no cargados con la obligacion
«de sus votos, y por otras justas y razonables cau-
«sas. Los coadjutores temporales no formados, los
«cuales no tratan el ejercicio de letras, sino que se
«ocupan en los negocios temporales de casa, pa-
«sados algunos años, en los cuales habiendo dado
«buena cuenta de sí y satisfaccion al prepósito ge-
«neral de la Compañía, son admitidos al grado de
«coadjutores temporales formados, haciendo los
«tres votos de pobreza, castidad y obediencia pú-
«blicos, y en manos del prelado, pero no por esto
«solemnes, sino simples, así por el establecimien-
«to de las constituciones, como por la intencion
«del que hace el voto, y del que le recibe.
«Los estudiantes acabados los estudios en la Com-
«pañía antes que se hagan profesos ó coadjutores
«espirituales formados, demás de gastar el tercero
«año en otra nueva probacion, ejercitándose en los

« ejercicios de devocion y humildad (para que si el
« fervor de estas virtudes con la ocupacion de las le-
« tras por ventura en algo se hubiese resfriado, con
« el uso y ejercicio mas contínuo de las mismas vir-
« tudes, y con la invocacion mas fervorosa de la di-
« vina gracia se avive é inflame) tambien se prue-
« ban y ejercitan en predicar la palabra del Señor,
« en leer las letras sagradas y escolásticas , en ad-
« ministrar los sacramentos de la Penitencia y Eu-
« caristía y en los otros ministerios de la Compañía,
« todo el tiempo que parece al prepósito general: y
« no son promovidos de estos grados hasta ser de él
« muy conocidos y aprobados. Porque los que han de
« ser admitidos á la profesion de cuatro votos, han
« de ser conforme á las sobredichas constituciones,
« decretos é indultos apostólicos , varones verdade-
« ramente humildes y prudentes en Cristo , en la
« pureza de la vida y en letras señalados, y muy pro-
« bados con largas y muy diligentes experiencias,
« han de ser sacerdotes y bien ejercitados en estos
« semejantes ministerios, porque esta vocacion tales
« los requiere, pues han de pasar despues por otros
« trabajos muy árduos y dificultosos, y por esto·no
« todos pueden ser aptos para hacer esta profesion
« ni hacerse ó ser conocidos por tales, sino es con
« largas probaciones y experiencias. Por tanto el
« mismo Ignacio por divina inspiracion de tal mane-
« ra dispuso el cuerpo de la Compañía, y la distin-
« guió en sus miembros y grados, que fuera de los

«que el prepósito general guzgare ser idóneos á la
«profesion de cuatro votos, y algunos que se pueden
«admitir alguna vez á la profesion de tres votos, to-
«dos los demás aun sacerdotes, cuya vida y doctri-
«na hubiere sido largo tiempo probada en la Com-
«ñía, y satisfecho al prepósito general, con su licen-
«cia de él sean recibidos al grado de los coadjutores
«espirituales formados, haciendo aquellos tres votos
«asimismo públicos pero simples en manos de su
«superior: los cuales votos hechos, todos los coad-
«jutores formados, así espirituales como temporales,
«tienen su grado cierto en la Compañía, y son in-
«capaces de cualquiera herencia y sucesion, y no
«pueden por ninguna manera tener cosa propia con-
«forme á las mismas constituciones, y no puede nin-
«guna casa, ó iglesia, ó colegio de la dicha Com-
«ñía suceder en los bienes de los que hubieren he-
«cho los semejantes votos públicos, aunque mueran
«*ab intestato*, como ni tampoco en los bienes de los
«profesos. Pero los que han de ser profesos de cua-
«tro votos, demás de tres solemnes y substanciales
«votos añaden tambien otro cuarto solemne de obe-
«decer al romano Pontífice acerca de las misiones,
«el cual voto hace por ser dirigidos y guiados mas
«seguramente del Espíritu santo en las dichas mi-
«siones, y para mayor obediencia de los mismos
«que fueren enviados, y mayor devocion á la silla
«apostólica, y mayor humildad y mortificacion, y
«abnegacion de sus propias voluntades.

« Hecha la profesion , ahora sea de cuatro votos
« ahora de tres, los profesos para conservar la per-
« feccion de la pobreza (que es muro y baluarte del
« instituto religioso) y para cortar cualquiera ocasion
« de ambicion , hacen algunos otros votos simples,
« en los cuales prometen que jamás por ninguna
« razon tratarán ni consentirán que lo que está or-
« denado acerca de la pobreza en las Constituciones
« de la Compañía se altere sino fuese cuando por
« justos respetos y ocasiones la pobreza se hubiese
« de estrechar mas , y que no pretenderán ni aun
« cubiertamente ninguna prelacía ó dignidad, dentro
« ó fuera de la Compañía , y que no consentirán en
« ninguna eleccion que de sus personas se hiciere
« fuera de la Compañía cuanto en ellos suene, sino
« fueren compelidos por la obediencia de quien se
« lo puede mandar, so pena de pecado, y allende de
« esto que descubrirán á la Compañía ó al prepósito
« general cualquiera que supieren que trata ó pre-
« tende alguna cosa de estas. Y no solo los·profesos
« y coadjutores formados, sino todos los demás que
« acabados los dos años de la probacion hubieren
« hecho los dichos tres votos sustanciales aunque
« simples, si sin expresa licencia salieren de la Com-
« pañía, aunque sea con pretexto de mayor perfeccion,
« y de pasarse á cualquiera otra Orden (sino fuere
« la de los Cartujos) caen en las penas de apostasía
« y descomunion por decreto de la Silla apostólica,
« de las cuales no pueden ser absueltos, sino del su-

« mo Pontífice , ó del prepósito general. Porque se
« le haria agravio á la misma Compañía, si se le qui-
« tasen los varones que ella con tanto trabajo ha
« criado y enseñado para tan altos ministerios, lo
« cual no seria sin daño de la religion católica, y de
« esta santa Silla, especialmente que las Constitucio-
« nes de la Compañía, y los privilegios en los cuales se
« contiene lo que habemos dicho, se dan á los que
« quieren entrar, para que en un aposento aparte
« lo consideren todo, antes que sean recibidos al co-
« mun trato y vida de los novicios.

« Acabados pues los dos años de noviciado, y
« hechos los votos simples, una es la comun mane-
« ra de vivir y obedecer de todos. Porque deben to-
« dos obedecer en todas las cosas, y vivir en co-
« munidad, así los otros como los profesos y coad-
« jutores formados, y esto de manera que en las
« casas de probacion, y en los colegios vivan de
« las rentas que tuvieren, mas en las casas de los
« profesos, las cuales no pueden tener renta ningu-
« na, vivan puramente de limosna. Y aunque los
» que aun no han llegado al grado de los profesos
» y de los coadjutores formados por otras justas cau-
« sas y particularmente para que la Compañía pueda
« con mayor libertad (si fuere menester) despedir-
« los con menor ofension, puedan por algun tiempo
« á su juicio del prepósito general, tener el derecho
« y dominio de sus bienes, para poderlos mejor dis-
« pensar á los pobres ó en otras obras pias, con-

« forme á la devocion de cada uno, y del consejo
« evangélico, y de la promesa que hacen en el priu-
« cipio del noviciado; pero entretanto cuanto al uso
« de ellos guardan la pobreza religiosa y no pueden
« usar de ninguna cosa propia, sin licencia del su-
« perior.

»Y aunque todos los que pasados los dos años
« del noviciado hubieren hecho los dichos tres votos
« simples de la manera que habemos dicho, y que
« son incorporados en la misma Compañía, y que
« gozan de los merecimientos y privilegios de ella
« como los mismos profesos, y que cuanto es de su
« parte están aparejados para hacer la profesion si
« el prepósito general juzgare que conviene al ins-
« tituto de dicha Compañía, y están dedicados per-
« pétuamente con los votos simples al servicio de
« Dios, y contentos con su suerte y vocacion, co-
« mo lo pide el loable instituto de ellos. Y finalmen-
« te, si salen de la Compañía están sujetos á la ex-
« comunion y á las otras penas en que incurren los
« apóstatas, está claro que son verdadera y propia-
« mente religiosos. Pero habiendo nosotros entendi-
« do de poco tiempo acá, que algunos aunque son
« obreros provechosos y celosos en la viña del Se-
« ñor, algunas veces se afligen y fatigan, pare-
« ciéndoles que no son religiosos, porque no son
« profesos, y tambien que no faltan otros, los cua-
« les so color de religion transfigurándose Satanás
« en ángel de luz, no solamente con esta ocasion

« andan ellos desasosegados en sí, pero tambien de-
« sasosiegan á los otros turbando su paz y vocacion,
« y procurando inquietarlos y apartarlos de lo que
« han comenzado, de lo cual podria esta Religion tan
« provechosa recibir notables daños.

« Por tanto nosotros considerando que la divina
« Providencia conforme á la necesidad de los tiem-
« pos ha enviado á su Iglesia varios y saludables ins-
« titutos de Religiones, y para las nuevas enferme-
« dades, que en ella cada dia nacen, provee de nue-
« vos remedios, y para las nuevas impugnaciones de
« los enemigos ha ordenado nuevas compañías y sol-
« dados de las Ordenes reglares, y queda á cada uno
« de ellos, conforme á la particular gracia de su vo-
« cacion, sus particulares señales, propias insignias
« y proporcionados medios para el fin que pretende,
« y que ahora especialmente (como lo declaran los
« dichos sucesos por todo el mundo) produce mara-
« villosos frutos en el campo el Señor con este par-
« ticular instituto de la dicha Compañía; la cual co-
« mo las demás Religiones en sus principios es com-
« batida del espíritu de la contradiccion, y por esta
« causa todas las Religiones se suelen armar y defen-
« der, con las constituciones de los romanos Pontífi-
« ces, como se ve claramente en las esclarecidas Orde-
« nes de santo Domingo, y san Francisco.

« Por tanto, aunque nosotros háyamos otras ve-
« ces confirmado y declarado el instituto, privilegios
« y constituciones de la dicha Compañía, y de nues-

«tro *proprio motu* estatuido y ordenado, que los que
«pasados los dos años del noviciado hubieren hecho
«los tres votos, aunque simples, son verdadera y pro-
«piamente religiosos, mandando que ninguno ponga
«duda en ello, y con cláusula irritante, y con otros
«decretos y fuerzas, como se contiene mas copio-
«samente en nuestras letras apostólicas que tratan
«de esto, pero porque no han faltado algunos que
«con temeraria osadía, despues de esta nuestra de-
«claracion, decreto, mandato y entredicho han que-
«rido impugnar y enflaquecer no solamente muchas
«de las cosas sobredichas, y otras por ventura to-
«cantes al instituto y manera de vivir de la Com-
«pañía, mas tambien desvergonzadamente han in-
«tentado impugnar desde la cátedra públicamente
«con temerario atrevimiento los sobredichos apostó-
«licos decretos y mandatos, é interpretar falsamente
«nuestra mente, disputando y poniendo en duda
«las cosas sobredichas queriéndolas medir con las
«reglas comunes, formas y estatutos de las otras
«Religiones, ignorando del todo el instituto de la
«Compañía y sus particulares constituciones, y la
«fuerza de los votos simples de ella, aprobados de
«la Silla apostólica en la Religion de la dicha Com-
«pañía por ella tambien aprobada.

«Y queriendo con sus falsas interpretaciones per-
«vertir algunas cosas, que por derecho antiguo es-
«tán establecidas, y despues con el suceso del tiem-
«po con la autoridad de esta Silla apostólica, y su

«aprobacion y confirmacion, y particulares privile-
«gios han sido corroboradas y establecidas.»

Y mas abajo. «Nosotros queriendo proveer al pro-
«vecho de la Iglesia universal, el cual experimen-
«tamos que crece con la conservacion del instituto
«de la dicha Compañía conservado inviolablemente
«en su firmeza y con la multiplicacion de los hijos
«y religiosos de ella, y esperamos que cada dia
«crecerá mas, y tambien teniendo cuenta con la in-
«demnidad, paz y acrecentamiento de la misma Com-
«pañía, *motu simili* y de nuestra cierta ciencia y
«con la plenitud de la apostólica potestad, aproba-
«mos y confirmamos el loable instituto de la dicha
«Compañía, y todas las cosas sobredichas á él to-
«cantes, y los privilegios arriba dichos, y todos los
«demás de la dicha Compañía, y las facultades y
«exenciones, inmunidades, gracias é indultos, que les
«han sido concedidos de los sobredichos predeceso-
«res nuestros, y tambien de nosotros mismos por
«comunicacion y participacion, y las constituciones y
«estatutos y decretos cualesquiera que sean: lo cual
«todo, como si palabra por palabra fuese inserto en
«estas presentes letras, teniéndolo por expreso y
«declarado, con la autoridad apostólica y tenor de
«estas nuestras presentes letras, lo aprobamos y
«confirmamos, supliendo todos los defectos que por
«ventura han intervenido de hecho ó de derecho en
«las dichas constituciones y estatutos.

«Allende esto queriendo nosotros armar y de-

«fender la dicha Compañía con la firme armadura
«de esta santa Silla, con esta nuestra perpétua
«constitucion, con el mismo *motu proprio* y con
«la misma ciencia y plenitud de potestad, estatuimos
«y decretamos, que los tres votos sobredichos, aun-
«que sean simples, por la institucion de esta Silla
«apostólica y de esta nuestra delaracion y confir-
«macion son verdaderamente votos sustanciales de
«Religion y en la dicha Compañía, como en Religion
«aprobada haber sido y ser admitidos por la misma
«Silla apostólica, y por nosotros admitirse, y que
«ninguno, sino nosotros, ó la dicha Silla puede
«dispensar en ellos, ni ellos pueden cesar ni per-
«der su fuerza en ninguna manera, sino es por
«ser despedidos legítimamente de la Compañía los
«que los hicieren. Y demás de esto haber sido y
«ser, y que para adelante serán, y en todo lugar
«y tiempo haber de ser tenidos y nombrados por
«verdaderos y propios religiosos, no solamente
«los que son admitidos á los grados y ministerios
«de coadjutores formados espirituales ó temporales,
«como está dicho, sino tambien los mismos estu-
«diantes y todos los demás, cualesquiera que sean,
«los cuales recibidos en la Compañía acabados los
«dos años de probacion hubieren hecho los tres vo-
«tos sustanciales sobredichos, aunque simples, ó
«para adelante los hicieren: y que estos tales de la
«misma manera que los otros profesos de la Com-
«pañía, ó de las otras cualesquier Religiones deben

17

« obedecer en todo y por todo á sus superiores y pre-
« pósitos, y que son inmediatos y sujetos á esta Silla,
« y exentos totalmente de la jurisdiccion de cuales-
« quiera ordinarios y delegados, y otros cualesquier
« jueces como nosotros por vigor de estas nuestras
« presentes letras los eximimos.

« Finalmente declaramos, que así como son par-
« tícipes de todos los privilegios de la Compañía,
« conforme á la disposicion del prepósito general, así
« tambien están sujetos á la excomunion mayor *lata*
« *sententiæ*, y á las penas en que incurren los após-
« tatas, los tales que se salieren de la Compañía, y
« que pueden ser castigados, como verdaderos após-
« tatas, y que no pueden ser absueltos de las dichas pe-
« nas por ninguna persona, si no es por nosotros, ó por
« la silla apostólica sobredicha, ó por el prepósito ge-
« neral, y que antes de la tal absolucion y de ser
« despedidos de la Compañía, no puedan casarse ni
« contraer matrimonio, antes nosotros los hacemos
« inhábiles para contraer, y todos los contratos se-
« mejantes que se hicieren, los anulamos é irrita-
« mos y declaramos ser nulos é irritos y sin fuerza,
« Y para refrenar la osadía de los contradicientes,
« todas las sobredichas proposiciones, ú otras cua-
« lesquiera semejantes á ellas, contra el instituto de
« la dicha Compañía dichas ó escritas en cualquie-
« ra manera en perjuicio de ella, declaramos ser to-
« talmente falsas y temerarias, y haber de ser teni-
« das por tales.

«Por tanto, en virtud de santa obediencia y
«so pena de excomunion *latæ sententiæ*, y de
«ser tenidos por inhábiles é incapaces de cual-
«quier oficio ó beneficio seglar ó reglar de cualquie-
«ra Orden que sean (las cuales penas *ipso facto* sin
«otra declaracion se incurrirán, y cuya absolucion
«reservamos para nosotros mismos y para nuestros
«sucesores) mandamos que ninguno de cualquier
«estado, grado y preeminencia que sea, se atreva
«de impugnar ó contradecir directa ó indirectamente
«al instituto y Constituciones de la dicha Compañía,
«ni estas letras presentes, ó cualquiera de los artí-
«culos que en ella se contienen ó cualquiera otra
«cosa concerniente á lo que hasta aquí se ha dicho
«con ningun color de disputar ó querer saber la
«verdad. Prohibiendo estrechamente que ninguno
«de fuera ni de dentro de la dicha Compañía, sino
«fuere con licencia del general ó de los otros in-
«feriores prepósitos, escriba anotaciones, declara-
«ciones, glosas, escolios acerca de las cosas arriba
«contenidas, ni se atreva en ninguna manera de
«interpretarlas, sino llanamente como suenan las
«mismas palabras, ni de disputar ó mover escrú-
«pulo á nadie, ni poner duda en ello, ni presuma
«de leer, ni de enseñar y dar á otros, vender ó
«tener en su poder las glosas ó interpretaciones,
«ahora sean impresas, ahora escritas á mano, que
«tocaren á esto; porque nuestra voluntad es, que
«si se ofreciere alguna duda sobre estas cosas sea

« consultada esta santa Silla ó el prepósito general
« de la dicha Compañía, ó las personas á quien él
« lo cometiere.

« Y así queremos que todos los jueces y comi-
« sarios, aun que sean auditores de las causas del
« palacio apostólico y cardenales de la santa Iglesia
« de Roma juzguen y determinen todas y cuales-
« quiera de las cosas sobredichas, en cualquier
« causa é instancia, y les quitamos la facultad y
« autoridad de juzgarlas é interpretarlas diferente-
« mente de lo que nosotros lo hacemos. Y si acaso
« alguno á sabiendas ó por ignorancia tentase algo
« sobre estas cosas, de otra manera lo declaramos por
« inválido y sin ninguna fuerza.

« Por lo cual por estas letras apostólicas mandamos
« á todos y á cada uno de los patriarcas, arzobispos,
« obispos, y á los demás prelados de las iglesias y
« lugares, aunque sean de reglares, que están por
« todo el mundo, que las hagan guardar invio-
« lablemente de todos, cada uno en sus iglesias,
« provincias, ciudades, diócesis y lugares de su
« jurisdiccion, y que defiendan al prepósito y per-
« sonas de la dicha Compañía para que gocen pací-
« ficamente de todo lo que en ellas se contiene, y
« no permitan que ellos sean molestados por nin-
« guna persona, y que á los contrarios los refrenen
« con censuras eclesiásticas y con otros oportunos
« remedios del derecho ó del hecho, sin que les val-
« ga apelacion é invoquen tambien para este efecto,

« si fuere necesario, el auxilio del brazo seglar , no
« obstante la constitucion de Bonifacio papa VIII,
« de feliz memoria que comienza : *Quoad votum,*
« ni las otras constituciones apostólicas, ni los es-
« tatutos de las otras Religiones, costumbres, privi-
« legios confirmados con juramento , confirmacion
« apostólica, ó con otra firmeza corroborados, ni los
« indultos y letras apostólicas, cualesquiera que
« sean , que se hayan concedido á las dichas Orde-
« nes, universidades, lugares ó personas , por cua-
« lesquiera romanos Pontífices nuestros predeceso-
« res , y por nosotros mismos , y por la dicha santa
« silla, aunque hayan sido concedidas *motu proprio,*
« y *éx certa scientia,* y con la plenitud de la po-
« testad apostólica , y cualesquiera cláusulas irri-
« tativas, anulativas , casativas , revocativas, mo-
« dificativas , preservativas , exceptivas , declarati-
« vas , *mentis attestativas* y derogativas de otras
« derogatorias , y otras cualesquiera eficaces é in-
« sólitas cláusulas irritantes, y otros decretos *in ge-*
« *nere vel in specie* de cualquiera manera aunque
« sean muchas veces concedidos , confirmados y
« renovados, los cuales todos y á cada uno por sí
« aunque en ellos se diga expresamente , que no se
« puedan en ninguna manera derogar ó no, sino con
« cierto modo y cierta forma en ellos contenida.
« Y que para que sean derogados suficientemente
« se haga especial, específica y expresa mencion de
« ellos ó de su tenor, ó que se guarde alguna forma

«exquisita para esto, teniendo los dichos tenores
«y formas por expresas y declaradas suficiente-
«mente en estas nuestras letras, por esta sola vez
«especialmente y expresamente las derogamos,
«queriendo que en lo demás quedan en su vigor y
«fuerza, y á todas las otras cosas contrarias cua-
«lesquiera que sean : no obstando tampoco que
«algunos en comun ó en particular tengan privile-
«gio de la Silla apostólica, que no puedan ser en-
«tredichos, suspensos ó excomulgados, si en las
«letras apostólicas no se hiciere entera y expresa
«mencion, palabra por palabra de este indulto.

«Y es nuestra voluntad que todos los que tienen
«privilegios de participar copiosamente de las gra-
«cias de la dicha Compañía, ó que para adelante de
«cualquiera manera los tendrán, no puedan gozar de
«la comunicacion de esta presente constitucion y
«gracia. Y así lo vedamos y prohibimos, y queremos
«que al traslado de estas nuestras letras aunque sea
«impreso siendo firmado de mano del secretario de
«la dicha Compañía, ó de algun notario público y
«autenticado con el sello del prepósito general de
«la dicha Compañía, ó de otra cualquiera persona
«constituida en dignidad eclesiástica, se dé la misma
«fe y crédito en juicio y fuera de él, que se daria
«á estas nuestras letras originales si se presentasen
«ó mostrasen. Ninguno pues sea osado á quebran-
«tar ó contravenir con temerario atrevimiento á
«esta escritura de nuestra aprobacion, confirmacion,

«suplemento, decreto, estatuto, mandamiento, en-
«tredicho, derogacion y voluntad. Y si alguno con
«temerario atrevimiento presumiere tentar de que-
«brantarla, sepa que le alcanzará la ira de Dios om-
«nipotente y de los bienaventurados san Pedro y
«san Pablo sus apóstoles. Dada en Roma, en san
«Pedro el año de la encarnacion del Señor, de mil
«y quinientos y ochenta y cuatro á veinte y cuatro
«de mayo, en el año décimotercio de nuestro pon-
«tificado.»

M. Car. S. Stephani.

Registrata apud Cæsarem secretarium.
Cæsar Glorierius.

A. de Alexiis.

CAPÍTULO XXIV.

De los colegios que tiene la Compañía para enseñar.

Mas porque entre los otros ministerios en que se
ocupa esta Religion de la Compañía de Jesus en
servicio de Dios nuestro señor y de su santa Iglesia, por órden é institucion de Ignacio, uno muy
principal es el de los colegios que tiene para enseñanza de la juventud en virtud y letras, y á algunas
personas graves les parece este ejercicio nuevo y
ajeno, y aun indecente de la gravedad religiosa, á lo
menos en lo que toca á las escuelas menores, don-

de se enseñan á los niños las primeras letras de la gramática, y preguntan las causas y motivos que tuvo Ignacio para instituir estos colegios y escuelas, y abrazar con tanto cuidado una ocupacion, que por un cabo es muy trabajosa y molesta, y por otro parece abatida y no propia de religiosos, quiero en este capítulo responder á esta pregunta, y dar satisfaccion con el favor de Nuestro Señor á los que en esto dudan, declarando la razon que hay para hacer lo que se hace.

Los colegios que tiene la Compañía, son como seminarios de la misma Compañía, en los cuales nuestros estudiantes, despues que en las casas de probacion fueron novicios y se ejercitaron en la devocion, mortificacion y toda virtud, estudian y se hacen letrados; para que acompañando la doctrina necesaria con la buena vida, puedan mejor servir á la Iglesia de Dios en los ministerios que usa la Compañía, cada uno conforme su habilidad y talento. Pero estos colegios de tal manera son seminarios de la Compañía como dijimos, que en algunos de ellos los nuestros no enseñan á los otros las ciencias, sino que ellos las aprenden; pero muchos otros son tales que en ellos se enseñan todas las ciencias que son necesarias para un perfecto teólogo, comenzando desde los primeros principios de gramática, hasta lo mas subido de la sagrada teología.

Estos colegios en que la Compañía enseña, no son todos iguales, ni en todos se enseñan todas las ciencias, sino en unos unas y en otros otras, en algunos todas, y en todos algunas, segun la dotacion y posibilidad de cada uno de los colegios y del número de los religiosos que en ellos viven. Pero en los mas, ó casi en todos, se enseña por lo menos la gramática y latinidad á los niños. Y en esto reparan algunas personas, por tenerlo por cosa que no dice bien con la quietud y gravedad religiosa, como he dicho.

Las causas pues que movieron á Ignacio á ordenar que la Compañía se ejercitase en este ejercicio, son muchas, pero la primera y mas principal de todas es, ver que Dios nuestro señor ha enviado esta Religion para que sirva á su Iglesia en un tiempo tan miserable, que la mayor parte del mundo está ocupada de infieles, ó inficionada de herejes. Y la que nos resta de católicos, está tan estragada de vicios y maldades, que se puede temer que la mala vida de los cristianos no abra camino como suele, á los errores y herejías: y que con ellas se acabe de perder esto que nos queda en Europa, pues dice el bienaventurado apóstol san Pablo: *Multi repellentes bonam conscientiam naufragaverunt circa fidem.* Que muchos por haber dejado el temor de Dios y héchose sordos á las voces que da la buena conciencia, han dado al través con la fe. Y en otro lugar dice: *Radix omnium malorum est cupiditas, quam quidam appetentes erraverunt à fide.* Que quiere decir, que por la codicia y deseo insaciable del dinero

17·

perdieron algunos la fe. Porque el corazon que está preso y aborrece la virtud, busca doctrinas á su gusto, y tiene por verdadero lo que es placentero y sabroso á su estragado paladar. Y la voluntad arrebatada de la pasion, ciega el entendimiento, y acaba con él que deje la fe, y aquella doctrina que siempre le ladra y es contraria á la maldad. Y siendo esto como es verdad, juzgó Ignacio, que para atajar este fuego, y tener la casa que no se nos caiga encima, es necesario reformar las vidas y enmendar las costumbres; y que para esto no hay ningun medio, ni mas fácil, ni mas eficaz, que criar los niños en el temor santo de Dios, y enseñarlos á ser cristianos desde su tierna edad, para que mamando con la leche la virtud, crezcan con ella, y siendo ya hombres y grandes, ejerciten lo que siendo niños y pequeños aprendieron.

Esto es lo que todos los que trataron y escribieron leyes para el buen gobierno de las repúblicas, en todas las naciones, y en todos los siglos enseñaron. Porque para que prenda y eche raices el árbol que se planta, ha de ser tierno. Y un sabio, aunque gentil, dijo, tanto va en el acostumbrarse á una cosa desde niño. Y otro, que el vaso sabe á la pega, y toma siempre el sabor del primer licor que se echó en él. Y Aristóteles dijo, no va poco, sino mucho en acostumbrarse de una manera ó de otra, desde la mocedad. Pero mucho mejor lo dijo el Espíritu santo por Salomon en aquellas palabras:

Proverbium est, adolescens juxta viam suam am-
bulans, etiam cum senuerit non recedet ab ea.
Que es proverbio ya y comun dicho de todos, que
el mozo acostumbrado á andar por un camino, aunque se haga viejo no le dejará. Y antes de Salomon
dijo Job: *Ossa ejus implebuntur vitiis adolescen-*
tiæ ejus. Sus huesos se henchirán de los vicios de
su mocedad. Por esto dijo Platon, que él no sabia
ninguna cosa en que los hombres hubiesen de poner
mayor estudio y cuidado, que en hacer buenos .á
sus hijos desde niños. Y san Agustin dice, que mas
cuidado han de poner los padres en criar bien á los
hijos que tienen que no en desearlos ni en tenerlos.
Y el mismo Platon en los libros que escribe de la
república, y en los de las leyes, ninguna cosa encarece mas, que la crianza y buena institucion de
los niños, y la toma por base y fundamento de todo
lo que enseña. Porque dice, que de ella depende el
bien de la república, y que mas caso se ha de
hacer en que haya buenos gobernadores en las ciudades, que no buenas leyes. Y da la razon, porque
la ley buena, sino hay buen gobernador que la eje-
cute, es ley muerta, mas el buen gobernador aunque no tenga ley escrita, él mismo se es ley viva.
Y añade, que no podrá haber buenos gobernadores,
sino hay buenos ciudadanos, de los cuales se han
de tomar los que han de gobernar: y para que los
ciudadanos sean los que deben ser, tambien es necesario que lo sean los niños y los mozos, que des-

pues de haber crecido han de venir á ser ciudadanos y á gobernar la república; y comunmente serán tales, cuales fueron en su mocedad; y así concluye que si no se echa este cimiento, todo lo que sin él se edificare caerá. Plutarco, filósofo prudentísimo, y maestro de Trajano emperador, dice otro tanto, y escribió un libro entero de la manera con que se han de criar los hijos. En el cual es cosa de ver cuanto encarece este negocio, y dice que es la fuente y la raiz de todos los bienes, y que en él consiste el principio, medio y fin del buen gobierno; y que ninguna de las cosas humanas, como son riquezas, nobleza, honra, hermosura, salud y fuerza, deberian los hombres estimar en tanto, como la buena crianza de sus hijos. Y dice mas, que no merecen el nombre de padres, los que ponen mas cuidado en ganar y allegar hacienda, que en hacer buenos á sus hijos á los cuales la han de dejar. Y que esto es tener mucho cuidado del calzado, y no tener ninguno del pié que le ha de calzar. Y que es cosa de risa ver lo que se reprende al hijo cuando come con la mano izquierda, y la poca cuenta que se tiene que no sea siniestro y torcido en sus costumbres. Y añade que lo que mas hace al caso, y lo que es mas principal en este negocio, es que se busquen para los hijos, maestros cuya vida no esté amancillada con vicios, cuyas costumbres sean irreprensibles, y de cuya aprobada virtud se tenga mucha noticia y experiencia.

Casi lo mismo dice san Juan Crisóstomo por estas palabras «Grande y rico depósito de Dios son vuestros hijos, guardadlo con gran cuidado, para que no os lo roben los ladrones.» Mas ahora hácese al revés, porque tenemos gran cuidado que nuestras tierras y heredades sean muy buenas, y encomendámoslas á buenos labradores para que las cultiven y labren bien. Procuramos de tener buen acemilero, y buen procurador, y buen despensero, y olvidámonos de buscar buen maestro para los hijos que salieron de nuestras entrañas, y de encargar el tesoro mas precioso que tenemos á persona que le sepa guardar. Tenemos mas cuenta de lo que es menos, y no hacemos caso de lo que es mas. Xenofonte, filósofo grave é historiador excelente, escribe muy particularmente el cuidado que tenian los persas en criar é instituir los niños: y que señalaban doce varones de los mejores y mas principales de la ciudad, que tuviesen cargo de ellos, y pinta las leyes que les hacian guardar, y las cosas en que los ejercitaban: y despues que comenzaban á ser mozos y salian de los diez y siete años habian otros que los gobernaban y ocupaban en otras cosas propias de aquella edad. Y alaba á los lacedemonios, porque no se fiaban del cuidado de los padres en criar sus hijos, sino que formaban un oficio y magistrado, y ponian ellos hombre particular y propio, nombrado por la misma república, que tuviese cargo de criar todos los hijos de ella: y esto mismo alaba Aristóteles, encareciendo lo que importa este negocio. Y dice que donde los niños se crian, no ha de haber pinturas al desnudo, ni figuras deshonestas de sus dioses, ni se han de representar delante de ellos comedias ó farsas. Y con mucha razon: porque la condenacion de mucha gente tiene principio en la mala institucion y crianza que tuvieron siendo niños, y en el poco recato con que los guardan sus padres, á cuya cuenta se asienta esta culpa por ser ellos causa de ella

Filipo rey de Macedonia, no tuvo en tanto que le hubiese nacido Alejandro su hijo y sucesor, cuanto que hubiese nacido en tiempo de Aristóteles, para darle por maestro un filósofo tan excelente: entendiendo lo que importaba para que su hijo fuese el que habia de ser, que tuviese desde su niñez quien le impusiesen en la virtud y en los oficios que para tan grande príncipe convenian. Y así se lo escribió á Aristóteles, rogándole que quisiese ser maestro de su hijo. Un poeta griego dijo, que aquel es verdaderamente bienaventurado, que es bienaventurado en sus hijos: dando por esto á entender, que de las tejas abajo no hay cosa que tanto se deba estimar, como la buena institucion de ellos. Ciceron claramente dice, que ningun beneficio se puede hacer á la república mayor ni mejor, que el enseñar é instituir bien á la juventud; especialmente en tiempo que las costumbres están depravadas. Quintiliano nuestro español, para formar y pintar un perfecto y

consumado orador, comienza desde la cuna, y quiere que se tenga gran cuenta con las costumbres y
con las palabras de el ama que le ha de criar, y de los
otros niños con quien ha de jugar. A san Hierónimo
varon de tan grande santidad y autoridad, entre las
otras gravísimas ocupaciones que tenia, no le pareció que era menoscabo suyo escribir muy de propósito, como se habia de criar una niña cristiana, para
que fuese sierva de Dios. Y así escribe una epístola
á Gaudencio de *Pacatulæ Infantulæ educatione*,
y otra maravillosa *ad Lætam, de institutione fi-
liæ.* En la cual despues de haber enseñado cual ha
de ser el ama que la ha de dar la leche, y las compañeras con quien se ha de criar, y otras particularidades y menudencias que causan admiracion por
el cuidado y diligencia que pone este tanto en cosas tan menudas, dice estas palabras: «Búsquese un
maestro de buena edad, vida, y doctrina para que
la enseñe. Y no creo yo que ningun varon docto se
avergonzará de hacer con una doncella noble, ó pa-
rienta suya, lo que Aristóteles hizo con Alejandro hijo del rey Filipo, que fué enseñarle las primeras letras. No se han de tener en poco las cosas pequeñas, sin las cuales no se pueden conservar las grandes. El mismo son del A, B, C, y de los elementos,
la enseñanza de los primeros preceptos, de otra manera salen de la boca de un hombre docto, y de otra
de la de un rústico ó ignorante.» Y añade: «Con
dificultad se borra lo que se escribió en los ánimos

de los niños; ¿quién podrá volver á su blancura la lana teñida en grana? La olla nueva conserva largo tiempo el sabor y olor del primer licor que en ella se infundió. Los historias griegas cuentan que Alejandro Magno, rey poderosísimo y vencedor del mundo, en las costumbres y en el andar imitó siempre los vicios de su ayo Leónides, porque desde niño se le habian pegado.» Hasta aquí son palabras de este glorioso Doctor.

Suplicando una santa á Nuestro Señor por su Iglesia, y pidiéndole con muchas oraciones y lágrimas, que la reformase y restituyese á su antigua belleza y hermosura, le fué mostrada una manzana, toda gastada y podrida, y le fué preguntado como de aquella manzana, se podrian hacer otras manzanas que fuesen lindas y sabrosas? Y al fin le fué enseñado, que no habia otro remedio sino sembrar las pepitas que estaban dentro, para que de ellas naciesen manzanas que diesen despues fruta sana y sabrosa, y que lo mismo se habia de hacer para la reformacion de la Iglesia. Porque estando todo el mundo tan estragado y corrompido, no tiene otro remedio para mejorarse y reformarse, sino sembrar los chiquitos y plantar en ellos la virtud. No sin causa quiso Dios que la que habia de ser su esposa, y madre de su precioso hijo, fuese presentada en el templo de edad de tres años: y que san Juan Bautista que habia de ser su adelantado, desde niño se fuese al desierto: y que muchos santos que habian de ser muy señalados en su Iglesia, comenzasen de su tierna edad á dar muestras de lo que habian de ser adelante, y de lo que importaba la crianza y doctrina con que se crian los niños, como se lee de san Nicolás y de san Ildefonso obispos, y de san Benito y santo Domingo, fundadores de Religiones, y de santo Tomás de Aquino, luz de las escuelas, y de san Luis, rey de Francia, espejo y dechado de reyes, y de otros muchos.

San Basilio notó muy bien en el 15 capítulo de las reglas y cuestiones que trató mas difusamente acerca de las cosas de los monjes y de la Religion, que queriendo el bienaventurado san Pablo alabar á su discípulo Timoteo, dice que habia aprendido las sagradas letras desde su niñez. Porque, como dice santo Tomás, lo que se aprende en aquella edad siempre se nos queda con mas perfeccion y firmeza. Y por esto mismo los santos Apóstoles instituyeron y ordenaron, como dice san Dionisio Areopagita en el postrero capítulo de ¦su *eclesiástica Hierarchia*, que los niños se bautizasen y recibiesen la luz y gracia de nuestra redencion, para que limpios y santos, y apartados de todo error y fealdad, se criasen en la obediencia de Nuestro Señor, y perserverasen despues en ella, como en cosa con que ellos renaciendo en el bautismo, habian casi nacido y criádose desde el vientre de sus madres.

La manera que algunos emperadores tiranos y perseguidores de la santa Iglesia tomaron para destruir y asolar de todo punto la fe de Jesucristo nuestro señor, fué el pervertir á los niños y criarlos con el odio de Jesucristo. Porque de Maximino emperador (que fué una fiera cruel y bestia espantosa, y uno de los mas horribles y sangrientos tiranos que persiguieron la Iglesia de Dios) escribe Eusebio Cesariense en su historia eclesiástica, que viendo que con todos los tormentos y linajes de muertes que inventaba, para afligir y deshacer á los cristianos, y desarraigar su nombre de la haz de la tierra, no aprovechaba nada, porque cuantos mas mártires hacia, mas parece que nacian, y la sangre de los cristianos que se derramaba, era como semilla que se multiplicaba y crecia cada dia mas; inventó una estraña y diabólica manera de persecucion, para acabar con ella lo que con los tormentos y muertes no habia podido. Y fué, que hizo componer un libro que llamaron los actos de Pilato, en el cual habia mil mentiras y abominables blasfemias contra Jesucristo nuestro redentor, y mandó que todos los maestros de escuela leyesen aquel libro, y los muchachos le aprendiesen y decorasen para que inficionados con esta ponzoña del aborrecimiento y odio de Cristo, persiguiesen á los que le seguian y profesaban su doctrina.

Lo mismo han hecho los luteranos en Alemania, y los hugonotes en Francia en nuestro tiempo, para dilatar sus errores y herejías, haciendo componer muchos versos y oraciones elegantes, á poetas y oradores doctos, contra el Papa y contra los eclesiásticos, y contra las verdades católicas para que atendiéndolas y decorándolas los niños, bebiesen dulcemente la ponzoña, y sin sentir se criasen con ella y con el aborrecimiento de la verdad, y teñidos en lana, no pudiesen perder el color. El almirante Coliñi (que como á traidor, alborotador y hereje mataron en Francia) entre los otros medios que tuvo para sembrar en ella la herejía, y con ella la division y perdicion de aquel reino, fué uno eficacísimo, el poner de su mano por todas las ciudades que podia maestros de escuela y maestras de labor, tales cuales era el que los ponia, para que enseñasen á los niños y niñas las mentiras y blasfemias de su abominable doctrina. Y tenia tanta cuenta con esto, instigándole y atizando el fuego Satanás, como cosa en que le iba tanto, que cierto pone admiracion y espanto. Y pues los ministros del demonio velan y trabajan tanto para nuestra perdicion, justo es que los ministros de Dios encendidos de su celo y amor velen tambien y trabajen para bien de muchos.

Por esta causa vemos que en muchos concilios se encomienda con todo cuidado el poner maestros de virtud y doctrina que tengan escuelas para enseñanza de la juventud: y se les manda señalar estipendios y salarios honrosos: y se manda á los mismos maestros lo que han de enseñar, y la cuenta que han de tener en hacer que sus discípulos aprendan los principios de nuestra santa fe, y se crien en todo recogimiento y virtud. Para esto mismo se instituyó en las iglesias la dignidad de maestrescuela, para que no faltando honra y provecho (que es lo que buscan y siguen los hombres) no faltase quien atendiese á oficio tan importante. En algunos cánones que en algunas ediciones andan impresos de la sexta sínodo, que es el sexto concilio universal que se celebró en la Iglesia de Dios, y el tercero que se celebró en Constantinopla, se manda que los clérigos tengan escuelas, y que reciban y enseñen en ellas los hijos de los fieles con gran caridad: y que no les pidan ni tomen nada de ellos, mas de lo que los padres de su voluntad. y mera gracia les dieren, acordándose que dice Daniel, que los que enseñaren á muchos en la justicia, resplandecerán como estrellas para siempre. Por esta misma causa se manda en el sagrado concilio de Trento, que en las iglesias catedrales se instituyan seminarios para criar en ellos desde su tierna edad, los que han de ser clérigos, curas y pastores: y se determinan muy particularmente las calidades que han de tener, y lo que han de aprender, y como se han de regir y enseñar en temor de Dios y en buena doctrina los que en ellos se recibieren. Para este mismo fin tienen todas las Religiones sus noviciados y casas de probacion; porque el que no fuere buen novicio, comunmente no será buen profeso; ni buen clérigo, el que desde su mocedad no se ensayare para ello; ni buen ciuda-

dano ni buen gobernador de la república el que desde niño no se criare en amor y reverencia de Nuestro Señor. Y para enseñarle y traerle con este cebo
á la virtud, enseña letras la Compañía, y abre
escuelas y funda colegios.

Y no es cosa baja esta, sino muy honrosa, y
que siempre fué muy estimada en la Iglesia de Dios,
ni es cosa nueva, sino muy antigua, ni es cosa
ajena de hombres religiosos, sino muy usada en las
Religiones. Porque en los principios de la Iglesia,
se escogian los hombres mas eminentes en santidad
y letras, por catequistas, y maestros de la doctrina cristiana; los cuales enseñaban los principios y
rudimentos de nuestra santa fe. Y en Alejandría,
como dice Eusebio, se instituyó escuela para esto:
en la cual enseñaron Panteno, excelentísimo filósofo,
y Clemente Alexandrino, sapientísimo varon y maestro de Orígenes: y el mismo Orígenes le sucedió y tomó por compañero á Eracla hombre muy
docto. Protógenes, varon admirable y santísimo,
y obrador de grandes maravillas y milagros, tuvo
escuela y enseñó á los niños á escribir: y con esta
ocasion los convirtió á nuestra santa fe, y plantó en
ellos la virtud y el reconocimiento de Nuestro Señor, como lo cuenta Teodoreto. Y siempre se ha
tenido por oficio eclesiástico el enseñar, aunque sea
gramática á los niños.

Y para que mejor esto se entienda, diré lo que
san Basilio (que fué luz, padre y legislador de todas

las Ordenes monásticas en Oriente) acerca de este punto enseña. Pregunta pues este santísimo varon si conviene que los monjes sean maestros de los muchachos seglares? y responde que sí, cuando los padres los traen para que se aprovechen en la virtud, y los maestros son tales que tienen esperanza de poderlos aprovechar. Y confírmalo con aquellas palabras del Salvador: «Dejad venir los chiquitos á mí, porque de los tales es el reino de los cielos.» Y añade que sino hay este intento ni esperanza de aprovechar, no es agradable á Nuestro Señor este ejercicio ni decente, ni provechoso para el monje. Y así se usaba, y se tenian escuelas en las iglesias y en los monasterios, como claramente se ve en la sexta sínodo universal, que se celebró en Constantinopla, cánon 4, donde se da licencia á los seglares para venir á las escuelas que estaban en las iglesias y monasterios. Y el mismo san Basilio enseña como se han de recibir en los monasterios los niños y criarlos á parte. Lo cual parece que siguió el bienaventurado san Benito (que fué tambien patriarca de los monjes en Occidente) pues recibia y criaba los niños en sus monasterios, no para monjes, que aun no tenian edad, sino para instituirlos en la virtud, á la manera que la Compañía lo hace ahora en algunos convictorios, por la necesidad que hay de ello. Y así recibió san Benito á Mauro y á Plácido, siendo niños, para criarlos, aunque ellos despues siguieron su regla y fueron santos.

Y parece que esto se guardó despues muchos años pues leemos en la vida de san Gregorio papa, que hacia buscar y comprar los muchachos ingleses hasta la edad de diez y siete ó diez y ocho años, y los mandaba criar en sus monasterios. Y santo Tomás de Aquino, siendo niño se crió en el monte Casino, que es monasterio de san Benito, y cabeza de su Orden. En la cual enseñaban los monjes en Alemania, Francia é Inglaterra, donde el venerable Beda fué escolástico y comenzó á enseñar mas ha de ochocientos años, y despues le sucedió Albino, maestro de Carlo Magno, y á Albino, Rabano, abad de Fulda, y despues arzobispo de Maguncia. Y tenian los monjes colegios como los hay ahora en la Compañía; en los cuales se enseñaba lo que nosotros ahora enseñamos, en unos mas y en otros menos, como todo esto lo escribe Trifemio, abad y monje de la misma Orden de san Benito. Y con esto tuvieron hombres muy doctos en su Religion, y ella creció y floreció admirablemente por este camino, é hizo tanto fruto en la Iglesia como se sabe, con su santidad y doctrina.

Fray Juan de Verselis sexto general de santo Domingo, estableció en un capítulo general, que en todas partes se deputasen frailes para enseñar y predicar á los niños de las escuelas y de los estudios, y para que los confesasen: y esto mismo estaba mandado antes en el capítulo de Metz el año de 1251, é hizo la Orden libro para esto, y seguíase

mucho fruto como ahora se sigue en la Compañía,
y así lo dice en la crónica de su Orden el P. Fray
Hernando del Castillo. Y en Pavía se fundó y estuvo gran tiempo la universidad y estudio general,
en el monasterio de san Agustin, como lo dice un
fraile de su Orden: y hoy en dia algunas Religiones tienen escuela de gramática en Flandes. Pues
siendo esto así ¿cómo se puede tener con razon por
cosa nueva la que está fundada en tan grande antigüedad? ó por ajena de religion, la que los fundadores de las Religiones (que fueron luz de Oriente
y de Poniente) establecieron y usararon? ¿fueron
por ventura aquellos tiempos mas calamitosos y
miserables que los nuestros? ¿ó hubo en ellos mayor
necesidad de este ejercicio, que ahora que se abrasa el mundo? Cierto no, ni tampoco se puede
decir que dice mejor con la soledad y contemplacion que profesaban los monjes, el tener escuelas
y criar niños, que con el instituto de esta Compañía; la cual envió Dios á su Iglesia para que la sirviese y se ejercitase en todos los ministerios de
caridad, y entre ellos en el enseñar á los niños.
Concluyamos pues que no es cosa ajena del religioso el enseñar, aunque sean cosas menudas, y menos
lo es de la Compañía: pues Dios nuestro Señor la ha
llamado en tiempo tan necesitado para este y otros
ejercicios de servicio suyo, y bien de su Iglesia. A
la cual, aunque con los otros ministerios ha hecho
mucho provecho, pero el que se ha seguido de las

escuelas mayores y menores, ha sido muy notable
y muy estendido. Pues dejando aparte el fruto y
aprovechamiento de las letras, que cierto ha sido
y es admirable; y hablando de lo que importa mas,
por este camino en ocho provincias que tiene la
Compañía en los reinos inficionados de herejía, que
son las dos de Francia, y una de Aquitania, y
las de Flandes, Rheno, Suevia, Austria y Polonia,
los hijos de los que todavía perseveran en nuestra
santa fe, por este medio se han criado con la leche
de la doctrina católica, y por ellos sus padres se han
conservado y se han confirmado en ella. E innumerables hijos de los herejes, y sus padres con ellos y
por ellos se han desengañado : y despedidas las tinieblas de sus errores han recibido la lumbre de la
verdad. Y en las otras provincias que tenemos en
Europa limpias de herejías, vemos la reformacion
que ha habido en las costumbres por estos colegios.
El sosiego de los muchachos que primero eran traviesos y rebeldes. La quietud con que viven en sus
casas. La obediencia para con sus padres. La modestia para con sus iguales. El respeto y la reverencia para con sus mayores. El conocimiento y
temor que tienen de Dios. Ciudad ha habido que
despues que tomó muchos medios para sosegar y
refrenar sus muchachos, que eran muy traviesos é
inquietos, salidos todos ellos vanos, se determinó de fundar un colegio de la Compañía, pareciéndole que este seria medio eficaz y poderoso :

18

y así lo fué por la gracia de Dios nuestro señor.

Tambien se ha seguido otro fruto para la Iglesia, proveyéndola de muy buenos clérigos, y de muy buenos ministros, y que desde su primera edad se inclinaron y aficionaron á las cosas de Dios. Y no menor ha sido el que han recibido muchas Religiones; en las cuales ha entrado gran número de religiosos que han estudiado en los colegios de la Compañía. Los cuales van instruidos y ejercitados en la oracion y mortificacion, y conocimieuto del estado que toman: y así tienen que trabajar poco con ellos sus maestros de novicios, y dan muy buen ejemplo de sí. Y aun no se puede ver por entero el fruto que para adelante se ha de seguir, hasta que sea tiempo que crezcan las nuevas plantas, y dén el fruto de santos prelados y buenos gobernadores de la república.

Preguntará por ventura alguno ¿qué es la causa que en los colegios de la Compañía se hace este fruto tan grande que habemos dicho, y mas aventajado que en los otros colegios y escuelas de los seglares; pues hay tambien entre ellos muchos virtuosos, doctos, cuidadosos y diligentes en su oficio? A esto respondo, que la causa principal es la asistencia y favor de Dios, por quien la Compañía lo hace, y despues los buenos medios que para ello se toman. Porque para que crezcan los discípulos en la virtud, se usa de los medios con que la misma virtud se engendra, acrecienta y conserva. Estos son, procurar que se muestren los niños á hacer oracion por la mañana, para pedir á Dios gracia de no ofenderle, y por la noche para examinar la propia conciencia, y pedir perdon de las culpas en que hubiesen caido en aquel dia: que oigan misa cada dia con atencion y devocion; que se confiesen á menudo, y comulguen si tienen edad y disposicion para ello, mas ó menos, segun su devocion y el parecer de su confesor. El enseñarles la doctrina cristiana y hacerles pláticas sobre ella, declarándoles los misterios de nuestra santa fe, y moviéndolos y exhortándolos á todo lo bueno. El tener gran cuenta con saber los siniestros que tienen, y amonestarlos y castigar los vicios y travesuras que hacen, y mas las que son propias y casi connaturales á aquella edad: poniendo para esto sus síndicos y decuriones, que tengan particular cuenta con los de su decuria. El honrar y adelantar mas los que se esmeran mas en la virtud, poniéndolos por ejemplo y dechado de los otros: haciendo para ello congregaciones y cofradías, en las cuales no se reciban sino los mas virtuosos, y esto con mucho exámen, y en ellas se trate de todo recogimiento, y se animen los unos á los otros con el ejemplo, á todas las cosas de virtud. Y con los oficios y cargos que se les dan, y con las leyes y reglas que se les ponen, se ensayan para lo que despues han de hacer, y comienzan desde luego á hacer como hombres de república. El no leer libro ninguno por elegante y

docto que sea, que trate de amores deshonestos,
ni de liviandades, ni que tenga cosa que pueda inficionar la puridad de los niños, ni quitarles la flor
y hermosura de sus limpias ánimas. Que de leerse
estos libros se engendran en los ánimos tiernos y
blandos vanas y torpes aficiones, y heridos de ellas
vienen á desear y buscar lo que antes no sabian.
Y por esto todos los santos aborrecen tanto la leccion de semejantes libros, como dañosos y pesti-
lentes, y destructores de toda virtud. Y la Compañía, viendo que hay algunos de ellos buenos para aprender la lengua latina y malos para las costumbres, los ha limpiado, corregido y reformado,
cortando lo malo de ellos para que no dañen, y
dejando lo que sin peligro y sospecha puede aprovechar. Con estos medios, y con el buen ejemplo
que dan los maestros, que por ser religiosos están
mas obligados á ello, se sigue tanto fruto en las
costumbres. Y no es menor el de las letras, y así
se ve que verdaderamente se aprende y aprovecha
mas en estos colegios en breve tiempo, que en otros
en mucho, y esto por la manera y por el cuidado
que se tiene de enseñar. Porque en otras escuelas
un mismo maestro tiene diferentes órdenes de discípulos, menores, medianos y mayores: y queriendo acudir á todos, no puede bien cumplir con lo
que cada órden por sí ha menester. Mas la Compañía tiene los discípulos distintos y apartados en sus
clases, y para cada una de ellas su particular y seña-

lado maestro. Porque aunque es verdad que en unos colegios hay mas maestros que en otros, y que en unos se leen las ciencias mayores, y en otros no, y en algunos todas, y en otros algunas, conforme á la posibilidad de cada colegio, como queda dicho, pero comunmente hay tres maestros de gramática, por lo menos, y otro sobresaliente que los relieve, y en otros se ponen cinco, y en otros mas. Y porque lo que se hace se hace por puro amor de Dios, y de él se espera el galardon, se buscan con toda diligencia varios modos de despertar y animar los estudiantes al estudio, y se usan nuevos ejercicios de letras y nuevas maneras de conferencias y disputas y de premios que se dan á sus tiempos á los que se aventajan y hacen raya entre los demás. Los cuales, y el puntillo de la honra, y la competencia que se pone entre los iguales, y la preeminencia de los asientos y títulos que les dan cuando los merecen, son grande espuela y motivo para incitar é inflamar á los estudiantes, y hacerles correr en la carrera de la virtud. Porque así como la pena y afrenta son freno para detener al hombre en el mal, así la honra y el premio da grandes alientos para cualquier obra virtuosa. Y no sin razon dijo el otro, que la virtud alabada crece, y la gloria es espuela que hace aguijar. Y Quintiliano enseña de cuanto provecho sea esto, y mas en los niñes que se mueven por el afecto natural, que en ellos es poderoso y los señorea, mas que no por la razon que aun está flaca y sin fuerzas. Y aunque la ambicion y el apetito desordenado de honra en sí es vicio, pero muchas veces, como dice el mismo autor es medio para alcanzar la virtud.

Con estos medios, y con la diligencia que ponen los maestros (los cuales por estar desembarazados de los otros cuidados del mundo y de casa y familia, y puestos todos en este le pueden poner mayor) y principalmente como dijimos, por el favor que les da Nuestro Señor porque toman este trabajo puramente por su servicio, sin otra esperanza ni pretension de interés temporal, se hace el fruto que habemos dicho. Y por ver á ojos vistas un fruto tan grande y tan admirable como se ve en este santo ejercicio, muchos de los padres mas antiguos y mas graves de la Compañía se han ejercitado en él. Y hoy en dia hay en ella personas de buenas habilidades, doctas y honradas, y que podrian pasar muy adelante con sus estudios, y ocuparse en cosas muy graves; los cuales comenzando á enseñar la gramática á los niños, y con este cebo las virtudes cristianas, no dejándose llevar de la apariencia y vana opinion del vulgo ignorante, sino considerando la existencia y sustancia que hay en las cosas, y pesándolas con el peso verdadero de la gloria de Dios y del bien de las almas que él redimió con su sangre, desearon, escogieron y pidieron á los superiores que en todos los dias de su vida no los ocupasen en otro ejercicio ni ministerio, sino en este; pues de ninguno podian esperar mas copioso ni mas cierto fruto, ni cosecha mas colmada ni segura, ni hacer cosa de mayor provecho para la república. Porque verdaderamente, que un fino y verdadero amor de Dios, tiene gran fuerza y hace que el hombre que está abrasado de él, huelle y ponga debajo de los piés todos los vanos juicios del mundo, y que sujete la autoridad y gravedad de la propia persona á cualquiera cosa por pequeña que sea, de que se haya de seguir gloria al que es rey de ella, y á quien él tanto desea servir y agradar. Como se ve por lo que se escribe de san Gregorio Nacianceno, llamado por excelencia el teólogo, y maestro del gran doctor de la Iglesia san Hierónimo, que viendo que el perverso Julian apóstata mandaba por sus edictos que los cristianos no aprendiesen letras, ni leyesen poetas y oradores profanos, pensando que la elocuencia y fuerza que tenian para resistir á los filósofos y autores gentiles les nacia de lo que leian en ellos, se puso este santísimo y elocuentísimo Doctor, á componer versos heroicos, yámbicos, elegíacos, y de otras suertes, y comedias y tragedias de materias honestas y provechosas, con tanta elegancia y ornato, que los niños cristianos no tenian necesidad de leer poetas profanos para su enseñamiento y doctrina. Y aun mucho mas se ve esto, de lo que escribe Juan diácono en la vida del bienaventurado san Gregorio papa; donde dice, que queriendo este Santo reformar y perficionar el canto eclesiástico para despertar y levantar con él los corazo-

nes á Dios; edificó dos casas, una junto á san Pedro,
y otra á san Juan de Letran, para que allí cantasen,
y que el mismo sumo Pontífice se hallaba presente,
y cantaba con los muchachos, y los amenazaba con
un azote cuando erraban. Lo cual él hacia con mucha
autoridad y gravedad. Y añade, que en su tiempo se
mostraba en la misma casa la camilla en que el Santo
estaba echado cuando cantaba, y el azote que tenia,
y el antifonario que usaba.

Pues ¿á quién no pone admiracion este ejemplo?
¿que autoridad se puede igualar con la de un Papa?
¿qué ocupaciones puede haber mayores ni mas graves? Pero todo lo vencia el amor de Dios. Pues
¿importa menos el enseñar virtud y letras á los niños, con que sean templos vivos de Dios, y buenos
gobernadores de la república, que enseñarles á cantar? ¿No serán tan agradables á Dios nuestro señor los buenos corazones como las buenas voces?
¿y las alabanzas de santas costumbres, como las de
dulces músicas? Y no es menos de maravillar lo que
san Hierónimo de sí dice en aquella epístola que
escribe á Leta, enseñándola como ha de criar á su
hija, de la cual arriba se ha hablado. Porque en el
fin de esta epístola exhortando á Leta que envie á su
hija desde Roma á Bethleem, para que su abuela,
que era santa Paula, la criase para santa desde niña, añade estas admirables palabras: ‹Si la enviares
yo te prometo de serle maestro y ayo, yo la tomaré
en mis brazos y la traeré sobre mis hombros, y vie-

jo como soy enseñaré á la niña á formar y pronunciar tartamudeando las palabras, y me preciaré de ello, y estaré mas ufano y glorioso que el otro filósofo del mundo, pues no enseñaré como él al rey de Macedonia que habia de perecer con ponzoña en Babilonia, sino á una sierva y esposa de mi señor Jesucristo, que ha de ser presentada entre los coros de los ángeles, y puesta en el tálamo de los palacios celestiales. › Pues si este glorioso Doctor (siendo como era lumbrera y oráculo del mundo) se ofrece á ser ayo y maestro de una niña, estando tan ocupado como estaba en estudiar, y trasladar, y declarar la ságrada Escritura, y en responder á las preguntas que le hacian los Papas, y Doctores, y Obispos y Santos de la Iglesia de tantas partes de la cristiandad, y no tiene por cosa baja el bajar de allá de los cielos donde moraba su ánima y estaba arrebatada y suspensa por altísima contemplacion (como se ve en algunas otras de sus epístolas) para enseñar á hablar á una niña, porque habia de ser esposa de Jesucristo, y dice que se gloriará de ello, y tendrá su trabajo por mejor empleado que el de Aristóteles en enseñar al rey Alejandro, ¿á quién puede con razon parecer cosa apocada é indigna de hombre religioso, el enseñar los niños de tierna edad, que han de ser predicadores, canónigos, obispos, regidores, justicias y gobernadores de la república? Pues cierto es que todos estos oficios han de ejecutar cuando sean grandes los que ahora son niños, y que lo que aprendieran en la tierna edad, con esto se quedarán en la edad madura y robusta.

Esta es la causa principal que tiene la Compañía en abrir escuelas y fundar estos Colegios, en los cuales no se toma estipendio ni salario de los discípulos, sino que se enseña de gracia, como también se hacen los demás ministerios que ejercita la Compañía, como en el capítulo XXII, se dijo. Ni viven de limosna como las casas profesas, sino de renta. Porque para emplearse en los estudios y enseñar bien á otros, es menester mucho tiempo y cuidado, y tener cierta la sustentacion necesaria, y de esta manera, estando descuidados los maestros de su mantenimiento y provision corporal, podrán dar la espiritual á sus discípulos con mayor diligencia y solicitud. Esta renta, como arriba se apuntó, dá á los colegios sus fundadores y bienhechores; los cuales entendiendo el servicio que en ello hacen á Nuestro Señor, tienen por bien de gastar sus haciendas en criar hombres que se han de emplear en ayudar á los prójimos, con todos aquellos oficios y ministerios que usa la Compañía, como se crian en los colegios que son seminarios de la misma Compañía: ó en mantener y sustentar los que son ya criados y están dedicados á trabajo tan provechoso como habemos dicho. Pareciéndoles que pues todas nuestras limosnas y buenas obras han de tener por blanco el mayor servicio de Nuestro

Señor que este género de limosna, que es para ganar almas es mas aventajado y mas agradable á su divina Majestad que la que se gasta en remediar los cuerpos, y que por ser bien universal, y que toca á toda la república, el que con él se consigue se ha de preferir al particular de algunos. Especialmente siendo el fruto mas cierto y seguro, por atajarse con él las enfermedades antes que vengan, y evitarse y prevenirse los males, quitando las causas de ellos. Que esto es tomar y encañar el agua en su fuente, y curar la dolencia en su raiz. De lo cual hay aun mas necesidad en estos tiempos que en otros, por haber en ellos mayores peligros y mayores males y calamidades de herejías y errores, y depravadas costumbres. Y por entender esto muchos hombres prudentes, celosos y ricos, y entre ellos, papas, emperadores, reyes, cardenales, príncipes y grandes prelados han favorecido mucho esta buena obra, y con sus limosnas fundado colegios de la Compañía en sus tierras y señoríos.

El colegio romano, que es el primero, no en el tiempo, sino en la dignidad y en el provecho que de él se sigue mas que de ningun otro colegio de la Compañía, fundó el papa Gregorio XIII, de santa memoria, con estraña caridad y liberalidad. Tambien comenzó otro en la isla del Japon, porque fué tan grande y encendido el deseo que tuvo este santísimo Pastor de conservar y dilatar la fe católica, que casi en todas las provincia inficionadas de herejías instituyó y edificó seminarios de mozos hábiles , y bien inclinados de las mismas naciones, para conservar ó restituir en ellas la puridad de nuestra santa Religion, y para dilatarla y estenderla en las provincias remotas y mas apartadas de los gentiles: lo mismo hizo en el Japon sustentando y criando muchos mozos japones que se han convertido á nuestra santa fe : y demas de esto comenzó el colegio, que digo de la Compañía, para que los obreros de ella , que van á segar las mieses que son tan copiosas y están blanqueando y maduras, de aquellos reinos , puedan pasar sin ser cargosos á aquellos con quienes viven, y tener sucesores y herederos de su espíritu y doctrina á los japones, que ya han entrado en la misma Compañía.

Este glorioso principio ha llevado adelante nuestro muy santo padre Sixto V , acrecentando con su grande caridad la liberalidad de Gregorio su predecesor , y estableciendo el colegio comenzado con renta perpétua , y honrando extraordinariamente á los embajadores del Japon de quien hemos hablado, á los cuales cargados de dones y gracias y favores, y maravillados de la religion, magnificencia y grandeza de la Silla apostólica y de aquella santa ciudad, envió con estraño contentamiento y alegría á su patria. Los colegios de Loreto y Aviñon han fundado los otros dos sumos Pontífices. El de Palermo en Sicilia el emperador D. Carlos; el de Viena en

Austria, el de Praga en Bohemia, y el de Ispruch en el condado de Tirol, el emperador don Fernando su hermano: los de Coimbra, Goa, Lisboa, Ebora y otras muchos en las islas de la Tercera y de la Madera, y en la India Oriental, Japon y Brasil, los reyes de Portugal D. Juan el tercero, D. Sebastian y D. Enrique. D. Esteban Batrorio, rey de Polonia, ha funndado los colegios Claudiopolitano en Transilvania, y de Riga en Livonia, y de Ploscia en los confines de Moscovia: el de Hala, que tambien es en el condado de Tirol, la infanta doña Magdalena, hija del emperador D. Fernando: el de Graz el archiduque Carlos su hermano: los de Ingolstadio y Monachio el duque de Baviera.

Los duques de Saboya, de Florencia, de Ferrara, de Mantua, de Parma, de Guisa, de Nivers, de Arcos, han fundado colegios en sus estados: y otros duques y grandes señores seglares han hecho lo mismo. Y entre los eclesiásticos, el cardenal Farnesio, el de Monreal, de Sicilia: el cardenal de Augusta, el de Dilinga, en Alemania: el cardenal de Turno, el de Turno, en Francia: el cardenal de Lorena, el de Pontemeson, en el ducado de Lorena: el cardenal Osio, el de Brasberga, en Polonia: el cardenal Borromeo, el de Milan: el de la ciudad de Peroza, el cardenal Fulvio de la Corna: y ahora últimamente el cardenal de Toledo D. Gaspar de Quiroga, el de Toledo y el de Talavera. Los de Maguncia y Tréveris, han fundado los arzobispos de aquellas ciudades, que son electores del Imperio. Y otros príncipes de él han fundado otros que se dejan por evitar prolijidad. Y en España el arzobispo de Granada D. Pedro Guerrero, fundó el de Granada: y el doctor Blanco, arzobispo de Santiago, el de aquella ciudad y el de Málaga: D. Bartolomé de los Mártires, arzobispo de Braga, fraile de santo Domingo, el de Braga: los de Murcia, y Plasencia, y Leon, fundaron sus obispos: y otros han fundado otros. Y lo mismo han hecho algunas ciudades de sus propios, como son los mas que tenemos en Sicilia.

Pero muchos tienen por fundadores á caballeros y señoras. Tales son el de Alcalá, que D.ª Maria de Mendoza, hija del marqués de Mondejar, señora aun mas ilustre en religion y piedad que en sangre, fundó, para bien de la Compañía y de toda aquella universidad: y el de Barcelona, que dotó D.ª Maria Manrique de Lara, hija del duque de Nájera, y por esto muy conocida, y por su muy grande recogimiento y virtud aun mas estimada en el mundo: y el de Villagarcía que D.ª Magdalena de Ulloa, mujer de Luis Quijada, señor de Villagarcía y del consejo de estado del rey católico D. Felipe el segundo, edificó y estableció para aprovechamiento de sus vasallos y de toda aquella comarca. Y no contentándose esta señora con esto, y queriendo emplear la mucha hacienda que Dios le dió en su servicio, entre las otras santas obras que con su gran cristiandad, prudencia y valor hace continuamente, fundó tambien otro colegio

en la ciudad de Oviedo para que de allí se derramase la luz de la doctrina por todas aquellas Astu-
rias y se estendiese á las partes y personas mas necesitadas. Tal es tambien el del Villarejo de Fuentes que D. Juan Pacheco de Silva, señor que fué y
caballero de gran seso y virtud y devotísimo de la
Compañía, para crianza é institucion de los novicios
de ella y enseñanza de sus vasallos, instituyó. Y no
han faltado otras personas particulares, aunque no
de menos piedad, que han hecho lo mismo, las cuales dejo por brevedad.

Y aunque por esta buena obra aguardan los fundadores el galardon de Dios nuestro señor, por cuyo amor ellos principalmente lo hacen, no por eso
deja la Compañía de dar muestras del reconocimiento que tiene, y ser agradecida por el beneficio y
limosna que recibe, haciendo por ellos lo que se sigue. Primeramente procura darles gusto y contento
en todo lo que puede al presente, y en conservar
la memoria del beneficio que recibe para adelante.
Demás de esto háceles partícipes de todos sus merecimientos, y buenas obras. Dícense muchas misas cada semana y cada mes por sus almas perpétuamente; y particularmente en el colegio que ellos
fundaron. En cada un año el dia que se hizo la en-
trega del colegio á la Compañía, se dice en él una
misa solemne y las demás por el fundador; al cual
tambien se le da este dia una vela de cera con sus
armas, en señal de reconocimiento y gratitud: y

muerto él se hace lo mismo para siempre jamás con sus sucesores. Y en aceptando la Compañía la fundacion de cualquiera colegio, se da aviso por toda ella, cuan estendida está por todas las provincias y partes del mundo, para que cada sacerdote de todos cuantos hay en ella diga tres misas por el fundador, y en sabiéndose que es muerto torna á avisar el general á toda la Compañía, para que cada sacerdote diga otras tres misas. Y en el tiempo que los sacerdotes dicen las misas, los que no lo son rezan sus rosarios, y hacen otras oraciones por el mismo fin.

Y otras cosas semejantes se ordenan y mandan en las constituciones, y se guardan con todo cuidado, con que la Compañía declara el reconocimiento que tiene, y la gratitud debida á la caridad y buena obra que de los tales fundadores recibe. De manera, que todos los religiosos de la Compañía son como capellanes de cualquier fundador, y por ser dedicados del todo á Dios nuestro señor, y comunmente hombres ejemplares y de buena vida, las oraciones y sufragios de ellos, le serán mas aceptos y agradables, y á las ánimas de los fundadores mas fructuosos, y mas eficaces para alcanzar lo que para ellas piden del Señor. Y como la Compañía no tenga otras obligaciones de capellanías ni de misas, por no tomar limosna por ellas, está mas libre y tiene mas que ofrecer por sus fundadores y bienhechores como se hace.

Pero aunque ella de su parte hace lo que habemos visto, bien tiene entendido que el principal motivo que tienen los fundadores para hacer esta limosna, es la necesidad grande que ven que hay en la Iglesia de Dios de este género de doctrina, y el fruto que de ella se sigue, y el servicio tan acepto que con ella se hace á Nuestro Señor, de quien ellos aguardan por entero el galardon.

LIBRO CUARTO.

CAPÍTULO I.

Como Ignacio quiso renunciar el Generalato, y sus compañeros no lo consintieron.

Viendo pues Ignacio confirmada otra vez la Compañía por el papa Julio III, y con el buen suceso que Nuestro Señor le iba dando, cada dia mas firme y establecida; llamó á Roma el año de 1550, á todos los principales Padres de la Compañía, que estaban en varias tierras y provincias, y sin detrimento de ella podian venir. Venidos los hizo juntar en un lugar, y teniéndolos juntos á todos les envió una carta escrita de su mano, que es esta que se sigue.

A los carísimos en el Señor nuestro, los hermanos de la Compañía de Jesus.

« En diversos meses y años, siendo por mí pen« sado y considerado, sin ninguna turbacion intrínse-

«ca ni extrínseca que en mí sintiese, que fuese en
«causa diré delante de mi Criador y Señor, que me
«ha de juzgar para siempre, cuanto puedo sentir y
«entender á mayor alabanza y gloria de la su divi-
«na Majestad.

. «Mirando realmente y sin pasion alguna que en
«mí sintiese por los mis muchos pecados, muchas
«imperfecciones y muchas enfermedades, tanto in-
«teriores como exteriores, he venido muchas y di-
«versas veces á juzgar realmente, que yo no ten-
«go casi con infinitos grados las partes convenien-
«tes para tener este cargo de la Compañía, que al
«presente tengo por induccion é imposicion de ella.
«Yo deseo en el Señor nuestro que mucho se mi-
«rase, y se eligiese otro, que mejor ó no tan mal
«hiciese el oficio que yo tengo de gobèrnar la Com-
«pañía. Y eligiendo la tal persona, deseo asimismo
«que al tal se diese el tal cargo. Y no solamente me
«acompaña mi deseo, mas juzgando con mucha ra-
«zon para que se diese el tal cargo, no solo al que
«hiciere mejor, ó no tan mal, mas al que hiciere
«igualmente. Esto todo considerado, en el nombre
«del Padre, del Hijo, y del Espíritu santo, un solo
«mi Dios y mi Criador, yo depongo y renuncio
«simplemente y absolutamente el tal cargo que yo
«tengo, demandando, y en el Señor nuestro con
«toda mi ánima rogando así á los profesos, como á
«los que mas querrán juntar para ello, quieran
«aceptar esta mi oblacion así justificada en la su
«divina Majestad.

«Y si entre los que han de admitir y juzgar, á «mayor gloria divina se hallase alguna discrepan-«cia, por amor y reverencia de Dios nuestro señor «demando, lo quieran mucho encomendar á la su «divina Majestad para que en todo se haga su san-«tísima voluntad, á mayor gloria suya y á mayor «bien universal de las ánimas y de toda la Compa-«ñía: tomando el todo en su divina y mayor alaban-«za y gloria para siempre.»

Leida esta carta, todos los Padres á una voz comenzaron á alabar lo que Ignacio pretendia hacer, y su deseo tan santo, maravillándose mucho de tan profunda humildad, como en este hecho resplandecia: porque siendo tan escogido y tan aventajado en tantas maneras su gobierno, se tenia por tan insuficiente para gobernar. Mas con todo esto dicen que no pueden ellos con buena conciencia hacer lo que pide, ni podrán acabar consigo de tener otro general mientras que él viviere, y esto le dieron por respuesta enviando quien se le diese de su parte, y añaden mas: Que él era padre de la Compañía, que á él tenian por maestro y guia de todos, y que pues Dios le habia escogido para que como sabio arquitecto pusiese el fundamento de este espiritual edificio, sobre el cual ellos y todos los demás hijos suyos se vayan como piedras vivas asentando sobre la suma piedra angular, que es Cristo Jesus, y crezcan para hacer este santo templo al

Señor, que en ninguna manera querrán hacer cosa, por la cual vengan á ser tenidos, ó por desconocidos de este tan gran beneficio, ó por desagradecidos é ingratos á Dios.

En este mismo tiempo cayó Ignacio en una muy recia enfermedad, y como pensase que le queria el Señor librar de la cárcel del cuerpo, era tanto el gozo que con esta esperanza sentia su alma, y tales los afectos y sentimientos de ella, que de pura alegría no era en su mano reprimir las lágrimas, que con abundancia le venian á los ojos. Y fué necesario que los Padres le rogasen, y los médicos le amonestasen que se divertiese de aquellos santos y amorosos y encendidos deseos; y que no tratase tanto ni tan á menudo de levantar sus pensamientos al cielo, porque le causaban notable debilidad y flaqueza.

CAPÍTULO II.

De las constituciones que escribió Ignacio.

—

Perdida la esperanza de descargarse del peso de su oficio, y libre ya de su nueva enfermedad, entendiendo ser aquella la voluntad de Dios, aplicóse Ignacio con nuevo ánimo al gobierno de la Compañía, y á procurar de dar su perfeccion á las cosas que habia comenzado. Y lo primero de todo

para ceñirla con leyes, y atarla con reglas y constituciones, mostró á los Padres las Constituciones
que él mismo habia escrito importunado de toda la
Compañía, para que las viesen y examinasen. Hoy
dia tenemos un cuaderno escrito de su misma mano,
que se halló despues de su muerte en una arquilla,
en el cual así para ayudar su memoria, como para
mejor acertar en lo que determinaba, escribia dia
por dia las cosas que pasaban por su alma mientras
hizo las Constituciones, así tocantes á las visitaciones y resplandores celestiales con que Dios le regalaba, como á la manera que tenia en pensar y deliberar lo que escribia. Por esta escritura claramente se ve la virtud de Ignacio, y la grandeza de la
divina liberalidad para con él, y la autoridad y peso
que han de tener para con nosotros las Constituciones. No quiero decir de las otras materias, porque
seria cosa larga; bastará tocar lo que sobre la pobreza que en la Compañía se ha de guardar le pasó.
Cuarenta dias arreo dijo misa, y se dió á la oracion con mas fervor que solia, para solamente determinar si convenia ó no, que las iglesias de nuestras casas profesas tuviesen alguna renta con que
sustentar el edificio, servicio y aderezo de ellas. Y
como yo tengo para mí, Dios nuestro señor inspiró
y movió á Ignacio á escribir distinta y compendiosamente todo lo que por espacio de los cuarenta
dias le aconteció en la oracion de la mañana, en la
preparacion para la misa, y en la misma misa y en

las gracias que se hace despues de haberla dicho.

Digo que le inspiró Dios á escribir esto para que nosotros supiésemos los regalos y dones divinos con que era visitada aquella alma: y para que cuanto él mas los encubria con su humildad, tanto mas se descubriesen y manifestasen para nuestro provecho y ejemplo. Allí se ve con cuanto cuidado examinaba y escudriñaba su conciencia: cuan encendida y fervorosa era su oracion: cuantas y cuan contínuas eran sus lágrimas: cuantas veces la grandeza de la consolacion de espíritu brotaba fuera, y redundaba tambien en el cuerpo, y quedando sin pulsos, le venia á faltar la voz, y perdido el aliento no podia hablar, palpitando sensiblemente todas las venas de su cuerpo. Allí tambien se ve como era su entendimiento alumbrado y enriquecido con casi contínuas y admirables revelaciones, de la santísima Trinidad, de la divina esencia, de la procesion, propiedad y operacion de las divinas Personas: y como era enseñado en aquel sacratísimo misterio, así con inteligencias interiores y secretas, como con figuras externas y sensibles. Y no eran breves estas visitaciones, ni como de paso estos regalos divinos, sino muy largos algunas veces, y de muchos dias: y que en el aposento y en la mesa, dentro y fuera de casa le acompañaban, y con la fuerza de su grandeza le traian absorto y elevado, y como á hombre que vivia con el cuerpo en el suelo, y con el corazon en el cielo. No hay para que contar por menudo cada cosa de estas. Esto he tocado para que entendamos con que reverencia habemos de recibir las Constituciones, y con cuanto cuidado y solicitud las debemos guardar. Aunque Ignacio por su grande modestia y humildad, con haber recibido tantas inteligencias sobrenaturales, y tantos testimonios de la voluntad divina, y tener autoridad para ello, no quiso que las Constituciones tuviesen fuerza ó firmeza alguna para obligar, hasta que la Compañía las aprobase y tuviese por buenas: lo cual se hizo en Roma despues de él muerto, el año de 1558, en la primera congregacion general de toda la Compañía que se celebró despues de su muerte. En la cual las Constituciones todas como él las escribió, fueron con suma veneracion recibidas, y con un mismo consentimiento y voluntad por todos los Padres confirmadas.

CAPÍTULO III.

De la institucion y principio del colegio romano.

Uno de los que vinieron este año á Roma llamados por Ignacio, fué D. Francisco de Borja, duque de Gandía, que como ya dijimos, era profeso, aunque ocultamente de la Compañía. El cual entendiendo cuanto provecho se podia hacer en aquella ciudad, que es cabeza del mundo, y de donde toda la cristiandad se gobierna; y especialmente toda nues-

tra Compañía, por tener en ella su cabeza y prepósito general; y juzgando que no era razon que habiendo sido ella la pimera de todas en acoger y abrazar
la Compañía careciese del fruto que otras muchas
reciben de su enseñanza y doctrina, procuró que
en Roma se fundase un Colegio (siguiendo en esto
el parecer y consejo de nuestro Padre Ignacio) al
cual se dió principio, el año de 1551 á los 18 de
febrero en unas casas muy estrechas que estaban
debajo del Campidolio, con catorce estudiantes de la
Compañía, que tenian por Rector á Juan Peletario
francés. Que para este número era bastante la limosna que entonces habia dejado el duque de Gandía. Mas luego el mes de setiembre siguiente, do-
blándose el número de los maestros, se pasaron á
otra casa mas anchurosa y capaz. Enseñaban en
aquel nuestros preceptores á sus oyentes solamente
las tres lenguas hebrea, griega y latina, y arte de
retórica lo cual no se hacia sin grande ofension y
queja de los otros maestros de la ciudad; tanto, que
algunas veces se iban rodeados de sus discípulos á
las escuelas de los nuestros, y entraban de tropel, y
les pateaban, y deshonraban de palabra, haciéndoles
mil besas con harto descomedimiento. Hasta que el
año de 1552 á los 28 de octubre, en la iglesia de
san Eustaquio, los Maestros de la Compañía, tuvieron sus oraciones y disputas, en presencia de muchos cardenales obispos y hombres de grande erudicion y autoridad con tanta gracia y doctrina, que se

19

reprimió el atrevimiento de los maestros de fuera que andaban tan alborotados, como dije.

Pero mucho mas se convencieron y allanaron el año 1553 con las conclusiones públicas que nuestros preceptores sustentaron, no solo de retórica y de las tres lenguas, como hasta entonces habian hecho, sino de toda la filosofía y teología. Las cuales facultades aquel año fué la primera vez que se comenzaron á leer en nuestro colegio en Roma; del cual era superior en aquel tiempo el doctor Martin de Olabe, teólogo de excelente doctrina y ejemplo de vida; el cual dió mucho lustre en sus principios al colegio romano. Creció aquel año el número de los hermanos del colegio á sesenta, y el siguiente á ciente; y como ya no pudiesen cómodamente caber en las casas donde estaban, por su estrechura, se pasaron al año de 1556 á otras mas anchas; en las cuales residieron por espacio de cuatro años; hasta que el año de 1560 Dª. Victoria Tolfa, sobrina del papa Paulo IV, por autotoridad y consejo del pontífice Pio IV, nos dió un sitio muy acomodado, ancho y saludable, y de los mejores y mas poblados de Roma. Habia esta señora comprado muchas casas con el favor y brazo de Paulo IV su tio, para hacer de ellas una obra pia, conforme al testamento de Camilo Ursino, marqués de la Guardia, su marido, y habíalas juntado con las casas en que ella moraba, y con otras donde habia habitado muchos años Paulo IV, siendo car-

denal, y hecho de todas una como isla rodeada de
calles por todas partes; y en el tiempo que menos
se esperaba ni pensaba, las dió á la Compañía, con
grande liberalidad, para la fundacion y asiento de
este colegio romano.

En esta casa se vino á multiplicar en gran manera el número de los nuestros, que llegaron á ser
doscientos veinte, y de casi todas las provincias y
naciones de la cristiandad. Porque acontece hallarse en un mismo tiempo muchas veces en él, hermanos de diez y seis y mas naciones así en las lenguas como en las costumbres diferentes, mas en un
ánimo y voluntad, con suma concordia y fraternal amor
ayuntados. Los cuales la divina bondad en tiempos
de grande carestía y muy apretados ha sustentado
siempre, respondiendo su divina Majestad á la fe
y esperanza con que Ignacio comenzó una obra tan
alta, con tan poco arrimo y favor de los hombres.
De este colegio han nacido como de su fuente y
orígen, casi todos los demás que en Italia, Alemania, Bohemia, Polonia, Francia y Flandes se fundaron. Y esta es la causa porque Ignacio (cuyos
pensamientos y cuidados se empleaban todos siempre en buscar la salud de las almas) trabajó tanto
para hacer y llevar adelante este colegio, porque veía que no solo se ordenaba para provecho
y bien de una sola ciudad como otros, mas que se
habia de estender su fruto por muchas nobilísimas
provincias y naciones tan depravadas con pernicio-

sos errrores y tan apartadas de la luz evangélica. Lo cual habiendo visto por experiencia nuestro muy santo padre Gregorio XIII, movido del grandísimo fruto que de este Colegio se sigue, y de la necesidad que el seminario del clero romano, y los de alemanes, ingleses, y otros que Su Beatitud, para bien de estas naciones, ha fundado, tienen del colegio romano para su gobierno y doctrina : con ánimo de señor y padre, y de pastor universal vigilantísimo, y de príncipe liberalísimo, ha querido ser fundador de este colegio, labrándole de una obra sutuosa, dotándole con muy bastante renta, para que en él se pueda sustentar gran número de estudiantes y maestros de diferentes naciones de nuestra Religion, para sustento y arrimo de todos los demás. Y para declarar que era esta su intencion, en la fundacion del colegio romano, mandó Su Santidad hacer una rica medalla ; la cual se puso debajo de la primera piedra el dia que se comenzó el edificio ; en la cual estaban estas palabras : « Grego- « rio, papa XIII, edificó desde sus primeros ci- « mientos, y dotó el colegio de la Compañía de Je- « sus, como seminario de todas las naciones, por « el amor que tiene á toda la religion cristiana, y « particular á esta Compañía. En Roma, año del « Señor de MDLXXXII, y el deceno de su Pon- « tificado.

CAPÍTULO IV.

De algunos colegios que se fundaron en España,
y de la contradiccion que allí hizo á la Compañia el arzobispo
de Toledo.

—

Dado este principio al colegio romano volvió á
España el duque D. Francisco de Borja. Llegado á
ella renunció su estado á D. Carlos de Borja su hijo
mayor, y dejado el hábito seglar tomó el de la Compañía, y se recogió á Vizcaya, como provincia mas
apartada y quieta, para con menos embarazo darse
á la vida religiosa. Allí se ordenó de misa, y comenzó á predicar, y á pedir como pobre limosna
de puerta en puerta, con grande admiracion y edificacion de las gentes. Movidos de la fama de esta
obra, y de tan raro ejemplo de menosprecio del
mundo, vinieron á él algunas personas ilustres y de
grande autoridad, y por su medio entraron en la
Compañía. La primera habitacion que tuvo fué en
el colegio de Oñate; al cual Pedro Miguelez de
Araoz, natural de aquella tierra, habia poco antes
mandado su hacienda.

En el mismo tiempo se comenzó el colegio de
Burgos; porque el cardenal D. Francisco de Mendoza,
luego que le hicieron obispo de aquella ciudad, pidió al P. Ignacio algunos de la Compañía, para que
anduviesen por su diócesis, predicando y enseñan-

do á sus ovejas la palabra de Dios: dióselos Ignacio, y ellos hicieron tan bien su oficio, y con tanto provecho de las almas, que se dió ocasion á los de Burgos para que en su ciudad deseasen tener á la Compañía, y les hiciesen casa, la cual despues creció mucho, y se aumentó con el fervor de los sermones del P. M. Francisco de Estrada. Al colegio de Medina del Campo dió tambien principio Rodrigo de Dueñas, á quien Dios habia dado gran devocion de ayudar con sus muchas riquezas todas las obras pias y de caridad. El cual habiendo tratado y comunicado familiarmente á los Padres Pedro Fabro y Antonio de Araoz, y movido por su conversacion y ejemplo, pidió para su consuelo y para provecho de aquella villa, cuyo vecino y morador era algunos de los nuestros. Fueron y comenzaron á predicar por las plazas, con nuevo y admirable fruto: el cual aficionó mas la gente principal de aquel pueblo, y dióles mayor deseo de tener allí la Compañía. El año de 1551 fueron los nuestros para fundar el colegio de Medina; el cual despues edificaron y dotaron con buena renta Pedro Quadrado, y D.ª Francisca Manjon su mujer, personas ricas, y muy religiosas y devotas.

Mas para que con los prósperos sucesos no se descuidase la Compañía, no le faltaron ocasiones de ejercitar la paciencia y humildad, por una grande contradiccion que se despertó en este tiempo contra los nuestros en España, por parte de D. Juan

Siliceo, arzobispo de Toledo. El cual siendo mal informado del instituto de la Compañía, mandó que. todos los sacerdotes de Toledo que hubiesen hecho los ejercicios espirituales de la Compañía, no pudiesen usar el oficio de confesores, y asimismo leer por los púlpitos de las iglesias edictos públicos, por los cuales mandaba, que so pena de excomunion mayor ninguno de sus súbditos se confesase con los de la Compañía ni recibiese otro sacramento de sus manos. No habia entonces en todo su arzobispado otro colegio sino el de Alcalá. Tomáronse muchos medios de ruegos é intercesion con el arzobispo para que no usase de tanto rigor, y no se pudo acabar con él, hasta que el Consejo real habiendo visto y examinado nuestras bulas y privilegios, juzgando que el mandato del arzobispo era contra la voluntad y autoridad del sumo Pontífice, nos restituyó nuestro derecho y libertad, declarando por sus provisiones reales, que el arzobispo nos hacia fuerza, y que no podia legitimamente hacer tal prohibicion. Al cual tambien el papa Julio III, informado de Ignacio de lo que pasaba, escribió con severidad apostólica, diciéndole, que se maravillaba mucho, y le pesaba, que siendo la Compañía, como era, aprobada por la santa Sede apostólica, él no la tuviese por buena: y que siendo por todas las partes del mundo tan bien recibida por el grande fruto que en todas ellas hacia, él solo la contradijese y pusiese mácula y dolencia en lo que todos los demás tanto alababan, deseaban y pedian.

Con estas letras de Su Santidad, y con la provision Real, revocó el arzobispo sus primeros edictos, y nos mandó restituir nuestra libertad para
poder usar de nuestras facultades y privilegios. Y
es cosa tambien de notar, que cuando Ignacio fué
avisado de esta contradiccion que hacia á la Compañía un príncipe tan grande como era el arzobispo de
Toledo, me dijo á mí con un rostro sereno y alegre
que tenia por muy buena nueva para la Compañía
aquella persecucion, pues era sin culpa de ella: y
que era señal evidente que se queria servir Dios
nuestro señor mucho de la Compañía en Toledo;
porque en todas partes habia sido así, que donde
mas perseguida habia ella sido, allí habia hecho mas
fruto. Y que pues el arzobispo era viejo, y la Compañía moza, naturalmente mas viviria ella que no él.
Y vióse ser verdad lo que dijo Ignacio por lo que
despues ha sucedido; y comenzóse á ver luego que
murió el arzobispo; porque siendo llamada la Compañía para morar en la ciudad de Toledo, las primeras casas que se dieron á los nuestros para su
morada, fueron las que el mismo arzobispo Siliceo
habia labrado para colegios de los clerizones de su
Iglesia. Lo cual no sin razon consideraron muchos,
y gustaron de ver, que todo cuanto el arzobispo
(con buen celo) hizo contra la Compañía, vino á
parar en que cuando mas nos perseguia nos labra-
ba (sin entenderlo él) las primeras casas en que habíamos de morar en aquella ciudad.

CAPÍTULO V.

Como Ignacio hizo provincial de Italia al P. Lainez, y Claudio
Yayo murió en Viena.

—

Mientras la Compañía se probaba de la manera
que habemos dicho en España, Nuestro Señor la
multiplicaba con nuevos colegios en Italia. El de
Florencia tuvo principio por la liberalidad de doña
Leonor de Toledo, duquesa de aquella ciudad; la
cual desde que la conoció mostró siempre mucho
amor á la Compañía. En Nápoles tambien y en Ferrara se comenzaron los colegios que ahora tenemos
en estas ciudades. Para el de Nápoles importó mucho la residencia que allí hizo el P. Salmeron, enviado de Ignacio á aquel reino para este efecto. El de
Ferrara comenzó Hércules de Este segundo duque de
Ferrara: el cual habia antes tratado á los Padres Bobadilla y Claudio Yayo, y favorecido la Compañía
en sus principios, y fué á Ferrara para asentar el
colegio el P. Pascasio Broeth. Dióse cargo de estos colegios, y de los demás que ya habia en Italia, con oficio y nombre de provincial, al P. Diego
Lainez el cual al fin del año de 1550, habia vuelto
á Roma de Berbería, á donde habia ido con el virey Juan de Vega á la conquista de la ciudad de Africa, que tenia Draguth corsario famoso, para espanto
y destruccion de los reinos de Sicilia, Nápoles y
Cerdeña. En la cual guerra trabajó mucho en curar

19·

los enfermos y heridos, y en confesar los soldados,
y en animar y esforzar á todos á pelear y morir como cristianos por la honra de Dios y por el ensalzamiento de su santa fe. Y fué Nuestro Señor servido de darles victoria casi milagrosa, y que se
ganase á los enemigos aquella tan fuerte plaza. A la
cual yendo despues el P. Hierónimo Nadal, para
hacer los oficios que habia hecho el P. M. Lainez,
y para animar con espíritu cristiano y servir á los
soldados que quedaban en guarnicion, escapó milagrosamente de un naufragio espantoso : en el cual pe-
reció el hermano Isidro Esbrando, compañero de su
navegacion, el año de 1551.

En Alemania no crecia menos la Compañía en
este tiempo, porque el rey de romanos D. Fernando, deseando reformar los estudios de la universidad de Viena, y reprimir el furor de los herejes,
que iban cundiendo cada dia mas, é inficionando sus
estados, envió por el P. Claudio Yayo, y pidió á
Ignacio otros teólogos de la Compañía, para que
leyesen teología en aquella universidad. Fueron á
Viena los nuestros el mismo año de 1551, y man-
dóles aposentar el rey en un cuarto del monasterio
de santo Domingo, apartado de los frailes. Despues
por no tener á aquellos Padres religiosos ocupada
su casa, se pasaron los nuestros á otro monasterio
que habian desamparado los frailes Carmelitas, dándole á la Compañía de buena voluntad los superiores de aquella Religion. En este colegio de Viena,

el año de 1552, dia de la Transfiguracion, pasó de esta vida á la inmortal el P. Claudio Yayo, uno de los primeros diez Padres de la Compañía. Fué natural de Saboya, trabajó bien, y fiel, y diligentamente en defension y acrecentamiento de la fe católica, en Italia, Baviera, Suevia, Austria y en toda Alemania. Y en la Dieta de Augusta se señaló muy particularmente en servicio de la santa Iglesia romana, con notable fruto y reconocimiento de todos los católicos. El fué el que declaró á los tudescos católicos el nombre, principios y progreso de la Compañía, con tanta gracia y prudencia, que les ganó las voluntades, y los aficionó á favorecerla. Y á los herejes resistió de suerte, que admirados de su virtud y doctrina, le convidaron á ir á Sajonia, y á disputar con los maestros y ministros de sus errores. Lo cual no hizo por estar ocupado en la fundacion del colegio de Viena, donde murió. Fué hombre blando y manso de condicion: tenia con una alegría de rostro apacible, una gravedad religiosa y suave: era señalado en el amor de la pobreza, aventajado en la oracion, muy avariento y escaso del tiempo, modesto en su conversacion y en todas las cosas verdadero humilde. Rehusó con tanta gravedad y firmeza el obispado de Trieste, que todo el tiempo que desconfiaba de poderse escapar de tal dignidad, estuvo casi en un contínuo llanto y desconsuelo: y cuando se vió libre, volvió á su acostumbrada alegría y dulce conversacion.

CAPÍTULO VI.

Del principio y causas de fundarse el colegio germánico.

No solamente procuraba Ignacio por medio de los Padres de la Compañía hacer bien á las provincias de Alemania, dentro de la misma Alemania, como queda dicho, sino tambien en Italia buscaba su remedio, y de este cuidado tuvo principio el colegio germánico, que en Roma por medio de los nuestros instituyó el papa Julio III, este año *de* 1552. Y aun que este colegio no es propiamente de la Compañía, yo le cuento entre los nuestros, porque la Compañía tiene todo el peso y gobierno de él: y así podemos decir que de nuestra Compañía nacen los grandes frutos que de este colegio recibe la Iglesia de Dios. Fué pues su orígen de esta manera. Desvelábase Ignacio en pensar de dia y de noche, como se podian remediar los males de toda la cristiandad, y curarse las partes mas flacas y mas enfermas de ella, y sobre todas las otras le congojaba el cuidado de Alemania, porque la veia mas llagada y afligida que las otras provincias: y tratando de esto un dia con el cardenal Juan Moron, varon de singular prudencia, el cardenal le propuso esta obra del colegio germánico, como cosa que por haber sido legado apostólico en Alemania, y conocido los humores de aquellas gentes, pensaba que podria ser de grande provecho para reducir aquellas provincias tan estragadas á la obediencia y sujecion de nuestra santa fe católica.

Persuadíase este prudentísimo varon, no sin gran fundamento, que todo el mal que ha venido á Alemania, ha nacido principalmente de la ignorancia y de la mala vida de los eclesiásticos, y que así el remedio ha de venir de las causas contrarias, que son la doctrina maciza y católica de los curas y predicadores y de su vida ejemplar. Y que convenia que los doctores y pastores de los alemanes fuesen tambien alemanes; porque siendo de una misma nacion, costumbres y leyes, y hermanados con el vínculo estrecho de la naturaleza, serian mas amados, y el amor les haria camino para persuadirles su doctrina, y siendo de la misma lengua serian mejor entendidos, y tendrian mayor fuerza para imprimir en sus corazones la verdad. Pues pensar que en Alemania se hallen tantos de estos tales maestros, cuantos para una provincia tan estendida, y por todas partes tan necesitada son menester, es cosa escusada. Antes esos pocos que hay, se van cada dia acabando, y por el contrario los maestros herejes son muchos, y como malas yerbas cada dia crecen y se multiplican mas. Por estas causas pareció cosa muy acertada hacer un seminario, en el cual antes que se acabase de secar en Alemania la raiz de la católica y verdadera doctrina, se fuese sustentando y reviviendo; y los mozos tudescos de escogidos in-

genios é inclinados á la virtud, desde aquella edad
que es mas blanda y mas fácil para imprimirse en
ella todo lo bueno, aprendiesen las letras, y ceremonias, y costumbres católicas. Este seminario no se
podia bien hacer en Alemania, porque aunque se
tomara el mas puro y mas incorrupto lugar de toda
ella, no podia haber seguridad, que los estudiantes
mozos y simples, rodeados por todas partes de herejes, no peligrasen entre tan astutos y pestíferos
basiliscos, y se les pegase el mal tan contagioso, y
se inficionasen con la ponzoña de su perversa y diabólica doctrina. Pues para hacerse fuera de Alemania, ningun asiento de ciudad ni universidad podia ser mas á propósito para este fin que la ciudad
de Roma, por concurrir en ella mas que en otra ninguna muchas cosas que pueden ayudar á conservar y acrecentar la verdadera y católica religion en
los ánimos de aquella juventud. Como son la seguridad de la doctrina que se enseña: la santidad de la
misma ciudad: la muchedumbre de los católicos
que por su devocion á ella vienen: la reverencia
y respeto que trae consigo aquella religion, que demás de ser tan antigua, se sabe haber sido predi-
cada en aquel sagrado lugar por los príncipes de
los apóstoles, y regada con su preciosa sangre. Y
finalmente, la presencia de los sumos Pontífices,
que con su santo celo y liberalidad podian sustentar este seminario, y ganar las voluntades, con sus
beneficios y buenas obras, á aquella gente.

Esta fué la principal causa y motivo que hubo de instituirse el colegio germánico. Inventóle, como dijimos, el cardenal Moron, y comunicado con Ignacio y con otros varones gravísimos, finalmente vino á ser aprobado y favorecido del papa Julio III y de todo el sacro colegio de los cardenales. Y para que se pudiese mejor establecer y perpetuar, señaló el sumo Pontífice de su parte cierta renta cada año, y los cardenales de la suya (cada uno segun su po·sibilidad) contribuian alegremente para la sustentacion de los estudiantes alemanes de aquel colegio. De manera, que descuidados ellos de buscar lo necesario para su sustento, se empleasen todos enteramente en aprender las letras y costumbres convenientes al fin para que allí se crian. Dióse á Ignacio el cargo de buscar, escoger y hacer venir á Roma de todas las partes de Alemania, esta juventud, y de regirla, instruirla y enseñarla. El cual cuidado recibió él con gran voluntad, así por serle mandado por su Santidad, como por la importancia del negocio. Vinieron á Roma muchos mozos tudescos de grande expectacion: señalóseles casa en que viviesen; dióles Ignacio personas escogidas de la Compañía que los gobernasen; hízoles las reglas y estatutos que debian guardar. Proveyó que en nuestro colegio romano tuviesen buenos maestros que les leyesen las facultades y ciencias que habian de oir. De una sola cosa no quiso que se encargase la Compañía, que fué del dinero y cuentas, y lo que tocaba á re-

cibo y gasto, ni jamás se pudo acabar con él, que
los nuestros se embarazasen en semejantes cosas, que
suelen ser sujetas por una parte á mucha solicitud
y trabajo temporal, y por otra á murmuracion y sospecha: y así esta parte se encomendó á personas
fuera de la Compañía.

Pero como Julio III murió, faltando con su muerte la limosna que él daba para esta obra tan excelente y necesaria, temiendo Ignacio que por la carestía que en Roma sucedió de mantenimientos, y
por el bullicio y alborotos de la guerra que hubo en
tiempo de Paulo IV, no se deshiciese lo que con tanto trabajo y fruto se habia comenzado, repartió mucha parte de aquellos mozos tudescos (holgando ellos
de ello) por diversos colegios de la Compañía, para
que en ellos se sustentasen hasta que pasase aquella tempestad y ruido de las armas, y los demás sustentó en Roma, buscando para ello dineros con harto trabajo y solicitud de su persona, obligándose él
á pagar lo que se le daba. Y sacóle Dios nuestro señor muy á su salvo de estas deudas, dándole liberalmente despues con que hasta la postrera blanca
se pagasen todas, conforme á la gran confianza que
el mismo Dios habia dado á este su siervo para esta
obra. Porque en el mismo tiempo de tanta apretura
y esterilidad, dijo Ignacio que no desmayase nadie,
ni pensase que habia de faltar el colegio germánico
por falta de mantenimiento, porque dia vendria en
que tuviese tan cumplidamente todo lo que hubie-

se menester, que antes le sobrase que faltase. Y en sus principios estando Ottho Thruses cardenal de la santa iglesia de Roma y obispo de Augusta (que fué siempre muy valeroso defensor de la fe católica, y singular protector del colegio germánico) con algun recelo que esta obra no pasase adelante por las muchas dificultades que cada dia mas en ella se le ofrecian, el P. Ignacio le envió á decir, que tuviese su señoría ilustrísima buen ánimo y se fiase de Dios, que él le ayudaria y favoreceria en cosa que le era tan agradable y para tanto servicio suyo. Y aun dijo mas, que si el cardenal no quisiese ó no pudiese llevar adelante esta empresa, que él la tomaria sobre sí, confiado de la misericordia y liberalidad del Señor.

Y el tiempo nos ha mostrado bien que no se engañó, porque el mismo Señor, que fué el que al principio movió los corazones del papa Julio III y de los cardenales para fundar el colegio germánico, ese mismo despues ha movido é inspirado á nuestro muy santo Padre Gregorio XIII, á levantarle que estaba caido, y acrecentarle y darle en Roma casa propia, y dotarle y establecerle con muy bastante renta y perpétua, por el gran celo que tenia Su Santidad de conservar lo que queda, y de cobrar lo que está perdido de la Religion católica en Alemania. Y esto cierto con mucha razon. Porque habiendo los otros Gregorios Pontífices santísimos sus predecesores plantado la fe de Jesucristo nuestro redentor en

aquella provincia, y dilatádola y estendídola por toda ella con tan esclarecida gloria de Dios y suya;
y habiendo puesto en ella la majestad y grandeza del
imperio romano, dando la eleccion á los príncipes
electores de Alemania; era cosa muy justa que nuestro último Gregorio siguiese las pisadas de los otros
Gregorios sus predecesores, é hiciese una obra tan
señalada y tan ilustre: de la cual esperamos la res-
tauracion y aumento de nuestra santa fe en aquella
nobilísima provincia.

CAPÍTULO VII.

De la muerte del P. Francisco Javier.

—

En este mismo año de 1552, el P. Francisco
Javier habiendo partido de la India á predicar el Evangelio á los chinos, y á dar á aquellos pueblos ciegos
los primeros resplandores de nuestra fe, en la misma entrada de aquella provincia falleció. Este Padre fué de nacion española, nació en el reino de
Navarra de noble familia, fué criado con mucho cuidado de sus padres: y pasados los años de la niñez,
fué enviado á estudiar á París, donde aprovechó
tanto en los estudios, que vino á leer públicamente la
filosofía de Aristóteles, y tratando con Ignacio, que
estudiaba la misma facultad, aprendió de él otra mas
alta y divina filosofía: y determinó de juntarse y
hermanarse con él y vivir en su Compañía en una

misma manera de vida. Vino despues con los otros
Padres sus compañeros á Italia: y habiendo pasado
muchos trabajos peregrinando, mendigando, sirviendo en hospitales, predicando y ayudando en otras
muchas maneras á los prójimos, fué de Ignacio enviado de Roma á Portugal, para de allí pasar á la
India, el año de 1540, de la manera que en el segundo libro contamos.

En esta jornada pasando muy cerca de su tierra
ni el amor de la patria, ni los ruegos de sus parientes y amigos, no pudieron acabar con él que por
verlos torciese un poco el camino. Llegado á Portugal fué muy bien recibido de aquellos pueblos,
y muy amada y aprobada de todos su vida y doctrina. De allí se partió, como dijimos, el año de
1541 y se hizo á la vela á los 7 de abril, en la capitana del gobernador Martin Alonso de Sosa, llevando consigo dos compañeros, que se decian el uno
Pablo, que era italiano, y el otro Francisco Mansilla,
portugués. En esta navegacion larga y peligrosa se
hubo de tal manera el P. Francisco, que á los enfermos con su industria y trabajo, y á los sanos servia con su enseñanza y doctrina: á los presentes
daba edificacion: y á los nuestros que despues le
habian de suceder dejó un modelo de como se han
de haber en semejantes navegaciones: y á todos
ejemplo y admiracion de sí mismo.

Invernaron en Mozanbique aquel año antes de
llegar á la India, y en seis meses que se detuvo él

armada en aquellos ásperos y mal sanos lugares, sirvió con singular caridad y diligencia á los enfermos de ella, así soldados como marineros. Dejó señales vivas de su virtud en Melinde, ciudad de moros y cabeza de aquel reino, y tambien en Zocotora que es una isla de cristianos, pero muy estéril y fragosa. Y finalmente al 6 de mayo de 1542, llegó á la ciudad de Goa. Allí se fué á vivir al hospital de los pobres; en el cual empleaba su tiempo en curar los cuerpos y las almas de los dolientes.

Por la mañana confesaba á los que le venian á pedir confesion: á la tarde á los presos y encarcelados, y enseñaba á los niños la doctrina cristiana. Los domingos y fiestas salia fuera de la ciudad, é iba á visitar con su caridad á los leprosos y otros enfermos de enfermedades contagiosas, y dejábalos consolados.

Habiéndose ocupado en estas obras algun tiempo, y hecho con su probacion y noviciado grande maravilla de sí en Goa, pasóse á aquella parte de la India, que llaman la Pesquería, ó cabo de Comorin, donde convirtió grande número de infieles sacándolos de las tinieblas de la infidelidad, y trayéndolos á la luz del Evangelio, y enseñóles los principales misterios de la fe. Habiendo fundado en aquella comarca mas de cuarenta iglesias, y dejándoles maestros que los acabasen de enseñar é instruir, se pasó á Mazacar, donde trujo á la fe de Jesucristo dos reyes, y con ellos una gran multitud de sus pueblos. El mismo oficio hizo despues en Malaca, y de allí se fué á las islas Malucas, no por codicia de las especerías que otros van á buscar, sino por las perlas y joyas de tantas almas que veia perecer. En el pueblo que se dice Maluco, fueron sin número los niños que bautizó: y dejó tan arraigada y plantada en los corazones de la gente la doctrina cristiana, que hombres y mujeres, niños y viejos, cantaban por las calles los mandamientos de la ley de Dios: y el pescador en su barca, y el labrador en su labranza, hacian esto por su entretenimiento y recreacion. Y el buen Padre, no contento con haberse fatigado todo el dia con el peso de tantos trabajos y ocupaciones, tomaba cada noche una campanilla, é iba con ella por las calles, despertando al pueblo y amonestando á todos en alta voz que rogasen á Dios por las ánimas de purgatorio. Despues anduvo visitando siete lugares de cristianos en Amboyno, que no tenian otra cosa de cristianos sino el nombre, y redújolos todos al conocimiento y amor de la doctrina y vida cristiana. Oyó allí decir, que estaba cerca de Maluco una isla llamada del Moro, donde habia gran número de personas, cuyos antepasados habian sido bautizados, mas muriéndoseles los sacerdotes que los habian bautizado, se habia ya casi perdido la memoria, sin quedar en ellos rastro de fe. Porque ninguno osaba ir á ellos ni tratarlos, por ser la gente tan bárbara y tan fiera y bestial, que no se podia tratar con ellos sin grandes

trabajos y notable peligro de la vida. Determinó
Francisco Javier de ir á esta isla, moviéndole no
solo el celo de la salud de aquellas almas ; pero tambien de la suya propia ; porque juzgaba que la necesidad espiritual que tenian era estrema, á la cual
él estaba obligado á socorrer, aunque fuese á costa
de su propia vida. Porque rumiaba con atencion, y
pesaba aquellas palabras de nuestro Redentor: «Quien
ama su vida, la perderá, y quien por mí la perdie-
re, la ganará.» El cual lugar del Evangelio decia él
que parecia claro á los que le leian, y solamente
miraban por defuera las palabras ; mas que era muy
oscuro á los que le quisiesen poner por la obra, y
experimentar.

Es aquella isla del Moro muy áspera y fragosa,
y tan desamparada de la naturaleza, que parece que
de ninguna de las cosas necesarias para la vida humana la ha proveido: óyense continuamente en ella
horribles ruidos, y espantosos, como bramidos:
tiembla muchas veces la tierra con grandes y co-
tidianos terremotos, que asombran y espantan. Los
naturales no parece que tienen condicion ni costumbres de hombres, sino de unos mónstruos y
crueles fieras; porque su mayor pasatiempo es matar y degollar hombres, y hacer carnicería de ellos.
Cuando no pueden hartar con la sangre y muerte
de hombres extraños su insaciable crueldad, sin
respeto ninguno de la naturaleza, se quitan la vida
los hijos á los padres, y los padres á los hijos, y

las mujeres á los maridos: y cuando los hijos ven
sus padres viejos y cargados de edad los matan y
se los comen, convidándose unos á otros con las
carnes de los que los engendraron.

Querian muchos de sus amigos y devotos desviar
al P. Francisco de esta jornada, tan llena de manifiestos peligros de la vida, y con lágrimas le decian,
que mirase que de su vida colgaban las vidas de
muchos, y de su salud corporal la salud espiritual de
tantos millares de almas, y que no aventurase por
poco cosa que importaba tanto. Mas como él hubiese
puesto toda su confianza en las manos de Dios, y
desease comprar con su vida temporal, la eterna de
aquellas almas, tan destituidas de otro cualquier remedio, no se dejó vencer ni quiso tornar atrás de su
propósito. Dábanle al tiempo de la partida sus amigos muchos remedios contra la ponzoña (porque
tambien aquella gente bárbara suele con ella matar)
pero él no quiso tomar ninguno, sino poner todas sus
esperanzas en Dios. Y así se embarcó para la isla,
y la anduvo toda visitando y halagando á los moradores, ó por mejor decir, á los salvajes y bestias
fieras de aquella tierra, á los cuales enseñó con el
resplandor y luz del Evangelio, y con esta enseñanza los amansó y domesticó, andando entre ellos con
una admirable seguridad y tranquilidad de su alma.
Porque sabia bien el cuidado que Dios tenia de él, y
que sin su voluntad no cae un cabello de la cabeza,
porque él los tiene todos contados á sus escogidos.

Eran tantas y tan grandes las consolaciones que de la mano del muy Alto continuamente recibia en aquella isla, que no solo mitigaban los trabajos corporales que padecia, sino que los hacia dulces y sabrosos por muchos y grandes que fuesen. Por lo cual decia él, que aquel lugar donde Dios regalaba tanto á sus siervos, no se habia de llamar la isla del Moro, sino la isla de la Esperanza: y parecíale que no podria vivir mucho en aquella isla, sin venir á perder los ojos de puras lágrimas y consuelo.

Mientras él andaba en estas islas Maldcas, vino un japon llamado Anger á buscarle á Malaca. Este era un hombre honrado y prudente; el cual aunque era gentil andaba muy afligido y con gran remordimiento de su conciencia, acordándose de los pecados que habia cometido en el tiempo de su mocedad. Que por aquí le despertaba Dios para traerle á su conocimiento; y despues de haber intentado muchos medios para echar de sí esta fatiga y congoja, y consultado á sus bonzos (que así se llaman entre ellos sus sacerdotes y sabios) como en ninguna cosa hallase quietud ni paz, comunicó con unos portugueses amigos suyos, que navegaban por aquellas partes, este su desasosiego y afligimiento de espíritu. Ellos le oconsejaron que fuese á la India á buscar al P. Francisco Javier, diciéndole que era grande amigo de Dios, y varon de tanta santidad y obrador de tantas y tales maravillas, que si en el mundo habia de hallar remedio, seria en él, y que si en él no le

hallase, tuviese su negocio por desahuciado. Que
en esta estima tenian al P. Francisco los que le conocian y trataban. El japon Anger, con ser hombre
apartado de la luz y verdadero conocimiento de
Dios, creyó lo que los portugueses le dijeron: y fué
tanto lo que deseó salir de aquel tormento que padecia, y alcanzar el sosiego y tranquilidad de su alma,
que sin hacer caso de los trabajos de tan larga y
tan peligrosa navegacion, y de que venia á buscar
un hombre cristiano que él no conocia, se embarcó
y vino á Malaca por topar con el P. Francisco. Que
cuando me paro á pensarlo con la ponderacion, que
es razon, me corto y me confundo, viendo lo mucho que un puro gentil y hombre sin fe hizo por su
salvacion, y lo poco que muchos de nosotros por la
nuestra, siendo cristianos, hacemos. Y juntamente
me admiro de los medios de la providencia y eterna predestinacion de Dios; el cual tomó el de este
hombre para alumbrar las tinieblas de aquella gentilidad. Porque aportando á Malaca Anger, allí supo
que el P. Francisco era ido á las Malucas, y así
desconsolado se volvió al Japon: mas llegando ya
cerca del Japon, una grande tempestad que á deshora se levantó, le volvió á Malaca, donde halló al
P. Francisco, que ya habia vuelto de las Malucas.
Llevóle el Padre á Goa y allí le comunicó las verdades de nuestra santa fe, y se hizo cristiano en nuestro colegio. Pusiéronle por nombre Paulo, y reci-
biéronle en la Compañía, como primicias de la con-

version de la grande isla del Japon, descubierta pocos años antes por los portugueses.

De este Pablo (que era hombre muy discreto y
agudo, y entendido en las falsas sectas de los japones)
supo Francisco Javier que las islas del Japon eran
muchas, mas que entre ellas habia una mas principal, y muy señalada en grandeza y poblacion y en
los ingenios de los naturales, y crianza y doctrina,
y en la muchedumbre y diversidad de sectas y copia de sacerdotes. Supo tambien que los japones
eran hombres tan dóciles y tan amigos de la razon,
que fácilmente se persuaden á seguir la religion que
ven que ni va apartada de la razon, ni discrepa de
las costumbres y manera de vivir del que la enseña.
Y como con esta informacion viniese bien lo que los
portugueses y otros amigos suyos le decian, determinó de embarcarse para el Japon, y tomando consigo
algunos Padres, y al mismo Pablo y á dos criados
suyos, que tambien los habia convertido y bautizado, se puso en camino. En el cual despues de haber
pasado muchos y grandes peligros del mar, y escapado de las manos de los gentiles, en cuya nave
iba, que le querian matar, llegó al Japon, y atrave-
só la isla hasta llegar á la grande ciudad de Meaco
(que es la mas poblada y mas principal del Japon)
á pié y con mucha pobreza, frio y desnudez, andando corriendo tras los caballos de los japones, como
mozo y lacayo, por tener en ellos guia y seguridad.
Y habiendo convertido á la fe de Jesucristo en Can-

gaxima, Bungo y Amanguche, obra de mil y quinientas almas, dejó en Japon á sus compañeros para que cultivasen aquellas nuevas plantas, y tuviesen cargo de las iglesias que él ya dejaba fundadas, y se volvió á la India para enviarles mas Padres y Hermanos de la Compañía que los ayudasen á trabajar, y llevasen adelante la labor que se habia comenzado en aquella gran viña del Japon.

Y siendo informado que los japones en tiempos pasados habian tomado de la China (que es una provincia grandísima y muy estendida) todas sus ceremonias y leyes y costumbres de vivir, determinó de irse á la China. Lo uno por llevar á los chinos la luz de la verdad y Evangelio de Cristo ; lo otro por parecerle que rendida aquella provincia, que era como la fortaleza, y vencidas las cabezas y los maestros de los errores del Japon, con mas facilidad se rendieran despues los mismos japones, que eran sus discípulos, y se sujetarian al yugo de Jesucristo nuestro señor. Con esta resolucion se metió en una nave, no llevando consigo persona de la Compañía, sino solos dos mozos naturales de la China. Llegado á una isla llamada San Gian cerca de la China, entendió que no habia órden para entrar en la China, porque es ley inviolable que ningun estranjero entre en ella, ni ningun chino le meta ni le acoja dentro, so pena de muerte, ó á bien librar de perpétuo y miserable cautiverio. Mas el buen Padre no se espantó del rigor de la ley, ni de la pena que de la

transgresion de ella se le podia seguir; antes confiado en Dios y en la fuerza de la verdad que iba á á predicar buscó á un chino, y prometió de darle como
trescientos ducados de pimienta que le habian á él
dado de limosna, si de noche secretamente le metia
dentro de la ciudad de Canton, que es la primera
entrada de aquella provincia, y le pusiese y dejase
en alguna plaza de aquella ciudad.

Mas tratando él de esta entrada, quiso Nuestro
Señor darle el galardon de sus trabajos, y tomar en
cuenta esta su voluntad y santo deseo de entrar con
tanto peligro suyo á plantar el Evangelio en la China, y guardar la ejecucion y obra para otros Padres
de la Compañía, que despues han abierto este camino. Porque el postrer dia del mes de novienbre,
estándose aun en la mar, cayó enfermo, y encer-
rándose en su aposentillo estuvo todo el dia sin desayunarse, sacando del corazon contínuos gemidos
y amorosos suspiros y repitiendo muchas veces estas palabras, *Jesu, fili David, miserere mei:* que
quiere decir: Jesus, hijo de David, habed misericordia de mí: las cuales decia con voz tan alta y
clara, que le oian los marineros y pasajeros. Un dia
despues dándoles á entender que ya se llegaba el
dichoso fin de su peregrinacion, se hizo llevar á
una peña muy áspera y alta roca, á donde hablando
familiar y dulcísimamente con su Criador y Señor,
á la misma noche de aquel mismo dia salió de la
cárcel de este cuerpo mortal, comenzando el segun-

do dia de diciembre, de mil y quinientos y cincuenta y dos años. Esto, como aquí queda referido de la muerte del P. Francisco, se escribió de la India oriental á nuestro P. Ignacio cuando el mismo P. Francisco murió: mas despues algunas personas de las que se hallaron á su dichoso tránsito, y le enterraron, contaron que á los 20 de noviembre, acabando de decir misa cayó malo de una tan grave enfermedad, que le acabó á los 2 de diciembre, estando en la isla y puerto de San Gian, en una pobre choza pajiza, invocando el santísimo nombre de su dulce Jesus, como se ha dicho. Y no es maravilla que en tanta distancia de tierras y diversidad de naciones, no se haya sabido á los principios tan por entero la verdad.

Fué varon admirable, y no solamente á los cristianos, sino á los mismos gentiles tambien, de muy grande veneracion: conservóle Dios limpio en su virginidad, y sin mancilla: fué deseosísimo de la virtud de la humildad; la cual así como en todas las cosas la procuraba, así maravillosamente la sabia encubrir, por no ser por ella estimado ni tenido en mas; de suerte que el procurarla, y el encubrirla, todo nacia del mismo afecto y deseo de la verdadera humildad. Su comer y vestir era vil y pobre: mendigaba de puerta en puerta su comida: si sus devotos y amigos le enviaban algo, todo lo daba á los pobres con el mayor secreto que podia: no comia mas de una vez al dia; y por maravilla gustaba cosa de carne, ni bebia vino sino era alguna vez, siendo convidado de algun su amigo; porque entonces comia de lo que se le ponia delante, sin hacer diferencia ninguna.

Con los prójimos tuvo muy señalada y encendida caridad, y para socorrerlos y acudir á sus necesidades, no rehusaba ningun trabajo ni fatiga. Dábale Dios singular gracia en sacar de pecados á los hombres mal acostumbrados y envejecidos en ellos. En sabiendo que alguno andaba enlazado y ciego en algun amor deshonesto, ó perdido de torpe aficion, no le iba luego á la mano, mas con un santo artificio se le entraba por las puertas: hacíasele su amigo y familiar, y habiéndole ganado la voluntad, él mismo se convidaba y se quedaba á comer con él. Cuando ya veia aquella alma dispuesta para oir las amonestaciones y consejos saludables, embestia con ella, y venia á quitarle las malas compañías y ocasiones de pecar; y sino podia de un golpe arrancar todos los pecados, iba con tal suavidad y destreza ablandando poco á poco el corazon, que uno á uno los quitaba todos. Y de esta manera con admirable prudencia y blandura, quitó á un hombre una á una ocho mujeres, con las cuales no sin escándalo de muchos vivia deshonestamente. En las adversidades y persecuciones era muy constante é invencible, colgado siempre de la divina Providencia, y de ella tan fiado (como sus pasos eran todos para la gloria de Dios y salud de las almas) que no dudaba muchas veces de entrar en la mar con tiempos contrarios, ni de acometer cosas en que habia manifiestos peligros de muerte; de los cuales Dios nuestro señor milagrosamente le libró.

Por tres veces padeció naufragio. Aconteció le quebrada la nave andar dos ó tres dias nadando en las olas del mar sobre una tabla, y escapar por la misericordia divina, y despues de haber así escapado, estuvo mucho tiempo escondido entre breñas y bosques, por huir de las manos de los gentiles y bárbaros que le buscaban para darle la muerte. Otra vez tambien escapó de la muerte que le tenian los gentiles ya urdida, metido dentro del tronco de un árbol en el campo, donde estuvo toda la noche escondido.

En los mayores trabajos y persecuciones que tenia, era su ordinaria oracion pedir á Dios que á los muy duros sucediesen otros tan duros, y que nunca le disminuyese los trabajos, sino que se los acrecentase, acrecentándole con ellos la paciencia y perseverancia. Era tan amigo de la oracion, que se le pasaban muchas veces las noches enteras orando y siempre que podia delante del santísimo Sacramento, y sino, delante de la imágen de un Crucifijo, y esto sin dormir: y si le oprimia la flaqueza de la carne, poníase una piedra por cabecera, ó alguna otra cosa dura: y durmiendo así en tierra, el sueño era breve y ligero, y muy amenudo le interrumpia con gemidos y suspiros, hablando con

Dios: y conforme á esta vida y á los trabajos de ella, eran muy copiosas y maravillosas las consolaciones divinas que el Señor le enviaba.

Cuando él pensaba que estaba solo y que ninguno le podia ver ni oir, la mano en el pecho y los ojos levantados al cielo, por la grande abundancia y fuerza de las consolaciones divinas, daba muchas voces á Dios, diciendo: «Basta ya, Señor mio, basta ya.» Andando por el Japon á pié, le aconteció algunas veces lastimarse los piés é hincarse las espinas, y tropezando en las piedras herirse hasta saltarle la sangre viva, é iba tan arrebatado y transportado en Dios, que no sentia ningun dolor, ni lo echaba de ver por la grandeza y fuerza del amor con que lo pasaba, y deseaba padecer mas. Azotóle una vez muy gravemente el demonio estando en oracion, mas no por eso la dejó. Su regalada virtud era la obediencia, y decia que esta virtud es potentísima, pues penetra la grandeza de la tierra, y atraviesa el espantoso mar, y sobrepuja todas las dificultades, y vence todos los peligros. Tenia grandísima reverencia á los obispos, y á los otros prelados de la Iglesia, y predicaba y decia, que se les debia todo servicio y sujecion.

No dejaré de contar, como vimos en Roma el año de 1554, al primer hombre que dentro del Japon recibió el santo bautismo. Llamábase Bernardo, natural de Cangaxima, era religioso, porque habia hecho los votos de la Compañía. Envióle el

P. Francisco Javier para que se viese en Roma, como nueva y milagrosa fruta de la santa Iglesia, un hombre japon , cristiano , religioso , y tambien para que él mismo viese la majestad de la Iglesia romana , y la policía cristiana en el culto divino , y tornando á su tierra lo contase como testigo de vista á sus naturales.

Tuve yo en Roma estrecha familiaridad con este nuestro hermano Bernardo , y conféséle todo el tiempo que en ella estuvo , y por esta causa pude tratar con él mas íntimamente , y con mas estrecha y particular comunicacion. Poníame devocion el ejemplo de sus virtudes , porque sin duda me parecia un retrato vivo de los cristianos de la primitiva Iglesia. Dejando otras muchas cosas muy notables que de él podria contar, diré solamente lo que toca al P. Francisco , de quien en este capítulo escribo. Decíame pues Bernardo del P. Francisco tres cosas. La primera, que él mismo habia dormido siete meses en un aposento con el P. Francisco , y que en aquel breve y muy ligero sueño que el Padre dormia , le oia muchas veces dar gemidos y suspiros , y repetir dulcemente el santísimo nombre de Jesus ; y que preguntándole él algunas veces, porque suspiraba tanto y gemia , que le respondia, que él no sabia nada de aquello , ni tal sentia. La segunda cosa que me contaba de él, era que se halló muchas veces presente cuando el P. Francisco disputaba de las cosas de la fe con grande muchedumbre

20·

de bonzos, y habia echado de ver, que preguntándole ellos cuestiones muy diversas, y proponiéndole argumentos muy diferentes contra diversos artículos, cada uno segun el ingenio y las dudas que tenia ; el P. Francisco respondia de tal manera á todos, que con sola una respuesta á todos ellos satisfacia y los dejaba sin duda y sin escrúpulo : y esto con tanta evidencia y claridad, como si á cada uno hubiera respondido por sí. La tercera, que él vió por sus ojos traer al P. Francisco muchos enfermos de varias enfermedades, y que en haciendo sobre ellos la señal de la cruz, ó echándoles un poco de agua bendita, á la hora quedaban todos sanos : y así decia, que los japones tenian por mas que hombre, y como cosa enviada del cielo. Y no es mucho que los gentiles pensasen esto, porque es cosa averiguada que le honró Dios dándole la gracia y don de hacer muchos y muy esclarecidos milagros en vida y en muerte : y los hace hasta el dia de hoy su cuerpo.

Sanó enfermedades de muchas maneras: alanzó muchos demonios de los cuerpos humanos, alumbró ciegos y resucitó muertos. Fué en el don de profecía muy excelente, porque descubrió muchas cosas secretas, y vió cosas en tiempos y en lugares muy distantes: las cuales acontecieron en el mismo dia y en la misma hora que él estando muy apartado y muy lejos de donde se hacian, las estaba desde el púlpito predicando al pueblo. Luego que pasó de esta vida, los mercaderes portugueses que iban en la nave y se hallaron á su muerte, tomaron su cuerpo, y vestido de sus ornamentos sacerdotales que él llevaba para decir misa, le enterraron, cubriéndole todo de cal, para que comida con su fuerza toda la carne, quedasen los huesos secos, y ellos los pudiesen llevar á la India, adonde él habia rogado que le llevasen, acordándose del dia de su resurreccion, y deseando estar en lugar sagrado, para mejor gozar y ser ayudado de los piadosos sufragios de los fieles.

Pasados tres meses despues que le enterraron, quisieron volverse los mercaderes á la India, y pareciéndoles que ya estaria gastado el cuerpo, tornan á cavar la sepultura, y hallan las vestiduras tan sanas y enteras, como se las vistieron, y el cuerpo tan incorrupto y sólido, como cuando le pusieron, con su color natural, como cuando era vivo, y la carne tan jugosa y fresca, sin ningun género de mal olor. Movidos con tan grande milagro los mercaderes, ponen el cuerpo así como estaba en el navío, y llegan á Malaca, escapando de gravísimos peligros, con increible presteza y brevedad. Allí enterraron otra vez el cuerpo, y le detuvieron otros doce meses, y se conservó con la misma entereza é incorrupcion. De Malaca le llevaron á Goa, donde fué recibido con procesion y universal concurso de todas las Religiones y de la ciudad, y fué depositado en la iglesia de nuestro colegio de Goa, donde de todo el pueblo es venerado y tenido en gran reverencia y opinion de santidad.

Querer contar yo aquí todos los milagros que Dios ha hecho por este su siervo en vida y en muerte, seria muy largo y fuera de mi propósito, porque no me puse yo á escribir en este libro las cosas que el P. Francisco Javier hizo en la India, que son muchas y muy averiguadas y admirables, y tales que no se pueden decir en tan estrecha narracion como esta, sino que piden libro por sí. Impreso anda uno de su vida y de las cosas del Japon, pero corto y no tan estendido como se podria escribir, contando las cosas que se han sabido por la informacion que yo he visto de muchos y muy graves testigos, tomados con autoridad pública, por mandado del serenísimo rey de Portugal D. Juan el tercero. Yo solamente he querido tocar algunas pocas cosas con la brevedad que en las demás suelo guardar.

CAPÍTULO VIII.

Como los Padres de la Compañía fueron á la isla de Córcega.

Por este mismo tiempo se comenzó en Módena un colegio, y otro en Perosa, cuyo rector fué el P. Everardo Mercuriano, varon grave y prudente, que siendo ya bien ejercitado en letras humanas, filosofía y teología, y tenido por hombre muy cuerdo en su trato y conversacion, el año de 1548 en París habia entrado en la Compañía, y despues vino á ser el cuarto prepósito general. La ocasion del colegio de Perosa fué, el haber predicado en ella poco antes el P. M. Lainez. El cual de Perosa partió para Génova, pidiéndole aquella república; á la cual movió tanto con su doctrina y ejemplo, que fué gran parte que en ella se hiciesen muchas obras pias y de caridad. Y tambien que aquella república suplicase con grande instancia al sumo Pontífice que enviase algunos de los nuestros á la isla de Córcega, para que visitasen y enseñasen á aquellos pueblos, que estaban tan incultos y rudos y olvidados de Dios y de sí con los vicios que de la ignorancia suelen nacer.

Fueron pues enviados dos de la Compañía con grandes poderes de la Silla apostólica; de los cuales usaron cuanto fué necesario, con tal moderacion y entereza de vida, que aunque con los sermones hicieron mucho fruto en aquella gente, fué mucho mas lo que movieron con su ejemplo. Dieron una vuelta á toda la isla, con harta fatiga de espíritu y de cuerpo. Pusieron toda su industria y diligencia en pacificar y concordar los unos con los otros, y quitar muchas discordias y enemistades que habia; y en desarraigar innumerables pecados que se les habian entrado en sus casamientos y desposorios; y en reparar y adornar los templos, en amonestar á los sacerdotes y animarlos para que viviesen como su oficio pedia. Y finalmente en oir confesiones y predicar, y en hacer todas las obras de piedad para la buena edificacion de aquellos pueblos.

Mas trabajó mucho Satanás por estorbarles este tan próspero suceso. Porque el año siguiente de 1553 algunos religiosos y sacerdotes (á los cuales por ventura era amarga la verdad y desabrida la correccion) escribieron á Roma muchas cosas falsas y feas, y allá las sembraron: y pusieron en los oidos de los príncipes y cardenales grandes maldades é injustas acusaciones contra ellos. De las cuales deseando Ignacio apurar la verdad, envió á Sebastian Romeo á Córcega: el cual tornó en breve tiempo á Roma, y trujo muchos y muy graves testimonios públicos del gobernador de la isla, y de los otros magistrados y ciudades, que daban fe de la bondad, inocencia y religion con que siempre habian vivido entre ellos los Padres de la Compañía, y escribieron todos los sobredichos, así al sumo Pontífice como á otras personas ilustres, tales alabanzas y encarecimientos de su ejemplo y virtud, que ellos por su modestia no los podian oir sin mucha vergüenza y confusion.

CAPÍTULO IX.

Como se hizo inquisicion contra los ejercicios espirituales, y se fundaron algunos colegios, y se repartieron en España las provincias.

—

En España el mismo año de 53, no faltaban á la Compañía sus probaciones; con las cuales cada dia mas se acrecentaba y florecia, como crece con las lluvias y vientos el árbol bien plantado. Era admirable el fruto que en todas suertes de gentes se hacia en España con el uso de los ejercicios espirituales; aunque no faltaron algunas personas bien intencionadas, pero mal avisadas, que sin querer entender nuestras cosas ni informarse de la verdad, se dejaron decir, y aun escribir muchas censuras y pareceres contra el libro de los *ejercicios*, calificando y notando sus proposiciones, hasta ponerlos en manos de la santa Inquisicion. Mas en fin, la verdad con su luz vino á deshacer todas las tinieblas, y con su sinceridad y llaneza pudo mas que las compuestas y aparentes razones: y así con su fuerza como con la autoridad de la Silla apostólica se defendió, y fácilmente quebrantó y derribó aquel ímpetu con que los hombres la querian oprimir: y con esta victoria se adelantó mucho en toda Castilla y Portugal la Compañía. Porque el infante D. Enrique de Portugal, hijo del rey D. Manuel

y cardenal de la santa Iglesia romana , á imitacion
de su hermano el esclarecido rey D. Juan , quiso
mostrar su ánimo santo y religioso en acrecentar la
noble ciudad de Ébora, de donde era arzobispo , haciendo en ella un colegio y universidad de la Compañía. Edificó y dotó como gran príncipe este colegio de Ébora , donde ahora se leen con gran
concurso y frecuencia de oyentes todas las ciencias y facultades, y son mas de ciento y veinte las
personas que allí están de la Compañía ordinariamente.

Y al colegio de Coimbra se añadió tambien la casa
de probacion, donde se crian y enseñan los novicios
conforme á las reglas de la Compañía. Y en Lisboa tambien se hizo de nuevo casa de profesos : y
el colegio que allí estaba se acrecentó mucho en el
número de la gente y de las liciones.

Y allende de estos , este mismo año de 1553,
tuvo principio el colegio de Avila : y tambien el de
Córdoba, que fué el primero en el Andalucía; el
cual tuvo ocasion de la entrada en la Compañía del
P. Antonio de Córdoba, hijo de D. Lorenzo de Figueroa, y de D.ª Catalina Hernandez de Córdoba,
condes de Feria y marqueses de Pliego. Porque este
Padre luego que entró en la Compañía, procuró de dar
noticia de ella á los que no la conocian, y de llevarla
á Córdoba con los brazos y poder de los de su casa,
que en aquella ciudad son tan grandes señores y tan
poderosos. Para tratar de esta ida con la ciudad,

fué á Córdoba el P. Francisco de Villanueva con un compañero. Estaba en ella á la sazon D. Juan de Córdoba, dean de aquella iglesia, hombre poderoso y rico y de mucha autoridad y valor: el cual sin haber visto hombres de la Compañía, tenia de ellos siniestra informacion.

Como supo este caballero que dos de ella habian venido á Córdoba, mandólos buscar y convidar á comer, y esto (como él lo decia despues,) con intencion de inquirir y saber nuestras cosas, por ver si eran conformes á su opinion. Venidos les ruega y les hace fuerza que quieran posar en su casa, y ellos le obedecieron. Mirábalos curiosamente, y estando con ellos sacábalos á plaza en muchas materias, y cuando estaban solos acechábalos secretamente de dia y de noche, por ver qué hablaban y hacian, en qué se ocupaban, y cómo vivian. Oyó y vió tales cosas en ellos, que donde pensó coger, quedó cogido, y entendió que Dios le habia tomado en la red que tendia á los otros. Movióse con las pláticas y ejemplo de aquellos dos, Padre y Hermano, de suerte que todo el odio y aborrecimiento que le parecia antes tenerles, se le trocó Dios en verdadero amor y gran reverencia.

Dentro de pocos dias hizo donacion á los nuestros de las casas de su morada, que eran muy grandes y suntuosas, y con ellas les dió ornamentos preciosos, y piezas de oro y de plata, que él tenia en gran número para el servicio de la Iglesia, señalán-

doles la renta que pudo para fundacion del colegio.
Y esto con tanta aficion y voluntad, que decia, que
ni podia comer, ni dormir, ni velar, ni hacer otra cosa, sino pensar en el colegio: y así vino á hacer esto
en tan breve tiempo, que fué grande espanto el que
en todos causó la súbita mudanza, así de su vida como de su voluntad y opinion para con nosotros.
Porque ni él habia primero encubierto la poca voluntad que nos tenia, ni lo que despues hizo podia ser
secreto, por la grandeza y autoridad de su persona,
que en España era tan conocida.

Para todas estas cosas, y para el aumento de *la*
Compañía en España, no hizo poco al caso la venida
á ella del P. M. Hierónimo Nadal; al cual este mismo año envió Ignacio por comisario general de estos reinos, para que promulgase y declárase á los
nuestros las Constituciones que él habia escrito, y
para que visitase los colegios y mirase el órden y
observancia religiosa que habia en ellos, y los dis-
tribuyese en diversas provincias, para que mejor·
se pudiesen gobernar. Lo cual hizo así: y dejó hechos provinciales al P doctor Araoz de Castilla, al
P. doctor Miguel de Torres de Andalucía, al Padre
M. Francisco de Estrada de Aragon, y al P. Diego
Miron de Portugal, que este era el órden que le
habia dado Ignacio: y que dejase por superior de
todos cuatro provinciales (como le dejó con nombre
de comisario general en España) al P. Francisco de
Borja, cuya autoridad fué siempre acerca de todos
muy grande.

CAPÍTULO X.

Como se fundaron otros colegios de la Compañía.

—

Repartidas las provincias, y ordenados los colegios, y publicadas las Constituciones, como habemos dicho, se estendió maravillosamente la Compañía por todas partes. Primeramente, muchos principales ciudadanos de Sevilla movidos del ejemplo de sus vecinos los de Córdoba, procuraron que se diese principio en su ciudad á un colegio de la Compañía. Y así fueron los nuestros á Sevilla el año de 1553, y entre ellos el mismo P. Francisco de Borja, que con su presencia, conversacion y sermones consoló mucho á aquella ciudad. Fundóse tambien el de Granada; para el cual ayudó mucho el celo santo y devocion del arzobispo D. Pedro Guerrero. El cual habiendo tratado en el Concilio de Trento, y conocido familiarmente á los Padres M. Lainez, y Maestro Salmeron, que allí estaban por teólogos del Papa, y habiéndose satisfecho en gran manera de su vida y doctrina, y del instituto de la Compañía, favoreció entonces, y despues siempre cuanto pudo, aquel colegio.

Tambien volvió del Concilio de Trento muy aficionado á la Compañía, por la comunicacion de los mismos Padres, D. Gutierre de Caravajal, obispo de Plasencia; el cual edificó en ella un colegio á la Compañía, y le dotó de renta perpétua. Al mismo tiempo se dió principio al colegio de Cuenca: la ocasion fué el haberse enviado á aquella ciudad, que es fresca y de sanos aires, algunos hermanos de la Compañía, que en el colegio de Alcalá en los tiempos de vacaciones y calores no se hallaban con buena disposicion. Comenzó este colegio el canónigo Pedro del Pozo, mas despues le acabó y le dotó Pedro de Marquina, canónigo tambien de la misma ciudad de Cuenca, que fué, estando en Roma y mientras que vivió, devotísimo del P. Ignacio, y despues lo fué de toda la Compañía.

Y por la mucha gente que entraba en ella en España, para que se criasen los novicios conforme á nuestro instituto, se hizo en Simancas casa de probacion, cuyo primer rector fué el P. Bartolomé de Bustamante. Esta fué la primera casa de novicios que se hizo en Castilla, por órden del P. Francisco de Borja, mas despues se mudó á Medina del Campo: y se han hecho otras muchas en estas provincias de España.

Tambien en Italia iba adelante la Compañía, y se hacian nuevos colegios en ella. El de Génova asentó el P. M. Lainez, favoreciéndole con mucha devocion los naturales de aquella Señoría. Mas entre todos se ha señalado la liberalidad y amor de Paulo Doria con la Compañía, y en particular con aquel colegio. A la devotísima y sagrada casa de Nuestra Señora de Loreto, donde por la memoria y reverencia de haberse vestido en ella de nuestra mortal carne (como piadosamente se cree) el eterno Hijo de Dios, viene en romería de toda la cristiandad con maravillosa devocion infinita muchedumbre de gentes: envió en este tiempo algunos de los nuestros el P. Ignacio, á instancias del cardenal de Carpi Rodolfo Pio, protector de aquella santísima casa, para que con sus trabajos y ejemplo se conservase y acrecentase la devocion de aquel santo lugar, y la de los peregrinos que á él venian. Y viendo despues que sucedia el fruto que se habia esperado, y que cada dia iba de bien en mejor, acrecentó el cardenal el número de los nuestros, y hase fundado en Loreto un principal colegio, que está confirmado con autoridad de la Silla apostólica, en cuyo estado y proteccion está aquella santa casa de Loreto.

Tambien .crecia la Compañía en este tiempo en el reino de Sicilia. Porque en Zaragoza comenzó un colegio Suero de Vega, hijo del virey Juan de Vega, que era gobernador de aquella ciudad. Y en Monreal les compró casa é hizo iglesia el cardenal Farnesio, arzobispo que entonces era de Monreal, y les dió con que se pudiesen sustentar los que en aquel colegio morasen de la Compañía. Desde entonces quedó Sicilia provincia por sí, é hizo Ignacio provincial de ella al P. Hierónimo Domenech.

CAPÍTULO XI.

Del decreto que en París hizo contra la Compañía el colegio de Sorbona.

—

Mientras que pasaba esto que habemos contado en España y en Italia, el mismo año de 1554, comenzaba la Compañía á tener casas conocidas en Francia. Porque aunque desde el principio siempre hubo algunos de los nuestros que estudiaban en la universidad de París; mas no estaban en casa aparte, como en casa de Religion ni en colegio propio, hasta que D. Guillelmo de Prado, obispo de Claramonte, que en Trento habia tenido grande amistad con los Padres Lainez, Salmeron y Claudio Yayo, y de ellos noticia y satisfaccion de nuestro instituto, determinó de edificarnos dos colegios, el uno en su diócesis en la ciudad de Billon, y el otro en París, y así lo hizo.

Para regir estos colegios, y para mirar por las cosas de la Compañía, envió á Francia Ignacio por provincial al P. Pascasio Broeth, francés de nacion, y uno de sus primeros compañeros. Pidieron los nuestros para esto al rey Enrico de Francia, que fuese su Majestad servido, y tuviese por bien de recibir en su reino la Compañía, y de darle privilegio para que los de ella gozasen de la naturaleza como si hubieran nacido en Francia. Remitió el rey este negocio al Parlamento de París. El Parlamento por ser cosa que tocaba á la Religion, mandó á la facultad de teología de París, que examinase nuestro instituto, y viese con diligencia las bulas y letras apostólicas que teníamos, y que de todo hiciese relacion al Consejo, y diese su parecer. Habia en este tiempo entre los doctores teólogos, uno que era el principal, y el de mas autoridad; el cual estaba sentido de los nuestros, porque contra su voluntad habian recibido en la Compañía un sobrino. Juntábanse con él algunos otros doctores de diversas Religiones, que cada uno por sus respetos, no favorecian mucho nuestra causa: y no faltaban otros que no se les daba nada de todo ello ni de cualquier suceso que esta causa tuviese. Muchos habia tambien que seguian la opinion del vulgo, y los rumores que andaban sembrados por el pueblo contra nosotros públicamente, sin examinar la verdad, y nos eran contrarios, y peleaban agramente contra nuestra Religion, pensando que en ello hacian servicio á Nuestro Señor y que defendian la misma Religion.

Júntanse pues estos jueces á tratar de nuestra causa, y habido su acuerdo, hace aquel decreto que despues publicaron. En el cual declara la facultad de teología de París, lo que siente de nuestro instituto y Compañía. El cual decreto fué ni mas ni menos, como el que la misma facultad hizo contra la Religion de santo Domingo, cuando estaba en

sus principios ; y á la verdad es tan riguroso , severo y ofensivo, que quien le leyere y cotejare bien
lo que en él se dice , con lo que en verdad pasa,
verá claramente que se hizo sin tener noticia de la
verdad , y sin tener informacion de las cosas como
ellas son. Con este decreto los nuestros en París pade-
cieron grande tormenta de turbaciones y tribulaciones que se les levantaron. Porque luego que se hizo, como la cosa era fresca y los tenian presentes,
todos daban en ellos: los estudiantes en sus generales, los frailes en los púlpitos, el pueblo en sus
corrillos, el Parlamento en su Consejo, y finalmente el Obispo en su Iglesia, que parecia que todo el
mundo se habia levantado contra ellos.

Llegada pues á Roma la nueva del decreto, los
Padres mas antiguos y mas señalados de la Compañía, eran de parecer que se respondiese á él ; porque los que no estaban bien informados de la verdad, movidos con la autoridad de tan insigne facultad no concibiesen opiniones siniestras en grave
perjuicio de ella y de la Compañía. Y decian, que
no habia porque pensar que á la facultad de París
le pesase, que nosotros defendiésemos nuestra justicia, haciéndolo con la modestia que se debia : antes que era de creer del buen celo de aquellos doctores, que siendo teólogos (cuya modestia ha de ser
tan grande y tan aventajado el amor que han de
tener á la verdad) que en sabiendo la cosa como es
y teniéndola entendida , ellos mismos de suyo des-

harian su decreto, y le anularian, pues le habian hecho (como es de creer) no por mala voluntad, sino por falta de informacion y de conocimiento de la misma verdad. De este parecer eran aquellos nuestros Padres: mas Ignacio con un ánimo sosegado, y con rostro como solia alegre y sereno, les dice: «Quiéroos acordar, hermanos, ahora yo, lo que el Señor á sus discípulos cuando de ellos se partia diciendo: Mi paz os doy, y mi paz os dejo yo á vosotros. No se ha de escribir nada, ni hacer de donde pueda nacer alguna amaritud y rencor. Y no os turbe la autoridad de la facultad de teología de París; porque aunque es grande, no podrá prevalecer contra la verdad; la cual bien puede ser que sea apretada y combatida; pero nunca jamas oprimida ni ahogada. Si fuere menester (que espero en Dios que no será) otro menos peligroso remedio, pondrémos á esta herida, con otra mas suave medicina la curarémos.» Con esto escribió Ignacio á todas las provincias y colegios de la Compañía que estaban en diversas partes del mundo repartidos, y ordénales que de todos los príncipes, prelados, magistrados, señorías, universidades y ciudades donde se hallaban, pidan público testimonio de su vida, doctrina y costumbres, y que le envien los testimonios cerrados y sellados con autoridad pública á Roma. Y esto ordenó Ignacio para contraponer si fuese menester al decreto de París y al juicio y parecer de unos pobres hombres mal

21

informados, el juicio y aprobacion de todo lo res-
tante del mundo. Hízose así como Ignacio lo ordenó.
Y de todas casi las ciudades, provincias y reinos
donde estaba entonces la Compañía le vinieron letras y testimonios auténticos de los magistrados y
superiores de ellos (los cuales yo he visto) que en
todos dan firme, grave y esclarecido testimonio de
la virtud y verdad de la Compañía.

Mas con todo esto no quiso usar de estos testimonios Ignacio, porque ya el decreto se iba cayendo; de manera que dentro de pocos dias, apenas habia quien se acordase de él, ni le tomase en la boca.
Que este suele ser el fin de la falsedad; la cual sin
que la derribe nadie, ella misma se cae y se desha-
ce. Y en España los señores inquisidores tuvieron
el decreto por tan contrario á la autoridad de la santa Sede apostólica, que habia confirmado y aprobado la Compañía, que le vedaron y prohibieron que no
se leyese ni tuviese, como cosa sospechosa, y mal so-
nante. Y lo que del decreto se siguió fué, que donde antes de él no tenia la Compañía ningun colegio en
Francia, luego dentro de un año de como él se hizo, tuvo los dos que he dicho, y se sacó la licencia
del rey.

CAPÍTULO XII.

Como los Hermanos Pedro Correa, y Juan de Sosa fueron
martirizados en el Brasil.

En el mismo tiempo que en Francia se hacian decretos contra la Compañía, derramaba ella por Cristo
sangre en el Brasil. Porque el Hermano Pedro Correa,
y el Hermano Juan de Sosa, portugueses de nacion,
yendo á predicar el Evangelio á los pueblos Ibirra-
jaros, fueron asaeteados de los carijes, gente bárbara y feroz, y degollados estando de rodillas en oracion. Era Pedro Correa hombre noble y valiente;
el cual antes que entrase en la Compañía, con celo
de la fe, y en defensa de los cristianos hizo grande
estrago en aquellos infieles, y despues fué el primero que en el Brasil entró en la Compañía: y para
alcanzar perdon de sus pecados, y recompensar
cuanto pudiese con buenas obras el daño que habia
hecho en aquellos pueblos, se ocupaba dias y noches trabajando en traerlos al conocimiento de Jesucristo, y al camino de su salvacion. Vivió cinco
años en la Compañía en estos ejercicios con grande
humildad, obediencia y deseo de la perfeccion. Y el
atraer á los gentiles á la fe, y el conservarlos en espíritu y devocion, no era con fervores indiscretos,
sino con mucha cordura, y madura, y prudente consideracion, moviéndolos á bien vivir con el ejemplo

y ayudándose de la lengua del Brasil, que sabia muy bien, y del uso y experiencia que tenia de las costumbres y ritos de los naturales de aquella tierra. Con lo cual fué mucho el fruto que en este tiempo hizo, hasta que el año de 1554, murió como dicho es.

El otro que es Juan de Sosa, tambien fué de los primeros que en el Brasil entraron en la Compañía, hombre sencillo y de muy sanas entrañas, que se esmeraba en las virtudes de la penitencia, humildad y caridad. Sacóle Dios de entré los tizones y cocina, donde servia á los Hermanos, para tan glorioso fin y remate de vida como hizo. Y estendióse la Compañía tanto en aquella provincia del Brasil, que tenemos casas en los lugares del Salvador, de san Vicente, de Paratininga, del Espíritu santo, de Illeos, de Puerto seguro, ds Pernanbuco, y en otros algunos. Para la fundacion de los cuales, y para el gobierno de todos los nuestros que andaban por aquellas partes, hizo Ignacio provincial al P. Manuel de Nobrega.

CAPÍTULO XIII.

Como el P. Juan Nuñez fué electo patriarca de Etiopía.

Al tiempo que se hacian estas cosas en el Brasil, el P. Juan Nuñez fué electo patriarca de Etiopía. Y para mejor entender la razon que hubo de esta

eleccion, es de saber que los pueblos de Etiopía
son de los mas antiguos cristianos que hay en la
Iglesia. Porque parte por el apóstol san Mateo, parte por aquel eunuco de Candaces reina de Etiopía,
al cual bautizó san Felipe, diácono (como se cuenta en los Actos de los apóstoles) los etíopes en
aquel tiempo fueron bautizados, y recibieron la fe.
Mas, ó los de aquel tiempo se quedaron en la ley de
Moisés, ó si ellos la dejaron, sus descendientes la
tornaron á tomar, y quisieron mezclar la puridad
del Evangelio con las ceremonias del judaismo, y
la ley de gracia con la observancia de la ley vieja.
Porque el dia de hoy se bautizan y se circuncidan
juntamente: y de tal manera confunden con el judaismo la religion cristiana, que queriendo ser cristianos y judíos, en la verdad no son bien lo uno ni
lo otro. El patriarca Alejandrino es la cabeza á quien
acuden los etíopes, y van á pedir la regla de su
fe: la cual no puede dejar de ser llena de muchos
errores, saliendo de mano de hombre que tiene
tantos, y está tan depravado con los de los griegos
modernos, apartados de su verdadera cabeza, y de
la obediencia de la Silla apostólica. Con la cual por
la distancia de las tierras y mares que hay en medio, y por las bárbaras naciones, enemigas de nuestra santa fe, que están entre ellos y nosotros, habia muchos años que los etíopes no tenian comercio
ninguno ni comunicacion. Hasta que la navegacion
de los portugueses por la India oriental vino á des-

cubrir aquella parte de Etiopía, que es sujeta á aquel gran rey, que comunmente llaman el Preste Juan. A la cual aportaron los portugueses, y visitaron al rey, y ganáronle la voluntad con su trato y presentes, y servicios señalados que le hicieron en paz y en guerra; de manera, que abrieron puerta para que los suyos pudiesen libremente entrar en Etiopía, y tener en ella todo género de comercio y contratacion. De aquí vino el rey de Etiopía, que se decia David, á procurar la amistad del rey de Portugal, y por su medio y de los portugueses que le habian enseñado é instruido, vino á escribir á Clemente VII sumo Pontífice, que él reconocia y confesaba al Obispo de Roma por pastor universal de toda la Iglesia, y que como á tal le pedia y suplicaba, que pues era maestro de todos le enviase á Etiopía padres y maestros que les enseñasen lo que de la santa fe y religion cristiana eran obligados á saber.

Tambien escribió y rogó al rey de Portugal, que para con el Pontífice en cosa tan justa y santa le favoreciese. Hizo el rey su oficio con gran calor y diligencia; mas perturbáronse los tiempos de manera, que se impidió la ejecucion de este negocio hasta el pontificado del papa Julio III. El cual informado de todo lo que habia pasado, y juzgando que era de grande importancia, á intercesion del rey D. Juan el tercero de Portugal, se determinó de hacer patriarca de Etiopía al P. Juan Nuñez, portu-

gues, (el cual dijimos que anduvo en el reino de
Marruecos rescatando los cristianos cautivos) y así
lo hizo, dándole grandísima potestad : y juntamente
hizo obispos para que le acompañasen y le sucediesen en el patriarcado, á los Padres Andrés de Oviedo, castellano, y Melchor Carnero, portugues. Aceptó
la Compañía estas dignidades, despues de haber
hecho resistencia con la debida humildad y sujecion,
cuyas rentas y honras habian de ser grandísimos
trabajos y manifiestos peligros de la vida. De lo cual
el sumo Pontífice se edificó y complació mucho,
diciendo públicamente en consistorio, que en fin bien
se veia lo que los de la Compañía pretendian en este mundo ; pues por una parte desechaban los capelos y obispados de tanta honra y provecho, y por
otra admitian aquellos, que fuera de graves fatigas
y contínua cruz, no tenian cosa con que pudiesen
llevar tras sí los ojos y corazones de los hombres.
Dió Ignacio al patriarca y á los obispos otros nueve
compañeros de los nuestros, y de diversas naciones;
porque habia entre ellos italianos y flamencos, portugueses y castellanos : á los cuales todos, el rey
de Portugal D. Juan recibió con grandísima benignidad, y dióles al tiempo de su partida (allende de
otros ricos y reales dones) los ornamentos y todas
las demás cosas que para sus oficios y ministerios
pontificales eran menester. Enviólos con una gruesa armada á la India, mandando á sus gobernadores
que llegados á ella diesen al patriarca y á sus com-

pañeros otra flota , y el acompañamiento necesario hasta la Etiopía , donde llegaron algunos de ellos y fueron recibidos del rey Claudio, que habia sucedido en el reino al rey David , que en esta sazon ya era muerto.

CAPÍTULO XIV.

Como en una revuelta que se levantó en Zaragoza contra los nuestros , ellos se salieron de la ciudad , y como los volvieron á ella.

En este tiempo se levantó contra los nuestros una brava tempestad en Zaragoza , la cual quiero yo aqui contar mas por extenso de lo que suelo ; porque me parece que ha sido la mas descubierta persecucion que hasta hoy la Compañía ha padecido, y la de mas alegre fin y buen suceso. Y tanto fué mas notable, cuanto la ciudad de Zaragoza en que sucedió, es mas ilustre por ser cabeza de los reinos de Aragon ; y cuanto la Compañía ya era en el mundo mas conocida ; y los que la levantaron tenian mas obligacion de aplacarla, por ser personas eclesiásticas y religiosas. Tenian en la ciudad de Zaragoza los de la Compañía unas casas para su morada y para fundacion de un colegio que los devotos y amigos de ella les habian comprado, ayudando tambien la ciudad. Acudian muchos de ella á nuestra casa, y aprovechábanse de la comunicacion y trato de los nuestros, para el bien espiritual de sus almas.

Comenzó esto á ser pesado á los Padres de san Agustin (que eran entonces claustrales, y ahora son observantes) aunque su casa estaba apartada de la nuestra. Y el vicario de la Magdalena tambien se alteró, y congojó mucho de nuestra vecindad. Era este muy amigo, y aun á lo que se decia tenido por sobrino del vicario general del arzobispado; el cual era monje bernardo. Y el mismo arzobispo, que tambien era religioso de la Orden de san Bernardo, en linaje clarísimo, y en autoridad y riquezas poderoso, era tenido en opinion de sernos poco favorable. Pues como á aquellos Padres Agustinos les pesase tanto de nuestra entrada y asiento en Zaragoza, y el vicario por respeto del que llamaba sobrino no estuviese bien con nosotros, juntáronse entre sí, y con ellos algunos religiosos de otras Ordenes; y de comun acuerdo se determinan de hacer contradiccion á la Compañía. Buscábase alguna causa honesta que tomar por achaque de esta contradiccion. Pareció que la mejor de todas seria la de una capilla que los nuestros querian instituir y comenzar á usar en una sala de su casa hasta que Dios les diese iglesia. Porque decian que estaba dentro de las canas (que es cierta medida) concedidas á las Ordenes mendicantes, para que dentro de aquel espacio no se pueda hacer allí otra iglesia ó monasterio, porque los unos religiosos no estorben á los otros: y que así era contra los privilegios de los Agustinos, dados de los sumos Pontífices. Procuróse de averiguar esto bien, y halló-

21·

se que no impedian sus privilegios; porque los nuestros que nos dió despues la Silla apostólica derogan á los suyos. Y porque en hecho de verdad no estaba en la distancia de las canas, sino que sin hacerles agravio, podíamos abrir y tener nuestra capilla.

Viendo pues que no podian por justicia estorbarnos, pretendieron hacerlo por fuerza. Y así un dia de fiesta por la mañana, habiendo primero dado parte de ello al arzobispo, mostrándole nuestras bulas y privilegios; estando bien aderezada la capilla para decir misa, y por ser la primera, habiéndose convidado á ella, y venido el virey y la gente mas principal y mas granada de la ciudad; al tiempo que querian salir á decir misa, se hizo á los nuestros una inhibicion, de parte de un fraile claustral, que los frailes Agustinos habian elegido por conservador; en la cual se mandaba que no se dijese misa en la capilla, por ser contra el privilegio de las canas de los Agustinos. Y como despues de haber tomado consejo y acuerdo con hombres temerosos de Dios, letrados y prudentes no se hiciese caso de la tal inhibicion, por ser ninguna, y por otros respectos; el vicario hizo fijar un mandato á nuestras puertas, en que mandaba á todos los rectores y vicarios de aquella ciudad, que mandasen á sus feligreses, so pena 'de descomunion, que no oyesen misa ni los divinos oficios en nuestra capilla.

Quiero cortar razones y abreviar. Llegó la cosa á tanto, que publicaron por descomulgados á los nuestros, y les cantaron el salmo de la maldicion, y les mataron las candelas, y les dijeron las otras execraciones y maldiciones espantosas que se suelen echar á los enemigos de Dios y de su Iglesia. De manera, que la gente los tenia por hombres impíos, malditos y descomulgados, y como de tales huian de encontrarlos, ni saludarlos, ni trabar pláticas con ellos; porque tambien descomulgaron á los que los visitasen, ó conversasen, ó hablasen, y aun echaron de las iglesias públicamente con afrenta y por fuerza á personas muy ilustres y de título, porque no habian obedecido al mandamiento del vicario, como á descomulgados y apartados de la comunicacion de los fieles. Y en las mismas iglesias los predicadores decian mil males de ellos; y el arzobispo los condenó por su sentencia, y los conventos de las Ordenes, y los cabildos de los clérigos los publicaron por descomulgados, con todas las ceremonias que en estas censuras se suelen hacer mas agravadas, y con toda la solemnidad que contra los rebeldes y pertinaces suele la Iglesia usar por último remedio.

Púsose tambien entredicho en la ciudad, y mandóse que durase mientras los nuestros estuviesen en ella. Por donde asombrado el pueblo huia de nosotros como de una pestilencia, y deseaba vernos fuera de su ciudad, porque ella no fuese inficionada de gente tan maldita y abominable. Mayormente andando por otra parte nuestros contrarios, como andaban, echando aceite al fuego, y soplando las llamas del odio que ya ardia, haciendo creer á los ignorantes y simples que estaban ellos tambien descomulgados si nos hablaban, y poniéndoles grandes miedos con los castigos de Dios que vendrian sobre ellos. Y para que no faltase cosa de cuantas se podian hacer é imaginar para hacernos odiosos y aborrecibles al mundo, determinaron de encartarnos y de poner cedulones de las descomuniones por las calles y cantones y puertas de las iglesias. Y pintaron en ellas á los nuestros con sus sotanas, y manteos, y bonetes tan al propio que todos los conocian. Y para quitar toda la duda y ocasion de error, escriben allí sus nombres, el de cada uno sobre su figura. Junto á ellos pintan demonios de espantosas y horribles figuras, que los arrebataban y echaban en las llamas de fuego, y escríbenles nombres infames y afrentosos, y otras muchas cosas, que no se hacen sino con los que obstinadamente menosprecian la correccion y autoridad de la Iglesia.

Y pasó aun mas adelante la desvergüenza y ciega temeridad, que pintaron de esta misma manera á D. Pedro Agustin, obispo de Huesca, varon ilustre y de grande autoridad en aquella ciudad, porque era conservador de los de la Compañía.

Los nuestros estábanse en su casa, mas no por esto estaban seguros; porque los muchachos venian en cuadrillas á nuestra casa, y apedreaban las puertas, los tejados y las ventanas, y hundian á gritos

las calles: y si por alguna necesidad que á ello for-
zase salia alguno de casa, le silbaban los muchachos,
y le corrian por las calles, é iban gritando tras él
como tras un aborrecible mónstruo. Mas aunque el
vulgo así los trataba, los hombres prudentes y que
miran las cosas como son, tenian estas por muy pesadas é indignas de hombres cristianos; porque no
habia dado la Compañía causa para ser así perseguida. Pero aunque les parecia mal lo que se hacia,
con todo eso, no osaban ir contra la autoridad y potencia del arzobispo, ni oponerse al desatino y furor del pueblo; ni amonestar á los religiosos de lo
que debian á su profesion; ni reprender á los sacerdotes del alboroto tan estraño que habian levantado
en el pueblo. El cual era el que atizaba y soplaba
con sus voces el fuego, y le hacia crecer de manera
que no bastaba el agua que echaban los cuerdos,
ni los otros remedios que se tomaban para poderle
apagar.

Estaban los caballeros de nuestra parte, los ciudadanos honrados lloraban lo que veian, favorecian
la verdad y razon; mas no podian como deseaban
defenderla. Aunque como un dia que estaban muchos caballeros jugando y viendo jugar á la pelota,
se sonase que habia venido á nuestra casa un golpe
de gente perdida y armada para matar á los nuestros; en llegando esta voz á los que jugaban, luego
al momento dejaron el juego, y medio desnudos como estaban vinieron corriendo con sus espadas en

las manos á nuestra casa por defenderla y ampararla,
y resistir y refrenar con su presencia y con las armas, si fuese menester, el ímpetu y furor de la
gente popular.

Viendo pues los nuestros puesta en armas la
ciudad contra sí, y que corria peligro de crecer
cada dia mas el alboroto, y que el arzobispo disimulaba con el fuego que metia el vicario y aumentaban
los religiosos, y con lo que el vulgo por su parte
furiosamente atizaba; y que de tanta y tan grande confusion y turbacion de ánimos, no podia suceder sino algun gran mal, quisieron escusarle.
Especialmente considerando, que no habia bastado
para amansar ni sosegar tan grande tempestad, ni
la autoridad apostólica del legado del Papa, ni la
real, que tambien interpuso la serenísima princesa
D.ª Juana, hija del emperador Cárlos quinto, gober-
nadora que entonces era de las Españas, ni otro
buen medio que se hubiese tomado.

Y así se determinaron de hacer lo que en semejante aprieto se lee haber hecho en Constantinopla san Gregorio Nacianceno, y salirse de aquella
ciudad, que aunque sin culpa ninguna suya, por
su causa veian alborotada. Vienen pues con este
acuerdo al Ayuntamiento, habló allí uno de los nuestros en su nombre y de sus compañeros, y díceles
como ellos habian venido á la ciudad de Zaragoza
á ruego de algunos de los principales de ella, y por
órden de sus superiores; y que todos los años que

habian vivido en ella , habian procurado con todas sus fuerzas de guardar con la divina gracia el instituto de su religion, y conforme á él emplearse de dia y de noche en servir y ayudar espiritualmente á todos cuantos se habian querido aprovechar de su pobre trabajo, sin dar jamás ocasion á nadie de poderse quejar juntamente de ellos , ni escandalizarse. Que les pesaba de no haber trabajado con tanta diligencia y suficiencia , como eran obligados. Aunque á lo menos la fidelidad que á su ministerio debian, y la voluntad y deseo de servir á todos , nunca les habia faltado. Mas que por no ser todos los hombres de un gusto, ni todos tener en las cosas un mismo parecer, no habia sido este su deseo aprobado de muchos que habian levantado aquella polvareda , y con ella cegado á tantos. Y que pues la cosa habia llegado al estado que veian, que nunca Dios quisiese que por ellos se desasosegase y alborotase aquella ciudad á la cual ellos habian venido á servir con todas sus fuerzas. Porque no es , dice Dios , Dios de disension y de discordia, sino de paz. Así que si por nosotros se ha levantado esta tormenta, veisnos aquí, señores, tomadnos y echadnos en la mar, que nosotros , cuanto es de nuestra parte , con todos queremos tener paz, la paz buscamos , y tras de la paz andamos , y esperamos en Dios , que donde quiera del mundo que vamos, la hallarémos , y que no nos faltará ocasion ni lugar para emplear en servicio de las almas este pequeño talento que su divi-

na **Majestad** nos ha encomendado. Hé aquí las llaves
de nuestras casas. La razon porque nos despedimos
de vuestra ciudad , es, porque alguna raiz de amargura no brote de manera que ahogue la caridad, y
con ella se pierdan las almas que Cristo nuestro
señor compró con su sangre. Poco se pierde en
perder un asiento y una ciudad; mas mucho en perder la caridad. Y por no aventurarla , y poner en
peligro cosa que tanto importa , contra toda nuestra voluntad nos desterramos de esta tierra. Mas
si no vivimos engañados , no nos desterrais, señores , de vuestra memoria , ni del amor tan entrañable , y tan cristiano, y tan liberal, como siempre nos habeis mostrado, y como tal le conocemos,
y nos acordarémos de él. No tenemos con que pagar este amor, ni los beneficios tan crecidos que
nacieron de él ; mas si tomais en pago las oraciones
y sacrificios de estos pecadores , os ofrecemos que
ni serémos desconocidos ni malos pagadores. Porque doquiera que estuviéramos , siempre suplica-
rémos al Padre de los pobres , que el bien que á
nosotros sus pobres habeis hecho por su amor, él
le galardone con vida perdurable y sin fin. Una
cosa sola os suplicamos , como á personas públicas,
y que representais , no solamente esta nobilísima
ciudad , mas todo el reino, del cual ella es cabeza,
que nos perdoneis las muchas faltas que en vuestro
servicio, y de vuestras almas hemos hecho : y que
tengais por buena esta nuestra resolucion , y pen-

seis que aunque mudamos el lugar, no mudamos la
voluntad : antes vamos aparejados para tornar de
nuevo á trabajar y á serviros cuando hubieren pasado estos nublados, como esperamos que pasará muy
en breve por la misericordia del Señor, que tras la
tempestad siempre suele enviar bonanza. A esto respondió la ciudad con breves palabras, que el alboroto del pueblo les habia dado tanto pesar, cuanto
la voluntad de los nuestros les daba contento. Y
que claro estaba de donde nacia el tumulto, y quien
daba al pueblo las piedras y escondia la mano. Que
la Compañía hacia como quien era, y conforme á
su nombre, en dar tanto ejemplo de humildad y de
concordia; para no ser de menos admiracion á la
ciudad con su salida, que le habia sido de provecho
con su entrada. Que ellos tendrian memoria de este
nuevo beneficio, y darian dentro de pocos dias á
entender lo mucho que á los Padres de la Compañía estimaban. Saliéndose pues de su ayuntamiento
los nuestros, algunos de los jurados se vinieron con
ellos á nuestra casa : entran en ella, ven por vista
de ojos nuestra pobreza, y prueban por la obra ser
falso lo que en el pueblo se habia publicado, que los
nuestros vivian con mucha superfluidad y regalo,
y no faltó quien por haberlo creido ligeramente,
les pidió perdon de su ligereza y engaño. Hicieron
inventario de las pocas alhajas que habia en casa, y
acompañan á los Padres.

A la despedida ofrécenles dineros para el camino,

mas ellos se lo agradecieron , y no los quisieron recibir. Salidos de Zaragoza fuéronse á un pueblo llamado Pedrola , que es del duque de Villahermosa, para aprovechar allí á los moriscos , y á la otra gente con su doctrina. Echado que fué Jonás del navío en la mar, se sosegó la tempestad. Porque con verlos idos de la ciudad , se aplacó mucho el furor de los contrarios, y fueron ablandando de su rigor: y por el contrario , los amigos de la Compañía cobraron mayor ánimo. Las cabezas y ministros de la persecucion comenzaron á temblar , atormentándolos por una parte el miedo que tenian del castigo que les habia de venir por tanto atrevimiento ; y por otra el remordimiento de su propia conciencia ; la cual los acusaba fuertemente (como cruel verdugo qne suele ser) conociendo que habian pasado mas adelante en este negocio de lo que la justicia y la verdad de la religion cristiana pedia. Y por abreviar (porque como dice el refran , siempre son mas acertados los postreros consejos) el arzobispo de Zaragoza mirándolo mejor , revocó los mandamientos , é hizo publicar por las iglesias otros edictos, declarando las gracias y facultades que la Compañía tiene de la Silla apostólica.

Envióse un mensajero á los nuestros , para que luego se vengan á la ciudad, y aparéjanles un solemne recibimiento. Lo cual como supieron los nuestros, detuviéronse y no quisieron pasar adelante, ni entrar en la ciudad, hasta enviar á suplicar humildemente á algunos señores que lo trataban, que no los reciban de aquella manera, ni les hagan tan grande pesar. Porque sin duda seria mayor el dolor y pena que recibirian de esta honra, que no habia sido el gozo de la deshonra pasada ; aunque este habia sido muy grande, por haber nacido del padecer por amor de Dios. Tres veces fueron y volvieron los recaudos de la una parte á la otra , y no bastaron ruegos ni todos los medios que se tomaron, para que aquellos señores mudasen su parecer. Porque decian, que las afrentas públicas hechas sin razon, con honras públicas se habian de satisfacer. Y en fin compelidos por la obediencia de quien les pudo mandar, vanse los nuestros hácia la ciudad, y sálenles á recibir á la puerta de ella, que se llama el Portillo , todos los magistrados y oficiales reales y señores mas ilustres, y la flor de la caballería que en ella habia, y grandísima muchedumbre del pueblo, y el mismo vicario del arzobispo. Y que quisieran, que no, toman á cada uno de ellos en medio, dos de los mas principales caballeros, y en sus mulas los llevan por las calles mas públicas á sus casas. Allí los estaban esperando el virey é inquisidor. Y acabada la misa que dijo don Pedro Agustin, obispo de Huesca (el cual y micer Agustin del Castillo , varon muy grave, letrado y prudente, fueron singulares defensores de la Compañía en aquella persecucion)· les dieron la nueva posesion de sus casas, con increible alegría de los buenos.

Este fué el fin que tuvo aquel trabajo y persecucion de Zaragoza, y desde entonces ha ido aquel colegio tan adelante, y ha sido siempre tan amado y favorecido, que ha bien mostrado aquella ciudad que no era culpa suya el alboroto pasado, sino del vulgo ignorante. Y fué este suceso muy conforme á las esperanzas de Ignacio; el cual cuando supo lo que pasaba en Zaragoza, se consoló extraordinariamente, y con particular alegría dió á entender, que cuanto mayores fuesen las heladas y contradicciones, tanto mayores y mas fuertes serian las raices que echaria, y mas copioso y sabroso el fruto que haria esta nueva planta de la Compañía en Zaragoza.

CAPÍTULO XV.

Como la Compañía fué recibida en los estados de Flandes, y se acrecentó con varios colegios que se hicieron en muchas partes.

La vuelta de los nuestros á Zaragoza con tanta honra, quitó la mala sospecha que en España habia causado su salida: y sacó Dios de aquella persecucion lo que siempre ha sacado de las demás que por él se pasan, que es su mayor gloria, y el conocimiento y mas cierta victoria de la verdad, Y así no solamente no recibió menoscabo ninguno el buen nombre de la Compañía por ella, antes quedó mas confirmado y asentado en los corazones de todos los buenos. De aquí vino que en aquel mismo tiempo se fundaron algunos colegios. El primero fué en Murcia por el obispo de Cartagena, D. Esteban de Almeida. El segundo en Galicia en Monterey, por el conde de aquel estado. Y otro en Ocaña por el beneficiado Luis de Calatayud. Y en el Andalucía por D.ª Catalina Hernandez de Córdoba marquesa de Pliego, se fundó otro en Montilla. Porque fué tanta la devocion y religion de esta señora, y el amor que tenia á la Compañía, que no perdia ocasion ninguna de favorecerla y acrecentarla, de manera que tenia tanto cuidado de las cosas de ella, como de las suyas propias. Y así pegó esta devocion á D.ª Maria de Toledo, duquesa de Arcos, hija digna de tal madre, la cual nos fundó otro colegio en Marchena.

En Flandes tambien, y en Alemania crecia y se estendia la Compañía. Porque desde el año de 1542, que salimos de París, como arriba se dijo, siempre residieron en Flandes algunos de la Compañía; los cuales en Lovaina tenian por rector al P. Adriano de Adriano, y en Colonia al P. Leonardo Kessel, y estaban allí, y se ejercitaban siempre en obras de caridad, y en ganar gente para Dios y para la Compañía. Y en la ciudad de Tornay comenzó ella á ser conocida por medio de los Padres Bernardo Oliverio y Quintino Charlat. Los cuales eran muy amados y venerados en aquella ciudad, en la cual deseaban muchos ver de asiento la Compañía, y otros muchos seguir su instituto, no sin gran dolor y sentimiento de los herejes, que ya entonces la ponzoña de su venenosa doctrina derramada por muchas partes iba cundiendo cada dia mas. Lo cual como Ignacio considerase y desease que el fruto fuese de dura, y con el órden que convenia determinó de enviar al P. Pedro de Ribadeneira, para que comunicase y declarase las Constituciones de la Compañía á los nuestros en Flandes, y para que suplicase al rey católico de España D. Felipe II, que estaba entonces en aquellos estados, que diese licencia para que la Compañía pudiese ser recibida, y tener casas y colegios en ellos. Porque segun los privilegios y ordenanzas de ellos, ninguna nueva Religion puede allí entrar, ni se pueden fundar nuevos monasterios y casas, sin particular privilegio y licencia del Príncipe. Alcanzó Ribadeneira de su Majestad (aunque con gran contradicion de muchos) la aprobacion de la Compañía, y la facultad que pedia para edificar colegios en aquellos estados.

Ayudó para esto, y para otras cosas del divino servicio, y acrecentamiento de la Compañía, el singular favor que le dió D. Gomez de Figueroa, entonces conde y despues duque de Feria; el cual con su valor, autoridad y prudencia venció todas las dificultades, y allanó el camino para que los nuestros entrasen y tuviesen asiento en aquella provincia. De la cual nombró Ignacio por provincial al Padre Bernardo Oliverio; al cual fué Nuestro Señor servido de llevarle para sí antes que pudiese servir en su oficio.

Esto es lo que pasaba en la baja Alemania ; mas no menos en la alta se iba tambien estendiendo la Compañía; porque en este mismo tiempo por órden del sumo Pontífice, el P. M. Salmeron fué el primero de los nuestros que llevó á Polonia el nombre de la Compañía : y tambien se fué acrecentando el colegio de Ingolstadio. Y el rey de romanos D. Fernando, visto el fruto que en Viena hacia el colegio de la Compañía, fundó otro insigne colegio en la ciudad de Praga, metrópoli y cabeza de su reino de Bohemia, para que fuese como un baluarte contra los husitas y viclefitas, y otras sectas de herejes , que están muy arraigadas en aquel reino. Fué á dar principio á este colegio el P. Pedro Canisio, que fué nombrado de Ignacio por provincial de la alta Alemania.

Tambien se dió principio en Italia al colegio de Sena, por medio del cardenal D. Francisco de Mendoza, gobernador que era de aquella ciudad y estado, á cuyo ruego envió Ignacio cuatro de los nuestros á Sena, para que la consolasen y recreasen , que estaba con las ruinas de la guerra pasada, puesta en miserable trabajo. Y en Bibona de Sicilia, D.ª Isabel de Vega, hija del virey Juan de Vega , y duquesa de aquel estado, nos edificó un hermoso colegio, y le dotó de ciertas raices y posesiones. Y su hermano Fernando de Vega, estando en el gobierno de

Catania, llevó á los nuestros á aquella ciudad, con la autoridad de su padre, y la liberalidad del pueblo hizo fundar en ella otro colegio. Porque fué tanta la benevolencia de estos señores, y tanta su devocion para con nuestra Religion, que parece que padre é hijos andaban á porfía, sobre quien haria mas por la Compañía.

CAPÍTULO XVI.

Como Ignacio pasó de esta presente vida.

Este era el estado de la Compañía cuando Ignacio cargado ya de años, rodeado de enfermedades, afligido por la turbacion de los tiempos y de las nuevas calamidades de la Iglesia, y abrasado de deseo de verse con Cristo, con grandes lágrimas y vehementes suspiros, comenzó á pedir al Señor que fuese servido sacarle de este destierro, y llevarle á aquel lugar de descanso, donde con la libertad que deseaba pudiese alabarle y gozar de su bienaventurada presencia entre sus escogidos. Porque aunque con el esfuerzo del alma sustentaba la flaqueza del cuerpo, y llevaba con gran paciencia y constancia las molestias de esta peregrinacion, conformándose en todo con la voluntad divina; pero tenia un deseo tan encendido de ver á Dios y gozar de él, que no podia como arriba dijimos, de puro gozo pensar sin lágrimas en su tránsito.

Estaba en aquel tiempo Roma llena de soldados, por la guerra que habia entre Paulo IV y el rey Filipo, y no se oia otra cosa en la santa ciudad, sino atambores y pifaros, y ruido de arcabuces y artillería: y toda la gente estaba llena de pavor y sobresalto. Por no vèr esto de tan cerca, y por llorar mas á sus solas tan grande calamidad, salióse por unos pocos dias á una casa del campo, un poco apartada de lo poblado de Roma. Allí con los aires mal sanos, y con los calores recios del estío, comenzó á hallarse peor que solia, y conociendo que ya se llegaba el término de sus trabajos (como algunos meses antes lo escribió á D.ª Leonor Mazcareñas, despidiéndose de ella, y diciéndole que aquella seria la postrera carta que le escribiria, y que él desde el cielo la encomendaria mas de veras á Dios) se volvió á la casa de Roma. Habia en casa á la sazon muchos enfermos; á los cuales visitaban los médicos, no haciendo caso de la enfermedad de Ignacio, por parecerles que era la ordinaria y sin peligro. Más él, que mejor que los médicos sabia lo que Nuestro Señor queria hacer de él, habiéndose comulgado dos dias antes, á los 30 de julio, á las tres de la tarde, llamó al P. Juan de Polanco (del cual se habia ayudado nueve años enteros en toda suerte de negocios, en el gobierno de la Compañía) y tomándole aparte, estando él descuidado de lo que le queria, le dice con grandísimo sosiego: «Maestro Polanco, ya se llega la hora de mi partida de este mun-

22

do, id á besar el pié á Su Santidad en mi nombre,
y pedidle su bendicion, y con ella, indulgencia ple-
naria de mis pecados, para que yo vaya mas confiado y consolado en esta jornada: y decid á Su Beatitud, que si yo (como lo espero de la infinita misericordia de mi Señor) me viere en el monte santo
de su gloria, no me olvidaré de rogar por Su Santidad, como lo he hecho siempre, aun cuando he tenido necesidad de rogar por mí.»

Envióle el sumo Pontífice la bendicion con grandes muestras de dolor y de amor: mas no sabian
los Padres que á la sazon estaban en la casa de Roma, que hacer en un caso tan dudoso. Porque por una
parte la enfermedad no parecia grave, y los médicos
habiéndole visitado mostraban no tener peligro, y el
mismo P. Ignacio no hacia novedad en su manera
de trato; antes aquella misma noche, con el mismo
semblante y alegría que acostumbrada, trató con los
nuestros un negocio que se ofrecia. Por otra parte
les ponia en cuidado las palabras que el mismo Padre habia dicho al M. Polanco, y el haber enviado á
despedirse de Su Santidad, pidiéndole su bendicion ;
lo cual les parecia que no podia ser sin gran fundamento y sin grandes prendas de Dios y certidumbre
de su muerte. En fin despues de haber consultado
el negocio, se determinaron de aguardar á la mañana siguiente, para tomar mejor acuerdo en lo que
se hubiese de hacer. Vuelven en amaneciendo, y
hállanle casi espirando, quiérenle dar un poco de

sustancia, y díceles, ya no es tiempo de ese : y levantadas las manos y los ojos fijados en el cielo, llamando con la lengua y con el corazon á Jesus, con un rostro sereno dió su alma á Dios, postrero dia de julio, de 1556, una hora despues de salido el sol.

Hombre verdaderamente humilde, y que hasta en aquella hora lo quiso ser, y acertó á serlo. Pues que sabiendo como supo la hora de su muerte, ni quiso él, como pudiera, dejar nombrado vicario general, ni llamar á sí, ni juntar sus hijos los que presentes estaban, ni amonestarlos, ni exhortarlos, ni hacer otra demostracion de padre, echándoles su bendicion, para enseñarles con este hecho, que ellos pusiesen todas sus esperanzas en Dios y de Dios dependiesen y pensasen que él, ni se queria tener por nada, ni pensaba que habia sido nada en la fundacion de la Compañía. Cosa que aunque parece diferente de lo que algunos otros fundadores de Religiones han hecho, no lo es del espíritu con que los hicieron: y así no se debe tener por contraria. Porque el Señor que á ellos les dió el espíritu de caridad para hacer las demostraciones de amor que con los suyos entonces hicieron, este mismo quiso dar á su siervo Ignacio el de la profunda humildad que tuvo, para no hacer ninguna en aquella hora.

Mas con todo esto sintieron bien sus hijos el favor que de su Padre muerto, ó por mejor decir verdaderamente vivo, les venia. Porque de su tránsito se siguió luego en toda la Compañía un sentimien-

to de suavísimo dolor; unas lágrimas de consuelo;
un deseo lleno de santa esperanza; un vigor y fortaleza de espíritu que se veía en todos. De manera
que parecia que ardian con unos nuevos deseos de
trabajar donde quiera, y padecer por Jesucristo. Varon por cierto valeroso y soldado esforzado de Dios
el cual con particular providencia y merced envió su
Majestad á su Iglesia, en estos tiempos tan peligrosos, para ir á la mano á la osadía de los herejes, que
se rebelaban y hacian guerrra á su madre. Vése ser
esto así claramente; porque si bien lo consideramos
hallarémos que Ignacio se convirtió de la vanidad
del mundo á servir á Dios y á su Iglesia, al mismo
tiempo que el desventurado Martin Lutero públicamente se desvergonzó contra la Religion católica. Y
cuando Lutero quitaba la obediencia á la Iglesia romana, y hacia gente para combatirla con todas sus
fuerzas, entonces levantaba Dios á este santo Capitan para que allegase soldados por todo el mundo:
los cuales con nuevo voto se obligasen de obedecer
al sumo Pontífice, y resistiesen con obras y con palabras á la perversa y herética doctrina de sus secuaces. Porque ellos deshacen la penitencia; quitan
la oracion é invocacion de los santos; echan por el
suelo los sacramentos; persiguen las imágenes; hacen burla de las reliquias; derriban los templos; mo-
fan de las indulgencias; privan á las ánimas del Purgatorio de los pios sufragios de los fieles: y como
furias infernales turban el mundo, revolviendo cielo

y tierra, y sepultando cuando es de su parte la justicia, y la religion cristiana.

Todo lo contrario de lo cual enseñó Ignacio, y predican sus hijos, exhortando á todos á la penitencia, á la oracion y consideracion de las cosas divinas, á confesarse á menudo, y comulgarse con devocion: á reverenciar y acatar las imágenes y reliquias de los santos; y aprovecharse á sí y á los fieles difuntos con las indulgencias y perdones sacados del riquísimo tesoro de los merecimientos de la pasion de Jesucristo y de sus santos, que está depositado en su Iglesia en manos de su vicario. Finalmente, todos los consejos, pensamientos y cuidados de Ignacio, tiraba á este blanco de conservar en la parte sana, ó restaurar en la caida, por sí y por los suyos la sinceridad y limpieza de la fe católica: así como sus enemigos la procuran destruir.

Depositóse su cuerpo en un bajo y humilde túmulo el primer dia de agosto, á la mano derecha del altar mayor de nuestra iglesia de Roma. Murió á los sesenta y cinco años de su vida, y á los treinta y cinco de su conversion; el cual tiempo todo vivió en suma pobreza, en penitencias, peregrinaciones, estudios de letras, persecuciones, cárceles, cadenas, trabajos y fatigas grandes. Lo cual todo sufrió con alegre y asombrosa constancia por amor de Jesucristo: el cual le dió victoria, é hizo triunfar de todos los demonios y adversarios que le procuraban abatir. Vivió diez y seis años despues de confirmada la Compañía por la Silla apostólica, y en este espacio de tiempo la vió multiplicada y estendida casi por toda la redondez de la tierra. Dejó doce provincias asentadas, que son de Portugal, de Castilla, de Andalucía, de los reinos de Aragon, de Italia, que comprende la Lombardía y Toscana, la de Nápoles, de Sicilia, de Alemania la alta, de Alemania la baja, de Francia, del Brasil, de la India oriental: y en estas provincias habia entonces hasta cien colegios ó casas de la Compañía.

CAPÍTULO XVII.

De lo que muchas personas graves de dentro y fuera de la Compañía sintieron del P. Ignacio

El dia que murió nuestro P. Ignacio, estaba el P. M. Lainez malo en la cama, y casi desahuciado de los médicos de una recia enfermedad. Entraron á visitarle luego que murió Ignacio algunos de los Padres, y queriéndole encubrir su muerte por no darle pena, él la entendió y preguntó: «¿Es muerto el santo, es muerto? y como en fin le dijesen, que sí, la primera cosa que hizo fué levantar las manos y los ojos al cielo, y encomendarse á él, y suplicar á Nuestro Señor, que por las oraciones de aquella alma pura de su siervo Ignacio, que él habia recogido aquel dia para sí, favoreciese á la suya, y la desatase de las ataduras de su frá-

gil y miserable cuerpo, para que pudiese acompañar
á su Padre, y gozar de la bienaventuranza que él
gozaba, como de su misericordia se habia de esperar. Aunque sucedió al revés, que Nuestro Señor le
dió la salud, para que en lugar de Ignacio despues
gobernase la Compañía, alcanzándosela, como se creyó, el mismo Ignacio por su intercesion; el cual
mucho antes le habia dicho que él le sucederia en
el cargo de prepósito general.

Y no es maravilla que el P. M. Lainez estando
en aquel trance se encomendase á Ignacio ya muerto, de la manera que se le encomendó; pues aun
cuando vivia tenia de él tan grande estima y concepto. Porque muchas veces me acuerdo, que hablando conmigo de lo mucho que Dios nuestro señor
habia favorecido la Compañía, multiplicándola y es-
tendiéndola por todo el mundo, y amparándola y de-
fendiéndola con su poderosa mano de tantos encuentros y persecuciones, y dándole gracia para fructificar en su santa Iglesia, solia decir estas palabras: *Complacuit sibi Dominus in anima servi
sui Ignatii*; que quieren decir: Complacido se ha
el Señor y agradado en el ánima de su siervo Ignacio. Dándome á entender, que por haberse agradado el Señor en tan gran manera de su alma, regalaba y favorecia tanto á sus hijos. Y el mismo
Padre, cuando fué la primera vez enviado del papa Paulo III por su teólogo al concilio de Trento,
deseó, y procuró mucho, que nuestro P. Ignacio

fuese á él, no para disputar con los herejes, ni para averiguar ni determinar las cuestiones de la fe,
sino para ayudar á sujetar (como él me decia) el
mismo Concilio con sus oraciones para con Dios y
con su gran prudencia para con los hombres. Y el
mismo P. Lainez, con tener el P. M. Fabro en un
punto muy subido, y en figura de un hombre muy
espiritual y soberano maestro de regir, consolar y
desmarañar almas (como verdaderamente lo era)
me decia, que aunque mirado por sí, le parecia
tal el P. Fabro; pero que puesto y cotejado con
Ignacio le parecia un niño que no sabe hablar delante de un viejo sapientísimo. Y cierto no le hacia agravio, y el mismo Fabro lo conocia, y como
á tal le escribia, dándole cuenta de las cosas interiores de su alma, y preguntándole las dudas que
tenia, y estando colgado de sus respuestas, como
un niño de los pechos de su madre; y poniendo
por dechado y ejemplo de toda perfeccion á Ignacio
en sus cartas, exhortando á los que le pedian consejo, que le imitasen y siguiesen, si querian en breve alcanzar la perfeccion.

Y pues he entrado en decir lo que estos Padres
sentian de Ignacio, quiero añadir algunos otros de
gravísimo testimonio. El P. Claudio Yayo, viviendo
aun Ignacio, estando muy apretado de un gravísimo
dolor de estómago, yendo camino, y hallándose sin
ningun humano remedio, se volvió á Nuestro Señor,
suplicándole por los merecimientos de Ignacio, que

le librase de aquella·congoja y fatiga, y luego fué libre. Otro tanto aconteció al P. Bobadilla, despues de muerto Ignacio, en una calentura muy recia que le salteó: de la cual le libró Dios por las oraciones de Ignacio, á quien él se encomendó. El P. Simon Rodriguez ya sabemos que por las oraciones de Ignacio alcanzó la vida, de la manera que en el capítulo IX del libro segundo de esta historia habemos contado. Y así tuvo de él el concepto, que de hombre por cuya mano recibió tanta misericordia de Dios, se ha de tener. El P. Francisco de Borja, nuestro tercero general, y espejo de humildad y de toda religion, decia de Ignacio, que: *Loquebatur tanquam potestatem habens*; y que sus palabras se pegaban al corazon é imprimian en él lo que querian.

Seria nunca acabar si quisiese andar por los demás, y contar lo que cada uno de los mas señalados y eminentes Padres de la Compañía, vivos y muertos, que le trataron y conversaron mas, sentian y predicaban de la virtud y santidad de Ignacio. Uno no puedo dejar, que es el P. Francisco Javier, varon verdaderamente apostólico, y enviado de Dios al mundo para alumbrar las tinieblas de tantos infieles ciegos, con la luz esclarecida del Evangelio, y tan conocido y estimado por las obras maravillosas y milagrosas que Nuestro Señor obró por él. Decia pues aquel japon, llamado Bernardo, del cual hablamos en el capítulo VII del libro cuarto (como él mismo referia) que le solia decir el P. Francis-

co hablando de Ignacio: «Hermano Bernardo, el
P. Ignacio es un gran santo:» y como á tal el mismo Padre le reverenciaba. Y para mostrar la devocion y veneracion que le tenia, muchas veces cuando escribia cartas, se las escribia de rodillas: pe-
díale instrucciones y avisos desde allá de la India, de
como se habia de haber para convertir los infieles;
y dícele que se los pide, porque Nuestro Señor no
le castigue por no haberse sabido aprovechar de la
luz y espíritu de su Padre y Maestro. Y contra todas las tempestades y peligros se armaba, como con
escudo y arnés, de la memoria, y nombre é intercesion de Ignacio, trayendo al cuello su firma y nombre de mano del mismo Padre, y los votos de su
profesion.

Y porque no sean todos los testigos domésticos y de dentro de casa (aunque estos son los mas
ciertos) diré tambien algunos pocos de fuera, de
autoridad singular. El papa Marcelo fué devotísimo
de nuestro Padre, y estimaba tanto su parecer en
todas las cosas, pero especialmente en las que tocaban á nuestra Compañía, que decia que montaba
mas en ellas, sola la autoridadad del P. Ignacio, y
lo que él sentia, que todas las razones que en contrario se podrian alegar como queda contado. El rey
de Portugal D. Juan el tercero, como fué siempre
desde sus principios señaladísimo protector de la
Compañía; así tuvo gran cuidado de saber sus cosas, con particular devocion á nuestro Padre: y así

yendo á Roma el P. Luis Gonzalez de Cámara que habia sido confesor del príncipe D. Juan su hijo, le mandó que estuviese muy atento á todas las cosas del P. Ignacio, y que se las escribiese muy en particular, y con ellas su parecer. Hízolo así el Padre Luis Gonzalez como él me dijo, y despues de haberlo bien notado y examinado todo, escribió al rey, que lo que él podia decir á su Alteza acerca de lo que le habia mandado, era, que el rato que atentamentamente estaba mirando al P. Ignacio, era de grandísimo provecho para su alma; porque sola su compostura y aspecto le encendia y abrasaba notablemente en el amor de Dios. D. Gaspar de Quiroga que hoy dia vive y es cardenal y arzobispo de Toledo é inquisidor general, tuvo muy estrecha amistad con nuestro P. Ignacio en Roma, y trató con él varios y arduos negocios; y nunca acaba de loar la religion, santidad y prudencia grande que dice que tenia, con una uniformidad y un mismo semblante en todas las cosas, prósperas y adversas : y esto en grado tan subido, que en ningun hombre lo habia visto tanto como en él.

Entre otros muchos príncipes y señores eclesiásticos y seglares, que despues de la muerte de Ignacio escribieron á la Compañía, alabando al Padre difunto, y consolando á los hijos vivos, y animándolos y ofreciéndoles su favor, fué uno Juan de Vega, que era entonces virey de Sicilia, y despues murió presidente de Consejo real en Castilla, el cual como se dijo, habia tenido mucha comunicacion con Ignacio, siendo embajador del emperador Carlos quinto en Roma: y despues de muerto escribió al P. M. Lainez, que ya era vicario general, una carta, que por parecerme digna de tal varon, y á próposito de lo que tratamos, he querido poner aquí un capítulo de ella, que es el siguiente.

«Tres ó cuatro dias antes que recibiese la carta que en nombre de vuestra Reverencia me escribió el P. Polanco, avisándome del tránsito de este mundo para la gloria del cielo del bienaventurado padre M. Ignacio, habíamos tenido acá esta nueva, aunque confusa, y con gran deseo y expectacion estábamos de saber la particularidad de su santo fin, y estado de esa religiosa y santa Compañía; aunque no dudábamos punto de lo que ahora he visto por esta carta, y por la que tambien se escribió al padre M. Hierónimo, que la mano y guia de Dios habia de ser siempre sobre ella. Mas verdaderamente se ha recibido gran consolacion y edificacion con haberlo visto así particularmente; aunque esta satisfacion ha venido envuelta en alguna ternura y flaqueza humana, que no puede dejar de sentirse la ausencia y pérdida de este mundo de los que amamos en él. A Nuestro Señor sean dadas infinitas gracias por haber recogido este su siervo para sí, al tiempo que juzgó ser mas oportuno, con haber dejado acá tantos trofeos de su santidad y bondad, que no los gastará el tiempo, ni el aire, ni el agua, como otros que vemos ya deshechos, que fueron edificados por vanagloria y ambicion del mundo. Y considero yo el triunfo con que debe haber sido recibido en el cielo y honrado, quien delante de sí lleva tantas victorias y batallas vencidas contra gentes tan estrañas y bárbaras, y apartadas de toda noticia de luz y religion, sino aquella que les fué alumbrada y abierta por este bienaventurado y santo Capitan, y por sus soldados. Y cuan justamente se puede poner en el cielo su estandarte, con el de santo Domingo y san Francisco, y otros santos á quien Dios dió gracia de que hubiesen victoria de las tentaciones y miserias de este mundo, y librasen tantas almas del infierno : y cuan sin envidia será esta gloria y triunfo de la de los otros santos varones; y cuan diferentes de los triunfos y glorias de este mundo, llenas de tanta miseria y envidia, y con tanto daño y corrupcion de la república. Lo cual todo es de grande consolacion y de grande esfuerzo, para que la pena de la sensualidad por mucha que sea, se consuele de semejante pérdida, y se espere que de allá del cielo aprovechará y podrá hacerlo mucho mejor con su Religion, y todos los demás que tuvieron y tienen conocimiento y devocion con su santa persona.»

Hasta aquí son palabras de Juan de Vega. El P. M. Juan de Avila, predicador apostólico en Andalucía, y bien conocido en ella y en toda España por su excelente virtud, letras y prudencia, cuando supo que Dios habia enviado al mundo á Ignacio y á sus compañeros, y entendió su instituto é intento, dijo que esto era tras lo que él tantos años, con tanto deseo habia andado, sino que no sabia atinar á ello: y que le habia acontecido á él, lo que á un niño que está á la halda de un monte, y desea y procura con todo su poder subir á él alguna cosa muy pesada, y no puede por sus pocas fuerzas: y despues viene un gigante, y arrebata de la carga que no puede llevar el niño, y con mucha facilidad la pone do quiere: haciéndose con esta comparacion, por su humildad pequeño, y á Ignacio gigante.

CAPÍTULO XVIII.

De la estatura y disposicion de su cuerpo.

Fué de estatura mediana, ó por mejor decir algo pequeña, bajo de cuerpo, habiendo sido sus hermanos altos y muy bien dispuestos: tenia el rostro autorizado: la frente ancha y desarrugada: los ojos hundidos: encogidos los párpados y arrugados, por las muchas lágrimas que contínuamente derramaba: las orejas medianas: la nariz alta y combada: el color vivo y templado y con la calva de muy venerable aspecto. El semblante del rostro era alegremente grave, y gravemente alegre: de manera que con su serenidad alegraba á los que le miraban, y con su gravedad los componia. Cojeaba un poco de la una pierna, pero sin fealdad: y de manera que con la moderacion que él guardaba en el andar no se echaba de ver. Tenia los piés llenos de callos y muy ásperos de haberlos traido tanto tiempo descalzos, y hecho tantos caminos. La una pierna le quedó siempre tan flaca de la herida que contamos al principio, y tan sensible, que por ligeramente que la tocasen siempre sentia dolor; por lo cual es mas de maravillar, que haya podido andar tantas y tan largas jornadas á pié.

Al principio fué de grandes fuerzas y de muy entera salud; mas gastóse con los ayunos y excesivas penitencias, de donde vino á padecer muchas enfermedades y gravísimos dolores de estómago, causados de la grande abstinencia que hizo á los principios, y de lo poco que despues comió, porque era de poquísimo comer, y eso que comia era de cosas muy comunes y groseras. Y sufria tanto la hambre, que á veces por tres dias, y alguna vez por una semana entera, no gustó ni aun un bocado de pan ni una gota de agua. Habia perdido de tal manera el sentido del manjar, que casi ningun gusto le daba lo que comia. Y así excelentes médicos que le conocieron afirmaban, que no era posible que hubiese vivido tanto tiempo sin virtud mas que natural, un cuerpo tan gastado y consumido. Su vestido fué siempre pobre y sin curiosidad, mas limpio y aseado, porque aunque amaba la pobreza, nunca le agradó la poca limpieza. Lo cual tambien se cuenta de los santísimos varones san Nicolás y san Bernardo en sus historias.

Y porque tratamos aquí de la disposicion de Ignacio, quiero avisar que no tenemos ningun retrato suyo sacado tan al propio que en todo le parezca; porque aunque se deseó mucho retratarle mientras que él vivió, para consuelo de todos sus hijos, pero nunca nadie se atrevió á hablar de ello delante de él porque se enojara mucho. Los retratos que andan suyos son sacados despues de él muerto. Entre los cuales el que está mas acertado y propio á mi juicio, es el que Alonso Sanchez retratador excelente del rey católico D. Felipe el segundo sacó en Madrid el año de 1585, estando yo presente, y supliendo lo que el retrato muerto del cual él le sacaba no podia decir, para que saliese como se deseaba.

LIBRO QUINTO.

Escribiendo la vida de nuestro P. Ignacio, y continuándola hasta su dichoso tránsito, de industria he dejado algunos particularés ejemplos de sus virtudes, que me pareció que leidos aparte de la historia, se considerarian mas atentamente, y se arraigarian mas en la memoria, y moverian mas el afecto de los que los leyesen con el deseo de imitarlos. Y por esta causa en este quinto y último libro, iré recogiendo y entresacando algunas flores de singulares virtudes, que en Ignacio vimos y conocimos muchos de los que hoy somos vivos. No quiero dar la razon porque cuento algunas cosas menudas, pues escribo á mis hermanos y religiosos de la Compañía de Jesus, que ninguna cosa del Padre á quien desean imitar les parecerá pequeña. Especialmente que no es de tener en poco lo poco, si con ello se alcanza lo mucho, y en el camino de la perfeccion, quien menosprecia lo bajo, cerca está de caer de lo alto : y por el contrario, Cristo nuestro señor nos.

enseña, que el que es fiel en lo que es poco, tambien lo será en lo que es mucho. Y pues este mi trabajo se endereza á vuestro aprovechamiento y consolacion, carísimos hermanos, creo que os será mas agradable y de mayor fruto, si en contar las virtudes de Ignacio siguiere aquel órden que el mismo Ignacio guardó en las Constitučiones, cuando pinta cual debe ser un buen prepósito general de la Compañía. Porque á mí me parece que sin pensar en sí, se dibujó allí al natural, y se nos dejó como en un retrato perfectísimamente sacado. Y no me obligo á decir todo lo que sé y podria, sino de coger algunas cosas de las muchas que hay, las que me parecieren mas señaladas, y mas al propósito; para que las tengan delante, como por un dechado, los que como verdaderos hijos desearen parecer á su Padre. Y con esto tendrémos cuenta en este postrer tratado, de aprovechar de tal manera á los que le leyeren, que no los cansemos con la prolijidad.

CAPÍTULO I.

Del don de oracion y familiaridad que tuvo Ignacio con Dios.

Comenzando pues de la virtud de la devocion que Ignacio pone en el primer lugar (y es la que junta al hombre con Dios, y la que de aquella fuente caudalosa de la Divinidad, saca el agua viva para derramarla sobre las almas de sus prójimos) diré-

mos cuan señalado don de oracion fué el que comunicó Dios nuestro señor á Ignacio.

Desde que Nuestro Señor le abrió los ojos con
su luz y conocimiento, tuvo grandísimo cuidado de
la oracion, ocupándose en ella con todas sus fuerzas todo el tiempo que podia.

Luego como se ordenó de misa, cuando rezaba
las horas y se ocupaba en cumplir la obligacion que
tenia del oficio divino, era tanta la abundancia del
divino consuelo, y tantas las lágrimas que derramaba, que le era forzado hacer pausas casi en cada
palabra, é interrumpir las horas que rezaba de manera, que se le pasaba gran parte del dia en decir
el oficio, y vino á punto de perder la vista de los
ojos de puro llorar : y por esto fué necesario que
sus compañeros alcanzasen del sumo Pontífice dis-
pensacion, para que no fuese obligado Ignacio á
rezar el oficio divino como todos los sacerdotes le
rezamos.

En las cosas graves, aunque tuviese muchas razones probables para moverse, nunca solia determi·
narse antes de haberlas encomendado con particular cuidado primero en la oracion á Dios nuestro
señor.

Particularmente hacia mas oracion, y guardaba mas
esto, cuando escribia reglas y ordenaciones para la
Compañía. Una vez habiendo escrito las reglas que
llamamos de la modestia, en que da avisos nuestro
Padre de la compostura del cuerpo, y de la alegría y

modestia que habemos de tener en el rostro para
tratar con los prójimos con edificacion, ordenó al
ministro de la casa de Roma que las hiciese públi-
car y guardar: y porque el ministro fué algo descuidado en hacer luego lo que se le ordenó, me dijo nuestro Padre á cierto propósito: «Yo trabajo en
pensar y en escribir las reglas, y los ministros son
descuidados en hacerlas guardar, como si me cos-
tasen poco; pues yo os digo, que estas reglas de
que hablamos, me han costado mas de siete ratos de
oracion y lágrimas.» De donde podrémos sacar, lo
que habrán costado á nuestro Padre las Constituciones de la Compañía, y las otras reglas de mas peso. Y porque he hecho aquí mencion de estas reglas, y viene á propósito; añadiré que ordenó nuestro Padre que las publicase en nuestra casa de Roma el P. M. Lainez, y que hiciese una plática á todos los de casa, exhortándolos á la guarda y observancia de ellas. Y mas ordenó, que no faltase á esta plática ninguno de toda la casa, aunque fuese de
los diez primeros Padres; lo cual fué cosa nueva y
extraordinaria.-Y estando todos juntos en la plática,
oimos un grande ruido á manera de terremoto, que
parecia que se nos caia encima la casa, y acabada
la plática, hallamos en la huerta caido un cobertizo
debajo del cual solian en aquella misma hora despues de cenar (por ser el mes de agosto) estar los
primeros Padres y otros de los mas antiguos de casa; á los cuales sin duda hubiera cogido debajo del

tejado si nuestro Padre no hubiera ordenado (fuera de lo que se acostumbraba) que se hallasen todos presentes á la platica sin faltar ninguno. Viendo despues Ignacio las piedras y maderos caidos, hizo gracias á Nuestro Señor que hubiese guardado á todos los de casa, y díjome á mí: «Parece que Nuestro Señor nos ha querido dar á entender que no le desagradan estas reglas.»

Cuando escribia las Constituciones, y cuando determinaba cualquiera cosa grave é importante, siempre, como dijimos, la consultaba primero por la oracion con Nuestro Señor, y la manera de consultarla era esta. Desnudábase primeramente de cualquiera pasion y afecto, que suele ofuscar el juicio y oscurecerle, de manera que no pueda tan fácilmente descubrir el rayo y luz de la verdad, y poníase sin inclinacion ni forma alguna, como una materia prima en las manos de Dios nuestro señor: despues con grande vehemencia le pedia gracia para conocer y para abrazar lo mejor. Luego consideraba muy atentamente, y pesaba las razones que se le ofrecian por una parte y por otra, y la fuerza de cada una de ellas, y cotejábalas entre sí: al cabo volvia á Nuestro Señor con lo que habia pensado y hallado, y poníale todo delante de su divino acatamiento, suplicándole que le diese lumbre para escoger lo que le habia de ser mas agradable.

Preguntó algunas veces Ignacio, mientras que escribia las Constituciones, al P. M. Lainez, que

pues habia leido todas las vidas de los santos que
han fundado Religiones, y los principios y progresos
de ellas, le dijese, si creia que Dios nuestro señor
habia revelado á cada uno de los fundadores todas
las cosas del instituto de su Religion, ó si habia dejado algunas á la prudencia de ellos, y á su discurso natural. Respondió á esta pregunta el Padre, que
lo que él creia era, que Dios nuestro señor como
autor y fuente de todas las Religiones, inspiraba y
revelaba los principales fundamentos, y cosas mas
propias y mas sustanciales de cualquiera de los institutos religiosos, á aquel que él mismo tomaba por
cabeza y por principal instrumento para fundarlas.
Porque como la Religion no sea invencion de hombres, sino de Dios, el cual queria ser servido de
cada una de ellas en su manera, era menester que
el mismo Dios descubriese y manifestase á los hombres lo que ellos no podian por sí alcanzar. Pero que
las demás cosas, que se pueden variar y mudar con
los tiempos y lugares, y otras circunstancias, las
dejaba á la discrecion y prudencia de los fundadores de las mismas Religiones. Como vemos que
lo ha hecho con los ministros y pastores de la Iglesia en lo que toca á su gobernacion. Entonces dijo
Ignacio: «Lo mismo me parece á mí.» De cuyas
palabras parece que se puede colegir, que á lo menos las cosas mas sustanciales, y que son como los
fundamentos y nervios de nuestro instituto, Dios
nuestro señor se los reveló á Ignacio. Y que cuan-

do se le ofreció determinar alguna que no era tan
sustancial, preguntó aquello al P. Lainez, para ver
si la podia ordenar, aunque no tuviese revelacion de
ella como de las demás.

No se le pasaba hora del dia que no se recogiese
dentro de sí, y dando de mano á todo lo demás,
examinaba diligentísimamente su conciencia. Y si
per ventura se le ofrecia algun negocio tan grave
ó tan urgente ocupacion que no le dejase cumplir
en aquella hora con esta su devocion, recompen-
sábalo la siguiente, ó luego que le daba lugar la ocupacion. Aunque nunca se metia tanto en los negocios exteriores, que perdiese la interior devocion
de su espíritu.

Vímosle muy á menudo, tomando ocasion de cosas pequeñas, levantar el ánimo á Dios, que aun
en las mínimas es admirable. De ver una planta
una yerbecita, una hoja, una flor, cualquier fruta,
de la consideracion de un gusanillo ó de otro cualquiera animalejo, se levantaba sobre los cielos, y
penetraba lo mas interior y mas remoto de los sentidos, y de cada cosita de estas sacaba doctrina y
avisos provechosísimos para instruccion de la vida
espiritual. Y deseaba que todos los de la Compañía
se acostumbrasen á traer presente á Dios siempre
en todas las cosas, y que se enseñasen á levantar
á él los corazones no solo en la oracion retirada,
mas tambien en todas las otras ocupaciones, ende-
rezándolas, y ofreciéndoselas de manera, que no

sintiesen menos devocion en la accion, que en la meditacion. Y decia que este modo de orar es muy provechoso para todos, mas principalmente para los que están bien ocupados en cosas exteriores del divino servicio.

Solia orar con tanto fervor y vehemencia, que de la mucha atencion y fuerza grande de espíritu que ponia, le acaeció caer enfermo: y el año de 1550 llegó á punto de muerte, por haber celebrado dos misas una tras otra sin intermision, el dia del nacimiento de Nuestro Redentor. Y esta atencion de ánimo no la tenia solamente en la misa, sino tambien en las cosas mínimas que tocaban al trato con Dios. Cuando bendecia la mesa, cuando daba gracias, y en todas las otras obras, se recogia y entraba tan adentro de sí, que parecia que veia presente la majestad de Dios: y siempre antes de la oracion aparejaba su alma, y entraba en el retrete de su corazon, y allí se inflamaba de manera, que tambien el rostro de fuera se encendia; y todo (como muchas veces lo echamos de ver) parece que se hacia un fuego.

Hablando muchas veces con Dios, de lo mas íntimo del corazon decia; «Señor, ¿qué quiero yo, ó qué puedo querer fuera de Vos?» y porque conformaba su voluntad con la voluntad divina, y no queria ni dejaba de querer, mas de lo que Dios queria ó no queria, regalábale el Señor en todas las cosas, con una rara, contínua y uniforme consolacion, dándole paz en ellas, porque las tomaba como de su santísima mano.

Comparando el dia de ayer con el de hoy, y el provecho presente con el pasado, cada dia hallaba haber aprovechado mas, y ganado tierra, y que se le acrecentaban los santos deseos, en tanto grado, que en su vejez vino á decir que aquel estado que tuvo en Manresa (el cual en tiempo de los estudios solia llamar su primitiva iglesia) habia sido como su noviciado, y que cada dia iba Dios en su alma hermoseando y poniendo con sus colores en perfeccion el dibujo de que en Manresa no habia hecho sino echar las primeras líneas.

Cuanto gozo y consolacion sentia su espíritu, de las copiosas lágrimas que contínuamente en toda su oracion derramaba, tanto se debilitaba y enflaquecia con ellas su cuerpo: y aunque él esto sentia, no por eso aflojaba en la oracion, porque tenia en mas la suavidad del espíritu, que la salud del cuerpo, y temia que si detenia las lágrimas, se le disminuiria algo el consuelo y fruto espiritual. Mas finalmente vencido con la razon, y porque los médicos le mostraron cuanto dañaba á su salud aquel contínuo derramamiento de lágrimas, suplicó á Nuestro Señor que le diese imperio y señorío sobre ellas. Lo cual alcanzó tan por entero, que parecia que las tenia en su mano, para derramarlas ó reprimirlas cuando y como él queria. Y esto con tanto regalo de la divina misericordia, que aunque se enjugasen los ojos, quedaba siempre bañado el espíritu; y no se disminuyan los sentimientos celestiales,

23

aunque las lágrimas se moderasen con el **corazon**, antes se quedaba el fruto de ellas en todo su **vigor** y frescura.

Era ardentísimo el deseo que tenia de salir de esta cárcel y prision del cuerpo, y suspiraba su alma tanto por verse con su Dios, que pensando en su muerte no podia detener las lágrimas que de pura alegría sus ojos destilaban, porque tenia por muy mejor con el Apóstol, ser desatado y vivir con Cristo, que vivir en la carne. Y en este deseo ardia, no solo por alcanzar para sí aquel sumo bien, y descansar él con aquella dichosa vista sino mucho mas, por desear ver la gloria felicísima de la sacratísima humanidad del mismo Señor á quien tanto amaba, así como suele un amigo gozarse de ver en gloria y honra al que ama de corazon. Y creo que de este tan gran deseo y tan contínua meditacion de la muerte, le nacia á Ignacio el maravillarse cuando oia decir á alguno (como muchos suelen) de aquí á tres ó cuatro meses haré esto ó aquello. Porque solia Ignacio, como admirándose, dar una disimulada y amorosa reprension al que esto decia, con estas sentidas palabras: «Jesus, hermano, ¿y tanto pensais vivir como eso?»

Estando una vez enfermo, avisóle el médico que no diese lugar á tristeza ni á pensamientos penosos, y con esta ocasion comenzó á pensar atentamente dentro de sí, que cosa le podria suceder tan desabrida y dura, que le afligiese y le turbase la paz y sosiego de su ánima : y habiendo vuelto los ojos de su consideracion por muchas cosas, una sola se le ofreció (la que él tenia mas metida en sus entrañas) y era, si por algun caso nuestra Compañía se deshiciese. Pasó mas adelante, examinando cuanto le duraria esta afliccion y pena, en caso que sucediese, y parecióle que si esto aconteciese sin culpa suya, dentro de un cuarto de hora que se recogiese, y estuviese en oracion se libraria de aquel desasosiego, y se tornaria á su paz y alegría acostumbrada. Y aun añadia mas, que tendria esta quietud y tranquilidad, aunque la Compañía se deshiciese como la sal en el agua : que es señal evidente, de cuan descarnado estaba de sí, y cuan arraigado estaba su corazon en Dios, cuan conforme con la divina voluntad en todo.

Al P. Lainez, preguntándoselo, dijo algunas veces, que en las cosas de Nuestro Señor se habia mas *passive*, que *active*, que estos son los vocablos que usan los que tratan de esta materia, poniéndole por el mas alto grado de la contemplacion. A la manera que el divino Dionisio Areopagita dice de su maestro Hierotheo, que, *Erat patiens divina*.

El mismo P. Lainez tuvo mucha cuenta de ver la manera que tenia en su oracion, y vióle de esta. Subíase á un terrado ó azotea, de donde se descubria el cielo libremente, allí se ponia en pié quitado su bonete, y sin menearse estaba un rato fijos los ojos en el cielo, luego hincadas las rodillas

hacia una humillacion á Dios; despues se asentaba
en un banquillo bajo, porque la flaqueza del cuerpo
no le permitia haçer otra cosa: allí se estaba la cabeza descubierta, derramando lágrimas hilo á hilo,
con tanta suavidad y silencio, que no se le sentia
ni sollozo, ni gemido, ni ruido, ní movimiento ninguno del cuerpo.

Ningun ruido por grande que fuese le turbaba ó
le impedia en su oracion, si él no habia dado cau··
sa para ello, mas impedíale cualquier estorbo que
tuviese, si él le habia podido escusar. De manera
que lo que le inquietaba en la oracion, no era el
ruido que sentia, sino el descuido ó culpa que le
parecia haber tenido él en no haberle apartado de sí.

Estando un dia de invierno cerrado en su aposento en oracion, vino el portero y llamó á su puerta una y dos veces, y no le respondió: á la tercera
levantóse de su oracion, y abrió la puerta, y preguntóle qué queria: dijo el portero: «Dar estas
cartas á V. R. que el que las trae dice que son de
su tierra,» y dió el pliego de cartas á Ignacio. To-
mólas él, y cerrada la puerta las echó en el fuego
sin abrirlas, y volvióse luego á su oracion.

Mirando sus faltas y llorándolas, decia que deseaba que en castigo de ellas Nuestro Señor le quitase
alguna vez el regalo de su consuelo, para que con
esta sofrenada, anduviese mas cuidadoso y mas cau-
to en su servicio. Pero que era tanta la misericordia del Señor y la muchedumbre de la suavidad y

dulzura de su gracia para con él, que cuanto él mas faltaba, y mas deseaba ser castigado de esta manera, tanto el Señor era mas benigno, y con mayor abundancia derramaba sobre él los tesoros de su infinita liberalidad. Y así decia, que creia que no habia hombre en el mundo, en quien concurriesen estas dos cosas juntas tanto como en él. La primera es faltar tanto á Dios, y la otra, el recibir tantas y tan contínuas mercedes de su mano.

Decia mas, que esta misericordia usaba el Señor con él, por su flaqueza y miseria, y por la misma le habia comunicado la gracia de la devocion, porque siendo ya viejo, enfermo y cansado, no estaba para ninguna cosa, sino para entregarse del todo á Dios, y darse al espíritu de la devocion.

Tuvo muy gran cuenta en rogar á Nuestro Señor muy particularmente cada dia por las cabezas de la Iglesia y por los reyes y príncipes cristianos, de los cuales depende el buen gobierno y felicidad de toda ella, como nos amonesta que lo hagamos el apóstol san Pablo. Y así el año de 1555 á 21 de marzo, estando enfermo el papa Julio III de aquella enfermedad de que murió, ordenando Ignacio que se hiciese oracion contínua en nuestra casa por el Pontífice, dijo, que mientras que el Papa estaba sano solia cada dia hacer oracion por él con lágrimas una vez, y que despues que habia enfermado lo hacia dos veces. Y el año de 1556 habiendo el emperador Cárlos V hecho dejacion de todos sus reinos al rey D. Felipe su hijo; D.ª Leonor Mazcareñas, que (como dijimos) le hahia criado y sido su aya, por la gran devocion y confianza que tenia en las oraciones del P. Ignacio, como quien tan bien le conocia y le habia tratado, le escribió, pidiéndole con grande instancia que tuviese mucho cuidado de encomendar á Nuestro Señor al rey D. Felipe su señor, pues de él pendia el bien de la cristiandad; á la cual respondió Ignacio, que por el rey cuando era príncipe, habia tenido costumbre de hacer oracion particular cada dia una vez, y que despues que su padre le habia renunciado los reinos, lo hacia cada dia dos veces con cuidado particular.

Mas no quiero dejar de decir aquí, que aunque Ignacio fué dotado de tan admirable don y espíritu de oracion, mas con todo esto hacia mas caso del espíritu de la mortificacion, que del de la oracion: aunque conocia, que estos dos espíritus son entre sí tan unidos y hermanados, que no se halla el uno que sea verdadero sin el otro. De aquí es, que como uno de los nuestros alabando un dia á un religioso delante de Ignacio, dijese que era un hombre de gran oracion, Ignacio trocando las palabras, será, dijo, hombre de grande mortificacion. Y entendia él por mortificacion, no solo esta exterior de las penitencias con que se affige el cuerpo, mas mucho mas la que consiste en irse á la mano, y sojuzgar sus apetitos sensuales é inclinaciones, y en vencer la propia voluntad y juicio. De donde tenia en mas (principalmente en personas graves y de autoridad) el desprecio de sí mismos y de todo fausto, y el vencimiento de todo apetito de excelencia y reputacion, y el hollar su propia honra y estima, que no las penitencias corporales. Porque tenia por victoria mas dificultosa y mas gloriosa domar el espíritu, que affigir la carne. Aunque tambien es necesario castigar primero la rebeldía de la carne, para poder domar y reprimir el espíritu.

Tambien juzgaba que los que se dan á muy largas y prolijas oraciones, han de estar mucho sobre sí para no hacerse cabezudos y amigos de su propio juicio y parecer, y para no sacar daño de una cosa tan provechosa como la oracion y contínua comunicacion con Dios, y ponzoña de la triaca, y enfermedad de lo que suele ser medicina de todas las dolencias de nuestras ánimas. Porque suelen ser algunos de su condicion muy duros de cabeza, y arrimados á su parecer; los cuales si se dan á la meditacion y oracion sin el freno de la discrecion, y del cuidado de vencer y mortificar su propio juicio, se les viene á secar la cabeza y á endureçérseles, y aun desvanecérseles: de manera que no hay apartarlos jamás de lo que una vez aprendieron. Y hay tambien otros, que todo lo que sienten en su oracion, piensan que es inspiracion y revelacion divina, y que todos sus sentimientos son sentimientos de Dios de los cuales no se deben apartar; y así toman por regla infalible de lo que han de juzgar y obrar,

los movimientos que tienen en su oracion, y por
ella se rigen en todo. En lo cual puede haber engaño, y muchas veces le suele haber. Porque estos
tales siguen su apetito, y la inclinación é ímpetu de
su alma, y le tienen por instinto y movimiento divino; y encubren el vicio de su flaqueza y natural
condicion con la capa de la oracion. Y caen muchas
veces en gravísimos errores; por los cuales el ejercicio de la oracion viene á perder su valor y estima entre la gente indiscreta y mal mirada, que
cree que aquella falta nace de la oracion, y no de
la persona, que no supo usar de la oracion como
debia. Pues no debemos nosotros tomar por regla
cierta, cosa tan incierta como es nuestro parecer y
juicio, ni por mas santo y acertado que nos parezca
medir por él las cosas divinas, sino sujetarle y regu-
larle con la regla infalible de la fe y de la órden y
mandamientos de los superiores que Dios tiene puestos en su Iglesia para enseñarnos y enderezarnos.
Porque no es justo que las cosas claras, sean re-
guladas por las oscuras y dudosas; sino que las dudas tengan por regla las que son ciertas y averiguadas, y que por estas se examine y mida su verdad de las otras.

CAPÍTULO II.

De su caridad para con los prójimos.

De lo que hasta aquí hemos contado, se puede bien entender, cuan encendido y abrasado estaba el pecho de Ignacio del fuego del amor de Dios, y de sus prójimos, y los resplandores y llamas que echaba en las obras de caridad que contínuamente hacia; pues todos sus intentos y cuidados tiraban á la salvacion de las ánimas, y á desarraigar pecados de la república, y á conservar y acrecentar en ella todo lo bueno. Pero de los ejemplos que se siguen se verá esto aun mas claro.

Estando un hombre en París miserablemente perdido de unos amores deshonestos de una mujer con quien vivia mal, como no pudiese Ignacio por ninguna via desasirle de ellos, se fué un dia á esperarle fuera de la ciudad, y sabiendo que habia de pasar por junto á una laguna ó charco de agua (yendo por ventura adonde le llevaba su ciega y torpe aficion) éntrase Ignacio dentro del agua frigidísima hasta los hombros, y viéndole desde allí pasar, le dijo á grandes voces: «Anda, desventurado, anda y vete á gozar de tus sucios deleites, y ¿no ves el golpe que viene sobre tí de la ira de Dios? ¿no te espanta el infierno que tiene su boca abierta para tragarte? ¿ni el azote que te aguarda, y á toda furia va á descargar sobre tí? anda, que aquí me estaré yo atormentán-

23·

dome y haciendo penitencia por tí, hasta que Dios aplaque el justo castigo que ya contra tí tiene aparejado.» Espantóse el hombre con tan señalado ejemplo de caridad: paró, y herido de la mano de Dios volvió atrás, confuso y atónito, apartóse de la torpe y peligrosa amistad de que primero estaba cautivo.

Decia Ignacio, que si para la salud de las almas importase algo que él fuese por las plazas descalzo y cargado de cosas infames y afrentosas, ninguna duda tendria en hacerlo, y que no habia en el mundo traje tan haviltado, ni vestido tan vergonzoso, que por ayudar á un alma á salvarse él no le trajese de buena gana. Lo cual mostró bien por la obra en las ocasiones que se le ofrecieron.

Siendo ya viejo y quebrantado de trabajos y enfermedades, le vinieron á rogar que fuese á ayudar á morir á uno que le llamaba, y aunque tenia muchos en casa con quien podia descargarse, no quiso sino consolarle, y se fué á estar con él toda la noche, confortándole y ayudándole á bien morir.

Guardó siempre con grandísimo cuidado el no volver á nadie mal por mal, sino vencer siempre y sobrepujar el mal con hacer bien, conforme al Apóstol. De manera que siempre procuraba fuesen mayores los bienes que hacia, que los males que recibia. De donde nació, que siendo muchas veces perseguido de muchos, y provocado á justa indignacion, nunca dió muestras de enojado, ni se procuró vengar ni hacerles pesar, ni darles desabrimiento ninguno, aunque pudiera muchas veces hacerlo á su salvo. Y para que se entienda esto mejor, diré algunas cosas en particular que le acontecieron en esta parte.

El año de 1546, un religioso que estaba en Roma, y se mostraba grande amigo de Ignacio, por cierta envidia y enojo que tuvo, se le volvió y trocó en grande enemigo, y se dejó decir algunas palabras pesadas, y jactarse diciendo, que habia de pegar fuego en España á cuantos hubiese de la Compañía, desde Perpiñan hasta Sevilla, y envió una persona á Ignacio, que de su parte se lo dijese; al cual Ignacio respondió con la misma persona por escrito de su mano estas mismas palabras:

«Señor: decid al padre fray N. que como él dice, que á todos los que se hallaren de los nuestros desde Perpiñan hasta Sevilla los hará quemar, que yo digo y deseo, que él y todos sus amigos y conocidos, no solo los que se hallaren entre Perpiñan y Sevilla, mas cuantos se hallaren en todo el mundo, sean encendidos y abrasados del fuego del divino amor, para que todos ellos viniendo en mucha perfeccion, sean muy señalados en la gloria de su divina Majestad. Asimismo le diréis que delante de los señores gobernador y vicario de Su Santidad se trata de nuestras cosas, y están para dar sentencia, que si alguna cosa tiene contra nosotros, que yo le convido para que vaya á deponerla y probarla delante de los sobredichos señores jueces, porque yo me gozaré mas, debiendo, pagarlo, y que yo solo padezca, y no que todos los que se hallaren entre Perpiñan y Sevilla hayan de ser quemados. En Roma de Santa Maria de la Estrada, á 10 de agosto de 1546.»

Conté en el segundo libro, que estudiando Ignacio en París un su compañero de cámara se le alzó con el dinero que le habia dado á guardar, y que le vino á poner en tal aprieto, que con grande detrimento de su estudio hubo de pedir por amor de Dios de puerta en puerta lo que habia de comer. Del que le hizo esta burla tan pesada, se vengó Ignacio de esta manera. Yéndose este de París para España, y esperando embarcacion en Ruan, que está como veinte y ocho leguas de París, adoleció allí de una enfermedad peligrosa, y como conocia la gran mansedumbre y caridad de Ignacio, escribióle amigablemente, dándole cuenta de su trabajo, y como si le hubiera hecho algun señalado beneficio, así le pedia que le viniese á socorrer en su dolencia, y ayudarle á salir de ella. No dejó perder Ignacio tan buena ocasion de ejercitar su caridad, y ofrecer su salud y vida, por la vida y salud de aquel de quien se queria vengar echándole sobre la cabeza brasas no de venganza, sino de amor y caridad. Determina pues de partir luego para Ruan en busca de este hombre, para ayudarle en cuanto pudiese, y con grande alegría de espíritu y esfuerzo de ánimo, caminó tres dias descalzo, y ayunó sin gustar ni una sola gota de agua, ofreciendo á Nuestro Señor este trabajo y penitencia, por la salud y vida de aquel que así le habia engañado. En esta determinacion que tomó nuestro Padre, y en esta jornada que hizo intervinieron algunas cosas particulares, que es bien que se sepan, aunque yo las habia dejado en la primera edicion, por guardar en todo la brevedad. La primera es que cuando le vino gana de ir á pié, y descalzo y ayuno á Ruan, como habemos dicho, haciendo oracion sobre ello le vino un cierto temor y escrúpulo de tentar á Dios, pero mirando mas en ello, y haciendo mas larga y fervorosa oracion en el convento de santo Domingo de París suplicando á Nuestro Señor intensamente le guiase por la senda mas segura, y le enseñase lo que habia de ser mas agradable á su divina Majestad, se sintió desahogar y libre de aquel aprieto y congoja que tenia, y con esfuerzo para hacer la jornada de la manera que la hizo. La segunda, que la misma mañana que partió de París para Ruan, comenzándose á vestir para tomar su camino, le vino tan grande sobresalto y temor, que le parecia que no podia vestirse, pero venciéndole, y la repugnancia grande que sentia, con la fortaleza y ánimo que le daba el Señor, salió de casa y aun de la ciudad antes que amaneciese, y anduvo tres leguas hasta un pueblo que se llama Argenteur con tanta pesadumbre y fatiga, que los piés le parecia que eran de plomo, ó que le pesaban un quintal, segun se hallaba pesado y congojoso. La tercera, que esta manera de pesadumbre y tentacion le duró hasta que llegó á un lugar alto, espacioso y llano, en el cual habiendo subido una cuesta áspera con mucho trabajo y dificultad, le visitó Dios nuestro Señor, y le consoló con una tan soberana luz, y con tan estraordinario esfuerzo y regalo, que despidiendo de sí toda aquella molestia y pesadumbre que sentia, comenzó á correr como un gamo por aquellos campos; de manera que mas parecia que le llevaban que no que él se iba: hablando con Dios tan altamente, y con tanto encendimiento de corazon y fervor, que se veia bien que él mismo Señor, que así le regalaba, habia sido el autor de esta jornada, y aunque el enemigo de nuestro bien se la habia querido estorbar con temores humanos, pero que el mismo Dios le habia dado gracia y esfuerzo para vencerlos, y despues de vencidos le daba aun acá en la tierra el premio y corona de su victoria. En fin él llegó á Ruan, y halló á su enfermo muy descaecido, y le sirvió esforzó y ayudó, y no se fué de allí hasta que cobró sus fuerzas, y le envió ya sano á España, dándole cartas de favor para sus primeros compañeros los que allí tuvo.

Partióse pues el buen hombre para España muy corrido y lleno de confusion, acusando por una parte su deslealtad, y por otra espantándose de la caridad de Ignacio: y dando gracias á Dios que hubiese tal hombre en la tierra, y que él le hubiese conocido, que se vengaba de las malas obras que recibia con hacer bien, y las ofensas y agravios que se le hacian los pagaba con semejantes oficios de caridad.

Tambien hubo otro en París, que habia recibido muy buenas obras de Ignacio; el cual (por no poder sus ojos sufrir tanta luz) revestido de Satanás, y saliendo fuera de sí, se determinó de matar á Ignacio, y subiendo ya la escalera de la casa para ejecutarlo oyó una voz espantosa, que le dijo: «Desventurado de tí, ¿qué quieres hacer?» Aturdido y asombrado con el terrible sonido de esta voz, trocó el propósito que llevaba, y entrando en el aposento de Ignacio se arrojó á sus piés llorando, y le contó lo que pasaba. Este fué despues el atizador de aquel fuego, y muñidor de aquella persecucion tan grande que se levantó contra Ignacio y contra sus compañeros en Roma, por ocasion de aquel fraile hereje, de quien hablamos en el capítulo XIV del segundo libro de esta historia. Y con todo esto por ruegos de los mismos enemigos de la Compañía, pidiéndola él instantemente, le recibió en ella Ignacio, procurando su consuelo y su salvacion: mas no perseveró mucho en Religion, porque las plantas adulterinas, como dice el Espíritu santo, no echarán hondas raices, ni tendrán estabilidad ni firmeza.

Por lo cual no es maravilla que quisiese mucho á los suyos, quien tanto amaba á sus enemigos y á los estraños, como de estos ejemplos se verá. Un hermano de la Compañía siendo gravísimamente acosado del demonio, y tentado de la vocacion, en fin se dejó vencer, y ya estaba determinado enteramente de dejar á Dios, que es fuente de agua viva, y volverse á beber de los algibes rotos del siglo, que no pueden retener en sí, ni el agua de la gracia, ni de verdadero descanso: quiso saber de él Ignacio la causa de esta su loca determinacion, y como él no la quisiese descubrir, entendió Ignacio, que aquel hermano habia cometido algun pecado en el siglo, y que de vergüenza no le queria confesar y que de aquí le nacia el desasosiego y empacho que tenia. Y para quitársele del todo, se fué á él y te habló amorosamente, y declaróle él mismo su vida pasada, y cuan ciego, descaminado y derramado habia andado en la vanidad de sus sentidos, y cuan encarnizado y preso en el falso amor de las criaturas. Para que de esta manera tuviese el Hermano menos vergüenza, y aprendiese á sentir bien de la bondad y misericordia de Dios. Porque, como dice el Sabio, hay una vergüenza que acarrea pecados, y hay otra que trae consigo gloria y gracia.

Tambien otra vez uno de los nueve compañeros que sacó de París, estuvo muy afligido y desasosegado con una pesadísima y peligrosísima tentacion, y la cosa llegó á término, que estaba ya casi en punto de perderse. Púsose Ignacio á llorar y á rogar á Dios contínuamente por él, sin comer ni beber tres dias enteros, y plugo al Señor de oir los llorosos gemidos y abrasadas oraciones de su siervo, y de conservar en la Compañía al que estaba tan cerca de su perdicion.

Otro Padre estuvo una vez muy descompuesto y muy tentado contra Ignacio, y saliendo de los límites de la razon y de la obediencia, dióle mucha pena y afliccion. El buen Padre hizo oracion por él; y un dia en la misa, derramando muchas lágrimas, y dando voces de lo mas íntimo de su corazon, decia á Dios: « Perdonadle, Señor, perdonadle, Criador mio, que no sabe lo que se hace. » Respondióle á estas voces el Señor: « Déjame, que yo te vengaré. » Aconteció despues que estando este Padre en cierto templo haciendo oracion, y mirando con mucha reverencia unas reliquias de santos, le apareció una figura como de hombre severo y grave, que tenia un azote en la mano, y con un semblante terrible le amenazaba, sino se sujetaba en todo y obedecia á Ignacio; con la cual vision quedó pasmado, y se ablandó y reconoció de manera, que vino á hacer lo que debia. Y esto él mismo lo contó á Ignacio, é Ignacio me lo contó á mí. Y aun con todo esto despues le sucedieron á este Padre algunos trabajos; en los cuales se cumplió lo que á Ignacio habia sido significado del cielo.

Entre todas las virtudes que nuestro Padre tuvo, fué una muy señalada la del agradecimiento, en la cual fué á mi parecer muy aventajado y admirable. Pues tenia grandísima cuenta, no solamente de ser agradecido á Dios nuestro señor, sino tambien á los hombres por su amor, y esto con obras y con palabras. Porque consideraba que toda la Compañía, aunque esté derramada y estendida por tantas provincias del mundo, en fin es un cuerpo, que tiene diversos miembros, unidos entre sí, y atados con el vínculo de la caridad: y como él era cabeza de este cuerpo, parecíale que todo lo que se hacia en bebeficio de cualquiera de sus miembros, tocaba á él el reconocerlo y agradecerlo y pagarlo: especialmente en el principio de la Compañía, cuando ella no era ni tan conocida en el mundo, ni tan estimada, ni de las buenas obras que le hacian los hombres podian aguardar otro galardon sino de Dios. Y así tenia particular cuidado de todos los bienhechores, mostrábales grandísimo amor, á todos mucho, pero mas al mayor. Hacia que en las oraciones de toda la Compañía, tuviesen ellos su principal parte: avisábales de los buenos sucesos de esta, visitábalos, convidábalos, ayudábalos en todo lo que podia conforme á su instituto y profesion, y por darles contento hacia cosas contra su gusto y salud. Y puesto caso que muchas veces les daba mas que recibia de ellos, siempre le parecia que quedaba corto: y olvidándose de lo que él habia hecho por los otros, siempre se acordaba de lo que habia recibido en su persona ó en la de sus hijos, con deseo de pagarlo aventajadamente.

Por conservar la paz y caridad con todos fué enemiguísimo de pleitos, y huia de ellos, y cedia de su

derecho cuanto con buena conciencia podia. Y decia que hacer esto no solo era cosa honrosa y digna de pecho cristiano; pero que tambien era provechosa. Porque solia Nuestro Señor pagar muy
bien á los que por su amor y por no perder la caridad con sus prójimos, perdian algo de su derecho
en las cosas temporales. Y así estando el refectorio
de Roma oscuro y casi sin ninguna luz, porque un
vecino nuestro no dejaba abrir una ventana en una
pared comun que se podia hacer con mucho provecho nuestro, y sin ningun perjuicio suyo; aunque
la justicia estaba muy clara de nuestra parte, nunca jamás consintió Ignacio que se le pidiese delante
de ella: antes quiso que estuviésemos ocho años
enteros, ó mas, con toda la incomodidad del mundo, comiendo á medio dia casi con candela, por no
ponerle pleito y cobrar mal nombre en los principios
de la Compañía, hasta que fué Dios servido que se
compró la casa que nos quitaba la luz; la cual con
esto sin ruido se dió á nuestro refectorio.

CAPÍTULO III.

De su humildad.

Desde que comenzó á servir á Nuestro Señor,
se abrazó afectuosamente Ignacio con la virtud de
la santa humildad, como con la madre y piedra fun-
damental de todas las virtudes: andando roto y me-

dio desnudo, y en los hospitales como pobre entre
los pobres, menospreciado y abatido, y deseoso de
no ser conocido ni estimado de nadie, y lleno de
gozo cuando era afrentado y perseguido por amor
de Jesucristo nuestro redentor, como se ve en el
discurso de su vida: y conforme á ella fué su doctrina.

Decia que los que pretendian subir muy alto,
han de comenzar de muy bajo, y que á la medida
de lo que se ha de levantar el edificio, ha de bajar
el cimiento. Y así á los que enviaba á trabajar á la
viña del Señor, de tal manera los enseñaba que pà-
ra salir con las cosas árduas y grandes siempre procurasen de hacer el camino por la humildad y desprecio de sí mismo; porque entónces estaria la obra
bien segura, si estuviese bien fundada sobre esta
verdad. Y conforme á esto cuando envió á los Padres Francisco Javier y Simon Rodriguez á Portugal, les ordenó que llegados á aquel reino pidiesen
limosna, y que con la pobreza y menosprecio de
sí, se abriesen la puerta para todo lo demás. Y á
los Padres Salmeron y Pascasio, cuando fueron á
Ibernia por nuncios apostólicos, tambien les ordenó
que enseñasen la doctrina cristiana á los niños y á
la gente ruda. Y al mismo P. Salmeron, y al padre
M. Lainez, cuando la primera vez fueron al concilio de
Trento, enviados del papa Paulo III por teólogos de
Su Santidad, la instruccion que les dió fué, que
antes de decir su parecer en el concilio se fuesen

al hospital , y sirviesen en él á los pobres enfermos, y enseñasen á los niños los principios de nuestra santa fe : y que despues de haber echado estas raices , pasasen adelante y dijesen su parecer en el concilio, porque así seria él de fruto y provechoso, como sabemos que lo fué por la misericordia del Señor.

A la pobreza llamaba él nuestra madre , y tenia por cosa indigna y vergonzosa que los religiosos fuesen adinerados ó codiciosos , ó que con razon se pudiese pensar de ellos que lo eran.

Llegó por la divina gracia á tanto grado de humildad , que muchos años antes que muriese , no tuvo ocasion de vanagloria. Porque estaba su ánima con la lumbre del cielo que tenia tan esclarecida , y con tan grande conocimiento y menosprecio de sí , que solia decir, que á ningun vicio temia menos que á este de la vanagloria , que es un gusano que suele roer hasta los cedros del Líbano, y comunmente nace del desconocimiento y ciego amor de sí mismo.

Tuve yo cuenta algunas veces y noté, que cuando en alguna conversacion familiar se hablaba de cuan estendida estaba la Compañía, ó del fruto que de ella hacia, ó de cualquier otra cosa de que parecíase que podia á Ignacio redundar alguna loa, luego se recogia dentro de sí, llenando de lágrimas y de vergüenza su rostro.

Habia oido decir al P. Lainez á uno de los nuestros, que Dios nuestro Señor habia dado á **Ignacio** por guarda un arcángel, y un dia con aquella confianza que como hijo tan querido tenia con él, le preguntó si era esto verdad. Ninguna respuesta le dió Ignacio de palabra, mas demudóse todo el rostro, cubriéndole de un color de grana, y turbóse (por usar de las palabras que me dijo el P. Lainez) como lo hiciera alguna castísima y honestísima doncella, viendo á deshora entrar un estraño en su encerramiento que la hallase sola. Y esto le acontecia muchas veces, que preguntándole cosas que fuesen en su loor no respondia sino con el silencio, y con la vergüenza y mudanza de rostro.

Oíle decir que todos los de casa le daban ejemplo de virtud y materia de confusion, y que de ninguno de ellos se escandalizaba, sino de sí mismo.

Acuérdome que un dia me dijo, que habia de suplicar á Nuestro Señor que despues de él **muerto** echase su cuerpo en un muladar para que fuese manjar de las aves y de los perros. Porque siendo yo, dice como soy un muladar abominable, y un poco de estiércol, ¿qué otra cosa tengo de desear para castigo de mis pecados?

Cuando no tenia claridad y evidencia de las cosas de que deliberaba, fácilmente se dejaba llevar del parecer ajeno, y aunque era superior se igualaba en todo con los súbditos.

Deseaba que todos burlasen de él, y decia que si se dejara llevar de su fervor y deseo, se anduvie-

ra por las calles desnudo y emplumado y lleno de
lodo para ser tenido por loco. Mas reprimia este tan
grande afecto de humildad el deseo de ayudar á los
prójimos y la caridad. La cual le hacia que se tratase con la autoridad y decencia que á su oficio y
persona convenia : y que dejase estas mortificacio-
nes extraordinarias, aunque siempre que se le ofrecia ocasion de humillarse la abrazaba, y aun la buscaba muy de veras. Y entendia y enseñaba que
ayudaba mas á la conversion de las ánimas este afecto de verdadera humildad, que el mostrar autoridad
que tenga algun resabio y olor de mundo.

Pocas veces y no sin grave causa hablaba de sus
cosas : como era para curar algun alma afligida, y
consolarla con su consejo, ó para animar á sus
compañeros con su ejemplo, y esforzarlos coñtra las
dificultades que se les ofrecian : y aun esto era
con gran moderacion y templanza, y á los principios de la Compañía, porque ya despues de fundada con estraño silencio encubrió sus cosas.

Mas aunque en estas cosas que habemos dicho,
y otras muchas que se podrian decir, se ve su humildad, á donde ella se descubre y resplandece mas,
es á mi parecer, en aquel huir tan constantemente
la honra, y rehusar el oficio de general que se le daba con tanta union y conformidad de todos los electores, y la gran diligencia que puso para renun-
ciarle despues que le tomó. Y que esto haya nacido puramente de tenerse él (como lo afirmaba de-

lante de Dios) por insuficiente para el gobierno, y de persuadirse que estaba muy lejos de tener las partes que se requieren para regir bien á otros. Porque esto es lo que admira á los que le conocieron y saben que le habia Dios nuestro señor dado por su misericordia, todos los dones que son necesarios para bien gobernar, en tanto grado, que se podrán tener por muy dichosos y muy bien librados los que gobernaren, si llegaren á tener en un grado mediano las partes que él tenia en grado tan aventajado y heróico. Y porque la obediencia es hija de la humildad, y guarda y reina de todas las virtudes del religioso, y en la Religion Ignacio le daba la prima, no me parece que será fuera de propósito declarar en este lugar lo que sentia y decia de la virtud de la obediencia.

CAPÍTULO IV.

De lo que sentia de la obediencia.

Aunque por haber sido nuestro Padre fundador de la Compañía y prepósito general, no podemos decir de él tantos y tan particulares ejemplos de su obediencia, todavía por la que él antes que lo fuese tuvo á sus confesores, y por la fuerza con que procuró ser súbdito y no superior, y por la obediencia que tuvo siempre á Su Santidad, y ánimo de obedecerle en cosas mayores, y por la doctrina tan admirable que nos enseñó de la obediencia, podemos rastrear cuan asentada tenia esta excelentísima virtud en su corazon, y lo que hiciera si fuera súbdito.

Deseaba que los de la Compañía se esmerasen en todas las virtudes, mas sobre todas las morales, que empleasen todas sus fuerzas en alcanzar la virtud de la obediencia, porque afirmaba ser esta la mas excelente y mas noble virtud del religioso, y la que Dios estima mas que la víctima, y le es mas agradable que el sacrificio. Por ser la obediencia hija de la humildad, óleo que fomenta y conserva la luz de la caridad, compañera de la justicia, guia y maestra de todas las virtudes religiosas, enemiga de la propia voluntad, madre de la union y concordia fraternal, puerto seguro y banquete perpétuo de las almas que se fian de Dios. Y decia él, que como las otras Religiones, unas se aventajan en unas virtudes á las demás, y otras en otras, así deseaba, que la Compañía procurase de aventajarse y de esmerarse sobre todas las demás Religiones, en la virtud de la obediencia; cuya naturaleza y excelencia declaraba él de esta manera.

Decia que así como en la Iglesia militante, ha Dios nuestro señor abierto dos caminos á los hombres para poderse salvar, el uno comun que es de la guarda de los mandamientos, y el otro que añade á este el de los consejos evangélicos, que es propio de los religiosos; así ni mas ni menos, en la misma religion hay dos géneros de obediencia, el uno imperfecto y comun, y el otro perfecto y acabado; en el cual resplandece la fuerza de la obediencia, y la virtud perfecta del hombre religioso. La obediencia imperfecta tiene ojos, mas por su mal: la obediencia perfecta es ciega, mas en esta ceguedad consiste la sabiduría: la una tiene juicio en lo que se le manda, y la otra no: aquella se inclina mas á una parte que á otra, esta ni á una ni á otra; porque siempre está derecha, como el fiel del peso, é igualmente aparejada para todas las cosas que le mandaren. La primera obedece con la obra y resiste con el corazon. La segunda hace lo que le mandan, y sujeta su juicio y voluntad á la voluntad y juicio de los superiores. Y así enseñaba él, que es imperfecta la obediencia que allende de la ejecucion no tiene la voluntad y el juicio conforme al del superior: y que la obediencia que no tiene mas que la ejecucion exterior, no merece aun el nombre de obediencia; y que la que con la ejecucion acompaña la voluntad, y hace que el obediente quiera lo mismo que el superior, aun no llega á ser perfecta, sino que pasa adelante, y hace que no solamente quiera lo mismo sino que sienta lo mismo que el superior, y juzgue que lo que él manda es bien mandado.

De manera, que fuera de la ejecucion de la obra haya tambien conformidad de la voluntad y del juicio entre el que manda y el que obedece. Esta obediencia es entera y cumplida de todas sus partes, y excelentemente perfecta: por la cual cautivamos en cierta manera nuestro entendimiento al servicio divino, y tenemos por bueno todo lo que por nuestros superiores nos es ordenado: y ni buscamos razones para obedecer, ni seguimos las que se nos ofrecen, antes obedecemos por sola esta consideracion, de pensar que lo que nos dicen es obediencia. Cuando llega un religioso á este punto, es verdaderamente muerto al mundo por vivir á Dios, y no anda desasosegado ni agitado con varios vientos de deseos y turbaciones, sino que se halla indiferente y tranquilo, como el mar cuando está en calma. Porque aquellos otros, que aunque hacen con la obra lo que se les dice, todavía, ó resisten con la voluntad, ó murmuran y contradicen con su razon y juicio á la obediencia, aun no han llegado á ser aquel grano de trigo, que para que dé gran fruto, dice Cristo nuestro señor en el Evangelio, que cayendo en la tierra primero ha de morir. Pues los tales, aunque se van muriendo, mas no están aun perfectamente muertos: y porque aun no son ciegos, no se escusan á veces de pecado, y viendo, como quieren ver con sus ojos propios, se hacen ciegos para no ver lo que les conviene. Y aun decia Ignacio, que los que solamente obedecen con la voluntad y no con el juicio, no tienen sino un pié en la Religion, y que suelen caer estos tales muchas veces en grandes inconvenientes, y enredarse con grandísimos lazos y molestias, trayendo afligida la conciencia, porque desdicen mucho de aquel fervor y espíritu que tuvieron en el

principio de su vocacion. El cual espíritu es delezna-
ble y quebradizo, y sino se procura conservar con
mucho cuidado, poco á poco huye y se nos va del
corazon; por lo cual habíamos de procurar con todas
nuestras fuerzas aquello en cuyo seguimiento andamos. De manera, que pues una vez entramos por
vocacion y misericordia divina en el camino de la
perfeccion, no paremos hasta llegar á lo que en la
Religion es lo mas acabado y perfecto. Llegar á esta
perfeccion no será dificultoso con estos medios. El
primero, si nos ponemos en las manos de Dios, y
fiamos en aquella su eterna providencia con que gobierna el universo, y da á cada uno la gracia que ha
menester, segun la medida con que Cristo reparte
sus dones : y da fuerzas al superior para bien gobernar, y al súbdito para bien obedecer. El segundo, si siguiéremos el espíritu de nuestra vocacion,
y tuviéremos puestos los ojos, no en quien es el que
rige, sino en aquel que nos representa, sea quien
fuere el que nos rige. El tercero, si no dando oidos
á los sofísticos argumentos que la carne hace contra la obediencia, con piadoso y humilde afecto bus-
cáremos las razones verdaderas que son en favor de
lo que ordena el superior. El cuarto, si trujéremos
siempre ante nuestros ojos los ejemplos de los santos que se esmeraron en la sencilla y perfecta obediencia, y sobre todos el ejemplo del santo de los
santos Jesucristo nuestro señor, que por nuestra
salud se hizo obediente al Padre hasta la muerte, y

muerte de cruz. Y finalmente si nos armáremos con la oracion, y nos vistiéremos de la humildad, y sin ninguna hinchazon ni deseo de salir con la nuestra, desnudos de todo amor propio, y de nuestra propia estima (que suele ser la polilla y carcoma de la obediencia) sintiéremos de nosotros bajamente, y conociéremos la flaqueza de nuestro juicio y entendimiento, acordándonos de las muchas veces que habemos con ellos caido y errado: y no queriendo saber mas, como dice el Apóstol, de lo justo y bien ordenado.

Estos son algunos de los principales avisos que Ignacio daba á los de la Compañía para alcanzar esta altísima virtud de la obediencia. Mas porque un año antes que muriese, él mismo declaró lo que sentia de esta virtud, no me parece será bien dejarlo de decir aquí. Porque no contentándose hasta aquí con haber escrito aquella admirable carta de la obediencia que tenemos, llamando á un hermano que le escribiese, le dijo: «Tomad la pluma y escribid, que quiero dejar escrito á la Compañía lo que yo siento de la obediencia,» y dictólo en lengua española; y son estos once capítulos, que yo aquí pondré con las mismas palabras que él los dijo, para que cosa tan provechosa, y principalmente á los religiosos tan necesaria, se entienda mas llanamente, dicha por boca de un tan notable varon.

1. A la entrada de la Religion, ó entrado en ella, debo ser resignado en todo y por todo delante

de Dios nuestro señor, y delante de mi superior.

2. Debo desear ser gobernado y guiado por el tal superior, que mira á la abnegacion del propio juicio y entendimiento.

3. Debo hacer en todas cosas, donde no haya pecado, la voluntad del tal, y no la mia.

4. Hay tres maneras de obedecer, una cuando me mandan por virtud de obediencia, y es buena. Segunda, cuando me ordenan que haga esto ó aquello, y esta es mejor. Tercéra, cuando hago esto ó aquello, sintiendo alguna señal del superior, aunque no me lo mande ni ordene, y esta es mucho mas perfecta.

5. No debo hacer cuenta si mi superior es el mayor, ó mediano, ó el menor, mas tener toda mi devocion á la obediencia, por estar en lugar de Dios nuestro señor; porque á distinguir esto, se pierde la fuerza de la obediencia.

6. Cuando yo tengo parecer ó juicio que el superior me manda cosa que sea contra mi conciencia, ó pecado, y al superior le parece lo contrario, yo debo creerle, donde no hay demostracion, y sino lo puedo acabar conmigo, á lo menos deponiendo mi juicio y mi entender, debo dejarlo en juicio y determinacion de dos ó tres personas. Si á esto no vengo yo estoy muy lejos de la perfeccion y de las partes que se requieren á un verdadero religioso.

7. Finalmente, no debo ser mio, mas de aquel que me crió, y de aquel que tenga su lugar, para de-

jarme menear y gobernar: así como se deja traer una pella de cera con un hilo: tanto para escribir, ó recibir letras, cuanto para hablar con personas, con estas ó con aquellas, poniendo toda mi devocion á lo que se me ordena. '

8. Que yo debo hallarme como un cuerpo muerto que no tiene querer ni entender. Segundo, como un pequeño Crucifijo, que se deja volver de una parte á otra sin dificultad alguna. Tercero, debo asimilar y hacerme como un báculo en mano de un viejo, para que me ponga donde quisiere, y donde mas le pudiere ayudar: así yo debo estar aparejado para que de mí la Religion se ayude y se sirva en todo lo que me fuere ordenado.

9. No debo pedir, rogar ni suplicar al superior, para que me envien á tal, ó tal parte; para tal, ó tal oficio; mas proponer mis pensamientos ó deseos, y puestos echarlos en tierra, dejando el juicio y el mandamiento al superior, para juzgar y tener por mejor lo que juzgare, y lo que mandare.

10. Tamen en cosas leves y buenas se puede pedir y demandar licencia, así como para andar las estaciones, ó para demandar gracias ó cosas así similes con ánimo preparado, que lo que se le concediere ó no, aquello será lo mejor.

11. Así mismo cuanto á la pobreza, no teniendo ni estimando en mí, cosa propia, debo hacer cuenta, que en todo lo que poseo para el uso de las cosas, estoy vestido y adornado como una estátua:

la cual no resiste en alguna cosa, cuando, ó porque le quitan sus cubiertas.

Hasta aquí son palabras de Ignacio. El cual no deseaba esta perfeccion de obediencia solamente en los de la compañía, mas siempre que le pedian consejo personas de otras Religiones, de cómo y en qué habian de obedecer á sus superiores, los enderezaba por estos mismos caminos, y seguras sendas de verdadera obediencia. Y el mismo Padre que era maestro de esta escuela de la perfecta y cumplida obediencia, la guardaba exactísimamente. Porque en el tiempo que aun no estaba fundada la Compañía, cuando perdieron la esperanza de poder ir los nuestros á Jerusalen, el Padre Lainez dijo á Ignacio, que le venia el deseo de ir á la India á procurar la salud de aquella gentilidad, que perecia por falta de obreros evangélicos. « Yo, dice Ignacio, no deseo nada de esto. » Preguntado la causa, respondió: « Porque habiendo nosotros hecho voto de obediencia al sumo Pontífice, para que á su voluntad nos envie á cualquiera parte del mundo en servicio del Señor, hemos de estar indiferentes. De manera, que no nos inclinemos mas á una parte que á otra. Antes si yo me viese inclinado como vos á ir á la India, procuraria de inclinarme á la parte contraria, para venir á tener aquella igualdad é indiferencia, que para alcanzar la perfeccion de la obediencia es necesaria. »

Siendo ya general de la Compañía dijo diversas veces, que si el Papa le mandase que en el puerto de Ostia (que es cerca de Roma) entrase en la primera barca que hallase, y que sin mástil, sin gobernalle, sin vela, sin remos, sin las otras cosas necesarias para la navegacion y para su mantenimiento, atravesase la mar, que lo haria y obedeceria no solo con paz, mas aun con contentamiento y alegría de su ánima. Y como oyendo esto un hombre principal se admirase, y le dijese: «¿Y qué prudencia seria esa?» Respondió Ignacio: «La prudencia, señor, no se ha de pedir tanto al que obedece y ejecuta, cuanto al que manda y ordena.»

CAPÍTULO V.

De la mortificacion que tuvo de sus pasiones.

Tuvo Ignacio con la divina gracia y con el contínuo trabajo y cuidado que puso, tan sujetas sus pasiones y tan obedientes á la razon, que aunque no habia perdido·los afectos naturales al alma (porque esto fuera dejar de ser hombre) parecia que no entraba en su corazon turbacion ni movimiento de ningun apetito desordenado. Y·habia llegado á tal punto, que con ser muy cálido de complexion y muy colérico, viendo los médicos la lenidad y blandura maravillosa que én sus palabras y en sus obras usaba, les parecia que era de complexion flemático y frio. Mas habiendo vencido de todo punto con la virtud y espíritu lo que en el interior afecto era vicioso de la cólera, se quedaba con el vigor y brio que ella suele dar, y que era menester para la ejecucion de las cosas que trataba. De manera que la moderacion y templanza del ánimo, no le hacia flojo ni remiso, ni le quitaba nada de la eficacia y fuerza que la obra habia de tener.

Vímosle muchas veces, estando hablando con algunos Padres con mucha alegría y sosiego, hacer llamar á alguno, á quien por algun descuido queria reprender: y en llegando el otro, demudar Ignacio el rostro, mesurarse con una estraña severidad y como si estuviera enojado reprenderle y reñirle ásperamente: y al momento que el otro se iba, se volvia él con aquel alegre y mismo semblante á su primera conversacion, serenando el rostro de la misma manera que si aquel no hubiera venido, ó él no le hubiera reprendido. Y así parecia, no haberle interiormente turbado, sino que habia tomado y dejado aquella como máscara y semblante de severidad, cuando y como queria. Y esto mismo se veía en todas las demás obras suyas, porque en todas ellas descubria una paz y sosiego de ánimo, y un tranquilísimo estado de seguro y desapasionado corazon.

Este mismo tenor é igualdad guardó siempre en todas sus cosas, porque aunque en el cuerpo tenia varias disposiciones, por la variedad de su mayor ó menor flaqueza, y algunas veces estaba para entender en negocios y otras no, segun que era mas ó menos su salud; pero el ánimo y disposicion interior siempre era el mismo. Y así para alcanzar algo de él, ó negociar mejor, no era menester aguardar tiempo ó buscar coyuntura, porque siempre estaba de un temple. Si le hablábades despues de decir misa ó despues de comer, levantándose de la cama ó saliendo de oracion, todo era uno. Finalmente por ninguna diversidad de cosas ó diferencia de tiempos él era otro ni diferente de sí. Y esta igualdad de ánimo y tan perpétua constancia, tambien como dijimos redundaba en su manera en el cuerpo; el cual se vestia como Ignacio queria en el color y demostraciones exteriores, segun la razon y voluntad razonable lo ordenaba.

Acontecia alguna vez estando con Ignacio, descuidadamente caerse á alguno de los nuestros alguna palabra que no le pareciese á él tan á propósito, ó tan bien dicha, y luego se mesuraba y se ponia con un semblante algo severo. De manera que en solo verle conocíamos que habia habido falta, y quedaba avisado y corregido el que se descuidaba. Y esto hacia muchas veces en cosas muy ligeras y menudas, cuya falta por ser tan pequeña, á nosotros se nos iba de vista, y se pasaba por alto; porque no solamente él estaba siempre muy en sí pero tambien queria que los suyos lo estuviesen.

Tuvo muy mortificado el afecto de la carne y sangre, y el amor natural de los parientes, y así como si fuera hombre nacido sin padre y sin madre, y sin linaje (como dice san Pablo de Melquisedech) ó muerto del todo al mundo y á todas sus cosas, no tenia cuenta ninguna con los negocios de sus deudos, á los cuales procuraba de aprovechar con sus oraciones, para que fuesen siervos del Señor, y pasasen adelante en su servicio. De suerte que lo que se habia de hacer por ellos, no lo media con el afecto natural de la carne, sino con la regla del espíritu religioso y verdadera caridad. Por lo cual estando su sobrina, señora y heredera de la casa de Loyola, para casarse, y pidiéndola por mujer algunos caballeros principales, escribieron á Ignacio á Roma los duques de Nájera y de Alburquerque, cada uno por su parte, rogándole muy encarecidamente que escribiese á su tierra, y procurase que su sobrina tomase por marido á cierto caballero rico y principal que le nombraban en sus cartas. Respondió Ignacio á estos señores, que aquel casamiento aunque era de su sobrina, no era cosa de su profesion, ni á él le tocaba, por haber ya tantos años antes renunciado estos cuidados, y ser muerto al mundo; y que no le estaba bien volver á tomar lo que tanto antes habia dejado, y tratar cosas ajenas de su vocacion, y vestirse otra vez la ropa que ya se habia desnudado, y ensuciar los piés, que con la gracia divina, á tanta costa suya desde que de su casa partió, habia lavado.

Si siguiera su gusto é inclinacion natural, y aun el provecho que sacaba del canto (con el cual maravillosamente se recreaba y enternecia su ánima, y hallaba á Dios) pusiera coro en la Compañía, mas como no tenia cuenta en ninguna cosa con su gusto ni inclinacion sino con lo que era mas agradable y para mas servicio de Nuestro Señor, dejó de ponerlo. Porque, como yo le oí decir, Dios nuestro señor le habia enseñado, que se queria servir de nosotros en otros ministerios y ejercicios diferentes; y que aunque sea tan santa y provechosa, como es en su Iglesia, la ocupacion de cantar en el coro, mas no era esta nuestra vocacion, para la cual Dios nos habia llamado.

CAPÍTULO VI.

De la modestia y de la eficacia de sus palabras.

—

Si, como dice el bienaventurado apóstol Santiago, el hombre que no yerra en sus palabras es perfecto, porque sabe enfrenar su lengua, y con ella las demás partes de su cuerpo, con razon por cierto podrémos contar á Ignacio entre los varones perfectos, pues acertó tambien á regir su lengua (la cual ninguno de los hombres puede domar) y supo con la regla de la razon medir sus palabras.

Cuando se le decia alguna cosa de las que suelen irritar á los hombres y moverlos á ira ó turbacion alguna, luego se recogia dentro de sí, y acudia á Dios, y pensaba atentamente que seria bien responder. De aquí se seguia, que ni se precipitaba en las palabras, pues iba la razon y consideracion delante de ellas, ni tampoco perdia la paz interior y tranquilidad de su alma. Y este hablar sobre pensado, no lo guardaba solamente en esta ocasion, donde se podia temer turbacion, sino perpétuamente en todo lo que decia.

Once años antes que muriese prometió á un caballero grande amigo suyo de ayudarle en cierto negocio, y despues mirando mejor en ello, le pareció que no estaba bien á su persona hacerlo, y se arrepintió de haberlo prometido, y diciendo él esto, hallándome yo presente, añadió estas palabras: «En once ó doce años no me acuerdo haberme descuidado tanto en el hablar, ni haber prometido cosa de que despues me arrepintiese.»

Sabida cosa es, que en mas de treinta años nunca llamó á nadie ni necio ni bobo, ni dijo otra palabra de que se pudiese agraviar. Y notábamos mucho cuando reprendia algunas faltas, que con ser sus palabras graves y severas, no tenian acerbidad ni acedia ninguna, ni causa de sentimiento, ni picaba jamás á nadie, sino que penetraba el corazon del reprendido, y le compungia explicándole y poniéndole delante con severidad y eficacia su culpa, para que conociéndola él, de suyo se avergonzase y desease enmendar. Y aun en las mas ásperas reprensiones que hacia, nunca se oyó que dijese á nadie, sois un desobediente ó soherbio, ó perezoso, ó flojo ú otra cualquier palabra pesada, sino que con solo declarar y ponderar lo que habia hecho, le mostraba la falta en que habia caido.

Fué muy medido en alabar, y en vituperar mucho mas. Por maravilla usaba de los nombres que en latin llaman superlativos, porque en ellos se suelen encarecer algunas veces las cosas maŝ de lo justo. Nunca se halla que dijese mal de nadie, ni que diese oidos á los que lo decian. No hablaba en su conversacion de los vicios ajenos, aunque fuesen públicos y se dijesen por las plazas : y procuraba que los nuestros hiciesen lo mismo. Y si por ventura alguna vez alguno se descuidaba y trataba algo de lo que públicamente andaba en boca de todos, ó lo escusaba, ó lo ablandaba, ó cuando esto no podia salvaba la intencion del que habia errado. Mas si la cosa era tan evidente y culpable que no daba lugar á escusa, ni tenia otra salida, asíase de la escritura y decia: «No querais juzgar antes de tiempo,» y á aquel otro dicho del Señor á Samuel: «Dios solo es el que mira los corazones: » y «en el acatamiento de su señor está cada uno en pié ó caido. » Y cuando mas condenaba, era diciendo: « Yo cierto no lo hiciera así. » Como quien tenia en su alma impresas aquellas palabras del Señor: «No juzgueis, y no seréis juzgados, no condeneis, y no seréis condenados. »

De las faltas de los de casa tuvo siempre un estraño silencio; porque si alguno hacia alguna cosa menos decente de lo que convenia, no la descubria á nadie, sino á quien la hubiese de enmendar, y entonces con tan grande miramiento y recato, y con tanto respeto al buen nombre del que habia faltado que si para su remedio bastaba uno solo que lo supiese, no lo decia á dos: y no hacia mas de poner la culpa delante de los ojos, sin mas ruido, ni reprension, ni ponderacion de palabras. Yo le oí al mismo Padre una vez decir, que se habia ido á confesar para acusarse de sola una culpa, que era de haber tratado de la falta de uno con tres Padres, bastando dos para su remedio, siendo la cosa tal, que no perdia con el tercero reputacion ninguna por ello el que era notado. Y así hablaba de todos, que cada uno se persuadia que Ignacio tenia buena opinion de él, y le amaba como Padre.

Sus palabras eran muy medidas y llenas de graves sentencias: y su plática ordinariamente era una simple y llana narracion, contando las cosas sencilla y claramente, sin amplificarlas ó confirmarlas ni mover los afectos. Decia las cosas llanamente como eran, sin darles otro color, y dejaba á los oyentes que ellos ponderasen sus circunstancias y consecuencias, y que diesen á cada cosa el peso que tenia. Y con esta llaneza, aunque no descubria él mas inclinacion á una parte que á otra, tenian admirable fuerza sus palabras para persuadir lo que queria. Pero con una natural prudencia, cuando contaba las cosas se detenia mas en las mas graves, pasando por otras ligeramente.

En su trato y comun conversacion hablaba poco

y considerado, y oia largo y hasta el cabo, sin interrumpir al que hablaba. Y no pasaba de una cosa á otra acaso, sino con mucha consideracion, y haciendo camino para lo que se seguia, con dar razon primero á la persona con quien hablaba, porque salia de propósito y pasaba á otra cosa.

A los hombres graves y de mucha autoridad nunca los daba por autores sino de cosas grandes y muy averiguadas, y en que no hubiese duda ni rastro de vanidad.

Era tan grande la fuerza y eficacia de su hablar, que parecia mas que humana, porque movia los corazones á todo lo que él queria, no con copia ni elegancia de palabras, sino con la fuerza y peso de las cosas que decia. A hombres duros y obstinados, los ablandaba como una cera, y los trocaba de manera que ellos mesmos se maravillaban de sí y de la mudanza que habian hecho: y no solamente los nuestros, sino tambien los estraños: ni solos los hombres de baja suerte, sino tambien los señores y varones de grande autoridad se aplacaban con sus palabras. Y si por caso tenian algun enojo y desabrimiento con Ignacio, reconocian en él tan gran señorío en lo que decia, que se rendian y se sujetaban á él, dando el Señor virtud y fuerza á sus palabras. Lo cual aunque con muchos ejemplos se podria declarar; pero bastará que contemos dos de los mas señalados.

El año de 1538, cuando se levantó en Roma aquella tan grande tempestad contra Ignacio y sus compañeros (de la cual hablamos en el capítulo XIV del segundo libro) decíanse tantas cosas y tan feas y falsas de ellos, que Juan Dominico de Cuppis cardenal de la santa Iglesia romana, y dean de aquel sagrado colegio, tuvo mala espina del negocio, y creyendo que Ignacio fuese algun embaucador y hombre facineroso, como públicamente se decia, amonestó á un deudo y amigo suyo que se llamaba Quirino Garzonio, en cuya casa posaba Ignacio y sus compañeros, que diese de mano á Ignacio, y se apartase de su trato, y le echase de su casa, sino queria que le viniese algun gran daño é infamia de su conversacion. Respondió Quirino al cardenal, que él habia tratado mucho á Ignacio y á sus compañeros, y que habia estado sobre aviso, y mirándoles á las manos, para ver si descubria en ellos alguna cosa que fuese ó pudiese parecer mala, y que hasta entonces no habia podido hallar ninguna que no fuese muy santa y muy loable, y muy digna de varones apostólicos: «Engañaisos, Quirino, engañaisos, dice el cardenal, y no es maravilla que os engañeis, pues que no habeis vos podido oir las cosas de estos hombres como yo, ni saber lo que yo sé; los cuales tienen apariencia de santos, y no lo son. Del lobo que viene en figura de lobo fácilmente se puede el hombre guardar, mas el lobo que está vestido de oveja, ¿quién le conocerá, ó quién se guardará de él? Turbóse Quirino con estas palabras del cardenal, fuése luego á buscar á Ignacio muy afligido, contóle lo que pasaba, y rogóle que diese consejo de lo que habia de hacer. Sonrióse Ignacio, y con rostro alegre y apacible como solia, díjole que no tuviese pena, porque no era solo el cardenal el que esto decia de él, ni el primero que habia sido engañado con falsas informaciones: y que esperaba en Nuestro Señor que tampoco seria el postrero que se desengañase.

Y que todo lo que decia el cardenal nacia de un pecho cristiano y celoso, y deseoso de acertar: y que él encomendaria este negocio á Nuestro Señor, el cual esperaba que callando ellos, hablaria por ellos y descubriria la verdad. Y como el cardenal tornase muchas veces á decir lo mismo á Quirino, y le apretase para que dejase la comunicacion que tenia con Ignacio, suplicó Quirino al cardenal que hablase primero con Ignacio, y que se informase de él de su vida y doctrina, y de todo lo demás de que su señoría ilustrísima tenia duda ó sospecha: y que despues le mandase lo que fuese servido, porque en todo le obedeceria. Pues de otra manera no parece que se cumplia con la ley del Evangelio, ni con la de la prudencia, ni con la gravedad y autoridad de su persona, si diese definitiva sentencia y condenase á un hombre que parecia bueno, sin oirle, ni saber de raiz sus cosas, por solo informacion del vulgo ignorante. Entonces dijo el cardenal: « Venga acá ese hombre, que yo le oiré y le trataré como él merece. » Finalmente en dia señalado vino Ignacio, y estuvo solo dos horas con el cardenal en su aposento , estando aguardando toda la gente de afuera , y entre ellos el mismo Quirino: y fué tan grande la fuerza y eficacia que Dios nuestro señor dió con su espíritu , y con la verdad que trataba á Ignacio, que el cardenal quedó como atónito y turbado, que se echó á los piés de Ignacio, y le pidió perdon de lo que habia creido y dicho de él, salió con él cuando se iba , y acompañándole muy cortesmente , y señaló luego limosna de pan y vino para él y para sus compañeros. La cual mandó dar cada semana , y se dió siempre todos los dias de su vida: y quedó tan desengañado y tan trocado, que comenzó á ser grande amigo y defensor de Ignacio, y protector de la Compañía. Lo cual Quirino supo del cardenal , y yo del mismo Quirino ; el cual con grande maravilla me solia contar este hecho , para declarar la virtud y santidad de Ignacio, y la fuerza que Dios daba á sus palabras.

No es desemejante á esto lo que le aconteció el tiempo que estuvo en Alcalá de Henares. Habia en aquella universidad un caballero muy principal en sangre y en dignidad eclesiástica ; el cual vivia mas libremente de lo que á su persona y estado convenia , y habia de ello mucho escándalo y murmuracion en el pueblo. No faltaban por ventura imitadores que siguiesen sus pisadas , y se fuesen trás de él enlazados en torpes liviandades , por parecerles que el ejemplo de hombre tan grave los podia escusar del todo, ó á lo menos hacer mas liviana su culpa. Supo esto Ignacio, y determinóse de embestir con el caballero y vase un dia solo y pobremente vestido, y sin opinion de letras (porque aun no habia estudiado las artes) hácia la tarde á su casa, y pide audiencia: turbóse el caballero, peró en fin no se la pudo bien negar. Entra en su aposento, dícele que le quiere hablar á solas, y aunque se le hizo duro, sálense fuera todos los demás, y comienza Ignacio á descubrirle sus llagas, y ponerle á Dios delante, y á rogarle que mire por sí, y por los que lleva trás sí al infierno, y otras cosas á este tono, con mucha humildad y modestia por una parte, y por otra con grande libertad y fuerza de espíritu. Alteróse en gran manera el caballero, viendo que un hombrecito por ahí le hablaba con tanta libertad, y comenzó á dar voces, y á decir, que le mandaria echar por los corredores abajo si mas hablaba, reprendiéndole pesadamente de loco atrevimiento. Pero Ignacio no era hombre que se espantaba con voces ni con amenazas: y así sin turbarse punto, se estuvo muy sosegado, y con maravillosa serenidad y gravedad de rostro, comenzóle á apretar con mas fuerza de la verdad y con el peso de las vivas razones que le decia: á las cuales dió Nuestro Señor tanta eficacia con su espíritu, que al fin el caballero comenzó á ablandar y á templar su cólera, y hablar mas mansamente, y rendirse y sujetarse á Ignacio. Y estando todos los criados que habian oido las voces de su amo (que

las de Ignacio no se oian) aguardando en la sala
que les mandase arrebatar á Ignacio y maltratarle,
salió el caballero á deshora regalándole mucho y
honrándole : y porque ya era hora de cenar, le
rogó que se quedase á cenar con él aquella noche,
y él lo hizo por darle contento y ganarle mas la
voluntad. En fin acabada la cena, mandó el señor
aparejar una mula, porque llovia y era tarde, en
que se fuese Ignacio, y que sus criados le acompañasen y alumbrasen : no quiso aceptar la mula Ignacio, mas salió con los criados, (que esto no pudo
escusar) y de ahí á poco hurtóles el cuerpo, y ellos
se volvieron á su amo, maravillados donde se les
hubiese desaparecido : y de ahí fué este caballero
amigo de Ignacio, y le hizo buenas obras.

Tambien sus palabras eran muy eficaces para
desapasionar y sosegar almas afligidas. Sabemos
que hoy vive en la Compañía uno que vino á Ignacio con tan grande amargura y quebranto de corazon, que no podia hallar paz ni descanso, y con
solo una palabra que le dijo, le libró para siempre
de aquella cruz y tormento que padecia.

Otro tambien conocemos en la Compañía que
andaba tan asombrado de un vano temor que tuvo,
que aun de su sombra parece que temblaba; al cual
Ignacio con muy pocas palabras le quitó el miedo
y le aseguró. Bien podria yo aquí contar otros
ejemplos mas interiores y propios, y con ellos declarar la fuerza que el Señor daba á las palabras de

este su siervo para trocar los corazones, serenar
las conciencias, sanar las ánimas enfermas y afligidas, esforzar las flacas, y darles constancia y seguridad : mas quiero callar por no hablar de cosa
que pueda parecer mia. Esto es cierto que Dios
nuestro señor dió este don sobrenatural á nuestro
P. Ignacio, que muchas veces con muy pocas palabras sanaba los corazones de las personas que á
él acudian tan enteramente, que parecia que les
quitaba como con la mano, no solamente la dolencia
presente, sino que cortaba para siempre las raices
y causas de ella.

Antes que en Roma se hiciese la casa de los
catecúmenos, solian, como habemos dicho, cate-
quizarse en nuestra casa los que del judaismo venian á pedir el santo bautismo, entre estos uno que
se decia Isaac, comenzó un dia á estar tan fuera de
juicio y furioso, que pidió licencia para irse á su
casa, porque no queria recibir el bautismo, que antes tanto deseaba, y no fueron parte para detenerle
las buenas palabras de los nuestros, ni los halagos,
persuasiones y ruegos que con él usaron. Súpolo
Ignacio, y haciéndole traer delante de sí furioso
como estaba, díjole amorosamente estas solas palabras : « Quedaos con nosotros, Isaac, » y con solas
ellas obrando interiormente el Espíritu santo, á la
hora tornó en sí, y se aplacó y quedó con alegría
en casa, y perseverando en su buen propósito, al
fin recibió con gozo el agua del santo Bautismo.

Tambien libró á un endemoniado con su palabra: el cual fué muy conocido mio antes que el demonio le atormentase , y despues que fué librado de él, y se hizo religioso en un santísimo monasterio de Italia.

Este era un mozo vizcaino que se llamaba Mateo; el cual aunque no fué de la Compañía, vivió en nuestra casa de Roma algunos meses, y en el tiempo que el P. Ignacio se recogió en san Pedro Montorio para confesarse generalmente , y tratar si habia de aceptar el cargo que le daban de prepósito general (como se dijo en el primer capítulo del tercero libro de esta historia) entró en este pobre mozo el demonio, y comenzóle á atormentar de manera, que le derribaba en el suelo con tan gran fuerza, que muchos hombres valientes no le podian levantar , y poníansele en la boca é hinchábasele : y en haciendo sobre ella la señal de la cruz, luego se le deshinchaba , y se le pasaba á la garganta , hinchándola de la misma manera : y haciendo sobre la garganta la cruz se deshinchaba, y bajaba la hinchazon al pecho y de allí al estómago y vientre , que parecia que huia de la cruz, como es la verdad ; y que su señal sola bastaba para vencerle y echarle donde estaba. Y como dijésemos algunas veces al demonio que presto volveria Ignacio á casa , y le echaria de aquel cuerpo ; respondia él dando gritos y despedazándose : «No me menteis á Ignacio, que es el mayor enemigo que

tengo en este mundo.» Tornó Ignacio á casa, supo
lo que pasaba, llamó al mozo á su aposento y en-
cerróse á solas con él : lo que le dijo ó hizo, no lo
sabré decir; pero desde entonces quedó Mateo libre, y tornó en sí. Y hoy dia aun creo que vive
en el monasterio santísimo de Camáldula en Italia,
y se llama fray Basilio.

Y porque viene á propósito, por lo que habemos
dicho del odio grande que el demonio tenia á Ignacio, y que le llamaba su cruel y mortal enemigo;
quiero añadir que en Padua, viviendo aun Ignacio,
hubo un soldado, italiano de nacion, hombre de
baja suerte y simplicísimo; el cual ni conocia á Ignacio, ni creo que jamás habia oido su nombre. En
este pobre soldado, permitiéndolo así Nuestro Señor, entró Satanás, y le atormentó miserablemente, y un dia estando con los exorcismos y sagradas
oraciones de la santa Iglesia conjurando al demonio
y apretándole en el nombre de Dios, y mandándole
que saliese de aquel cuerpo, comenzó á hablar de
Ignacio, y á pintarle tan al natural y tan al propio,
que el P. M. Lainez que estaba allí y me lo contó,
quedó muy maravillado; y dando bramidos decia,
que el mayor enemigo que tenia entre todos los vi-
vientes era Ignacio. Y otra vez, luego que murió
Ignacio, en la ciudad de Trapana, que es en Sicilia, conjurando en la iglesia á un demonio que ator-
mentaba á una pobre doncella, estando presentes
muchas personas graves, preguntó un sacerdote al
25

demonio si conocia á Ignacio, y si sabia á donde estaba; respondió, que Ignacio su enemigo ya era muerto, y estaba en el cielo entre los otros patriarcas y fundadores de las Religiones. Y aunque estas cosas por ser dichas del padre de la mentira, no tienen certidumbre de verdad, con todo eso porque Nuestro Señor muchas veces se las hace decir aunque le pese, para honra de sus santos, no se han de desechar como falsas, pues vemos que son conformes á la vida y merecimientos de Ignacio. Que aun en el Evangelio leemos que nuestro señor Jesucristo quiso que los demonios le reconociesen, y que á grandes voces confesasen que era hijo de Dios, y que habia venido para destruirlos: y conforme á esto leemos otros ejemplos en las historias sagradas, en honra y alabanza de los santos.

CAPÍTULO VII.

Como supo juntar la blandura con la severidad.

No fué de las postreras virtudes de Ignacio, haber sabido tan perfectamente hermanar la severidad con la suavidad, que son dos cosas que con tanta dificultad se hallan juntas. Era espantoso á los rebeldes, y suavísimo á los humildes y obedientes, mas de suyo siempre era mas inclinado á la blandura que al rigor.

Estaba en casa un novicio tentado en su voca-

cion é inquieto, que suspiraba por las ollas de Egipto, y queria volver á la dura servidumbre de Faraon.
Hablóle Ignacio dulcísimamente para desviarle de su
propósito, y reducirle al primer espíritu con que
Dios le habia llamado. No bastó este remedio, envióle á hablar con otros Padres, y cerrando el novicio los oidos á todos los buenos consejos que se
le daban, cuanto mas le decian se iba endurecien-
do mas ; y afirmaba que el dia siguiente se habia
de ir luego por la mañana, porque era ya de noche y
muy tarde. Súpolo Ignacio, y dice: «¿Mañana se quiere ir? Pues no será ello así, sino que no ha de dormir
esta noche en casa: » y mandó que luego á la hora
le despidiesen, para que pues él no se habia aprovechado de la benignidad, á lo menos aprovechase á otros
el ejemplo de esta severidad que con él se usaba.

Aunque conservaba mucho su autoridad con el
ejemplo admirable que daba de todas las virtudes,
y principalmente con la opinion que de su prudencia, experiencia y santidad todos tenian ; ayudaba
tambien mucho para esto el rigor que usaba para
atajar los males de peligro que podian suceder, ó
por ser de suyo graves ó pegajosos. Y de este rigor
por la mayor parte usaba él con los que por estar
obstinados se hacian incurables, ó eran de dura cerviz
ó revoltosos, ó perturbadores de la paz y enemigos
de la concordia: y finalmente, contra los que arrimados á su parecer, é hinchados y casados con sus
propias opiniones, no saben ceder á nadie ni dar á

torcer su brazo. Porque todos estos decia que eran perjudiciales en la Religion. Y por esto ni los recibia en la Compañía si los conocia antes por tales, ni los tenia en ella despues de recibidos, si veia que no les aprovechaba la cura. Y cuanto uno era mas docto ó mas ilustre, tanto era mas vigilante y cuidadoso Ignacio, para ver si habia en él algun avieso y siniestro, que por encubrirse con opinion y apariencia de letras ó de esclarecida sangre, pudiese pegarse ó dañar á otros.

Tambien le daba autoridad con los súbditos, ver que muchas veces por faltas pequeñas daba penitencias graves; como la dió una vez á unos hermanos nuestros, porque sin su licencia, en la convalecencia de sus enfermedades habian tomado en la viña cierta recreacion. Y á un novicio dió otra penitencia rigurosa, porque se lavaba las manos algunas veces con jabon, pareciéndole mucha curiosidad: y de estos ejemplos podria contar otros. Pues temia que los yerros pequeños se hiciesen grandes si no eran castigados, y ya que ellos no dañasen por sí á los que los hacian, que no viniesen á cundir en otros, y á ser no solo dañosos con el mal ejemplo, mas aun perniciosos para adelante. Y tenia por muy grave daño cualquiera manera de nueva introduccion en la Religion, mayormente en este género de cosas y en sus principios.

Por otra parte mostraba gran suavidad y tenia muchas cosas que le hacian muy amado de los suyos. La primera, la opinion que tenian de su sabiduría, que esta es gran motivo para que los hombres amen y estimen al que tienen por muy sabio. La segunda, lo mucho que él los amaba, que en fin el amor naturalmente cria y engendra amor. Y todos sabian que los tenia como á hijos muy queridos, y que él les era amorosísimo padre. Y allende de esto, como él conocia tan bien lo que pesaba cada uno, y donde llegaban sus fuerzas espirituales y corporales, no echaba mas peso á nadie de cuanto podia suavemente llevar: y aun de esto aflojaba un poco y quitaba parte, porque no fuesen sus hijos oprimidos con la carga, antes la llevasen con alegría, y pudiesen durar en ella.

Si alguno de los nuestros le pedia cosa que le pareciese á él que la debia negar, negábala, pero de tal manera, que dejaba sabroso al que se la pedia, dando cuando convenia, las razones porque no era bien concederla. Y cuando condescendia con lo que le pedian, dábales tambien las causas por las cuales se les podia negar: y esto para que el que no alcanzaba lo que deseaba no fuese descontento, y el que lo alcanzaba lo tuviese en mas, y no se lo pidiese muchas veces.

Era tan diestro en juntar la suavidad con la severidad, que aunque deseaba mucho, y persuadia á todos los suyos que estuviesen indiferentes, é igualmente aparejados á las cosas de la obediencia sin inclinarse mas á una parte que á otra; todavía examinaba con gran diligencia, y miraba mucho las inclinaciones naturales de cada uno: y acomodábase á ellas en todo lo que las veia bien encaminadas. Porque entendia cuan trabajoso es lo que se hace con natural repugnancia, y que ninguna cosa violenta es durable. Y con esto resplandecia mucho la luz de su sabiduría y espíritu, en juntar con tanto artificio y prudencia cosas tan diferentes y apartadas entre sí, como son la indiferencia por una parte, y por otra la inclinacion de cada uno: y mostraba la severidad religiosa en pedir la indiferencia, y en seguir y condescender con la inclinacion mostraba la blandura y benignidad que tenia.

Si alguno hacia cosa que le pareciese á Ignacio digna de castigo, lo primero que procuraba con todo cuidado era, que conociese su culpa el que habia faltado: y no se la encarecia él con palabras, sino con el peso de las mismas cosas. Despues que ya conocia su culpa, hacia que él mismo se talase la pena: y si le parecia demasiada, él se la moderaba y disminuia. Y con esta maravillosa prudencia venia á alcanzar dos cosas. La una, que no le perdiesen el respeto ni el amor los suyos. La otra, que no quedase culpa ninguna sin castigo. Y cierto es cosa digna de admiracion lo que en esta parte muchas veces vimos y notamos, que en tanta muchedumbre y diversidad de hombres, por maravilla hubo ninguno, que por ser ó reprendido de palabra, ó con grave penitencia castigado de Ignacio, se enojase y volviese contra él, antes se volvia contra sí mismo, porque habia faltado.

Cuando uno reconocia su culpa y se enmendaba de ella, de la misma manera le abrazaba, y trataba que si jamás hubiera caido en ella. Y con esta demostracion de amor, le quitaba de su parte la vergüenza con que á las veces los que han caido en alguna falta suelen quedar desanimados: y poníala él en perpétuo olvido, curando las llagas de tal suerte, que no quedase señal, ni rastro, ni memoria de ellas.

CAPÍTULO VIII.

De la compasion y misericordia que tuvo.

De la misma blandura y benignidad procedia aquel condolerse de los dolientes de casa, porque era sin duda grande su caridad para con los enfermos, convalecientes y flacos.

Tenia ordenado que en enfermando alguno luego se lo hiciesen saber, y al comprador de casa, que le viniese á decir dos veces cada dia si habia traido al enfermero lo que para los enfermos era menester. Y cuando no habia dineros para comprarlo, mandaba que se vendiesen unos pocos platos y escudillas de peltre que entre las alhajas de casa se hallaban: y si esto no bastaba, que se vendiesen las mantas de las camas, para que á los enfermos no faltase cosa de lo que el médico ordenaba.

Y viendo que en aquellos principios de la Compañía, muchos de nuestros estudiantes, mozos de grande virtud y habilidad, ó se habian muerto, ó quedaban muy debilitados (de puro trabajo que con el fervor del espíritu tomaban) hizo edificar una casa en una viña dentro de los muros de Roma, pero apartada de lo que ahora es habitado, á donde los estudiantes pudiesen recrearse honestamente á sus tiempos, y cobrar nuevos alientos para trabajar mas. Y como algunos, por haber en casa mucha necesidad, le dijesen, que en tiempo tan apretado harto era vivir y sustentarse sin labrar casa en el campo; respondia, que mas estimaba él la salud de cualquier hermano que todos los tesoros del mundo: y nunca le pudieron apartar de su propósito. Antes solia decir: «Cuando uno está enfermo no puede trabajar ni ayudar á los prójimos: cuando está sano, puede hacer mucho bien en servicio de Dios.»

Estaba Ignacio una vez muy flaco y cansado, tanto que á persuasion de los que entonces nos hallamos en Roma, hubo de nombrar un vicario general que mientras duraba aquella flaqueza le descargase y aliviase en el gobierno; y ordenando al ministro de la casa que todo lo que por las reglas de su oficio estaba obligado á consultar con él, lo consultase y tratase con el Vicario, solo se reservó lo que tocaba á los enfermos, para que se le refiriese á él, y no quiso cometer este cuidado á otro ninguno, sino tenerle él mismo, estando tan debilitado, como digo que estaba.

Iban una vez peregrinando juntos los Padres Ignacio y Lainez; dióle un dolor gravísimo á Lainez repentinamente: y lo que para su remedio y alivio hizo Ignacio, fué buscar una cabalgadura, dando por ella un real que solo habian allegado de limosna, y envolviéndole con su pobre manteo, subióle en ella: y para animarle mas como otro Elías, iba siempre delante de él corriendo á pié, con tanta ligereza y alegría de rostro y ánimo, que el P. Lainez me decia, que apenas á caballo podia atener con él.

No quiero dejar de decir lo que á mí estando enfermo me aconteció. Habíanme sangrado una noche de un brazo; puso Ignacio quien estuviese aquella noche conmigo; no contento con esto, estando ya todos durmiendo á la media noche, solo el buen Padre no dormia. Dos ó tres veces envió quien reconociese el brazo y viese si estaba bien atado; porque no me aconteciese por descuido lo que á muchos ha acontecido, que soltándoseles la vena perdieron la vida.

Decia que por maravillosa y divinal providencia tenia él tan corta y tan quebradiza salud, y estaba tan sujeto á enfermedades, para que por sus trabajos y dolores supiese estimar los trabajos y dolores de los otros, y compadecerse de los flacos.

Todo esto era usar de compasion y misericordia con los enfermos, mas no le faltaba tambien la severidad con ellos cuando era menester. Porque queria que de todo punto se descuidasen de sí mismos y obedeciesen perfectamente, y tuviesen paciencia, y fuesen bien acondicionados, y no pesados ó desabridos ó mal contentadizos : ni pidiesen que los mudasen á otros aires por su antojo, ni tratasen de esto por sí con los médicos. Y finalmente queria que los enfermos supiesen que sus superiores tenian de ellos el debido cuidado, y que ellos se descuidasen enteramente de sí. Y si veia Ignacio que alguno en la enfermedad no iba por este camino, sino que era congojoso, mal sufrido y pesado, aguardaba que sanase, y despues le castigaba por ello.

Tambien si veia que alguno era de recia condicion é intratable, y que por ser hombre robusto, y por la rebeldía y malas mañas de la carne no tomaba tan bien el freno, ni seguia tanto la regla del espíritu y de la mortificacion; este tal, para que su alma se salvase, y asentase el paso, cargábale algunas veces aun mas de lo que sus fuerzas podian llevar. Y si caia malo, no le pesaba mucho, mas hacíale curar de tal manera, que ni se olvidaba de la benignidad de padre, ni se descuidaba de lo que para ayuda de su espíritu el enfermo habia menester.

CAPÍTULO IX.

De la fortaleza y grandeza de ánimo que Ignacio tenia.

Muchas son las cosas de que podemos sacar la constancia, fortaleza y grandeza de ánimo que Ignacio tuvo.

Siendo como era muy enfermo y de graves dolores atormentado, nunca se le oyó un gemido, ni se vió en él señal de ánimo descaecido, mas con alegre rostro y con palabras blandas decia, que se le aplicasen los remedios necesarios. Tres dias sufrió una vez un gravísimo dolor de muelas sin dar muestra de dolor. Otra vez estando malo de la garganta, cosiendo un hermano una venda que le ponia para envolver el cuello, sin mirar lo que hacia, le pasó la oreja con el aguja de parte á parte; al cual dijo Ignacio con gran paz y sosiego solo estas palabras: «Mirad, hermano, lo que haceis.» Pero ¿qué maravilla es, que se llevase con tanta paciencia la picadura de una aguja siendo ya capitan de la milicia de Cristo, el que siendo soldado de la vanidad del mundo, con tanta fortaleza sufrió que le cortasen los huesos de la pierna?

El año de 1543, morábamos en una casa alquilada en Roma. Era nuestro procurador el P. Pedro Codacio (hombre magnánimo, y con la pobreza de Cristo riquísimo) el cual, aunque no tenia con que, confiado en la divina Providencia, quiso labrar la casa en que ahora vivimos: y para ello compró al fiado los materiales necesarios. Mas como no pudiese despues pagar á sus acreedores, y los trujese en largas de dia en dia; finalmente la justicia del Papa envió sus alguaciles á casa para que á Codacio le sacasen prendas, y se entregasen en cualesquier alhajas que en ella hallasen; pero estas eran tan pocas y tales, que mostraban bien nuestra pobreza. El ministro de casa turbado de ver la justicia en casa y tanto tropel de gente, envió luego un Padre que buscase á Ignacio, que estaba fuera de casa y le avisase de lo que pasaba. Hallóle el mensajero en casa de cierta persona devota de la Compañía, hablando con ella y con otros caballeros, y dióle al oido el recaudo. Ignacio sin alterarse nada, díjole: bien está, y volvióse á su plática, y detúvose en ella hasta que la acabó. De allí á obra de una hora, con alegre semblante dice á los amigos con quien hablaba: «¿No sabeis la nueva que me traian? — ¿qué nueva?» dijeron ellos, y como sonriéndose les contase lo que pasaba tan sin pena y con tanta igualdad de ánimo, como si el negocio no tocara á él; alteráronse ellos mucho, y tomáronle por propio, queriéndole remediar. Pero con la misma paz y rostro sereno: «No hay para que, dice Ignacio, porque si nos llevaren las camas, la tierra nos queda que tengamos por cama, que pobres somos, y que vivamos como pobres no es mucho.» Y añadió: «Cierto que si yo estuviera presente, no me parece que les pidiera otra cosa á los ministros de la justicia sino que me dejaran unos papeles, y lo demás que lo tomasen á su voluntad, y si esto me negaran, dígoos de verdad que tampoco se me diera mucho.» Lo que (para abreviar) sucedió fué, que un caballero vecino nuestro, llamado Hierónimo Stala, salió fiador por nosotros, y con esto los alguaciles no tocaron á cosa alguna de casa. Y el dia siguiente un devoto de la Compañía, que se llamaba Hierónimo de Arze, doctor en santa teología, sin saber nada de lo que habia pasado, dió á Codacio doscientos ducados; con los cuales pagó sus deudas, y aprendió con este ejemplo cuanto aun en las cosas mas apretadas se ha de confiar en Dios.

Una de las cosas en que mas se mostró la alteza de ánimo que Ignacio tenia, era esta firmísima confianza en Dios, y el hacer tan poco caso del dinero. Porque aunque en el deseo y en la obra era pobrísimo, mas en el ánimo y confianza en Dios era riquísimo. Por lo cual nunca por verse pobre y con necesidad, dejó de recibir á ninguno que fuese bueno para la Compañía, y que pareciese venir llamado de Dios. Para esto traia muchas veces aquello del Profeta diciendo: « Sirvamos nosotros á Dios, que él mirará por nosotros, y no nos faltará nada: Pongamos en él nuestras esperanzas que él nos mantendrá: Esperemos en Dios, haciendo lo que debemos, y serémos en sus riquezas apacentados. » Y como algunos no solo de los de fuera, sino de los de casa se maravillasen y deseasen saber en qué estribaba la confianza de Ignacio, con que sustentaba tanta gente en Roma sin tener rentas ni provisiones ciertas, y un Padre familiarmente se le preguntase, díjole Ignacio las esperanzas que tenia, y los socorros que esperaba. Pero aunque todos ellos fueran ciertos no bastaban para sustentar la mitad de la gente; y así le dijo él: « Pues, Padre, todo eso es incierto, y aunque fuese muy cierto, todo es poco para lo que es menester.» Entonces respondió Ignacio : «O Padre, sí que de algo me tengo yo fiar de Dios; ¿no sabeis cuantas fuerzas tiene la esperanza en Dios ? ¿y que la esperanza no tiene lugar cuando todo sobra y está presente? porque la esperanza que se ve, no es esperanza , que si lo veis, ya no lo esperais.» Y así sin duda nos aconteció muchas veces , que en esperanza contra esperanza, se sustentó nuestra pobreza. De esta confianza en Dios de Ignacio tenemos muchos y esclarecidos ejemplos ; algunos de los cuales contaré, y por ellos se sacarán los demás.

Estando una vez en grande aprieto la ciudad de Roma, y siendo algunos de los nuestros de parecer que se enviase parte de la gente que habia , y se repartiese por otros colegios de Italia, porque no habia con que sustentarlos en Roma ; Ignacio en este mismo tiempo hizo llamar á un excelente arquitecto, que se llamaba Antonio Labaco , y tenia un hijo en la Compañía, y púsose muy de propósito á tratar con él de tomar dos sitios, uno para nuestro colegio, y otro para el colegio Germánico, y de labrarlos, y de hacer la traza de la obra, y la cuenta de lo que costarian. Como hombre que sabia que aquellas obras estaban fundadas en Dios, y tenian echadas raices que no se pueden secar , y cimientos que no pueden desfallecer con lluvias ni avenidas

de rios , ni furor de vientos. Y así este mismo año,
que fué el de 1535, habiendo en Roma gran falta
de mantenimientos por la guerra que se hacia en
tiempo del papa Paulo IV, de manera que aun los
hombres ricos y señores poderosos despedian parte
de su familia por no poderla sustentar , Dios nuestro señor proveia á los de la Compañía que estaban
en ella , los cuales eran mas de ciento sesenta , tan
abundantemente de todo lo necesario, que muchos
lo echaban de ver teniéndola por cosa milagrosa.
Y como dijese esto un Padre delante de otros á nuestro
padre Ignacio, y añadiese, cierto que parece cosa de
milagro ; nuestro Padre se paró un poco, y con un
semblante algo severo (como en semejantes casos solia)
dijo : « ¿Qué milagro? Milagro seria si así no fuese; porque despues que la Compañía está en Roma
siempre habemos visto que cuando mas gente ha habido en casa , y mas carestía de lo necesario en la
ciudad , entonces Nuestro Señor como piadoso padre nos ha proveido con mas abundancia.

Otra vez muerto en Roma Pedro Codacio, que
solia ser todo el sustento temporal de la casa , y
padeciéndose en ella mucha necesidad , y temién-
dose cada dia mayor , por ser el año apretado , y
por estar los cardenales que nos ayudaban con sus
limosnas en conclave , ocupados por la muerte de
Paulo III en la eleccion del nuevo Pontífice, muchos
que lo miraban con ojos humanos , temian que habian de venir los nuestros á morir de hambre. Mas

Ignacio no solo no perdió el ánimo de poder sustentar los que tenia en casa, pero aun otros muchos mas: y así recibió en pocos dias para la Compañía muchos que la pedian, no sin maravilla de
todos los que sabian la mucha estrechura y poca
posibilidad que habia en casa. Pero esta maravilla
cesó con otra mayor que luego sucedió. Juan de la
Cruz, que era nuestro comprador, hermano lego, y
hombre sencillísimo y devoto, venia una tarde á
boca de noche de san Juan de Letran hácia nuestra casa, y llegando al anfiteatro que llaman el Co-
liseo, le salió el camino un hombre que sin hablarle
palabra le puso cien coronas de oro en la mano.
Alteróse mucho al hermano cuando le vió, y heri·
zarónsele los cabellos, quedó lleno de espanto,
porque el hombre súbitamente desapareció, y se le
fué de delante de los ojos. Otra vez iba una mañana el mismo Juan de la Cruz á comprar, y encon-
tróse con un hombre que le puso una bolsa llena
de ducados en la mano, y por no ser aun bien de
dia, no pudo conocer quien era, y temiendo que fuese
algun demonio que le queria engañar, entróse
nuestro comprador en santa Maria de la Minerva
que estaba allí cerca, lleno de pavor y sobresalto,
á hacer oracion, suplicando á Dios, que si aquella
era tentacion de Satanás, le librase de sus asechanzas.

Traido el dinero á casa pensaban algunos que era
falso y aparente, y hecho por arte del demonio

para engañarnos, mas hallóse que era moneda nueva y buena, y de oro fino : y con ella se pagaron las deudas que teníamos. Casi al mismo tiempo hallándonos con harta necesidad, buscando el P. Polanco ciertos papeles en una arca, que estaba en lugar público y sin ninguna cerradura, y llena de andrajos y trapos viejos, halló dentro cierta cantidad de coronas de oro, nuevas y relucientes ; con las cuales se socorrió aquella necesidad. Y aunque no es tanto de maravillar esto que diré, no deja de ser señal de la divina Providencia que con tanto cuidado mira nuestras cosas, que hallándonos diversas veces en grandísimo aprieto, y con falta de lo necesario, viniesen mucho de suyo : unos á ofrecernos, y otros á traernos á casa el dinero, sin saber el punto á que llegaba nuestra necesidad. Y con esta esperiencia crecia en Ignacio cada dia mas la confianza en Dios nuestro señor, viendo que al tiempo de la mayor necesidad con paternal providencia le socorria.

Particularmente una vez sucedió un caso que por parecerme señalado y haber sido muy notorio en la casa y colegio de Roma, le quiero yo escribir aquí. El año de 1555 á los 16 de Setiembre, queriendo el P. Juan de Polanco proveer al colegio romano de dineros para el gasto necesario y para pagar á los oficiales que andaban en la obra, y no teniendo con que, ni hallándolo prestado, ni de otra manera, se fué á nuestro Padre con mucha alegría, y contóle lo que pasaba. Nuestro Padre se encerró en su aposento en oracion; la cual acabada, llamó á los Padres Lainez y Cristóbal de Madrid, y al mismo Polanco: y les dijo el aprieto en que estaban las cosas, y lo que le habia referido el Padre Polanco, y que él lo habia encomendado á nuestro Señor, y que aunque no era profeta, ni hijo de profeta, tenia por muy cierto que él lo proveeria todo como padre benignísimo. Y volviéndose á Polanco le dijo: «Proveedme vos al colegio estos seis meses, y tened cuidado de su sustento, que despues, yo le proveeré y os descargaré de este cuidado.» Fué cosa maravillosa, que con ser ya muy tarde y cerca de la noche, aquel mismo dia de dos partes bien diferentes la una de la otra, ciertas personas no sabiendo este aprieto nos enviaron dineros con que se socorrió aquella necesidad. Partí yo de Roma el octubre siguiente para Flandes, y el mes de marzo de 1556, cuando se cumplia el plazo de los seis meses que habia dicho Ignacio, escribí al P. Doctor Olabe á Roma que me avisase lo que pasaba, respondióme que el dia antes que recibió mi carta habia llegado á Roma mucha cantidad de moneda con la cual se habian pagado las deudas del colegio, y que nunca las cosas de él habian estado mas holgadas ni el M. Polanco mas descansado: en fin que se habia cumplido tan bien lo que Nuestro Padre habia antes dicho, que él no tenia necesidad para su satisfaccion, de ver resuci-

tar muertos, ó alumbrar ciegos, ó sanar cojos y man-
cos, sino de luz del cielo, para ver con los ojos interiores lo que veia con los exteriores del cuerpo.

Pues ¿ qué dirémos de lo que arriba queda contado, que antes que tuviese compañeros Ignacio, en
todas sus persecuciones nunca quiso valerse de abo-
gados, ni de favores humanos; sino antes ser desamparado, que con el patrocinio de alguna criatura
defendido? mas despues que los tuvo, siempre quiso que se averiguasen por tela de juicio las calumnias
que se le oponian, mostrando en lo primero ánimo
valeroso y gran confianza en Dios, y en lo segundo
su caridad y maravillosa prudencia.

Consideraron muchos otra señal de grande ánimo en Ignacio, que estando él tan flaco y tan quebrantado y gastado de enfermedades, y con necesidad de tener muchas personas importantes, cabe sí,
para tantos y tan árduos negocios, como en fundar
y gobernar la Compañía cada dia se le ofrecian, con
todo esto, si para la mayor gloria de Dios veia con-
venir, no dejaba de privarse de las ayudas que tenia, sin ningun respeto de su persona, ni de las
que tenia entre manos. Y vímosle algunas veces
quedarse solo con todo el peso de los negocios, habiendo enviado de Roma, á diversas partes todos
aquellos Padres que eran sus piés y manos, y de
quienes solos se solia y podia ayudar.

Yo mismo le oí decir, estando ya muy enfermo
y al cabo de su vida, que si para el bien de la Igle-

sia de Jesucristo fuese menester, que viniese á pié desde Roma hasta España, que luego se pondria en camino, y que esperaba en Dios le ayudaria para acabarle. « Con este báculo, decia él, iré solo y á pié, hasta España, si fuese menester. »

En sufrir las adversidades, y en salir de las dificultades que se le ofrecian, mostraba ánimo grande y constantísimo. Acontecíale estar enfermo en la cama, y ofrecerse algun trabajo que para vencerle era necesario su valor, virtud y prudencia: y parecia que cobraba para ello fuerzas, y que el cuerpo obedecia á la voluntad y á la razon, y que se hallaba sano y recio para ello. Y era esto tan averiguado entre nosotros, que cuando estaba gravemente enfermo solíamos decir: « Roguemos á Dios que se ofrezca algun negocio árduo, que luego se levantará nuestro Padre de la cama, y estará bueno. »

Un dia fué á visitar á un señor devoto de la Compañía; del cual no fué tan bien recibido como era razon. Pensó Ignacio que era la causa, el no valerse tanto los nuestros de su autoridad y buena voluntad para las cosas de la Compañía, como de otros, y díjome: « Yo quiero hablar claro á este señor, y decirle: que ha mas de treinta años que Dios nuestro señor me ha enseñado, que en las cosas de su servicio tengo de tomar todos los medios honestos y posibles; pero de tal manera, que no ha de estribar mi esperanza en los medios que tomare, sino en el Señor por quien se toman. Y que si su señoría quie-

re hacernos merced y ser uno de estos medios para el divino servicio, que le tomarémos con muy
entera voluntad ; pero ha de entender, que ni en él,
ni en otra criatura viva estribará nuestra esperanza,
sino en solo Dios. »

Así como era magnánimo en emprender cosas árduas y dificultosas, así en las que una vez emprendia era constantísimo : y de esta constancia habia
muchas causas. La primera, el pensar las cosas con
grande atencion, y considerarlas y madurarlas antes
que las emprendiese. La segunda, la mucha oracion
que hacia, y las lágrimas que derramaba, suplicando á Nuestro Señor que le favoreciese : y era esto
de manera, que estaba muchas veces con el resplandor de la divina gracia tan cierto de la voluntad del
Señor, que ninguna cosa bastaba para apartarle de
ella. La tercera, en las cosas que trataba pedia parecer á las personas que se le podian dar, ó por estar á
su cargo, ó por tener noticia de ellas, y despues de
haberlas oido determinaba lo que habia de hacer. Y
tomando la resolucion con tanto acuerdo, ejecutábala
con fortaleza, y llevábala adelante con perseverancia.

Estuvo en Alcalá un tiempo en el hospital que
dicen de Luis de Antezana ; el cual estaba muy infamado de aquella sazon de andar en él de noche
muchos duendes y trasgos. Pusieron á Ignacio en
un aposento donde mas se sentian estos ruidos y
fantasmas. Estando allí una vez á boca de noche,
parece que todo se estremeció, y que se le espe-

luzaron los cabellos, como que viese alguna espantable y temerosa figura, mas luego tornó en sí, y viendo que no habia qué temer, hincóse de rodillas, y con grande ánimo comenzó á voces á llamar, y como á desafiar las demonios, diciendo: «Si Dios os ha dado algun poder sobre mí, infernales espíritus, héme aquí: ejecutadle en mí, que yo ni quiero resistir, ni rehuso cualquiera cosa que por este camino me venga: mas sino os ha dado poder ninguno ¿qué sirven, desventurados y condenados espíritus, estos miedos que me poneis? «Para qué andais espantando con vuestros locos y vanos temores, los ánimos de los niños y hombres medrosos tan vanamente? Bien os entiendo, porque no podeis dañarnos con las obras, nos quereis atemorizar con esas falsas representaciones.» Con este acto tan valeroso, no solo venció el miedo presente, mas quedó para adelante muy osado contra todas las opresiones diabólicas y espantos de Satanás.

Estando durmiendo una noche Ignacio le quiso el demonio ahogar el año de 1541, y fué así, que sintió como una mano de hombre que le apretaba la garganta, y que no le dejaba resollar, ni invocar el nombre santísimo de Jesus, hasta que puso tanto conato y fuerza de cuerpo y espíritu, que en fin prevaleció, y dió un grito tan grande llamando á Jesus, que el enemigo huyó é Ignacio quedó tan ronco que por muchos dias no podia hablar. De esto no tengo mas certidumbre, que el haberlo oido cuando dicen que pasó, y el haber visto á Ignacio ronco de la manera que digo, y al mismo tiempo.

Contábame Juan Paulo, el cual fué muchos años compañero de Ignacio, que durmiendo una noche (como solia) junto al aposento de nuestro Padre, y habiéndose despertado á deshora, oyó un ruido como de azotes y golpes que daban á Ignacio; y al mismo Ignacio, como quien gemia y suspiraba. Levantóse luego y fuese á Ignacio, hallóle sentado en la cama abrazado con la manta, y díjole : « ¿Qué es esto, Padre, que veo y oigo?» Al cual respondió Ignacio : « ¿Y qué es lo que habeis oido ? » y como se lo dijese, díjole Ignacio : « Andad, idos á dormir. » Volvióse á la cama Juan Paulo, y luego tornó á oir los mismos golpes y gemidos. Levántase otra vez, y vase á Ignacio, y hállale como antes pero como hombre cansado, y que acababa de luchar anhelando, y casi sin huelgo, y tornóse á acostar, y no se levantó mas, porque así se lo mandó Ignacio.

Largo seria si quisiésemos contar una por una todas las cosas en que Ignacio mostró constancia y fortaleza de ánimo. Basta en suma decir, que fué en los altos pensamientos que tuvo excelente, en acometer cosas grandes estremado, en resistir á las contradiciones y dificultades fuerte y constante y que nunca se dejó vencer, ni se desvió un punto de lo que una vez aprendia ser de mayor servicio y gloria de Dios, que se le opusiese la potencia y autoridad de todos los hombres del mundo.

CAPÍTULO X.

De su prudencia y direccion en las cosas espirituales.

—

Comunicóle Dios nuestro señor singular gracia
y prudencia en pacificar y sosegar conciencias per-
turbadas, en tanto grado, que muchos venian á él
por remedio, que no sabian esplicar su enfermedad,
y era menester que Ignacio les declarase el sueño y
la soltura, como dicen, explicando por una parte lo
que ellos allá dentro en su alma sentian y no sabian
decir (y hacíalo como si viera lo mas íntimo y secreto de sus corazones) y por otra, dándoles el remedio que pedian. Y era comunmente contarles alguna cosa semejante, de las que por él habian pasado, ó que él habia experimentado: y con esto
los dejaba libres de toda tristeza, y los enviaba consolados. Y parecíanos que habia sido Ignacio ejercitado y probado de Nuestro Señor en las cosas espirituales, como quien habia de ser padre espiritual
de tantos hijos, y caudillo de tantos y tales soldados.

Habia en París un sacerdote religioso, de vida
muy disoluta y profana, y muy contrario á Ignacio;
el cual habia procurado con todas sus fuerzas de
ayudarle, y apartarle de aquel camino tan torcido
que llevaba. Pero hallaba las puertas tan cerradas
que no sabia por donde le entrar. En fin determi-

nóse de hacer lo que aquí diré. Un domingo por la mañana, fuése Ignacio á comulgar como solia á una iglesia que estaba cerca de la casa en que vivia este religioso: entró en su casa; y aunque le halló en la cama, rogóle que le oyese de penitencia, porque se queria comulgar, y no hallaba á mano á su confesor. El religioso turbóse al principio cuando vió entrar á Ignacio en su casa: despues maravillóse mucho mas que se quisiese confesar con él; pero al fin, pareciéndole que no le podia negar lo que le pedia, aunque de mala gana comenzóle á confesar. Ignacio despues que hubo confesado las culpas cotidianas, dijo que tambien se queria acusar de algunos pecados de la vida pasada que mas le remordian. Y comenzó á confesar de las flaquezas de su mocedad, y las ignorancias de su vida pasada, con tan gran dolor y sentimiento, y con tantas lágrimas, que el confesor viendo la compuncion del penitente, se vino á compungir y á llorar sus culpas, por la amargura del corazon con que el que tenia á los piés lloraba las suyas. Porque Ignacio con la lumbre que tenia del cielo, pesaba mucho y con grande encarecimiento de palabras y sentencias ponderaba, cuán grande era la infinita majestad de Dios, á quien él habia ofendido, y cuánta su vileza y miseria que le habia ofendido: cuán manso y liberal habia sido Dios para con él: y por el contrario, cuán desconocido é ingrato habia él sido para con Dios. Y decia esto con unos gemidos que le salian de las entrañas, y con tan grande quebranto de corazon, que apenas podia hablar. Y por abreviar, viendo el confesor en la vida pasada de Ignacio, como dibujada su vida presente, y el dolor que Ignacio tenia de lo que siendo mozo y seglar y liviano, habia hecho contra Dios, antes que tuviese la luz de su conocimiento: y que no habian bastado las penitencias de tantos años, y tan ásperas, para que dejase de tener aquel peso de dolor y sentimiento de sus pecados: entendió que tenia él mas causa de llorar, como sacerdote y religioso, sus costumbres, y el escándalo que con ellas daba. Y con esta consideracion, abrió la puerta al rayo de la divina luz, para que entrase en su corazon, y vino á trocarse de tal manera, que comenzó á amar y reverenciar al que primero aborrecia y abominaba: y á aborrecer su vida presente y desear de enmendarla. Y así volviendo la hoja, hizo los ejercicios espirituales, dándoselos Ignacio, y luego comenzó á hacer penitencia de sus pecados, y á vivir tan religiosa y castamente, que dió con su mudanza, no menor edificacion á los de su religion y á los demás que le conocian, que antes habia dado escándalo. Desde entonces tuvo á Ignacio por su maestro y padre de su alma, y como á tal le amó y reverenció, y por tal públicamente le predicó en todas partes.

Otra vez estando Ignacio en la misma ciudad de París con un discipulo espiritual suyo, vieron los dos pasar por la calle un hombre roto muy pobre,

flaco y descolorido , que iba como gimiendo. Entonces Ignacio tocado de Dios (como parece por el efecto) dijo súbitamente á su compañero que siguiese
á aquel hombre, y que hiciese todo lo que viese hacer , porque él iria luego tras ellos. Hízolo así; salió el hombre fuera de la ciudad á un lugar apartado,
detúvose en él , y con él el discípulo de Ignacio : el
cual le preguntó , ¿qué tenia, y qué buscaba allí?
Respondió aquel hombre miserable : «Busco un la-
zo para colgarme , y quiero la muerte , por huir de
esta triste y congojosa vida. Ando tan cercado de
trabajos, tan rodeado de dolores, tan fatigado de
tristezas y quebrantos , que no tengo otro remedio
para salir de ellos , sino morir una vez por no morir
muchas, tomando la muerte con mis propias manos.» Oido esto , le dijo el compañero de Ignacio,
que él tambien tenia muchos trabajos y fatigas, de
las cuales no podia librarse sino con la muerte. Y en
este punto llega Ignacio , y volviéndose á su compañero, le comienza á hablar como á hombre no conocido, y á decirle : «¿Quién sois vos? ¿cómo andais
tan destrozado? » entonces el compañero comenzó
á titubear, y á decir que andaba tan afligido y tan
trabajado , que no tenia otro remedio sino la muerte para salir de afan. Aquí comenzó Ignacio á consolarle, y con suaves y dulces palabras , poco á poco le trajo á que dijese que se arrepentia de aquella voluntad , y á que dejando la muerte, buscase la
vida que es Dios nuestro señor, y en él confiase y

pusiese toda su esperanza. Y mirando al hombre (por cuya causa se hacia todo esto con tanta disimulacion) dícele el discípulo de Ignacio : « ¿ Qué os parece á vos de esto? porque yo quiero seguir el consejo de este buen hombre, pues que veo que esta muerte, aunque es breve, es muy cruel, y no ha de ser fin de mis trabajos, sino principio de otros mayores, que en el infierno me están aparejados, si yo tomo la muerte con mis manos. » Movido con este ejemplo aquel pobre hombre, y animado con las blandas y amorosas palabras de nuestro Padre Ignacio ,dijo que lo mismo le parecia á él ; y que así se queria apartar de aquel mal propósito, é hizo gracias á Nuestro Señor que le habia librado de tan grande peligro, dándole compañero en su trabajo, y quien le socorriese y sacase de él. Esto me contó el mismo discípulo de Ignacio que lo pasó, y tambien lo del religioso, y fué el que acompañó á Ignacio cuando se fué á confesar con él.

Solia reprender Ignacio mucho los maestros de cosas espirituales que quieren regir á otros por sí, y medir á su talle los demás llevándolos por la manera de vivir y orar, que ellos hallan por experiencia ser buena y provechosa para sí. Decia que era aquesto muy peligroso, y de hombres que no conocen ni entienden los diversos dones del Espíritu santo, y la diversidad de las gracias con que reparte sus misericordias, dando á cada uno sus propios y particulares dones, á unos de una manera, y á otros de otra.

No tanteaba, ni media lo que cada uno habia aprovechado en el camino de Dios, por lo que parecia en el semblante y rostro de fuera, sino por el ánimo que tenia, y por el fruto que salia de él: y no pesaba los quilates de la virtud por la blandura natural y buena condicion que algunos tienen, sino por la fuerza que cada uno se hacia peleando contra sí, y por la victoria que alcanzaba de sí mismo. Y distinguia prudentísimamente los movimientos de la naturaleza y de la gracia. Y así á un hermano que estaba en la casa de Roma, y era muy vivo y de vehemente natural, amonestándole una vez Ignacio que se venciese y reprimiese aquel ímpetu natural que tenia, le decia: «Venceos, hermano, venceos, que. si os venceis tendréis mas gloria en el cielo que otros que tienen menos que vencer.» Y otra vez estando yo presente, diciendo el ministro de la casa de Roma á Ignacio, que este hermano de quien digo, era inquieto y poco mortificado y obediente ; Ignacio pesando la cosa no con el peso de la gente comun, sino con el de la verdad y de su espiritual prudencia, volvióse al ministro, y díjole : «Paso, Padre, paso, no os enojeis, porque si va á decir verdad, yo creo que ese hermano que á vos os parece tan vivo y desasosegado, ha hecho mas fruto en su alma, y ha aprovechado mas en la verdadera mortificacion estos seis meses, que fulano y fulano en un año entero.» Y nombró dos hermanos de los mas apacibles y modestos de casa, y que eran tenidos por espejo de toda ella. Por do parece que no miraba Ignacio la apariencia de fuera, ni aquel natural blando, y dulce condicion que aquellos dos hermanos tenian, para medir por ella el aprovechamiento verdadero y macizo del espíritu, sino que le ponderaba con peso cierto, y no engañoso. Que es la fuerza que cada uno se hace, y el cuidado que tiene de pelear consigo, y alcanzar victoria de sí mismo. La cual con razon ha de ser mayor, y de mayor merecimiento, donde hay mas duro contraste y mas rebelde naturaleza que vencer.

Queria y estimaba mas á un hombre simple lleno de espíritu y amor de Dios, que á un letrado menos perfecto; pero ponia mayor cuidado en conservar al letrado y á los otros que tenian algun señalado talento, por el provecho que de estos podia venir á muchos, mas que del simple, y que no es mas que devoto.

Decia, que no podian durar mucho tiempo ni conservarse en su instituto las Religiones que viven de cotidianas limosnas, y no tienen renta ninguna, sino se hacen amar de la gente, y aficionan al pueblo con una de dos cosas, ó con la aspereza y penitencia de la vida, ó con el provecho que de ellas se sigue. Pues estas dos cosas suelen atraer y mover mucho los corazones, y los convidan á dar de sus haciendas liberalmente, ó por via de admiracion y reverencia, ó de amor y gratitud.

No echaba mano como quiera de cada uno para

emplearle en las cosas del divino servicio, sino con gran delecto miraba lo que encomendaba, y á quien lo encomendaba. Cargo de gobernar y regir á otros, ó de mucha dificultad y trabajo, casi nunca le daba sino á personas de muy probada y experimentada virtud. Aunque en Roma, á donde los tenia él delante de sus ojos, algunas veces daba estos cargos á personas de menos experiencia, para ensayarlos y tomarles el pulso, y ver el talento que tenian.

Puso increible diligencia en que no entrasen en ninguna parte de la Compañía, nuevas ó peregrinas opiniones, ó cosa que pudiese amancillar la sinceridad de la fe católica, ó desdorar y deslustrar el buen crédito de nuestra Religion. Y así porque del estudio de la lengua hebrea, no se les pegase algo con que se fuesen aficionando á buscar en la sagrada Escritura nuevas interpretaciones ó sentidos exquisitos, ordenó que los nuestros conservasen y defendiesen la edicion vulgata, que por tantos siglos ha sido aprobada en la Iglesia de Dios. Lo cual despues el santo concilio de Trento en sus decretos tambien determinó y estableció; mandando á todos los católicos que la defiendan en todo, y la tengan por auténtica. Por esta misma razon no queria Ignacio que en la Compañía se leyese libro ninguno, aunque el libro fuese bueno, si era de autor malo ó sospechoso. Porque decia él, que cuando se lee un libro bueno de mal autor, al principio agrada el libro y despues poco á poco el que le escribió, y que sin sentirse va entrando en los corazones blandos y toma la posesion de los que le leen la aficion del autor, y que es muy fácil ganado el corazon, persuadirle la doctrina, y hacerle creer, que todo lo que el autor ha escrito es verdad. Y que si á los principios no se resiste, con mucha dificultad se pueden remediar los fines. Esto sentia particularmente de Erasmo Roterodamo, y otros autores semejantes, aun mucho antes que la Iglesia católica hubiese contra sus obras dado la censura que despues habemos visto. Porque como muy bien dice san Basilio, conviene que el religioso huya de los herejes y los tenga grande aversion, y que los libros que leyere sean aprobados y legítimos, y que no vea de los ojos los apócrifos y reprobados, porque sus palabras, como dice el Apóstol, cunden como cáncer.

El mismo cuidado puso en que se estimase en la Compañía el verdadero estudio de la oracion y mortificacion, y se midiese con la regla cierta del verdadero aprovechamiento, y no con las inciertas y dudosas que suelen engañar á los ignorantes y deslumbrarlos con su falso resplandor. Como por lo que aquí diré se entenderá.

El año de 1553, un Padre de la Orden de santo Domingo, que se llamaba fray Reginaldo, varon anciano y muy gran religioso, y en su Orden de mucha autoridad, y amigo de la Compañía, vino un dia, que fué á los 23 de mayo, á visitar á nuestro P. Ignacio: y estando yo presente, entre otras co-

sas que le dijo, fué una, que en Boloña en un monasterio de monjas de su Orden que estaba á su
cargo, habia una entre otras de maravillosa virtud
y de estremada y subida oracion; la cual muchas
veces se arrobaba y perdia los sentidos. De manera,
que ni sentia el fuego que le aplicaban, ni otros
tormentos que se le hacian cuando estaba en éxtasi
arrebatada, y que en todo y por todo parecia muerta, sino era para obedecer á su superiora; porque
en oyendo la voz de su prelada, ó de otra que en
su nombre la llamase, luego se levantaba. Añadió
mas, que tenia algunas veces señales de los misterios de la pasion de nuestro redentor Jesucristo en
sus piés y en sus manos, y abierto el costado, y que
de la cabeza le goteaba sangre, como si hubiera sido traspasada con corona de espinas, y otras cosas
de esta calidad. Las cuales el buen Padre decia,
que no creyendo lo que le decian otros, él mismo
las habia querido ver, y tocar con las manos. Preguntó pues á nuestro Padre, que le parecia de estas cosas, porque él no se atrevia del todo á tener-
las por buenas, ni tampoco á reprobarlas. Respondió nuestro Padre solas estas palabras: «De todo
lo que vuestra Reverencia ha dicho de esa persona,
no hay cosa que tenga menos sospecha y peligro,
que lo que ha contado de su pronta obediencia.» Fuése fray Reginaldo, y volví yo á nuestro Padre, y
á solas le pedí que me dijese lo que su ánima sentia acerca de lo que aquel Padre le habia pregun-

tado. Respondióme, que propio era de Dios nuestro señor influir en el alma é imprimir en ella sus dones, y santificarla con su gracia. Lo cual hacia á las veces con tanta abundancia, que brotaba y salia fuera, y redundaba en el cuerpo la plenitud de lo que el alma recibia dentro de sí. Pero que esto acontece muy pocas veces, y á los muy grandes amigos de Dios. Y que el demonio, como no tiene poder ni puede obrar en la misma ánima, con falsas apariencias que imprime en los cuerpos suele engañar á las ánimas livianas y amigas de novedad y vanidad. Y trújome algunos ejemplos que yo sabia, para confirmar esto. Y así he entendido, que aquella monja de Boloña que digo no tuvo buen fin, y que paró en humo toda aquella llama con que á los ojos de los hombres resplandecia.

Tambien el año de 1541, el P. Martin de santa Cruz, que entonces era novicio de la Compañía, y despues fué rector del colegio de Coimbra, y murió santamente en Roma el año de 1557, hablando con nuestro P. Ignacio, estando yo presente, vino á tratar de Magdalena de la Cruz, la que vivió en Córdoba tan conocida en estos reinos, y á contar algunas maravillas de esta mujer, y á decir que él la habia hablado, y que le habia parecido una de las mas santas y prudentes mujeres del mundo, y otras cosas á este tono. Ignacio le dió entonces una muy buena reprension, diciéndole: Que hombre de la Compañía no habia de sentir ni tratar de tal mujer de aquella manera, ni medir ni estimar la santidad por aquellas cosas que él le media. Y vióse bien ser verdad lo que decia Ignacio, por lo que pocos años despues se descubrió en España de esta mujer, que con ser tenida por muy santa y de muchas revelaciones, fué presa y castigada por el santo Oficio de la Inquisicion, por el trato que tenia con el demonio.

Otra vez llamó delante de mí á un Padre que estaba hablando con un novicio de casa, y le reprendió porque le traia ejemplos de virtudes de hombres de peregrino espíritu, y que tenian á lo que se decia muchos arrebatamientos, y en ellos ponian la estima y crédito de su santidad. De las cuales cosas han de estar muy lejos los novicios de nuestra religion, en cuyos ánimos blandos y tiernos se han de imprimir las sólidas, macizas y verdaderas virtudes, y cercenar todos los engaños que á los principios se suelen entrar en los principiantes, sino se pone mucha cautela y cuidado para evitarlos. Porque importa mucho para que crezca derecho el árbol y eche buenas raices, la advertencia con que se planta : y lo que se siembra en el noviciado, eso se coge despues de la profesion.

Deseaba que los buenos tuviesen salud y fuerzas, y los malos al revés, para que los unos teniéndolas enteras, las empleasen en el servicio de Nuestro Señor, y los otros viéndose sin ellas se volviesen á Dios, ó á lo menos no le ofendiesen tantas veces ni tanto. Conformándose con aquello del Profeta: *Contere brachium peccatoris.*

Si por ventura alguno de sus súbditos era mas arrimado á su parecer, y menos obediente de lo justo, y por alguna pasion torcia del camino de la razon, con este peleaba tan diestramente Ignacio, usando con él de las armas de la mansedumbre y de la paciencia, que al fin, ó venia el súbdito á corregirse y rendirse á su caridad, ó á ser tan notoria su sinrazon, que le hacia inescusable.

Decia, que el hombre era algunas veces tentado del demonio, y oprimido tan fuertemente, que parecia estar fuera de juicio, y que solian entonces atribuir los hombres á la naturaleza ó á la enfermedad, lo que en la verdad se habia de atribuir á la tentacion.

Afirmaba tambien que el demonio cuando quiere acometer y derribar á uno, aguarda muchas veces á saltearle de noche al tiempo que despierta del sueño para ponerle delante cosas feas y sucias, antes que se pueda armar de los santos pensamientos con que le previene Dios nuestro señor.

Tenia por cosa muy provechosa que cuando el hombre es gravemente tentado, tenga cabe sí quien le ayude y sustente con buenos avisos y consejos, para que no falten al alma defensores donde hay muchedumbre de demonios que le acometen y procuran derribar: y para que como un clavo se saca con otro clavo, así con un buen esfuerzo de los amigos, se venza el mal esfuerzo de los enemigos.

Decia, que es propio de la divina bondad defender con mayor eficacia lo que el demonio combate con mayores fuerzas: y fortalecer mas lo que él mas procura derribar, y pagar con soberanas consolaciones, los trabajos que el hombre sufre en resistir y pelear con los enemigos.

Para curar las enfermedades y pasiones que parecian ser unas mismas, algunas veces solia aplicar muy diversas medicinas y contrarias, porque á unos curaba con suavidad y blandura, y á otros con severidad y rigor, y el suceso mostraba, que para cada uno habia sido la cura que se le hacia la mas acertada. Y aun esta singular y divina prudencia que tenia, no era una, ni usaba de ella siempre de una misma manera, sino de muchas y muy varias.

Tuvo señaladamente eficacia y don maravilloso en curar los vicios que mas envejecidos y mas arraigados estaban en el alma: y al hombre que tomaba entre manos, de tal arte le volvia y revolvia por todas partes, y usaba con él de tantos y tan diferentes medios, que por maravilla habia cosa tan arraigada que no la desarraigase y arrancase. Eran muchos los modos de que usaba para eso: y entre otros era uno, que el que se deseaba enmendar, examinase su conciencia muy á menudo y con exámen particular, en aquel vicio de que se queria enmendar: y esto á ciertas horas y determinadas: y porque no se olvidase hacia al que de esta manera curaba, que antes de comer y acostar diese cuenta á alguna persona de confianza que él le señalaba, y le dijese si habia hecho el exámen, como y cuando se lo habia ordenado. Otro modo era, que el que se queria enmendar de alguna falta, tuviese cuenta con notar y amonestar á otros que tuviesen la misma falta que él, y que otros tuviesen cuenta con notarle á él y avisarle. Tambien aconsejaba que se pusiese el hombre cierta pena; la cual ejecutase en sí todas las veces que cayese en aquella falta de que se queria enmendar. Y el mismo Padre al principio de su conversion fué muy tentado de risa, y venció esta tentacion á puras disciplinas, dándose tantos azotes cada noche, cuantas eran las veces que se habia reido en el dia, por liviana que hubiese sido la risa.

Decia que la virtud y santidad de la vida son mucho y valen mucho para con Dios y para con los hombres, y que no hay cosa en la tierra que se les pueda igualar: pero que no basta para regir á otros la santidad sola, sino que es menester acompañarla y esforzarla con la prudencia, si queremos que el gobierno ande como ha de andar. Y esto en tanto grado, que muchas veces los mas santos y menos prudentes aciertan y acaban menos cosas, que los que son prudentes y menos perfectos, con tal que tengan la virtud bastante y necesaria. Y esto hablando regularmente, porque los privilegios de los santos son extraordinarios, y Dios nuestro señor les puede y suele hacer mercedes y favores fuera de la regla comun.

Eñseñábanos y persuadíanos que no tuviésemos solamente cuenta con Dios, sino tambien con los hombres por el mismo Dios; lo cual declaraba de esta manera: Que pues en esta vida no solamente tenemos á Dios nuestro señor presente para mirar y galardonar nuestras obras, sino que, como dice el Apóstol, tambien somos espectáculo de los ángeles y de los hombres, y de todo el mundo; procuremos (como dice el mismo Apóstol en otra parte) todo lo bueno, y lo sigamos y abracemos, así lo que es tal delante de Dios, como delante de los hombres. De manera que trabajemos primera y principalmente de agradar á Dios nuestro señor, de cuyo rostro, como dice el profeta, sale el verdadero juicio, y despues procuremos agradar á los hombres, quitándoles de nuestra parte toda ocasion de vituperar y tener en poco nuestro ministerio, como dice el mismo Apóstol, porque el mismo Dios así lo manda y lo quiere. Tambien decia á este propósito, que no habemos de mirar solamente lo que pide el celo fervoroso que algunos tienen de la gloria de Dios, sino que este mismo celo se ha de regular con el provecho de los prójimos. Porque entonces será verdadero celo y agradable á Nuestro Señor, y si sirviese al bien de muchos, si mirando á Dios, y buscando su gloria, dejare alguna vez al mismo Dios en sí, por hallarle en sus prójimos, conforme á lo que el mismo Señor dijo: « Misericordia quiero y no sacrificio:» y en otro cabo: «Si ofrecieres tu ofrenda, y estuvieres

ya delante del altar, y allí se te acordare qûe tu
hermano tiene alguna queja contra tí, deja tu ofrenda delante del altar, y ve á pedir perdon, y á paci-
ficarte con tu hermano, y despues vuelve á ofrecer
á Dios lo que querias. » Así que muchas cosas hemos de hacer, y muchas dejar de hacer, por el parecer y juicio de los hombres (con que no sea pecado) por el bien y provecho de los mismos hombres. De donde decia Ignacio, que si él mirara solo
á Dios, ordenára algunas cosas en la Compañía; las
cuales dejaba de ordenar por este respeto que tenia
á los hombres por amor del mismo Dios.

Habia un Padre en la Compañía muy siervo de
Dios, que se llamaba Cornelio Brugelman, flamenco de nacion; el cual era muy escrupuloso en rezar
el oficio divino, y gastaba casi todo el dia en él,
porque nunca le parecia que habia rezado bien. Sa-
nóle de esta enfermedad Ignacio de la manera que
aquí diré. Ordenóle que rezase sus horas en tanto
tiempo precisamente, en cuanto comunmente las
rezaban los demás, y que midiese este tiempo con
un reloj de arena que le mandó dar, y que si acabado aquel tiempo le faltase alguna hora ú horas por
rezar, las dejase aquel dia, y no hiciese caso de
ello. El buen P. Cornelio, por no dejar hora por rezar, dábase priesa para acabar todas las horas en
aquel tiempo que Ignacio le habia limitado. Y tenia
mayor escrúpulo de dejar de rezar, que no de rezar algo apresuradamente: y así venció el escrúpu-

lo mejor con otro mayor, y sacó como dicen, un clavo con otro clavo.

Un novicio tudesco fué una vez tan gravemente tentado y acosado del enemigo, que en fin se dejó vencer, y se determinó de salirse de la Compañía. Apiadándose de su ánima Ignacio, procuró de reducirle y de apartarle de aquel mal propósito que tenia, mas el novicio estaba tan obstinado y tan fuera de sí, que no abria camino para entrarle. Ignacio no se espantó de su terribilidad, ni se cansó con su pertinacia, sino que quiso pelear con el enemigo que le traia engañado, usando de la prudencia contra su astucia, y de la caridad contra su malicia. Rogó al novicio que se detuviese algunos dias en casa, con condicion que en ellos no estuviese sujeto á regla ninguna, sino que durmiese y velase, comiese y bebiese, trabajase y holgase á su voluntad: y así ordenó que se hiciese. Aceptó el novicio el partido, comenzó á vivir aquellos dias con libertad y alegría, pareciéndole que habia salido de aquella sujecion de campanilla, y del ahogamiento y apretura de reglas con que antes estaba aprisionado y cautivo, y poco á poco vino á ensanchársele el corazon, y á volver en sí, y á enojarse consigo mismo y avergonzarse de su liviandad: y arrepintiéndose de haberse arrepentido, pidió al Padre que no le echase de sí, y perseveró en la Compañía.

En París habia un doctor teólogo, al cual deseó

mucho Ignacio ganar y traerle al conocimiento y amor perfecto de Jesucristo : y habiendo tomado para ello muchos medios sin provecho ninguno , fué un dia á visitarle á su casa con un compañero , que me contó lo que aquí escribo. Halló al doctor pasando tiempo, y jugando al juego de los truques ; el cual como vió á Ignacio , ó para escusar lo que hacia, ó para echarlo en palacio, comenzó á pedirle con mucha instancia que jugase con él, pues Dios le habia traido á tan buen tiempo ; y como Ignacio se escusase, y dijese que ni él sabia jugar, ni habia para que tratar de ello, insistió mas , é importunóle con mas ahinco el doctor, diciendo que no habia de ser otra cosa. Hízole tanta fuerza, que en fin le dijo Ignacio : «Yo jugaré , señor , con vos y haré lo que me pedís, pero con una condicion, que juguemos de veras ; y de manera que si vos me ganáredes , yo haga por treinta dias lo que vos quisiéredes, y si yo os ganare, vos hagais lo que yo os pidiere por otros tantos dias.» Plugo esto al doctor : comenzaron á jugar , é Ignacio, que nunca habia en los dias de su vida tomado en las manos aquellas bolillas ni jugado tal juego, comenzó á jugar como si toda su vida no hubiera hecho otra cosa, sin dejar ganar una sola mano al doctor ; al cual de rato en rato decia el compañero de Ignacio : «Señor doctor ; este no es Ignacio, sino el dedo de Dios , que obra en él para ganaros para sí.» En fin perdió el doctor , y quedó ganado. Porque á

rnegos de Ignacio dió de mano á todos los otros cuidados, y se recogió por unos treinta dias, é hizo
los ejercicios espirituales, con tan grande aprovechamiento y mudanza de su vida, que fué de gran
admiracion para todos el verla, y el saber el modo
que Dios nuestro Señor habia tomado para ganarle
y traerle á aquel estado, comenzado de burlas, y
haciendo que las burlas parasen en veras.

Cuando veia Ignacio alguno de la Compañía muy
celoso y ferviente, y deseoso de reformar los males públicos que cada dia vemos en el mundo, solia decir, que lo que el hombre en semejantes cosas ha de hacer es, pensar atentamente de que le
pedirá Dios cuenta el dia del juicio, y aparejarse
para ella, viviendo de manera que la pueda dar sin
recelo. «Pedirános Nuestro Señor cuenta, decia Ignacio, de nuestra vocacion y estado, si como buenos religiosos tuvimos menosprecio del mundo y
fervor de espíritu, si fuimos abrasados de caridad,
amigos de la oracion y mortificacion, solícitos y
cuidadosos en confesar y predicar, y ejercer los otros
ministerios de nuestro instituto. De esto nos pedirá
Dios cuenta, y no si reformamos lo que no está á
nuestro cargo. Aunque debemos arder de deseo de la
honra y gloria de Nuestro Señor, y hacerle fuerza
por decirlo así, con nuestras contínuas y abrasadas
oraciones, suplicándole que él mueva con su espíritu
á los que lo han de remediar, y tambien cuando se
ofreciera la ocasion, hablar y solicitar á los goberna-

dores de la república, para que hagan su oficio, y quiten los escándalos públicos que en ella se ven.

El año de 1554 vino á Roma de la India oriental el hermano Andrés Fernandez, hombre de mucha virtud. Envióle el Padre Francisco Javier para que informase á Ignacio de las cosas de la India; y le pusiese delante la puerta qne Nuestro Señor habia abierto á la conversion de aquella gentilidad; y las muchas provincias y reinos que se habian descubierto de gente ciega y sin conocimiento de Dios: y el aparejo que tenian para recibir el resplandor del Evangelio, si hubiese hombres de la Compañía que encendidos del amor divino, y armados con la fuerza de su gracia y con el menosprecio de sí mismos, fuesen á manifestarle: y para que pidiese gente de socorro. Hizo su oficio el hermano Andrés con mucho cuidado algunas veces, mas Ignacio nunca le respondió cosa cierta. Rogóme Andrés que yo tratase este negocio con nuestro Padre: lo cual yo hice: y despues que le hube propuesto mis razones, recogióse él un poco dentro de sí, y respondióme con un semblante grave y lloroso solas estas palabras: « Yo os digo, Pedro, que no tenemos menos necesidad de buenos obreros en estas partes para conservar la fe, que en la India para plantarla de nuevo.» Las cuales palabras cuan verdaderas hayan salido, no hay para que yo lo diga, pues lo vemos y lloramos el estrago grande que por nuestros pecados en tantas y tan excelentes provincias de la cristiandad ha hecho el furor infernal de las herejías. Nuestro Señor por su misericordia se apiade de su Iglesia, y apague con el rocío y fuerza de su gracia este incendio del horno de Babilonia, que vemos tan encumbrado.

De aquí creo que nacia el respeto grande que tenia Ignacio al santo Oficio de la Inquisicion, procurando en todas las cosas su autoridad tan necesaria para la defensa y conservacion de nuestra santa fe católica, y por esta causa ninguna cosa que se le ofreciese tocante al santo Oficio, por mas llana que fuese, y de mas claridad y mas fácil de alcanzar de los sumos Pontífices, nunca quiso tratarla, sino remitirla al mismo tribunal, intercediendo con él para que se despachase por él lo que á la gloria de Dios nuestro Señor mas convenia; como lo podia declarar con particulares ejemplos que dejó por guardar mi acostumbrada brevedad.

Considerando la variedad é importancia de los ministerios de nuestro instituto, y las dificultades y peligros que hay en tratar con tantas suertes de gentes, decia Ignacio, que el que no era bueno para el mundo, tampoco lo era para la Compañía: y que el que tenia talento para vivir y valerse en el siglo, ese era bueno para nuestra Religion. Porque perfeccionada la industria y habilidad, y otras buenas partes que personas semejantes tienen con el espíritu de la Religion, pueden ser provechosos y eficaces para muchas cosas del servicio de

Nuestro Señor, como la experiencia nos lo enseña.

Tambien decia, que así como no hay cosa mas pestilencial para la Religion, que la poca union y concordia entre sí de los que en ella viven, así tampoco no hay cosa ninguna que haga á los religiosos ser tenidos en menos, y mas despreciados de los hombres, que el verlos entre sí partidos con parcialidades y bandos. Y que faltando la caridad, que es la vida de la Religion, no puede haber virtud religiosa que vida tenga.

A un hermano coadjutor que habia sido descuidado en cierta cosa que le habia ordenado, preguntó Ignacio delante de mí: «Hermano, ¿qué buscais en la Religion? ¿ qué blanco teneis en ella? lo que haceis, ¿por quién lo haceis?» y como él respondiese que lo hacia por Dios nuestro señor, díjole entonces Ignacio: «Por cierto que si lo haceis por amor de Dios que habeis de hacer una buena penitencia, porque servir al mundo con descuido, no va nada en ello: mas servir á Nuestro Señor con negligencia, es cosa que no se puede sufrir, pues él mismo dice, que es maldito el hombre que hace la obra de Dios negligentemente.»

Decia que habia muy pocos, y por ventura ninguno en esta vida, que perfectamente entienda cuanto estorba de su parte lo mucho que Dios nuestro señor quiere obrar en él, y lo que obraria en hecho de verdad, si de su parte no le estorbase.

Entre los otros muchos y grandes provechos

que trae consigo el comulgarse á menudo devotamente, decia que era muy señalado el no caer, por la gracia que el santo Sacramento comunica, en pecado grave, ó ya que el hombre vencido de la flaqueza caiga, el levantarse presto de él.

Tambien decia que todas las cosas del mundo juntas no tendrian en su corazon ninguna estima, ni serian de momento puestas en una balanza, si se pusiesen en otra las mercedes que entendian haber recibido de Nuestro Señor en las persecuciones, prisiones y cadenas que habia padecido por su amor: y que no hay cosa criada que pueda causar en el ánima tan grande alegría, que iguale con el gozo que ella recibe de haber padecido por Cristo. Y así preguntado una vez de un Padre, cual era el camino mas corto, y mas cierto y seguro para alcanzar la perfeccion, respondió: que el padecer muchas y muy grandes adversidades por amor de Cristo. «Pedid, digo, á Nuestro Señor esta gracia, porque á quien él la hace, le hace muchas juntas que en ella se encierran.» Y parece que el mismo Padre habia pedido y alcanzado esta gracia de nuestro Señor de ser perseguido y maltratado por su amor. Porque muchas veces estando los demás Padres solos sin Ignacio en grande quietud y bonanza, luego que venia Ignacio y se juntaba con ellos, se levantaban grandes tempestádes y persecuciones, en cualquier parte que estuviesen. Lo cual notó el P. Lainez hartas veces, ponderando por una parte la fortaleza y virtud de Ignacio, y por otra el odio que el demonio le tenia.

CAPÍTULO XI.

De su prudencia en las otras cosas.

Era la grandeza de su ánimo acompañada con una suma prudencia, y la constancia con una grande moderacion y templanza. En las cosas árduas y grandes no tornaba atrás de lo que una vez habia juzgado ser bueno. Y en la ejecucion era diligente y eficaz, pero no se apresuraba, ni se dejaba llevar de fervores arrebatados, ni tampoco se detenia como frio ó tardo en el obrar; mas con prudente moderacion sazonaba todas las cosas, dándoles la oportunidad que pedian, no dejando perder la ocasion cuando se ofrecia, ni trayéndola de los cabellos. De donde venia á acabar cualquiera empresa, por alta y dificultosa que fuese, y á no quedar frustrado su trabajo y sin provecho.

Quien le veia emprender cosas sobre sus fuerzas, juzgaba que no se gobernaba por prudencia humana, sino que estribaba en sola la providencia divina, mas en ponerlas por obra y llevarlas delante usaba todos los medios posibles para acabarlas; pero esto hacia con tal recato, que la esperanza de salir con ellas, no la ponia en los medios humanos que tomaba, como por instrumentos de la suave providencia de Dios nuestro señor, sino en solo mismo Dios, que es autor y obrador de todo lo bueno. Y con esto, como quiera que la cosa le sucediese, quedaba él con suma paz y alegría espirituales.

Ordenaba muchas cosas, que por ser las causas que le movian ocultas, parecia á algunos que iban fuera de camino, ó á lo menos que eran maravillosas, y que ellos no las podian alcanzar. Mas el suceso en estas cosas mostraba con cuantò espíritu y prudencia se gobernaba, pues habia aplicado la medicina antes que se asomase la enfermedad, y habia prevenido y remediado con providencia el daño que sin ella se pudiera seguir.

Esta tan soberana prudencia que tenia en todas las cosas Ignacio, le nacia de la abundante luz y resplandor del cielo con que su ánima era ilustrada; por la cual parece que no solamente veia lo presente, sino que Nuestro Señor le daba á entender lo porvenir, y que le descubrió el dichoso suceso que habia de tener la Compañía, y el fruto tan sabroso y copioso que del árbol que él plantaba y regaba con el favor del mismo Señor se habia de coger, como de lo que aquí diré se puede sacar. Cuando el año de 1540 dijo á D. Pedro Mazcareñas, embajador del rey de Portugal lo que arriba queda contado: si de diez Padres que somos van seis á la India, ¿qué quedará para el resto del mundo? parece que sabia que aquella pequeña semilla se habia de derramar por toda la redondez de la tierra. Y el año de 1549 me dijo á mí á cierto propósito estas palabras: «Si vivimos diez años, Pedro, verémos

27

grandes cosas en la Compañía, ¿si vivimos? si vivís vos las veréis, que yo no pienso vivir tanto.» Y fué así, porque él no vivió los diez años, sino siete aun no cumplidos: y en el discurso de los diez años que él señaló, fué maravilloso el progreso, y aumento y fruto que hizo la Compañía. Tambien el año de 1555 buscándose un sitio para el colegio romano, y diciéndole (estando yo presente) un caballero amigo, que se tomase una isla de casas que estaban junto á la casa profesa, respondió: que todo aquel sitio era menester para la casa, y que antes faltarian dos pasos que sobrasen un pié. Y no es maravilla que Dios nuestro señor le hubiese revelado lo que habia de suceder á la Religion que él fundaba, pues vemos que tambien le descubrió otras muchas cosas que estaban por venir.

En el tiempo que nuestro P. Ignacio andaba pobre, descalzo, y desconocido, un caballero mozo haciendo burla de él, dijo delante de otros muchos: « Quemado sea yo, si este no merece ser quemado:» al cual respondió Ignacio con mucha modestia : «Pues mirad no os acontezca lo que decís:» y fué así que dentro de pocos dias murió aquel caballero, quemado del fuego que le prendió en un barril de pólvora que tenia en su casa para cierto regocijo. El año de 1541 estando un novicio nuestro que hoy dia vive, y se llama Estéban Baroelo, italiano de nacion, desahuciado de los médicos, dijo nuestro Padre misa por él en san Pedro Montorio, y acabada la misa me dijo á mí: « No morirá Estéban de esta vez. » Y el año de 1543 habiendo yo recaido dos veces de una peligrosa enfermedad, me dijo que recaeria la tercera. Y el año de 1555 enviando á los Padres Gerónimo Nadal, y Luis Gonzalez á España en el corazon del invierno, les dijo que se embarcasen en Génova luego, porque sin duda tendrian segura y próspera navegacion. Y al P. M.Lainez tambien dijo que le sucederia en el cargo de prepósito general. Y otras cosas semejantes á estas dijo mucho antes que fuesen ; las cuales todas se cumplieron como él las dijo.

Como no pudiese abrazar juntas todas las obras de misericordia que tocan al provecho del prójimo, para entender en ellas, con mucha consideracion echaba mano de lo que importaba mas, anteponiendo siempre las obras públicas y universales á las particulares, y las perpétuas á las de poco tiempo, y las mas seguras y ciertas á las menos ciertas y seguras : y no miraba tanto cuan grandes é importantes obras eran las que queria emprender cuanto la esperanza y probabilidad que tenia de acabarlas y salir con ellas.

En estas obras de piedad y misericordia ponia de buena gana su cuidado y trabajo, hasta ponerlas en órden, y asentarlas con sus ordenanzas y leyes, y cuando las tenia encaminadas, dando el cuidado de ellas á otros, poco á poco se salia fuera, y comenzaba otras. Y decia que los nuestros no habian de pasar estos límites, ni dejarse embarazar con la ordinaria administracion de semejantes obras. Lo uno por estar mas desocupado para las cosas espirituales: lo otro porque ordinariamente las suelen regir juntas y congregaciones; á las cuales por ser de muchas cabezas con dificultad se puede satisfacer.

Tenia por obra utilísima y muy propia de la Compañía tratar y conversar familiarmente con los prójimos, mas decia, que cuanto es mayor el fruto, si se acierta á hacer bien, tanto es el peligro mayor si no se acierta. Porque así como un cuerdo razonamiento, y la conversacion modesta de un hombre espiritual y prudente, atrae los hombres á Dios, y los convida á todo lo bueno, así la del hombre arrojado é impertinente, los suele entibiar y apartar: de manera, que donde se pretendia el fruto de la caridad, no se saca sino daño y desedificacion. Por esto juzgaba, que para ejercitar bien este oficio de conversar con los prójimos, son menester muchos avisos de prudencia; los cuales enseñaba Ignacio mas con sus ejemplos que con sus palabras. Contarlos todos seria cosa muy prolija, mas decir aquí algunos para los nuestros, téngolo por provechoso.

Primeramente decia él, que el que desea ser provechoso á otros, debe primero tener cuenta consigo y arder él en el fuego de la caridad, si la quiere emprender en los otros: ha de tener perdido el vano temor del mundo, huir como pestilencia la ambicion, y despedir de sí los regalos y blanduras de la carne, y despegar de su corazon todos los movimientos sensuales y viciosos ; para que arrancadas todas las raices de sus pasiones, pueda mejor recibir en su alma las influencias divinas, y comunicarlas á los otros.

Aunque amonestaba que se habian de huir todos los vicios ; pero decia, que se habia de poner mayor cuidado en vencer aquellos á que el hombre de su naturaleza se ve mas inclinado ; porque estos son los que amenazan mas ciertas y miserables caidas, si con diligencia no mira cada uno por sí.

A los que son de complexion colérica y vehemente, aconsejaba que estuviesen mucho sobre sí, y que se armasen y previniesen con consideracion ; especialmente si hubiesen de tratar con otros hombres airados y coléricos ; porque fácilmente se viene á rompimiento, y nacen disgustos, si con esta preparacion dicha no se apercibe el hombre y se hace fuerza para resistir á su natural condicion. Y no solamente decia que se habia de usar de esta prevencion para refrenar un natural impetuoso y vehemente, sino tambien para sojuzgar todos los otros vicios é inclinaciones naturales. Pues el recogimiento contínuo, y la cuenta ordinaria y cuidadosa que el hombre tiene de sí mismo, mirando y pensando bien lo que ha de hacer y decir, y lo que le puede suceder, suele detener mucho, y como con grillos aprisionar nuestra rebelde naturaleza, y las pasiones viciosas que de ella nacen. Y si alguno hallase tal compañero y amigo tan fiel, con quien sin inconveniente pudiese comunicar sus faltas, y ser avisado de ellas, y avisarle tambien á él de las suyas, suele ser esto de gran provecho.

Quien se hallare pues con esta disposicion, y fundado de la manera que habemos dicho, decia Ignacio que podia salir á plaza para tratar y ayudar á los prójimos. Mas que debe pensar el que toma este oficio, que no ha de tratar entre hombres perfectos sino entre gente no santa, y muchas veces injusta y engañosa, y, como dice el Apóstol, en medio de una mala y perversa nacion. Y así se ha de apercibir y armar contra todas las pesadumbres que por esta causa se pueden venir; de suerte que por mas pecados y abominaciones que vea, no se turbe ni se escandalice, ni sea parte ninguna bobería ó malicia de los hombres, por grande que fuere, para que él deje de tener siempre con la prudencia la simplicidad de paloma, ó con esta simplicidad la prudencia de la serpiente.

Decia que nosotros habíamos de usar para la salvacion de las ánimas, de las mismas artes y mañas que el demonio usa para nuestra perdicion. Porque como el enemigo mira primero y escudriña atentamente el natural de cada uno, y tantea muy bien la inclinacion, y despues le propone para hacerle picar el cebo que es mas conforme á ella, ofreciendo á los ambiciosos honras, riquezas á los codiosos, á los carnales y regalados deleites, y á los devotos cosas que tienen apariencia de devocion, y no entra de rondon, sino poco á poco, como con piés de plomo, hasta que gana la voluntad, y en fin se lanza en las almas del todo, tomando posesion de ellas. Así el sabio maestro espiritual se ha de haber, conformándose con el natural de las personas que trata; y al principio disimular y pasar por muchas cosas, y hacer que no las ve: y despues de ganadas las voluntades de los que trata, hacerles guerra con sus mismas armas, y conquistarlos para Dios. Y esto usaba Ignacio con una sagacidad mas divina que humana; porque de la primera vez que hablaba con uno, parece que le calaba los pensamientos, y que le leia el corazon, y hacia anatomía de sus inclinaciones y talentos, tan perfectamente como si le hubiere tratado y conocido toda la vida.

Decia que se habia de huir de la familiaridad de todas las mujeres, y no menos de las que son espirituales, ó lo quieren parecer, mas principalmente de aquellas que son mas peligrosas, ó por la edad, ó por el estado en que viven, ó por la condicion natural. Porque con estas conversaciones suelen los hombres ó quemarse ó chamuscarse: y sino sale llama, á lo menos hay humo. Pues es verdad lo que dice el Espíritu santo, que la polilla sale de la vestidura: y la maldad del hombre de la ocasion de la mujer.

Decia que los hombres habian de ser mas liberales en las obras que en las palabras, y procurar del cumplir hoy, si posible fuese, lo que han prometido para mañana.

En todo lo que el hombre habla, y señaladamente cuando trata de hacer paces y reconciliar á unos con otros, en definir y determinar controversias, y en tratar cosas divinas, decia que se habia de tener tanto recato, que ni una sola palabra se le cayese al hombre inconsideradamente, sino que en todo lo que hablamos, pensemos que lo que decimos á uno, ha de venir á oidos de muchos, y lo que hablamos en secreto, se ha de pregonar en las plazas, porque con este presupuesto, serán las palabras medidas y pesadas con el peso de la prudencia cristiana.

Tambien decia, que los predicadores y todos los que tienen por oficio enseñar al pueblo, habian de rumiar muy bien, y escribir primero con mucho cuidado lo que han de decir, y que ninguna cosa han de afirmar temerariamente, ni arrojarse en los púlpitos, ni traer á ellos cosas nuevas y dudosas. Y que mas se ha de tratar en los sermones de reprender con modestia los vicios, que de irse tras las cosas que deleitan á los oyentes y dan aplauso. Cuando él predicaba, todos los sermones gastaba en encarecer la fealdad de los pecados, y la hermosura y fruto de las virtudes : y el blanco á que asestaba todos sus tiros era, que los pecadores se conpungiesen y se convirtiesen á Dios, y todos conociesen y agradeciesen el amor excesivo, é infinito que su divina Majestad nos tiene.

Decia tambien, que si alguno os pide cosa que no esté á vos bien el concederla, ó que sea contra el decoro de vuestra persona, no por eso os debeis enojar con el que la pide, sino negársela con tan buenas palabras, que quede satisfecho de vuestra voluntad, y si es posible vaya tan amigo y tan gracioso como vino.

Decia que el oficio del buen religioso no es meter los hombres en palacio, sino sacarlos de él y traerlos á Cristo. Y así cuando algun seglar le pedia que intercediese por él con algun príncipe, ó le favoreciese para asentar con él, le respondia estas palabras: «Yo, hermano, no conozco señor ni mayor ni mejor que el que para mí escogí ; á este si quereis servir y asentar en su casa, de muy buena gana os ayudaré con todas mis fuerzas.»

Con ser muy liberal en dar limosna á los pobres que se la pedian de la pobreza que habia en casa, no queria que á hombre que hubiese apostatado, dejando la Religion, se le diese ni una blanca, si ya no fuese para que tornase al hábito dejado. Porque decia que se habia de resistir á los intentos de Satanás, y desfavorecerlos y no ayudarlos: y trabajaba muy de buena gana, y holgaba que trabajasen los suyos á reducir á la bandera de Cristo estos tales soldados fugitivos.

Si algun hombre ocioso venia á él, con quien se hubiese de gastar mucho tiempo sin fruto, despues de haber una y dos veces recibido con alegría, si continuaba las visitas sin provecho, comenzaba

Ignacio á hablar con él de la muerte ó del juicio , ó del infierno ; porque decia, que si aquel no gustaba de oir semejantes pláticas, se cansaria y no volveria mas, y si gustaba de ellas sacaria algun fruto espiritual para su alma.

Decia que el hombre que tiene negocios no ha de acomodar los negocios á sí, mas antes él se ha de acomodar á los negocios: dando á entender que no negocia á bien, quien busca los tiempos y las circunstancias de los negocios, y las mide con su comodidad y no con lo que piden las cosas que trata.

Y finalmente decia, que el discreto pescador de hombres y ministro de Cristo que tiene puesta su grangería en ganar almas , debe conformarse con todos, de tal manera que (en cuanto lo permitiere la ley de Dios) se haga todo á todos, y no piense que vive para sí , sino para sus hermanos en el Señor.

Pero ha de tener grande corazon el que trata esta grangería de almas y quedar con mucha paz y alegría de la suya como quiera que le suceda, habiendo de su parte hecho lo que debe para ayudar las de los prójimos : y no debe desmayar por mas que el enfermo que curaba se quede con su dolencia, ni perder por eso el ánimo, tomando ejemplo de los ángeles de nuestra guarda (que esta semejanza usaba Ignacio) los cuales , á los que de mano de Dios reciben á su cargo, cuanto pueden los avisan , defienden, rigen, alumbran, mueven, ayudan para lo bueno : mas si ellos usan mal de su libertad, y se hacen rebeldes y obstinados, no por eso se congojan y entristecen los ángeles ni reciben pena de esto, ni pierden un punto de la bienaventuranza que tienen gozando de Dios, antes dicen : «Curado hemos á Babilonia, y no ha sanado : dejémosla, pues no queda por nosotros.»

Estos y otros semejantes eran los documentos que daba Ignacio, cuando enviaba á sus hijos á las ferias espirituales, y al caudaloso y rico trato de las almas; pero mucho mas esclarecidamente lo hacia por la obra que con palabras. Porque, como tambien se lee de san Gregorio Nacianceno, nunca ordenaba cosa á sus discípulos, que él no la hiciese primero. Y aunque su prudencia era escelente, con todo eso solia decir Ignacio, que los que quieren ser demasiadamente prudentes en los negocios de Dios, pocas veces salen con cosas grandes y heróicas. Porque nunca se aplicará á las cosas árduas y sublimes el que pesando muy por menudo todas las dificultades, congojosamente teme los dudosos sucesos que pueden tener. Por lo cual dice el Sabio : «Pon tasa á tu prudencia.» Y cierto no conviene que falte su moderacion y medida á aquella virtud, que es moderacion y medida de todas las demás.

CAPÍTULO XII.

De su vigilancia y solicitud.

—

Fué maravillosa la solicitud y vigilancia que tuvo para dar fin á las obras que emprendia; porque no solamente buscaba con prudencia los medios que le podian ayudar á la ejecucion, mas despues de hallados usaba de ellos con grande eficacia. Nunca dejaba de la mano lo que una vez comenzaba, hasta ponerlo en su perfeccion; y no dejaba dormirse y descuidarse en las cosas que les encargaba, á los que tomaba por ayudantes é instrumentos en los negocios que emprendia, antes hacia que anduviesen siempre despiertos y diligentes como él.

Yendo una vez á hablar á un cardenal, y no hallando puerta para entrar, estuvo catorce horas aguardando sin haber comido bocado, porque no se le pasase la ocasion de hacer bien lo que trataba. Y es cosa averiguada, que en mas de treinta y cuatro años, por mal tiempo que sucediese, áspero y lluvioso, nunca dilató para otro dia ó para otra hora de lo que tenia puesto, lo que una vez habia determinado de hacer para mayor gloria de Dios nuestro señor.

—

CAPÍTULO XIII.

De los milagros que Dios hizo por él.

—

Hasta aquí hemos contado la vida de Ignacio : de ella podrá tomar cada uno la parte que mas le hiciere al caso para imitarla. Mas ¿quién duda que habrá algunos que se maravillen y espanten, y pregunten porque, siendo estas cosas verdaderas (como sin duda lo son) no ha hecho milagros Ignacio, ni ha querido Dios declarar la santidad de este su siervo con señales y testimonios sobrenaturales, como lo ha usado con otros muchos santos? A estos tales respondo yo con el Apóstol ¿quién sabe los secretos de Dios? ó ¿á quién hizo Dios de su consejo? Porque él es solo el que hace las grandes maravillas, como dice David, pues con sola su virtud infinita se pueden hacer las cosas que van sobre la fuerza y órden de naturaleza : y como él solo puede hacer esto, así él solo sabe en qué lugar y en qué tiempo, por qué medio y por cuya intercesion se han de hacer los milagros. Aun que ni todos los santos han sido esclarecidos con milagros, ni los que han hecho mas milagros y mayores que otros, son por esto mayores santos ; porque la santidad de cada uno no se ha de medir así, ni tiene por regla con que se ha de estimar los milagros, sino la caridad. Como lo dice el bienaventurado san Gregorio por estas palabras: «La verdadera prueba de la santidad no es hacer milagros, sino amar á cada uno de los otros como á sí mismo, tener verdadero conocimiento de Dios, y mejor concepto del prójimo que de sí mismo. Porque claramente nos enseñó el Redentor, que la verdadera virtud no consiste en hacer milagros, sino en amar cuando dijo: En esto conocerán todos que sois mis discípulos, si os tuviéredes amor unos con otros. Pues el que no dijo, en esto conocerán que sois mis discípulos si hiciéredes milagros, sino, si os tuviéredes amor unos á otros; harto claro da á entender que la verdadera señal de ser uno siervo de Dios no consiste en los milagros, sino en la sola caridad. Y así el mayor argumento y la mas cierta señal de ser uno discípulo del Señor, es el don del amor fraternal.» Hasta aquí son palabras de san Gregorio.

Y por esto dijo poco antes el mismo Santo, que en los hombres se habia de reverenciar la humilde caridad, y no las obras maravillosas que se hacen en los milagros. Que si el testimonio de los milagros fuese necesario para ilustrar la gloria de los santos, no serian hoy honrados en la Iglesia de Dios muchos santos. Pues vemos que habiendo dicho la misma Verdad, que entre los nacidos de mujeres no se habia levantado otro mayor que san Juan Bautista, con todo eso dice de él el evangelista de la misma Verdad, que no hizo milagro ninguno. Y otros muchos varones santísimos que fueron lumbreras y or-

namento de la Iglesia católica, y cuya vida y doctrina da luz á todo el mundo, estuvieran hoy dia en
las tinieblas del olvido sepultados, si no tuvieran otro
testimonio y resplandor con que declarar lo que
ellos eran, sino el de sus milagros. Y por el contrario, sabemos que el dia del juicio dirán muchos:
«Señor, Señor, ¿por ventura no profetizamos en vuestro nombre, y en vuestro nombre no alanzamos los
demonios, é hicimos muchos milagros?» Y entónces
el Señor les responderá: «No conozco quien sois.» Y
porque por ventura no pensemos que aunque ellos
lo dicen, no es así, sino que como malos mienten, y
no dicen verdad: el mismo Señor (como lo nota san
Agustin) dice por san Mateo: Levantarse han falsos
Cristos, y falsos profetas, y harán tan grandes señales y prodigios, que engañaran con ellos, si fuera
posible, á los mismos escogidos. Y así dice san Gerónimo sobre las palabras de san Mateo que habemos alegado: «El profetizar y hacer milagros, y alan-
zar los demonios, algunas veces no se hace por el
merecimiento del que lo obra, sino por la invocacion del nombre de Jesucristo, en cuya virtud se
obra, concediéndolo el Señor, ó para condenacion de
los que invocan su santo nombre, y no viven bien,
ó para provecho de los que ven y oyen los milagros;
los cuales aun que tengan en poco á los hombres
que hacen los milagros, honran con ellos á Dios, en
cuyo santo nombre se hacen. Y así vemos que Saul
y Balan y Caifás profetizaron, no sabiendo lo que

se decian: y Faraon y Nabucodonosor en los sueños fueron alumbrados, y entendieron las cosas que en el tiempo advenidero habian de suceder: y en los Actos de los apóstoles los hijos de Sceba parecia que echaban los demonios de los cuerpos: y Judas siendo apóstol, teniendo ánimo de traidor, hizo muchos milagros con los demás apóstoles. » Estas son las palabras de este gloriosísimo Doctor.

Y doctrina es de san Pablo, que sin caridad puede tener uno el don de la profecía y de toda ciencia y conocimiento: y aun fuerza y poder para traspasar los montes de una parte á otra. De manera, que los milagos no se han de pedir á nadie, como si de ellos dependiese la santidad necesariamente, mas hemos de nivelar y medir todo esto con la verdadera regla de la caridad. Porque aunque muchas veces declara Dios nuestro señor la santidad de sus siervos con milagros y señales, mas esto ni es siempre, como dijimos, ni necesario. ¿Qué milagros son los que leemos en su vida haber hecho san Agustin? ¿San Crisóstomo? ¿San Atanasio? ¿Los dos Gregorios, Nacianceno y Niceno? cierto, ó ningunos, ó muy pocos. Y no por eso nos atreveríamos á decir que fué mayor santo que ellos el otro Gregorio, á quien por las maravillas que obró llaman los griegos taumaturgo, que quiere decir obrador de milagros. De donde san Agustin escribiendo al clero, y á los ancianos, y á todo el pueblo de Bona, enseñándoles que nadie puede escudriñar la razon porque Dios ordena que en unos lugares se hagan milagros, y en otros no se hagan; finalmente concluye con estas palabras: «Así como, segun dice el Apóstol, no todos los santos tienen el don de curar enfermedades, ni todos tienen la gracia de discernir espíritus, así no quiso el Espíritu santo, que reparte sus dones á cada uno como quiere, conceder los milagros á todas las memorias de los Santos. Esto he dicho, no para quitar su fuerza á los milagros, sino para que entienda el prudente lector, que todo este negocio se ha de remitir á Dios, el cual reparte sus dones á cada uno como es servido.

Pudo ser que su divina y secreta sabiduría condescendiendo con nuestra flaqueza, no quisiese hacer á Ignacio señalado en esto, para que no tuviésemos milagros de que jactarnos. Y pudo tambien ser que lo hiciese, para que no siendo el fundador de nuestro instituto tan esclarecido con milagros, no tomásemos nombre de él; sino que se dijese y se llamase nuestra Religion, no de Ignacio, sino la Compañía de Jesus, y este sacro apellido nos estuviese siempre predicando que no quitásemos los ojos del buen Jesus; al cual debemos honrar é imitar, no solamente como universal Redentor y príncipe del linaje humano, sino tambien como á nuestro capitan y caudillo, que se ha dignado honrar con el glorioso título de su dulcísimo nombre esta nuestra mínima Compañía. Pudo tambien en esto mirar

Dios nuestro señor á los tiempos en que esta manera de milagros no es tan necesaria. Mas para decir lo que yo siento, no solo no me parece que faltan milagros para ilustrar la vida de Ignacio, antes tengo para mí, que está esclarecida con muchos y maravillosos, tan resplandecientes y tan claros, como es la luz del medio dia. Y tengo por cierto que será de este mismo parecer; no el vulgo y la gente ignorante, que mira las cosas á bulto, sino cualquiera hombre grave, que con acertado juicio las quisiere ponderar. Porque donde quiera que volvamos los ojos, así á los principios de la Compañía, y á su instituto, como á su progreso, y aumento, y á los provechos que se han seguido de ella, no tendrémos que desear milagros, viendo en estas mismas cosas tantos y tan admirables milagros, con que Dios ha mostrado ser esta obra suya, y ha dado á conocer la raiz de esta generosa planta, por el fruto que de esta se ha cogido.

Y ¿qué cosa de mayor milagro, que ver un soldado criado toda su vida en la guerra entre el ruido de las armas, sin conocimiento ni espíritu de Dios, trocarse repentinamente, y mudarse en otro hombre de tal manera, que no solo fuese soldado de Jesucristo, sino guia y capitan de esta sagrada milicia? Y ¿qué cosa mas nueva y fuera del curso comun, que tantos hombres de singular ingenio, en la flor de su juventud, haber desamparado todas sus esperanzas, y cortado el hilo de sus designios, y de-

jadas sus haciendas, tierras y parientes, ofrecerse á
los golpes de la pobreza y afrenta, y á los encuentros de tantos peligros y trabajos; yendo por provincias y naciones estrañas, mendigos, desnudos, desconocidos, y tenidos por la horrura y basura del
mundo? ¿Y qué hayan sido atraidos á esta manera
de vida por Ignacio, pobre, despreciado y sin caudal de letras, sin fuerza de elocuencia, sin elegancia ni copia de palabras, sin apariencia de ninguna
cosa esterior? Pues ¿qué diré otra maravilla mas
nueva é increible, sino la hubiese hecho aquel mismo Señor con cuya poderosa virtud la muchedumbre de los creyentes era un mismo corazon y una
misma ánima, como se dice en los Actos de los
apóstoles? ¿qué españoles y franceses se hermana-
sen y acompañasen con tanta amistad y concordia de
voluntades, que no bastase la desemejanza natural
de las costumbres, inclinaciones y ejercicios, ni las
guerras cruelísimas que en aquel mismo tiempo se
hacian las dos naciones, para que ellos no viviesen
en suma paz, y en amor entrañable, y mucho mayor
que de hermanos? ¿Dónde nació tanta concordia de
ánimos, en tanta discordia de naciones y opiniones?
¿De dónde vino tanta desemejanza y union de voluntades, en costumbres tan desemejantes y diversas? Pues
el mismo instituto y manera de vivir de la Compañía, claramente muestra su propio autor no ser otro
que Dios por que en el mismo se ve, que ni pudiera por sutileza humana descubrirse, ni por humana

prudencia fundarse, ni por industria de hombres go-
bernarse con tanto acuerdo, si el mismo Señor, que
es fuente de toda sabiduría, con su favor y espíritu
no favoreciera á Ignacio para fundar la Compañía,
y no le inspirara y moviera á escribir tan saludables leyes para gobernarla.

Y que este instituto nos haya venido de la mano
de Dios, y que no sea invencion de hombres no se
debe ni se puede dudar ya sin grave error, pues por
tal le han confirmado tantos sumos Pontífices y el
universal y santo concilio de Trento tan esclarecidamente le ha aprobado. El cual habiendo mandado que
los superiores de todas las Religiones, acabado el
tiempo del noviciado dén la profesion á los novicios
que para ella hallaren hábiles, ó los despidan de la
Religion, añadió luego estas palabras: « Mas no pretende por esto este santo sínodo innovar nada, ni
prohibir que la religion de clérigos de la Compañía
de Jesus no puedan servir á Dios nuestro señor,
y á su Iglesia, conforme á su pio instituto, aprobado por la santa Silla apostólica. Pues, ¿qué dirémos
de la propagacion y aumento de la Compañía? que
sin duda es tan grande que á todos los que bien lo
consideran pone admiracion, y muestra que el que
aquí obra es el dedo de Dios, sin el cual en ninguna
manera cosa tan grande pudiera hacerse. Porque
en los pocos años que han corrido desque la Compañía fué confimada la primera vez por el sumo pontífice Paulo III el año de 1540, hasta ahora, no solo

se ha estendido por todos los reinos y señoríos de los príncipes cristianos, mas allende de esto, ha entrado en remotísimas provincias, en regiones incultas, entre bárbaras y fieras naciones, y está ya fundada y tiene casas edificadas en ellas para ayudarlas á la salud eterna . Dejo aparte á Ibernia, Inglaterra, Escocia, Chipre, Alejandría, Marruecos y las islas Canarias; donde tambien han pasado los Padres de la Compañía para dilatar segun sus pequeñas fuerzas la gloria de Dios. No quiero decir de Italia, Sicilia, Cerdeña, Córcega, Francia, España, Alemania la Alta y la Baja, Austria, Bohemia y Polonia; en las cuales partes ha crecido la Compañía tanto que tiene hoy diez y ocho provincias, sin otras cuatro de otra parte del mar océano, y en ellas mas de doscientas casas, colegios y residencias. Vengamos á considerar como se ha dilatado y estendido por todo el nuevo mundo, que en nuestros tiempos con tan gran misericordia y providencia del Señor, y maravilla y espanto de los hombres se ha descubierto. Navegado han los nuestros á la India oriental, y han asentado casas en las últimas regiones que se han descubierto en el Oriente, como en Malaca y en las islas llamadas Malucas. Y por otra parte en las Indias occidentales, y en el Brasil (que es espantable por la horrible fiereza de aquellas gentes que comen hombres, y por eso los llaman antropófagos) vemos que andan con mucha seguridad los nuestros, y tienen colegios y casas entre ellos, para beneficio de ellos. Pues ya ¿qué cristiano (que sepamos por historia de los antiguos) entró dentro de aquella grande isla del Japon, y la anduvo primero que los de la Compañía? Ciertamente los portugueses la descubrieron, y los nuestros la rodearon y pasearon los primeros para conversion de aquella gente, tan diestra por una parte, y tan ciega por otra, y sin conocimiento de verdad.

Y lo mismo digo de aquel latísimo y poderosísimo reino de la China, que con la gracia de Dios nuestro señor ha ya comenzado la Compañía á llevar la luz del Evangelio á él, donde nunca antes (que sepamos) habia llegado. Mas hácia el mediodia han llegado los nuestros á los reinos de Etiopía llamados del Preste Juan, y á Cougo, y Angola, y Monomotapa, y otras remotísimas naciones y provincias de la Africa exterior. Y el dia de hoy andan nuestros Padres y hermanos en muchas de estas partes peregrinando de tal manera, que no los espanta, ni los aparta de la predicacion del Evangelio, la inmensidad del mar océano que cada dia atraviesan; ni la aspereza de la tierra inculta; ni la falta de mantenimiento, que cuando se halla es silvestre, y mas propio de bestias que de hombres; ni la dificultad de entender y aprender tan bárbaras y hórridas lenguas; ni la cruel y fiera naturaleza de las gentes que tratan; ni los miedos que cada dia les ponen de la muerte; ni la sangre de sus hermanos que han visto derramar ante sus ojos;

ni otra cosa ninguna que con razon suele poner espanto á cualquiera por mas generoso que sea, los enflaquece ni desmaya, para que no lleven adelante la empresa que han comenzado para tanta gloria del Señor. El cual se ve que es el que favorece en todas las partes del mundo esta pequeña planta, para que fructifique en su Iglesia; de manera que á la medida de los trabajos que se toman en el sembrar, venga á coger el fruto de colmada cosecha. Porque hablando primeramente de la India, ciertamente que podemos con razon decir que se cumple en nuestros dias por los de la Compañía lo que profetizó Isaías y trae el apóstol san Pablo, que aquellos á quien antes no se les habia dado noticia del Evangelio le vieron, los que no le habian oido le tuvieron delante de los ojos; porque las aguas han manado en el desierto, y los arroyos corren en la soledad, y la tierra seca se convirtió en estanques, y la sediente en fuentes de agua: y en las cuevas donde primero habitaban dragones, se ve ya nacer la verdura del carrizo y el junco.

Y quitada ya en muchas partes la muchedumbre de ídolos, y desarraigada la supersticiosa adoracion de los demonios burladores, solo florece el culto y la religion de un solo Dios vivo y verdadero. Y el estandarte de la cruz triunfante puesto por las ciudades y caminos, y por los desiertos y ásperos lugares, con sola su vista espanta á los demonios, que allí solian ser adorados, consuela á los nuevos fie-

les que se han convertido, y convida á la salud á los
que aun se están ciegos: y finalmente á los que moraban en la region de sombra de muerte, los ha
alumbrado la lumbre de la verdad. Y ha hecho allí
Dios nuestro señor, por mano de los hijos de Ignacio, tantos milagros (por ser necesarios en la nueva predicacion del Evangelio) que no se pueden pedir mayores ni mas esclarecidos. Porque con solo
invocar el nombre de Jesucristo, se han alanzado
muchos demonios de los cuerpos humanos: han cobrado la vista muchos ciegos: limpiádose los leprosos: librádose de todo género de enfermedades
gran número de personas: los muertos han resucitado á vida: hánse hallado fuentes milagrosamente
en extrema necesidad de agua, para apagar la sed
de los cristianos. Y por el contrario, se han visto
secar los rios para condenar la perfidia de los pa-
ganos; y las islas Malucas, por haber la gente de
ellas apartádose de la verdadera religion que habian
tomado, y vuelto á su supersticion diabólica é infidelidad, sabemos que contra hombres tan insen-
satos quiso Dios que se armase el cielo y la tierra y
todas las criaturas, y quedaron los ánimos de aquellos infieles asombrados, viendo caer sobre sí piedras de fuego, relámpagos, rayos y truenos, y con
grandes torbellinos y estruendos, arrancarse de raiz
los árboles, derribarse las casas, y quedar muertos
á cada paso los animales. Y como dice el Profeta,
los rios convertidos en secos desiertos: los arroyos

de las aguas en pura sed : y la tierra fructífera en
salitrales por la malicia de los que moraban en ella.
Y el mayor y mas excelente milagro de todos es,
que se hayan convertido muchos millares de ánimas al conocimiento de su Criador, y hayan abajado
sus cabezas al suavísimo yugo de Jesucristo, y que
siendo nacidos en tanta barbaridad y fiereza , se haya amansado y domesticado, y dejado sus crueles
y bestiales costumbres , y abrazado las leyes tan
humanas y blandas del santo Evangelio. Y para que
mejor se entienda esto, y no pueda haber duda que
es obra de la diestra del muy alto, acordémonos
de la ocasion que tomó el Señor para obrar semejantes maravillas , que fueron los azotes que se quisieron dar á Ignacio en el colegio de santa Bárbara
en París , como arriba queda contado : de manera,
que de la mayor afrenta , y mas baja y vil que estuvo para hacerse á Ignacio, y él aparejado para recibirla , sacó Dios uno de los mayores bienes que
en la Compañía se han hecho, que es la conversion
de tan ciega é innumerable gentilidad. Pero no es
maravilla que Dios obre como Dios , y que ensalce
mas á los que mas se humillan por su amor, pues
esto es propio de su divina misericordia y clemencia. Por lo cual habíamos de dar todos los cristianos
muchas y muy grandes gracias á Dios nuestro señor, que por su bondad repara las ruinas y pérdidas que por acá vemos de su esposa la Iglesia católica, y con tan grande consuelo como este , alivia

el dolor tan justo que de sus contínuos trabajos y calamidades tenemos. Viendo que lo que por una parte se pierde por los herejes que salen, por otra se restaura con la muchedumbre de gentiles que cada dia en la Iglesia entran. Y el consuelo en medio de tanta tristeza es, que mas nos añade Dios por su misericordia de esta parte, que la malicia del demonio nos quita por la otra : pues sin comparacion son mas los pueblos y reinos que van abrazando el Evangelio en aquellas partes, que no son los que por acá se apartan de la obediencia de la Iglesia obstinados con las herejías.

Mas vengamos á las cosas que se han hecho, y cada dia se hacen á vista de todos y que están presentes y delante de nuestros ojos: ¿Quién no sabe la perseverancia con que entre los herejes y entre los católicos trabajan los de la Compañía, con fruto espiritual de las almas, favoreciéndolos para esto Dios nuestro señor en Alemania, Austria, Bohemia, Polonia, Francia, Flandes, Inglaterra y Escocia, y en las otras provincias, á donde las herejías (que son la pestilencia y veneno de las almas) tanto se estienden y cunden? ¿Cuántos dejadas las tinieblas de sus errores, recibieron la lumbre de la verdad? ¿Cuántos que titubeaban en la fe, se han confirmado en ella por la doctrina y predicacion de los nuestros? ¿Cuántos se han sustentado que se. iban á caer? ¿Cuántos se han levantado que estaban ya caidos? y ¿cuántos han vuelto al camino que iban descaminados y perdidos? ¿y los que en las aguas de aquel diluvio se ahogaban, han salido á seguro puerto de la Iglesia romana, que es el arca del verdadero Noé, fuera de la cual no se halla la salud? Los que no saben mas de lo que por acá pasa, ni estienden los ojos á mas de lo que en España ven, no pueden fácilmente entender cuanto se sirve Nuestro Señor en aquellas provincias de los de la Compañia, que están siempre con las armas en las manos peleando con los herejes, y haciendo rostro como soldados valerosos al ímpetu infernal de su atrevida osadía. Mas los que habemos visto lo que pasa por allá, bien sabemos la grandísima necesidad que hay de quien resista y defienda lo poco que queda, y lo que hacerlo cuesta, y el provecho con que ello se hace. Basta decir que la institucion de la juventud y nobleza en que se ejercita en aquellas partes nuestros colegios, para instituir y enseñar en la fe á los que en la leche mamaron los errores de la herejía, nos hace esperar aun mejor suceso para adelante: y no menos el ver por las disputas que los nuestros y otros católicos contínuamente tienen con los herejes, que van ya perdiendo los brios, y tienen los ímpetus de hasta aquí muy debilitados y caidos. Y que muchos de los engañados van ya conociendo la verdad, y muchos de los católicos que dormian están ya despiertos, y los que velaban mas animados. Y no menos que los enemigos de Jesucristo y de su cruz tienen por enemigos á los jesuitas (que así llaman ellos á los Padres de la Compañía) porque la defienden, y porque no pueden con obras, los persiguen con palabras.

Pero el odio tan cruel que tienen á la Compañía, no es pequeña señal de lo mucho que Dios nuestro señor la quíere y la favorece. Sus baldones son nuestros loores, y sus persecuciones nuestra honra y gloria. Aunque no por eso los dejamos de amar como á nuestros prójimos, y querer como á los que fueron en un tiempo nuestros hermanos, y procurar su bien, como á hombres que con la sangre del purísimo cordero y sin mancilla Jesucristo fueron redimidos.

Pues el fruto que la Compañía ha hecho hasta ahora en las tierras y provincias de los católicos, mejor es dejarlo para que cada uno lo considere, que no quererlo explicar con palabras: así porque es cosa notoria, y que no tiene necesidad de declararse, sino de quererse advertir y considerar, como porque yo no podria contar sin vergüenza y confusion nuestra lo mucho que por su sola bondad y misericordia Dios nuestro señor ha sido servido obrar por este mínimo instrumento de la Compañía. A su divina Majestad (como á cuyo es) se dé la gloria y honra de todo, Amen. Esto es pues lo que toca á los de fuera.

Mas vengamos á las cosas que pertenecen á los nuestros, y son mas interiores y domésticas, y por eso mas ciertas prendas de la celestial virtud de don-

de ellas proceden. Primeramente (hablo con vosotros, hermanos carísimos, que sabeis que digo verdad) ¿por cuántas, y cuán diversas, y admirables vo-
caciones ha traido Dios á la Compañía muchos que
en ella están de casi todas las naciones del mundo?
¿Los cuales oyendo la voz de Cristo que los llamaba,
han dado al traste con todas las esperanzas y vanidades de este engañoso y miserable mundo? ¿y des-
pojados de sí, y de lo demás se han abrazado desnudos
con Cristo desnudo, y crucificádose con Cristo crucificado en la cruz de la santa religion? Lo cual tambien creo que se experimenta en las demás Religiones sagradas. ¿Pues aquella hermosura que en la
Compañía hace la semejanza de cosas tan desemejantes? ¿Cuán maravillosa es la igualdad que aquí
vemos de hombres tan desiguales en naturaleza, en
fortuna, en industria y costumbres? ¿Cuán suave
armonía hace la union y concordia tan entrañable
entre sí de naciones tan diversas y discordes? ¿y
la caridad y benevolencia tan estrecha con que se
aman unos á otros? ¿Pues qué dire de aquella milagrosa junta que vemos, de letras con humildad,
de prudencia con obediencia, de tanta juventud con
tanta castidad, y en los superiores, de gravedad con
afabilidad y mansedumbre? ¿Pues qué del cuidado
que tiene cada uno de la salud del otro, y la solicitud y cuenta con el bien público? ¿Qué alegremente se reciben nuestros hermanos cuando vienen, y
qué regocijadamente se despiden cuando se van? De

manera, que siquiera se hayan de quedar en un mismo lugar por mucho tiempo, siquiera se hayan de apartar á muy lejas tierras, siempre se ven estar con ánimo muy alegre, despegando su afecto de los lugares donde residen, y de sus amigos y devotos, como hombres que no se buscan á sí, ni tienen puestos los ojos en otros fines, sino en la gloria de su Criador y Señor, y en la salvacion de sus prójimos. Conozcamos, pues, hermanos carísimos, esta gracia divina, y seamos agradecidos por ella al Señor, y gocémonos que hasta ahora haya él plantado tales costumbres en nuestra Compañía, y esperemos que siempre con su favor será así: y procuremos con todas nuestras fuerzas que no falte por nosotros este tesoro y bien celestial, que por medio de nuestros padres nos ha sido comunicado.

Estos que he dicho tengo yo por grandes y certísimos milagros: y cuando atentamente los considero, no deseo otros mayores, ni mas, para entender la santidad de Ignacio. Porque si del fruto se conoce el árbol, como dice el Señor, y si no se cogen uvas de espinos, ni de las zarzas higos; si la fuente por un mismo caño no puede dar agua dulce y amarga, como dice el apóstol Santiago, no podemos negar, sino que es bonísimo y generosísimo el árbol de donde tantos y tan suaves frutos se han cogido, y caudalosa la fuente de donde tantos provechos han manado á la Iglesia de Dios. Mayormente si miramos en qué tiempos y lugares, y por qué personas

se han hecho estas cosas, y con cuánta y cuán porfiada contradiccion. Porque primeramente se han
hecho en estos nuestros tiempos, que sin duda son,
por una parte miserables, por las muchas y tan de-
satinadas herejías que en ellos se han levantado: y
perdidos, por el estrago y disolucion de las costumbres; y desdichados, por la falta de rigor y severidad con que ellos se habian de enmendar y corre-
gir: y por otra parte son tiempos llenos de tantas
y tan antiguas Religiones, cuantas hoy dia vemos en
la Iglesia de Dios. Por lo cual esta nuestra Compañía siempre ha sido á los herejes tan odiosa como
espantosa: y á algunos de los católicos ha parecido
poco necesaria, y aun á otros sospechosa. Pues si
miramos los lugares donde se han hecho, hallarémos
que no fueron hechas en rincones, ni en despoblados y desiertos, sino en los ojos de todo el
mundo, en las mas principales ciudades, y en las
mas insignes universidades de toda la cristiandad:
á vista de los papas, reyes y príncipes de la tierra,
pasando por el crisol y exámen de los hombres de
mayor prudencia, virtud y doctrina que hay en
Europa. Los que las han hecho son Ignacio y sus
primeros compañeros é hijos; los cuales cuando se
descubrieron al mundo, no eran tenidos por hombres
de sangre, ni de amigos poderosos, ni de grande
caudal de elocuencia y doctrina; antes parecian unos
pobres y abyectos hombres, y despreciados, y en la
apariencia de fuera muy bajos y viles. Para que se

viese que no eran ellos los que obraban, sino Dios el que obraba por ellos. El cual así como tomó doce pescadores para conquistar el mundo, y derribar la supersticiosa falsedad de la idolatría, y desarraigar de los corazones de los hombres la vanidad del siglo y regalo de la carne, y plantar en ellos la verdad de su fe y su divino amor: tambien tomó diez hombres de la calidad que habemos dicho para fundar esta Compañía, y mostrar tan conocidamente que es obra suya. Pues ¿qué diré de las persecuciones y tempestades que esta Compañía, antes perseguida que nacida, en su fundador y cabeza sufrió? ¿y qué de lo que luego como salió á luz, de todo género de hombres hasta este dia ha padecido? ¿Qué olas, qué turbiones no han pasado por ella? ¿qué tiros no la han batido? ¿con qué armas ardides y embustes no ha sido del demonio combatida y acosada? Paréceme á mí cierto de ella lo que san Hierónimo dice de la Iglesia católica, que con las persecuciones ha crecido, de todas las cuales la ha librado el Señor, y dado victoria por Jesucristo. Porque le ha acaecido lo que casi á todas las demás Religiones acaeció en sus principios; á las cuales hace Dios esta merced, que sean en este mundo pisadas como en lagar, para que dén el suave y oloroso vino con su paciencia y caridad, que como dice san Pablo, es gracia singular que no solo crean en Cristo, sino que tambien padezcan por su santo nombre.

Para poner pues fin á esta mi historia, digo, que

á mi juicio, ningunos otros milagros de Ignacio se pueden ni deben comparar con estos que habemos dicho, pues son tan grandes, y tan provechosos. Por manera, que aunque muchas cosas de las que en la vida de Ignacio hemos contado, no se pudieron hacer sin milagro ni sin virtud sobrenatural, como eran el estar una semana entera sin gustar cosa alguna, haciendo tanta oracion y penitencia, no sintiendo flaqueza ni faltándole las fuerzas; aquel éxtasis y enagenacion de sentidos por el espacio de ocho dias; tantas y tan grandes ilustraciones divinas; haber sanado al padre Simon de su peligrosa enfermedad, y dicho antes con tanta certidumbre que sanaria; y otras cosas que son sobre la fuerza y órden de naturaleza: y las que podríamos añadir de algunas personas que con solo tocar á sus vestiduras se libraron de graves enfermedades; aunque son ciertas, grandes y maravillosas, todavía como he dicho, las otras de que arriba he hablado (juntándolas con la vida purísima y santísima que hizo, y con los ejemplos admirables de virtudes heróicas que en él vimos) sin duda son mucho mayores y mas escelentes milagros y testimonios de la santidad de Ignacio, conforme á la doctrina de san Agustin y san Gregorio. De los cuales san Agustin dice estas palabras: «Los milagros de nuestro señor y salvador Jesucristo á todos los que los oyen y creen mueven; pero no todos de una misma manera, sino á unos de una, y á otros de otra. Porque algunos maravillándose de los milagros corporales, no echan de ver los otros mayores que en ellos se encierran. Pero otros hay, que lo que oyen haber hecho al Señor en los cuerpos, entienden que ahora lo obra en las almas, y de ello se maravillan mas. Ningun cristiano pues dude que hoy dia en la Iglesia de Dios se resucitan muertos; mas todos los hombres tienen ojos para ver resucitar los muertos, que resucitan de la manera que resucitó el hijo de la viuda, del cual al presente tratamos, mas no todos tienen ojos para ver resucitar á los que están muertos en el corazon, sino solos aquellos que en el corazon han ya resucitado. Mayor milagro es resucitar el alma que ha de vivir para siempre, que no resucitar el cuerpo que ha de tornar á morir.» Hasta aquí son palabras de san Agustin. El glorioso san Gregorio tratando esta cuestion con Pedro diácono su discípulo, el cual habia dicho que le parecia el mayor milagro de todos estos corporales el resucitar los muertos, y darles otra vez vida; responde con estas palabras: «Si miramos solamente á las cosas visibles, así es como decís, Pedro, pero si abrimos los ojos interiores del alma, y consideramos atentamente lo que no se ve, hallarémos que es mayor milagro sin duda, convertir á un pecador con la palabra de la predicacion y con la fuerza de la oracion, que no dar vida al cuerpo muerto. Pues en el uno recibe vida la carne que ha de tornar á morir: en el otro el ánima que ha de vivir para siempre. Porque, ¿cuál piensas que fué mayor milagro del Señor, ó resucitar á Lázaro cuatriduano, y dar vida al cuerpo que olia ya mal en la sepultura, ó resucitar el alma de Saulo que le perseguia, y trocarle en Paulo, y hacerle vaso de eleccion? sin duda que fué mucho mayor milagro, y de mayor provecho para la Iglesia de Dios, el convertir á Paulo, que el resucitar á Lázaro: y así es menos resucitar el cuerpo muerto, que no el alma, si ya no se juntase con la vivificacion del cuerpo la vida del alma, y con la obra de fuera se acompañase la de dentro, dando Nuestro Señor su lumbre y amor al alma, á cuyo cuerpo da tambien vida.» Y en otra parte enseñando que la santa Iglesia cada dia obra espiritualmente lo que en sus principios corporalmente obraba, dice: «Estos milagros presentes ciertamente que son tanto mayores que los otros corporales, cuanto en sí son mas espirituales; tanto son mayores, cuanto es mayor su efecto, pues por ellos no se resucitan cuerpos, sino almas. Porque los otros milagros corporales, aun que es verdad que alguna vez muestran que el hombre es santo, pero nunca le hacen santo: mas estos otros milagros espirituales que se obran en el alma, no son señales de la virtud que está en ella, sino obradores de la misma virtud. Los milagros corporales puédenlos tener los hombres malos y pecadores, mas de los espirituales, no pueden gozar sino los justos y los santos.» Todo esto es de san Gregorio.

San Eulogio, mártir glorioso de Córdoba, respondiendo á los moros y á los tibios cristianos que en su tiempo no tenian por verdaderos mártires de Jesucristo á los que morian por su fe, porque no hacian los milagros que otros mártires antes habian hecho, concluye con estas palabras : «Finalmente, cuando la divina Providencia obra los milagros ó por la fe de los que creen, ó por la incredulidad y mayor castigo de los presentes, no debemos nosotros maravillarnos tanto de los milagros que se hacen, cuanto considerar atentamente si los obradores de estos milagros, han desechado de sí los vicios, y son esclarecidos en virtudes. Si son muertos al mundo y viven á Dios : si por aquella caridad que sobrepuja á todos los otros dones de Dios, huellan y ponen debajo de sus piés todos los apetitos y regalos y blanduras del siglo : si usan del don de hacer milagros, no para su honra, sino para gloria del Señor que se le dió : si siguiendo de todo corazon la doctrina del verdadero Maestro, no se gozan porque los demonios los obedecen, sino porque sus nombres están escritos en el cielo. Estas virtudes son mas admirables en los que obran milagros que los mismos milagros que obran. Porque habemos de buscar y estimar mas lo que nos lleva por mas derecho camino al cielo, que no lo que nos hace maravillosos en los ojos del mundo : y la santidad verdadera y el temor santo del Señor, no pueden caber ni hallarse, sino en el corazon de los varones justos y perfectos ; pero los milagros puédenlos hacer, así los varones santos como los malos.» Esto dice san Eulogio nuestro español.

Esto es lo que principalmente me ha parecido decir de la vida y costumbres de Ignacio, para que la memoria de nuestro Padre (como suele acontecer en las cosas humanas) no se nos fuese envejeciendo y perdiendo poco á poco: y para que los nuestros tengan siempre delante un dechado perfectísimo, de donde puedan sacar las muestras de todas las virtudes. Lo cual si yo alcanzare, tendrémos todos de que dar muchas gracias al Autor de todos los bienes: y si no lo mereciere alcanzar, á lo menos espero que á vosotros, carísimos hermanos (por quien principalmente yo le he tomado) no dejará de ser acepto y agradable este mi pequeño trabajo.

PANEGÍRICO

EN HONOR

DE SAN IGNACIO DE LOYOLA. (*)

Gloria Domini plenum est opus ejus. *Eccli. 42.*

Si la virtud y la gloria, fruto esta, y raiz aquella del mérito, son los dos únicos objetos dignos de una justa alabanza; y si todo panegirista debe concretarse segun las reglas del arte en el solo carácter del héroe; inútil os parecerá, oyentes, que yo espere ante vosotros la recomendacion, siempre agra-

(*) Habiéndose ya hecho rarísimos los ejemplares de este célebre panegírico, predicado en la ciudad de Parma por el reverendo P. Cárlos Borgo de la Compañía de Jesus, poco tiempo despues de la estincion de este instituto por el Papa Clemente XIV; creemos hacer una obra agradable á los devotos del Santo Patriarca, insertando á continuacion de su *Vida* uno de los mas ilustres elogios, qne se habrán hecho en honor suyo, y que es al mismo tiempo una notable pieza de elocuencia sagrada.

dable, de la novedad: acerca de vosotros, digo, que imbuidos en la historia del Santo y en las reglas del arte, estais acostumbrados á venerar en Ignacio al *glorificador divino glorificado*. En efecto, la sola divina gloria constituye el carácter peculiar de este Santo: la gloria que procuró á Dios fué la raiz de la santidad de Ignacio, y la gloria que Dios le devolvió fué el fruto. Sin embargo este peculiar carácter de santidad testificado por tantos historiadores, encomiado por tantos panegiristas, autenticado por tantos pontífices y tan conocido de todos, antiguo tema de tantos y tan uniformes panegíricos, lo será hoy de un panegírico enteramente nuevo, y de un panegírico enteramente propio de este glorificador divino glorificado: y yo seré el primero que haya podido, ya que no ejecutar dignamente, á lo menos tentar sin sospecha un encomio proporcionado á vuestro Ignacio.

Porque, observad; un tal encomio no pudo nunca hacerse cumplidamente por los hijos de Ignacio, obligados por modestia á callar las pruebas mayores del mérito de su Padre; ni pudo hacerse por estraños, porque apenas conocian algo de estas pruebas relevantes. Yo soy pues el primero para vosotros que pueda saberlo hacer con plenísimo conocimiento de causa, por haber sido tantos años hijo de Ignacio; y que pueda quererlo hacer con plenísima libertad de estraño cual para Ignacio me veis. Pero ¡ay de mí! que este corazon se subleva

y rehuye el ánimo una mudanza (*), la cual sin
embargo el espíritu obediente debe adorar. Perdo-
nad, señores, si no puedo disimular, como el arte
exigiria, mi amor todavía apasionado por Ignacio: y
pues lo sabeis, reflexionadlo. Yo haré el panegírico
de Ignacio con verdadera pasion: precaveos por
tanto, y cautelaos de todo aquello que la elocuencia
pudiera dictarme de lisonjero. Mas yo lo haré con
un conocimiento pleno y entera libertad; y os ase-
guro que toda cautela se os hará inútil, porque una
abundancia suma de cosas, magníficas las unas por
su grandeza, singularísimas las otras por su mérito,
y otras nuevas y nunca oidas os sorprenderán y des-
lumbrarán con una luz tan vigorosa y tan pura, que
confesaréis con placer, haber sido esta la primera
vez, que habeis comprendido, cuan grande sea en
Ignacio aquella antigua idea de EL GLORIFICADOR
DIVINO GLORIFICADO. *Gloria Domini plenum est
opus ejus.* Empecemos.

PARTE PRIMERA.

No una gloria cualquiera, sino la mayor gloria de
Dios fué el blanco de todas las obras de Ignacio.
Lo dice la historia, y lo confirma la Iglesia. Para
probarlo conviene manifestar, que Ignacio procuró

(*) La de haber tenido que pasar el orador del estado religioso al secular por efecto de la estincion de la Compañía de Jesus.

á Dios con todas sus fuerzas una gloria *entera, uni-versal y perpétua;* y esto es bastante para sentir la deduccion necesaria del completo carácter del *glorificador divino glorificado.* Y ved ahí los dos puntos que la comprenden : solicitud de Ignacio en procurar á Dios una gloria, entera, universal, per-pétua : cuidado de Dios en devolver igualmente á Ignacio una gloria entera, universal, perpétua.

Empiezo por el primero : Es un ya conocido pa-ralelo entre Pablo derribado junto á Damasco, é Ig-nacio postrado en Pamplona : continuemos la seme-janza. Rapidísimos fueron los pasos de la conver-sion de entrambos, apresurándose la gracia á ins-truirlos acerca de su altísimo destino. Al modo que á la voz de Ananias se le abrieron á Pablo los ojos del cuerpo; así una repentina luz abre los del alma al enfermo Ignacio, invitándole al mas noble fin de la santidad, cual es la pura y sola gloria de Dios. Al toque divino salta del lecho Ignacio, y postrado ante el Altísimo se consagra del todo á su mayor glo-ria. Convertido de pocos dias se obliga al acto mas heróico , cual es el de esponer su propia vida por la gloria de Jesucristo , con el voto de ir á predi-carlo á los mahometanos de Palestina. Al pronun-ciar el voto Ignacio , tiembla repentinamente con espantosos sacudimientos el palacio así como en otro tiempo por los apóstoles el dia de Pentecostés , avisase tambien ahora Dios al mundo de la mision apostólica que á Ignacio conferia. Ignacio fué en efecto desde aquel momento el hombre de la gloria de Dios. *A prima sua conversione omnes suas cogitationes verba et opera ad Dei gloriam destinabat.* Así habla de Ignacio Gregorio XV.

Suspende en el altar de la Vírgen Maria las armas de la gloria del mundo, viste las nuevas de la gloria de Dios, cuales son: un tosco saco en el cuerpo, y en el corazon una total renuncia de sí mismo: y hasta que se le proporcione navegacion para Palestina, va á sepultarse en aquella gruta de Manresa, de la cual acostumbrais á oir tan grandes cosas. Con todo guardaos de mirar en Ignacio un simple penitente solitario. Esta soledad fué la escuela donde la divina gloria instruyó á su nuevo soldado en la táctica de sus combates. Pablo ciego, en ayunas, orando en Damasco; ved el modelo de Ignacio en Manresa. Mientras Pablo aflige su cuerpo, su espíritu, arrebatado hasta el tercer cielo, oye palabras misteriosas, y es formado maestro de las naciones. Tal se santifica Ignacio en su gruta. Todo cuanto aquí ois y contemplais, todo es gloria de Dios. *Gloria Domini plenum est opus ejus.*

¡O gruta silenciosa! ¡ó perpétuas lágrimas! ¡ó ayunos hasta desfallecer! ¡ó largas vigilias! ¡ó sueños atormentados! ¡ó cilicios! ¡ó cadenas! ¡ó disciplinas! ¡ó sangre que brotas de todas partes! ¿es ella la que aquí habita, y así reina aquí la Reina antigua de la Tebaida y de Nitria? No, oyentes: que esta es aun penitencia: mas el ordinario espíritu de la penitencia aquí. no se conoce : no : el deseo de descontar la deuda penal, ni de mayor mérito para el cielo, no es el fin principal de las asperezas de Ignacio. Lo mismo se martirizara aun cuando no hubiera para el pecador infierno que temer, ni para el justo cielo que esperar : sus pecados fueron menoscabo de la divina gloria; su penitencia puede repararle. Hé ahí el blanco de sus austeridades. Ignacio no piensa en sus propios intereses, bien que santos, sino en solo Dios. Y si piensa en santificarse y salvarse, lo desea únicamente para que en su santidad Dios sea glorificado.

Lo que de su penitencia os he dicho, pensadlo igualmente de todas las virtudes de Ignacio. La gloria de Dios diérale los medios, escogia los actos, dirigia los modos, vencia las dificultades, galardonaba las victorias. Recordad, oyentes, los preclaros ejemplos que conoceis, y de ello encontraréis en todos la prueba. Una sola tocaré, y esta de paso : el dominio que en Ignacio tuvo el deseo de la divina gloria sobre su mismo amor de Dios. El amor de Dios fué muy pronto en Ignacio, lo que de ordinario en los santos suele ser hácia el fin de su carrera. Sin buscar de ello la causa en los subidos conocimientos que Dios le daba de sí, preguntádselo solo á las apariencias sensibles : preguntadlo á aquellos ardientes suspiros, á aquellos mortales latidos del corazon, á aquel fuego que enardecia su rostro, á aquellos deliquios en que caia con solo oir el nombre santo de Dios, y entenderéis el violentísimo atractivo, que debia sentir Ignacio, á abandonarse al ocio beatífico de la oracion; pero sabed luego, que ningun santo fué mas que Ignacio dueño severo de los deseos beatificadores y santos de su amante corazon. Por la divina gloria deja Manresa, abandona la Palestina. Mas ¡cómo pudo dejar la Palestina sin morir! y ¿á dónde va Ignacio? y ¿qué es lo que va á hacer?... Vedle en una escuela entre el infantil bullicio el caballero, soldado, solitario, santo y de treinta años de edad, balbucear el latin y ejercitar la memoria, y consumir en ella..... ¡ó hombre, ó hombre estraordinario de la divina gloria! Para dar á Dios una gloria entera ha comprendido que necesitaba ciencia, y ved ahí porque ha emprendido la carrera de las letras humanas y divinas, y la continuará con inmensas fatigas hasta salir gran teólogo. En vano el delicioso amor parece darle voces, y con el amor santo en vano conspira el demonio malicioso. El amor activo de Ignacio renuncia á aquel, y elude á este: amor glorificador dueño severo del amor delicioso. *Gloria Domini plenum est opus ejus.*

Despues de un tal sacrificio, ¡qué serie de acciones no le aguardan! A vosotros tan bien informados de ellas, bastará con solo insinuároslas. Ignacio recorrió todos los caminos que podian llevarle á la divina glorificacion, sin jamás oponer dilacion alguna. No le espantó la infamia, ni le sedujeron los aplausos ; *per gloriam et ignobilitatem.* España, Francia, Italia le vieron ora llamado impostor, ora aclamado como oráculo de sabiduría y santidad : no le abatió la necesidad, no le envilecieron los insultos ni las cárceles ; *in angustiis, in plagis, in carceribus, in seditionibus:* vendido de aquellos á quienes colmó de mayores beneficios, moribundo de pura hambre, cargado de cadenas, malparado por los golpes, se levanta á mayores fatigas ; *in laboribus in longanimitate.* Do quiera que se vuelva el alma no se halla segura de los impulsos de su caridad : caridad armada solamente de paciencia, de prudencia, de suavidad; *in multa patientia, in suavitate, in charitate non ficta.* Para salvar al prójimo le es indiferente la muerte y la vida ; del mismo modo disputa en las academias, que catequiza á los niños ; predica en las iglesias, é instruye en las cárceles ; da consejo en los palacios, y asiste en los hospitales. Se sienta ahora en un convite, y luego se sumerge hasta la garganta en un helado estanque. No hay ministerio al que no se aplique, condicion á que se niegue, lugar donde no se insinue. Su mas vivo deseo seria multiplicarse, para hallarse á un mismo tiempo en las plazas do esterminar las blasfemias, en las tiendas para regular los contratos, en los tribunales á fin de sostener la justicia, en las cortes para moderar las ambiciones, en los monasterios para hacer reflorecer la observancia. Hombre sediento al par que insaciable de la divina gloria, podria decir con san Pablo. *Os nostrum patet, cor nostrum dilatatum est:* (II Cor. 6. 11.) que es precisamente lo que en segundo lugar os decia, conviene á saber; que Ignacio procuró á Dios una gloria no solo entera en sí mismo, sino universal en los demás.

Tal fué Ignacio desde un principio: como el sol que apenas se muestra en el horizonte por la madrugada inunda con sus resplandores la tierra y los abismos: *Sol illuminans per omnia respexit, et gloria Domini plenum est opus ejus*, desde un principio encaminó Ignacio á universal magisterio las pruebas y las luces con que Dios formara su propia santidad. Hablo del libro de los Ejercicios, en el cual redujo á arte Ignacio la universal glorificacion de Dios; puesto que con ellos cualquiera situacion de alma, cualquier temple de conciencia puede conducirse á salud con direccion suave y segura. A su eficacia no opone obstáculo ni índole de nacion, ni variedad de deberes, ni tiranía de pasiones: en ellos encuentra la santidad leche con que alimentarse, escuela en que instruirse, armas con que defenderse, luces para perfeccionarse. Librito de oro divino por el cual solo seria Ignacio apóstol del mundo. Mas no se creyó tal por esto solo Ignacio; antes cuanto mas descubre las fuerzas de esta apostólica espada, mas se duele de no tener mil diestras con que blandirla.

Vedle pues ocupado en multiplicarse á sí mismo

con la fundacion de la Compañía de Jesus : y hénos aquí llegados á la principal parte de su carácter. Así lo espresa la Iglesia : *Deus, qui ad majorem tui nominis gloriam propagandam, novo per Beatum Ignatium subsidio militantem Ecclesiam roborasti.* Así Gregorio XV y Urbano VIII compendiaron sus merecimientos en esto solo : *Vir vere quem prœelegerat Dominus, ut eorum dux foret, qui portarent nomen ejus coram gentibus et populis.* En la Compañía de Jesus es pues donde deben buscarse principalmente los méritos y dones de Ignacio; como los de Moisés en la liberacion y gobierno de los israelitas, y los de Josué en la conquista de Canaan. Como pues Moisés en Egipto y Josué en las riberas del Jordan; así desde Roma miró Ignacio como campo de su celo el universo entero, y en este los intereses de la divina gloria. Pero ¡ en qué estado! Donde la fe permanecia intacta, ¡qué depravacion de costumbres por la ignorancia de la doctrina cristiana, por la poca frecuencia de sacramentos, por la escasez de la divina palabra! Enrique VIII hacia que se rebelase la iglesia de Inglaterra contra la Iglesia católica. Calvino empezaba á envenenar la Francia, y Lutero seducia la Alemania, amenazaba á Roma y el imperio mismo bamboleaba. El descubrimiento de la América y de mares desconocidos que daban entrada al Oriente ¡ qué inmensa miés no ofrecian á los segadores evangélicos! La Iglesia suspiraba por ellos; formólos Ignacio, y á la Iglesia los dió por instituto, y por voto espreso obligados á esta, dónde y como los quisiese; esclavós, soldados víctimas de la universal gloria de Dios. *Sol illuminans*, etc.

Ignacio estará pues satisfecho habiendo encargado á su Compañía todos los medios de la divina gloria: á ella la educacion pública en las escuelas y seminarios, donde las necesidades y ornamentos todos de la república se vieron por primera vez convertidos en ministros de la piedad y de la fe: á ella la propagacion de la devocion, de los Sacramentos, del culto sagrado en las iglesias y congregaciones, donde cada clase de la sociedad tuvo por vez primera escuela propia de santidad: á ella el catecismo de los rudos y de los niños, como palestra donde se aguerriesen: á ella las cárceles y los hospitales, como descanso de otros ministerios mas graves: á ella las imponentes flotas y las armadas formidables, ambicion de corazones esforzados, ó para noviciado de las misiones entre bárbaros, ó para encontrar en el contagio, en los naufragios, en el hierro, en el fuego una muerte mas bella, por menos alabada: á ella en suma toda la predicacion apostólica en la ciudad y en el campo, en los templos y en las plazas, entre gentes civilizadas y entre salvages; universalidad de ministerios que dividida entre tantas órdenes religiosas las ocupa todas y junta por instituto indivisible de Ignacio, encargada á la Compañía de

29

Jesus, la producia la universal glorificacion de Dios. *Sol illuminans* etc.

O grandes conquistadores del siglo ! ¡cuán mezquinos fueron vuestros corazones, escasa vuestra felicidad! Ignacio que sin moverse de Roma anima y dirige apenas cuarenta hijos suyos, y con ellos guerrea y vence en todas las cuatro partes del globo; hé ahí la idea que humilla los héroes todos de la fábula y de la historia.

Se me figura, OO, que la idea del corazon de Ignacio traspasa ya los límites de cuanto ahora habiais pensado de él, y sin embargo ahora empiezo á descorrer el velo que encubre su corazon, mayor que todo concepto. ¿Lo creeriais? Ignacio no está satisfecho de tanto como para la gloria de Dios obtiene en todo el mundo. Bien dijo Gregorio XV, que Ignacio abrigaba un corazon mas vasto que el mundo: *Animum gerens mundo majorem.* Ni me es dado á mí encontrar semejanza mas propia que el Océano, el cual con el contínuo tributo de tantos rios nunca rebosa. *Omnia flumina intrant in mare et mare non redundat.* (Ecl. 17). Venid y ved los sentimientos al leer las cartas de sus compañeros dispersos: la que tiene en sus manos y está leyendo, es la de Silvestre Landini en la mision de Córcega: Ignacio se conturba: mísero reino mas ha de sesenta años privado de obispos; encenegado el clero en la ignorancia y en los vicios, el pueblo, que conserva apenas el nombre de cristiano, se halla entregado nada menos que á la poligamia, á los hechizos, á los homicidios: pero en pocos meses la isla queda trasformada; el clero es honesto, son frecuentados los sacramentos, olvidados los odios, universal la penitencia. Ignacio se tranquiliza: ¿y nada mas? ¿y cómo de cosa poca va en busca de cosas mayores? Sí: *flumina* etc. Esa carta es de Sicilia y contiene una relacion de los motivos y principios del primer colegio abierto en Mesina; los motivos son los merecimientos de un solo hijo de Ignacio: Domenech, que en poco mas de un año se hizo apóstol de la Sicilia, por los abusos que desarraigó, por la irreligion corregida, por los monasterios reformados y por las pias obras en todo género sólidamente establecidas. ¿Y los principios? La fama de los nuevos maestros les trae de toda la isla y hasta de la Calabria la flor de la juventud de ambos reinos, y bien conoce Ignacio, que con ellos tiene en su mano la santificacion de tantas ciudades. ¿Y no está satisfecho de tanta gloria de Dios? No: *flumina* etc. Dadme aquel pliego de Alemania: lée, lée ó padre feliz! lo que allí obra tu espíritu glorificador: lée Colonia y su estado arrancado de las fauces de su luterano arzobispo Herman; lée en Espira, en Ratisbona, en Ingolstadio, en Worms la germánica religion ya moribunda; restablecida á la vida: ¿Y estos? son los testimonios de gratitud del piadosísimo rey Fernando de cuyos estados en Austria apenas la trigésima parte habia quedado libre de la herejía. ¿Y es-

tos? son cartas gratulatorias de los legados pontifi-
cios y de tantos obispos del sacrosanto Concilio, que
ensalzan los méritos de tus hijos, y quienes bebido
allá en Trento tu espíritn en los santos Ejercicios, lo
llevarán á fructificar por todo el mundo católico :
¿Ni aun así feliz Padre tu corazon se satisface? No :
flumina etc. Así es que continua leyendo de Italia,
de Francia, de España, de Irlanda, de Portugal,
de Etiopía, de América y sigue llorando, mas aun
de deseos que de gozo. Haced pues ó vosotras,
preciosas cartas del gran Javier la última prueba de
ese inmenso corazon. ¡Cuántas islas, ó Ignacio,
cuántos reinos, cuántos idiomas adoran ya!... Mas
en vano, que antes bien las conquistas de tan gran
hijo encienden mas y mas el celo de Ignacio; y sobre
el mapa donde ha estado reconociendo hasta ahora
los primeros vuelos de su tierna Compañía, muestra
llorando á los pocos hijos que le rodean, otros reinos que no conocen todavía á su amado Dios y Señor. Id, les dice, id, ó caros hijos, que mucho ¡ah!
mucho queda para vosotros. *Ite, incendite omnia,
inflammate omnia.* Al llanto de tan gran Padre
responde el llanto de sus generosos hijos, y sus encendidos deseos descienden como otros tantos rios,
en los de Ignacio y aun no le contentan. *Sol illuminans* etc. *flumina* etc. Quede por tanto probada la
solicitud de Ignacio en procurar á Dios una gloria
universal. Solicitud de Ignacio en promover perpétuamente esta misma gloria. Probémoslo.

Fácil es la prueba, me decís, mostrándome tantas obras pias fundadas por Ignacio; la del Refugio, de los Huérfanos, de las doncellas que peligraban, de los catecúmenos, del colegio germánico; esto solo ¿qué trozo tan magnífico de elocuencia no puede prestar? precisamente como lo oimos no ha muchos años desde este mismo lugar. Finalmente la Compañía misma de Jesus, la obra maestra de Ignacio, que abraza todos los medios de la divina gloria; esta obra en la intencion de Ignacio, y por su propia naturaleza como otra religion cualquiera perpétua, basta para patentizar su anhelo por procurar la perpétua gloria de Dios. Sí; OO., una sola religion fundada bastaria para otros santos, mas no para uno cuya solicitud de la gloria y de la mayor gloria de Dios debiera ser un nuevo peculiar carácter de santidad, nó; para un santo adornado por Dios con todos los dones de naturaleza y gracia proporcionados á tal carácter, no para Ignacio. Una religion, perpétua por su naturaleza, puede por ciertos accidentes dejar de serlo, mereciendo por la pérdida de su propio espíritu su ruina. Luego el deseo de la perpétua gloria de Dios, para ser digno de Ignacio, debia formar tal la Compañía, que no debiese temerse jamás en ella la pérdida de su espíritu glorificador. Tal en efecto la formó. Un bosquejo os debo ahora de lo que la mas fina prudencia del hombre grande y la mas sólida ciencia del hombre santo dictó á Ignacio para obtenerlo. Mas en el sistema de las constituciones de Ignacio, en aquel sistema cuya primera traza hizo que esclamara Paulo III, que estaba dictado por Dios mismo, *Digitus Dei est hic*; ¿qué capítulo escogerémos entre tantos? Sea el del celo.

Para perpetuar el espíritu de celo en la Compañía, le quitó Ignacio todos los peligros, y le dió todos los medios mas seguros para acrecentar el fervor. Los peligros del celo apostólico son: la ambicion, el interés, la ociosidad. Previó Ignacio que por la veneracion de los pueblos, el aprecio de los príncipes, la prediteccion de los Pontífices, la ambicion andaria siguiendo, como enemigo insidioso, los pasos de sus queridos hijos; opuso pues al soberbio monstruo un voto espreso de no pretender jamás, ni siquiera buscar indirectamente dignidades ni preeminencias, ni en la religion ni fuera de ella; y de este modo imposibilitado el fin, cortó de un golpe el camino á la tentacion. Voto lleno de sabiduría, al cual fué tan deudora la sociedad de Ignacio en procurar perpétuamente la gloria divina, pues que por él continuaba la Compañía poseyendo segura los grandes hombres que formaba; y la vista y escuela de los apostólicos ancianos, iba formando sin cesar otros nuevos, quienes envejeciendo á su vez, dejaban siempre á los jóvenes al morir, cual herencia recibida de Ignacio, el amor á las fatigas y la confianza en las victorias.

Fatigas y victorias por las cuales no dejó Igna-

cio otro premio que esperar, sino la sola gloria de
Dios; haciéndoles un delito de aceptar ó poner los
ojos en humanas recompensas por sus trabajos. Ni
las prolongadas vigilias de los silenciosos estudios,
ni los sudores trabajosos del público magisterio, ni la
humilde ocupacion del servicio doméstico, ni la di-
fícil aplicacion al gobierno eran parte á dar derecho
alguno á ventajas temporales, de las cuales por con-
siguiente la vil lisonja no podia sacar mas partido
de los honrados árbitros de la conciencia de los monarcas, que de los misioneros de los desnudos ca-
fres y de los iroqueses. El cuidar de la espropiacion
entera en el corazon de los súbditos, dejósela encomendada al general como la niña de los ojos de
su gobierno, autorizando á los súbditos para resi-
denciar el desinterés del general. ¡Maravillosa reci-
procidad de arte! pues que estando cierto el general de no tener jamás conniventes entre los súbditos,
era siempre libre en el rigor. Rigor, no obstante que
estremo en la teoría de la virtud, lo convirtió Ignacio en una suavidad práctica con otro rigor de vida
enteramente comun, cuyo efecto observado menos,
si bien que muy cierto era, que no debiendo jamás
los súbditos pensar en sus necesidades, en un je-
suita no digo santo, pero no malvado, el interés se
convertia en tentacion descoñocida.

Y ¿que diré del ocio tercer peligro para la perpetuidad del celo? O vil enemigo, ¿porqué prodi-
gio perdias siempre al dintel de las casas de Igna-

cio toda tu esperanza? Entremos, OO., y no en
aquellas casas de Ignacio donde, como en aquella
de Daniel, era un contínuo ir y venir de los ángeles de las ciudades y de las naciones, trayendo los
votos y llevando los auxilios á las gentes que les estaban confiadas : entremos en las que el apostolado
parecia callar durante los largos años de la educacion. El deseo de la gloria de Dios hizo á Ignacio
educador de sí propio. Acordaos, OO., de Dios
que criando á Adan, lo introduce en el paraiso
terrenal. Adan recien salido de la nada, me representa los hijos de Ignacio, el paraiso las casas donde Ignacio los educa. Dios criador fué ciertamente
el original al cual procuró Ignacio conformarse, segun la intencion que entonces tuvo Dios de espar-
cir las primeras semillas de su glorificacion por todos los siglos venideros. Como el soplo de Dios inspiró á Adan la vida, así inspiraba Ignacio á sus
hijos el espíritu único digno de apóstoles, espíritu
interno de amor ; aquel espíritu al cual llamaba la
estática Magdalena de Pazzis, el espíritu mas feliz
de la tierra ; espíritu que se engendraba del amor
de Dios, digno del amor y honor de todo el mundo;
espíritu que sacaba fuerza de la suavidad, obediencia de la libertad, prontitud de la discrecion : al
modo que Dios quiso con las delicias del paraiso
instruir y enamorar á Adan, *posuit eum in para-
diso voluptatis* (Gen. 2, 15). Y tanto era menester para que el celo de la divina gloria diese los

primeros indicios en los tiernos hijos de Ignacio ; siendo imposible amar á Dios por sí mismo , y no desear á su tiempo glorificarle : espíritu de amor que se convierte luego en glorificador. *Posuit eum*, etc. *Et gloria Domini*, etc. Dulces y caras memorias, que no oí, que no leí nunca de los sagrados apóstoles : sentir deseos superiores á la edad ! desear trabajos superiores á las fuerzas ! frutos mayores que las esperanzas ! Pues Ignacio hacía que la leche con que los alimentaba fructificase en aquellos parvulillos la glorificacion divina ; al modo que cabe las delicias del paraiso quiso Dios que Adan trabajase para su gloria. *Posuit eum*, etc. *Et gloria Domini*, etc. Mudaba despues Ignacio el objeto de la erudicion, mas nunca el espíritu de la educacion. Despues del uso del silencio , árbol de la vida, esto es de la sola ciencia de los santos en el noviciado , les ponia á la mesa de los frutos de todas las ciencias profanas y sagradas , semejantes á aquellos árboles ó plantas, que hermoseaban el paraiso de Adan ; pero dándoselas mas como cebo para atraer á los hijos del siglo , que como pasto para su propia conservacion , la cual sacaba siempre de los frutos del árbol de la vida , que era, la cotidiana comunicacion con Dios por medio de la oracion , el doble exámen de su corazon, el anual retiro de los santos ejercicios, el renovar dos veces todos los años los votos religiosos , y con ellos el empeño contraido de procurar siempre la divina

gloria. *Produxit Deus de humo omne lignum.....
lignum etiam vitæ in medio Paradisi........*
(Gen. 2, 9). Veíanse así los hijos de Ignacio pasar
con avidez de las sutilezas de las matemáticas sublimes, á la bajeza de los catecismos á los rudos;
de la magnificencia de las meditaciones filosóficas,
á la horrura de los calabozos; de la amenidad de
los poetas, á la fetidez de los hospitales; espíritu
interno de amor convertido en espíritu glorificador,
espíritu adulto ya, fuerte, infatigable. Ved, OO.,
porque el ocio perdia siempre al umbral de la puerta de las casas de Ignacio toda su esperanza. Que si
desgraciadamente algun hijo suyo daba oidos á las
serpentinas astucias del mundo, y su corazon se-
ducido se enamoraba del fruto vedado; ¡ay! Adan
prevaricador era luego arrojado del paraiso de Ignacio: ni talentos, ni intercesiones, ni méritos algunos eran parte para conservar al incorregible. Severidad prudentísima y benemérita de las constituciones, del espíritu de la religion que Ignacio quiso hacer tal, que con la perpetuidad de su espíritu
sirviese perpétuamente á la divina gloria.

¿ Podia en Ignacio el anhelo por la gloria divina
hacer mas de cuanto hizo? Y ¿la vida y las obras
de Ignacio podian estar mas llenas de esa misma
gloria? Demostrado pues el primer punto conviene
á saber, esa solicitud de Ignacio en procurar á Dios
una gloria entera, universal, perpétua, volemos al
segundo; cuidado de Dios en devolver á Ignacio

una gloria tambien entera, universal, perpétua.
Favorecedme todavía un poco con vuestra benévola
atencion.

PARTE SEGUNDA.

¡Con cuánta alegría vuelvo, ó Ignacio, á recorrer
las huellas de tu vida donde todo ha cambiado! Ignacio ocupado todo en dar á Dios una gloria entera. ¡Qué série de sacrificios, de fatigas, de padecimientos! ¡camino áspero, erizado de agudos hie-
los! Pero no es ya el mismo; todo son flores y lo-
zanía. El benéfico amor de Dios reina en él, y llen a
de gloria á Ignacio: *Gloria Domini*, etc.

¡O oscura gruta de Ignacio! eras un dia desco-
nocida á la misma ciudad de Manresa, y ahora por
tí Manresa es famosa. ¿A qué objeto aquí los preciosos mármoles? ¿á qué tanta plata, tantas antor-
chas, tantas súplicas, tantos votos? Así glorifica
Dios la penitencia de Ignacio. Dinos ahora, ó gruta, las glorias antiguas que viste en tu Ignacio:
y vosotras, riberas solitarias, contad al peregrino
que os visita los favores divinos que tanto mas seguian á Ignacio, cuanto él para glorificar á Dios
mas huia de ellos. Son ellos los favores sumos de las
comunicaciones divinas, premio de Ignacio por su
desprendimiento de la contemplacion. ¡Oh! ¡cuán
á menudo allí los santos, y los ángeles, y su Reina, y Jesus mismo bajaban á visitarle y á tratarle
con una beatífica familiaridad! Las infusiones sua-

vísimas del amor divino eran tales, que por milagro no le consumieron: los destellos de la divina
luz comenzaron ya desde entonces á inundarlo con
avenidas estraordinarias aun en los mismos santos, y cuales él no se podia esplicar á sí mismo.
Correspondencia muy propia de Dios á los tedios
indecibles de sus estudios tomados para su mayor
gloria, y correspondencia muy á propósito para que
convirtiese á gloria de Dios todas las gracias que
recibia. De aquí es que cuanto Ignacio mas recibia
de los favores divinos, tanto mas divinamente hablaba, y divinamente escribia. ¡Qué maravilla pues
que pudiese con tanta facilidad ablandar corazones
de mármol, domar los altivos, amansar los indómi-
tos, y su modo de instruir y dirigir las conciencias
fuese tan profundo, tan propio, que mas se aprendia en un coloquio con Ignacio, que en muchos
volúmenes de disputadores maestros! Desde que le
enseñó Dios la meditacion razonada, este era su
estudio no solo para sí mas tambien para los demás.
Y vedle desde luego recibir de Dios gloria por
gloria. Mientras escribia Ignacio el libro de los
Ejercicios en la presencia de Jesus, Maria era
quien le iba dictando; y no advertia Ignacio que
escribia no ménos que para la santificacion del
mundo, para su propia gloria. Bien lo advirtió el
mundo, cuando vió aquel libro aprobado por la
Iglesia como admirable, y alabado de grandes hombres como el mejor despues de las santas Escritu-

ras ; y reconocido de grandes santos como principio y guia de la santidad, y de aventajados maestros de perfeccion estimado como un nuevo magisterio divino de afectos reducidos á método teológico, y de los diversos espíritus sujetados á cri-
terio teológico tambien con discrecion no falible.

¿Acaso pretendo recorrer todos los pasos de
Ignacio? Ya lo sabeis, OO., lo que de Ignacio conoceis es la parte del panegírico que os toca. Man-
dad pues vuestros pensamientos en alas de la memoria fiel para semejante revista, y observad cual
vuelven. ¡Oh! ¡cómo vuelven rodeados de aquella
luz con la que brillan todavía los caminos del justo! Este trae lágrimas y aplausos de los pueblos :
aquel visitas del clero y de los magistrados, otro
elogios de las academias, otro obsequios de los
cardenales, veneracion de los monarcas, tiernos
abrazos de los Pontífices ; bella es pero terrible la
luz que aquel pensamiento nos trae, y la tomó allá
donde glorificó Dios á Ignacio con el castigo de sus
enemigos, unos secados de repente, otros absorbi-
dos vivos por las aguas, otros devorados por el
fuego. ¡Oh dichoso espectáculo el de aquella multitud que contempló á Ignacio orando en el aire,
ó celebrando orlada de luz su frente, ó radiante de
resplandores celestiales, ó asistiendo á un tiempo
á lugares diversos! Y tú, pensamiento asombrado,
¿qué es lo que traes? Vengo, dice, de oir los
ahullidos de los demonios arrojados de los cuerpos

¿qué blasfeman el nombre de Ignacio como de su mayor enemigo. Y tú, pensamiento melancólico, ¿qué traes? ¡Ay! ví á Ignacio muriendo.... y ví á Roma bañados sus ojos en llanto. ¡Ah! deja; que ese llanto es glorioso y no es de sola Roma, es de Europa, es de Asia: vuelve, vuelve, pensamiento, á Roma, y mira allí á todo el pueblo empeñado en poner á Ignacio en los altares. ¡Cuántos reinos, y reyes, y reinas no circundan al Vaticano! El Vaticano que habla al fin lo declara santo; y con el Vaticano que habla concuerda el cielo con sus voces. Voces de enfermedades que desaparecen; de pestes y carestías que cesan; de incendios que se apagan; de tempestades que se calman; de aguas que se consolidan; de la razon que se recobra; del infierno que se desbarata; de la muerte que huye. ¡O entereza de gloria! ¡ó correspondencia de gloria! ¡ó Ignacio glorificado! ¡ó Dios en todo glorificador! *Gloria Domini*, etc. Callad ya pensamientos saciados de gloria y escuchad de mí de qué modo en la universalidad de la gloria se portó Dios con Ignacio.

Vosotros me advertísteis con razon, OO., que la Compañía de Jesus, fué para Ignacio la obra maestra de la universalidad de la gloria de Dios. Hablemos solo de esta. Ignacio con ella esparció por todo el mundo todos los medios de procurar la gloria divina, y Dios derramó á su vez sobre ella por todo el mundo toda suerte de gloria. San Pablo la reduce á tres clases; *signa apostolatus mei in multa patientia ; in virtutibus , in pro-digiis ;* gloria de padecimientos , gloria de méritos, gloria de prodigios.

Gloria de padecimientos. Deseó Ignacio y orando obtuvo y profetizando anunció que su Compañía abundaria siempre en padecimientos. Y en verdad que una tal gloria no le podia faltar en ninguna parte : porque el mundo y el infierno no podian quedarse indiferentes acerca de sus pérdidas. No hubo por tanto género alguno de calumnia , de insultos, de infamias, que la Compañía no esperimentase; ningun género de enemigos, fuera de los verdaderos santos, le ha faltado; no hubo pasion humana, que no probase de vengarse en ella de Ignacio ; ninguna malicia diabólica, que en ella no se opusiese á las intenciones de Ignacio. Ninguna religion de la Iglesia igualó en esto á la religion de Ignacio. Solo en la iglesia de Jesucristo se halla el modelo de los sufrimientos de la religion de Ignacio ; puesto que por todas partes y siempre los principios y fines y módos de los padecimientos de la Iglesia fueron igualmente los de los padecimientos de la religion de Ignacio; como si Dios se apresurase á compendiar en ella en dos siglos, todas las clases de sufrimientos de diez y ocho siglos de la Iglesia. Así que dos siglos han bastado para que viese Ignacio mas destierros de la Compañía, que no son los reinos de Europa , y para que viese las cárceles de todos los pueblos honradas con sus cadenas , y para que viese los patíbulos de todos los enemigos de Jesucristo teñidos con la sangre ; mas aun ; para que Ignacio no pudiese descubrir desde el cielo ni mar ni tierra no rociados con esta sangre, que es sangre suya, con el sacrificio de mil seiscientos hijos pródigos de su vida en honor de aquel celo que él les habia infundido. *Signa apostolatus mei in multa patientia.*

En segundo lugar glorifica Dios á Ignacio con una universal gloria de méritos de su Compañía ; méritos de santidad de doctrina de fatigas. *Signa apostolatus mei in virtutibus.* Los méritos de doctrina fueron cuales debian en una sociedad escogida por medio de las reglas de Ignacio de la flor de los ingenios de todo el mundo, con un método de estudios escogido por la esperiencia de todos los siglos, con una sucesion no interrumpida de los maestros mas doctos de su tiempo. ¡Qué maravilla pues que en mas de veinte mil escritores suyos cada ciencia, cada arte tenga maestros clásicos ; y que ninguna particular sociedad literaria pueda producir una suma igual de luces para bien del hombre social, para ornamento del hombre civil, y para defensa del hombre católico! ¡ O claros nombres de los tiempos de Ignacio de un Salmeron de un Lainez! á quienes, jóvenes de poco mas de treinta años, la Iglesia reunida en el sacrosanto concilio de Trento concedia los primeros honores del saber teológico. ¿Cómo fuísteis despues entre los hijos de Ignacio no menos apreciados, aunque menos admirados? ¿No fué esto por una gloria semejante á la que profetizó Israel? *Comedetis vetustissima veterum, et vetera novis supervenientibus projicietis?* (Lev. 26, 10).

Segundo modo de méritos. Méritos de santidad. Ahí van cuatro pruebas clarísimas y universales; primera: La santidad en el espíritu infundido por Ignacio á la Compañía fué siempre el primer mérito de fin, de estima, de cuidado; es así que los demás méritos fueron grandes: luego..... Segunda: No se podia conservar intacto el instituto de Ignacio, todo escuela de perfeccion, á no ser que el amor de la perfeccion se conservase en la religion de Ignacio soberano práctico dominador: es así que el instituto de Ignacio se ha conservado siempre y por todas partes en su primer vigor: luego.....Tercera: Era imposible que la religion de Ignacio entre las incesantes impugnaciones y la malignidad de sus émulos conservase en todo el mundo una estima constante de santidad sin poseerla: es así que hasta el fin se ha conservado; luego..... Cuarta: Son las memorias gloriosas de cási dos mil hijos de Ignacio de toda tribu, de todo pueblo, de toda lengua, cuyas virtudes estraordinarias han merecido el tributo de la historia.

Dos palabras sobre los méritos de la fatiga: mas ¿dos palabras sobre méritos que no tuvieron otros límites que los de la tierra? ¿Dos palabras sobre fatigas de tantos miles de apóstoles, de los cuales

uno solo, y fué Claver, bautizó siendo un simple ope-
rario en Cartagena trescientos mil africanos? uno
solo.... Sí, dos palabras; pero dos palabras que
dirán mas que dos volúmenes. Primera: Teneis una
idea de los trabajos apostólicos de Javier que por lo
maravillosa os parece única. Sabed pues que las fatigas del gran Javier unidas en la historia de la religion de Ignacio y de sus hijos mudan de aspecto.
El gran Javier os parecerá sin duda un astro bri-
llantísimo, mas no un sol entre las estrellas. Segunda: Tomad en una mano la historia de la religion
de Ignacio, el compás geográfico en la otra, medid
en el globo el reino de la fé católica en el Pontificado de Paulo III que dió vida á la religion de Ignacio, y medid luego su engrandecimiento hasta Clemente XIV que la estinguió, y le encontraréis do-
blemente engrandecido por la fuerza del espíritu de
Ignacio. Gloria pues es esta universal de méritos,
de doctrina, de santidad, de fatigas.

Y de la tercera clase de gloria, gloria de prodigios: *signa apostolis mei in prodigiis.* A muchos
centenares llegan los hijos de Ignacio hechos por
Dios ilustres con las que se llaman gracias gratis
datas, y entre estos, muchos no inferiores al gran
Javier. Sirva de ejemplo uno solo desconocido al
mundo; Juan de Almeida, apóstol de los Cacijes.
Un ejército de bárbaros asalta su nueva cristiandad.
Juan con el Crucifijo en la mano entra por en medio de ellos y los ahuyenta: corre luego tras ellos

guiado por el asolamiento mismo del pais; va en-
contrando cadáveres de niños; los toma en sus
brazos, y los resucita; los bautiza, depónelos luego
en el suelo y mueren. De semejantes milagros está
tejida toda su historia. Un milagro vió la Iglesia en
la Religion de Ignacio en su propagacion único en
las historias, y es el que segun decia san Agustin
habria tenido por el mayor, y Dios parece le reservó para glorificar á Ignacio: la fe de Jesucristo
propagada sin milagros por las naciones. La China,
la Conchinchina, el Tonquin, Siam, el Canadá con
gran parte de la América, vieron introducirse y
propagarse de este modo la fe por los hijos de Ignacio. *Signa apostolatus* etc. Dios, liberalísimo
para con Ignacio en devolverle todos los medios de
gloria, los unió en aquella obra con la que él habia
hecho universal todos los modos de dar gloria á
Dios. *Gloria Domini.*

Hémos llegado á la última recompensa del glorificador divino glorificado: perpetuidad de gloria
concedida por Dios á Ignacio en su obra. Digo perpetuidad, y la demuestro: Hasta la destruccion de
la Compañía queda ya probada. Aquí me parece leer
en vuestros ojos que la teneis por acabada. ¡ Ah !
que no os he hecho conocer bastante el espíritu y
el corazon de esta Religion, de esta generosa hija
de Ignacio. No confundais, os suplico, los sentimientos privados de sus alumnos con los suyos propios. Ellos dispersos y humillados pueden sin men-

gua lamentar su suerte. Ella sensible solamente á los. afectos universales, nacida para el bien universal, tuvo á gran gloria morir por el bien universal. Mientras sus alumnos entre las armas y los soldados escuchaban llorosos y atónitos en sus casas su ultima sentencia, ¡ qué tierna y gloriosa escena invisible al mundo material no se representaba junto á las gradas del solio de Clemente XIV! Me parece ver á esta generosa y magnánima hija de Ignacio, cuando el beatísimo Soberano y Padre le pedia lo que de ella se exigia como precio de la paz universal; el sacrificio de su vida. Tan hermosa acaso, mas no tan valiente se presentó al tremendo altar la vírgen hija de Jefté. La hija de Ignacio tan luego como oyó el precio de su muerte, no amó ya mas la vida: encendióse su noble frente y brillaron sus ojos apacibles con nueva luz, que Ignacio entonces desde el cielo le transfundia: luz de obediencia y de celo. Al adorado pié de Clemente dobló la rodilla con tanta tranquilidad, con cuanta tantas otras veces se habia presentado á aquel mismo trono para recibir el lauro triunfal por los reinos conquistados ; diciendo : «por tí, Padre soberano, por tí nací, por tí muero contenta.» Al decir esto, se quita el yelmo reluciente con que la habian coronado con diamantes eternos, tantos mártires y tantos santos, y lo depuso en el seno de Clemente junto con aquel escudo diamantino, que de tantos dardos habia defendido la fe y Roma. «Con estas

armas, dijo, armarás, ó Padre, alguna otra hija
no mas fiel que yo, pero mas que yo luengamente
feliz y dichosa.» Sacó luego del dedo el anillo, pú-
dica prenda nupcial de su esposo Jesus, tres veces
besó el amado nombre; y «esta piedra preciosa,
dijo, ó beatísimo Padre, no vaya á otra: sea tu-
ya para memoria no ingrata de este dia.» Quitóse
finalmente del flanco virginal la espada; y «con
esta, añadió, ó Señor y Padre, compré yo hasta
ahora para tu solio la paz á precio solo de victorias,
y ahora que de la paz debe solo ser precio mi vida,
cómprala tú sobre mí con esta misma espada. Te
recomiendo mis mas tiernos amores, que quedan
huérfanos, ¡oh Dios! los míseros rusticos, que son
los pequeñuelos mas abandonados de tu pueblo;
la jnventud estudiosa del cristianismo, tímidas y ce-
losas esperanzas de tu reino; la iglesia del Paraguay
la porcion mas inocente y amable de tu rebaño.» Dijo,
é inlinóse al golpe. Tembló, pienso, á Clemente
la mano paternal; mas el corazon soberano no ce-
dió al de Jefté sobre su hija degollada. *Et fecit ei
sicut voverat* (Jud. 11,39). ¡O muerte mas gloriosa
que mil vidas! Hasta aquí pues ha seguido Dios en
volver á Ignacio gloria por gloria; ha seguido aña-
do aun despues.

Como despues de la muerte los huesos de José
y de Eliseo profetizaron, así los separados y desnudos huesos de la hija de Ignacio; los en otro tiempo
hijos suyos sirvieron á Dios para continuar la gloria

del que fué su Padre. *Ossa ipsius post mortem prophetaverunt* (Ecl. 49, 18). Cuántos de estos huesos conservásteis algun valor del espíritu de Ignacio, sois para él todavía en el mundo unos argumentos de gloria. Gloria suya fué aquel dolor con que dejásteis la sujecion religiosa por la libertad del siglo; dolor que tanto edificó á la Iglesia. Gloria suya fué aquel dolor con que sufrísteis en muchas partes una ociosidad no amada. Gloria suya fueron y son todavía en tantos otros reinos vuestros apostólicos esfuerzos y fatigas. *Ossa ipsius* etc. esfuerzos y fatigas á los cuales no ha sustraido Dios todavía los antiguos honores. *Ossa ipsius* etc. Con vuestro calor Ignaciano ¡oh! cuánta parte de tantas ciudades cristianas se alienta aun en la piedad y devocion! De este calor salen aun en tantos libros llamas devoradoras de la impiedad y de la herejía. Con vuestro calor se nutren aun en la fe nuevas palmas en el proceloso Tonquin. Y ¿qué diré de la China, donde por vuestro medio (cosa no obtenida en dos siglos) hoy la fe rotos todos los obstáculos se anuncia con libertad, y con libertad se dilata? y ¿qué diré de los Tartaros, que os buscan para sacar la vida de vuestra muerte? ¿y de los Rusos, donde por vuestro medio hoy por la primera vez se respeta y honra al Vaticano y á Roma, y donde tiembla el cisma á los primeros rayos tan felices de una luz inesperada? ¿Fuísteis Vos, ó gran Dios, quien tanto esperásteis en dar estas tan bellas glorias á Ignacio? *Ossa ipsius*, etc. *Gloria Domini*, etc.

Pero ¿qué será, ó gran Dios, de estos huesos glorificadores? se desharán finalmente en cenizas, y la gloria que Ignacio procuró daros perpetuamente será mayor que la que Vos disteis á él... Mas qué es lo que oigo, y qué mandato imponeis á mi corazon, ó gran Dios! que yo profetizé de estos huesos. *Vaticinare de ossicibus istis* (Esech. 37,4). ¿Y qué diré si Vos no hablais? ¿diré que los votos de cien pueblos, anuncian á estos huesos de Ignacio, una nueva vida? ¿diré que las instancias de santos obispos no cesan de implorarla? ¿diré que las ansias de muchos estados y monarquías ne desesperan de obtenerla? No, que yo no sé, ó gran Dios, si estas son voces vuestras. Oid pues, ó cálidos huesos de Ignacio, oid las voces de Dios; «¿Y á quién corresponde glorificar á mi Ignacio, sino á mí? Si de mí pues ha de venir su gloria y no de los hombres, no busqueis su favor, sino mis gracias acerca de mis futuros designios. Interrogad vuestra fama conservada contra la expectacion de todo el mundo: interrogad vuestra virtud preservada de tantos peligros: interrogad el espíritu de caridad con el que, si bien que separados, os conservo unidos: interrogad los deseos de mi gloria con los que continúo inflamando vuestros pechos: interrogad el amor á Ignacio que cada dia enciendo mas y mas en vosotros: ¿Habria yo sin un fin digno de mí, dice el Señor, derramado sobre vosotros un tan in-

menso tesoro de gracias? y tantos prodigios obrados
de generosidad y constancia en tantos ancianos de-
crépitos, en tantos y tan tiernos jovencitos, con
cuyos padecimientos he santificado tantos mares y
tantas costas, ¿habrian de dejar de ser desatendidos?»

¡Ah! estas sí, no es licito dudarlo, estas son voces de Dios; callad pues, ó cálidos huesos de Ignacio; callad y esperad. *In silentio et in spe erit
fortitudo vestra* (Is. 30,15). Dios está empeñado en dar á Ignacio una gloria no solo entera y
universal, mas tambien perpétua, tanto mas, cuanto así conviene al Dios de la magnificencia; y tanto
mas todavía, cuanto que Ignacio deseó y procuró
dar á él una gloria no solo entera y universal, mas
tambien perpétua. Ignacio ha cumplido en cuanto
cabe á un hombre la parte de glorificador divino:
la de glorificador divino glorificado no puede cum-
plirse sino al terminar en las sendas oscuras del
tiempo, el camino del sol: entonces no ya con lenguas mortales, sino de serafines se dirá de Ignacio
en el cielo: Hé ahí el GLORIFICADOR DIVINO GLO-
RIFICADO.» *Gloria Domini* etc.

Con que ¿el Dios de la magnificencia os es deu-
dor, ó Ignacio, de ulterior gloria? pedid pues que
os glorifique en todos nosotros. Para mí pedid que
no sea indigno de vos lo que me resta de esta vida,
la cual este mismo año arrancásteis de la fría mano
de la muerte: ¿Y para vuestros queridos, que por
todo el mundo os glorifican aun como á hijos? Pe-

did que vivan unidos con Dios, que trabajen para
bien de los prójimos, que mueran por la Iglesia.
¿ Y para esta ciudad ? Pedid que Dios se muestre
para con ella tan benéfico y liberal, como se mostró ella; lo recordais, Ignacio, lo recordais; como
ella fué liberal con vuestros hijos errantes ? ¿ Y para
la Iglesia ? Ah! grande Ignacio; ó volved vos otra
vez mortal, ó alcanzadle un suplemento digno de
vuestro celo.

FIN.

ÍNDICE.

—

LIBRO PRIMERO.

LIBRO SEGUNDO.

LIBRO TERCERO.

LIBRO CUARTO.

LIBRO QUINTO.

FIN DEL ÍNDICE.

Barcelona 31 de Octubre de 1863.

IMPRÍMASE.

Juan de Palau y Soler, V. G. C.

CPSIA information can be obtained
at www.ICGtesting.com
Printed in the USA
LVHW080110250223
740402LV00008B/90